新世纪
高等学校
教材

历史学
系列教材

历史学系列教材

历史文献学（修订版）

Studies of
Chinese Historical
Literature

张　升　编著

北京师范大学出版集团
BEIJING NORMAL UNIVERSITY PUBLISHING GROUP
北京师范大学出版社

图书在版编目（CIP）数据

历史文献学/张升编著. —修订版. —北京：北京师范大学出版社，2024.8

新世纪高等学校教材 历史学系列教材

ISBN 978-7-303-28908-0

Ⅰ. ①历… Ⅱ. ①张… Ⅲ. ①史籍—文献学—中国—高等学校—教材 Ⅳ. ①G257.33

中国国家版本馆 CIP 数据核字（2023）第 051491 号

营销中心电话 010-58808006

LISHI WENXIANXUE

出版发行：北京师范大学出版社 www.bnupg.com
北京市西城区新街口外大街 12-3 号
邮政编码：100088

印　　刷：北京虎彩文化传播有限公司
经　　销：全国新华书店
开　　本：730 mm×980 mm 1/16
印　　张：28.5
字　　数：463 千字
版　　次：2024 年 8 月第 1 版
印　　次：2025 年 9 月第 2 次印刷
定　　价：68.00 元

策划编辑：刘东明　　责任编辑：齐文媛
美术编辑：王齐云　　装帧设计：王齐云
责任校对：段立超　　责任印制：马　洁　赵　龙

版权所有 侵权必究

反盗版、侵权举报电话：010-58800697
北京读者服务部电话：010-58808104
外埠邮购电话：010-58808083
本书如有印装质量问题，请与印制管理部联系调换。
印制管理部电话：010-58800608

前　言

当我们拿到一本书时，我们不要迫不及待地打开它，而要先看看它的外形，然后想一想：为什么我们把它称为书呢？这是天生书的外形吗？如果不是，以前的书是什么样子呢？以后的书又会是什么样子呢？

现在的书，要给出一个准确的定义并不容易。例如，有的认为，书是装订成册的图或文字；有的认为，书是相当数量的承载一些用来阅读的符号的纸页的组合；有的认为，书是由印刷而成的书页组合而成的册子。但是，不管如何定义，大多数人都会对书有一个比较明确的印象：一本本的，有一定的分量；开本有大有小，一般都是长方体；有书皮(封面或书衣)，分硬的或软的，精装的或简装的；书皮的正面一般会标有书名、作者、出版单位，背面一般会标有定价；在长方体的另四面中，三面是切口，另一面是书脊，书脊上一般也有书名、作者和出版单位；等等。

那么，过去的书是什么样子呢？

民国的书，我们还能看到不少。明清的书，图书馆中也多有收藏。宋元的书相对较少，且有一些被改装过，但还是有实物可覆案。隋唐的书，我们主要依靠敦煌文献，亦昭然可察。魏晋以前的书，我们主要依靠出土文献，再参之以相关记载，也是可以大致了解的。总之，对于过去的书的形制或样式，我们现在的了解应该不会有太多的误差。

以后的书会是什么样子呢？

从目前广泛兴起的电子书看，以后肯定还会有新的书籍形式出现，而在相当长时期内占统治地位的册页形式的书，在不久的将来也许真的要退出历史舞台了。作为册页形式的书的消亡，有人称之为“书籍之死”。

以上关于书过去、现在、未来的追问，有助于我们思考学习文献学的要义：

其一，文献学主要关注的对象是书。这是毫无疑问的，因为流传到现在的古代文献中，最重要、最多的就是书，而且，文献学研究本身就是围绕书而建立起来的。换言之，文献学的相关分支学科都以书为主要研究对象。

其二，学习文献学应从书的外形入手。有人说，版本学是书皮之学。其实，文献学差不多也是书皮之学。我希望大家从两个方面理解这句话：一方面，书皮所反映的相关信息，在很大程度上关乎文献学的基本知识；另一方面，不要把文献学神秘化。学习文献学就应该从简简单单的知识入手。将知识神秘化，那是垄断知识的借口。

其三，关注作为物质形态的书。书其实是我们与古代沟通的最好媒介，因为其一方面是物质性的，可触摸，可嗅闻，可观玩；另一方面，其本身也可以言说。越是饱经沧桑的书，越能留下更多的影像和印记。有时，书的物质形态较之其所记述的内容更为重要。由此我们甚至可以大胆地推想，如果把过去的书都复制回当时书的形态，然后再来阅读，会有怎样不同的阅读体会呢？

其四，书是有生命的。上述“书籍之死”的说法启发我们思考书的生命和人格化。“活”下来的每一部古书都是历史的幸运儿。因此，我们的文献学应研究书的一生，研究书从生到死乃至起死回生的过程。

其五，关注书背后的人。与书有关的人很多，包括作者、出版者、刊刻者、印刷者、运输者、销售者、读者、说书者、听书者等。书可以把这些人乃至整个社会联系起来。

总之，文献学研究的对象主要是书，更确切地说是古书。通过以上的介绍，我希望大家明白：书是有形的物质，可触摸玩赏，这说明文献学没那么神秘；书是有生命的，这说明文献学应该关注书的一生；书是与方方面面的人和社会联系在一起的，这说明文献学研究可以更有情趣，也有更广阔的空间与更重要的价值。

正是基于以上的认识，本教材编写的基本思路是：介绍文献生产、流通、收藏、整理的全过程。这是本教材的核心部分，即上编概论部分。文献流通，以前的教材较少涉及。其实，文献流通很重要，反映了文献的动态，展示了文献活的一面。没有流通、传播，怎么会有收藏、整理呢？文献学不应该只是关注死的文献，还应该关注活的文献。

本教材的下编是专论部分，是对专题文献的讲解，是对概论相关知识的拓展和深化。郑樵说："有专门之书则有专门之学。"①一类文献有一类文献的学问，很难说能一通百通，所以要介绍专题文献。这里所涉及的专题文献均是较为重要的，也是我相对熟悉的。如果以后有机会修订教材，这部分还可以适当扩展。在实际教学中，这部分可以选读选讲。

关于本教材，还有几点需要说明：

其一，本教材比较重视对学界新成果的吸收。例如，本教材专门设了一节介绍西方新书籍史。近年来，随着古文献研究的不断推进，学者对以往的辨伪学有了较多的反思与修正，本教材在这方面也有所反映。

其二，在介绍相关基础知识的同时，本教材还希望借此提出一些需要进一步思考的问题。例如，什么是藏书？什么样的人才是藏书家？我们应对古代藏书家表达更多的敬意，还是进行更多的批评呢？

其三，我理解的历史文献学是大文献学，即一般所谓传统文献学或古文献学，因此，为表述方便，本教材往往径用文献学指代历史文献学。

总之，相对于以前的教材而言，本教材还是有一些新意的。至于这些新意能否为大家所接受，还需要时间来验证。但是，无论如何，本教材并不想也不可能完全取代以前的教材。因此，我希望大家在阅读本教材的时候，一定还要参考其他同类的教材。例如，本教材没有文献学史的内容，但是杨燕起先生主编的《中国历史文献学》则有，而且内容很丰富，一直叙述到当代。如果能配合起来阅读，那么大家对文献学的了解应该会更全面。

---

① 《通志·校雠略》。

目　录

上　编

下 编

上　编

第一章　文献学理论与研究资料

文献学是实践性很强的学科，因此，其理论性就相对不会很受重视，甚至很多人讲文献学根本不谈理论。事实上，从学科发展来看，没有坚实而系统的理论支撑，文献学的发展肯定会受到很大的制约。尽管理论问题不容易说清楚，但是我还是想勉力为之，尽量讲得简单明了。在阐述理论时，我主要把握两点：其一，文献学具有基本特性，这是其成为一门独立学科的基础；其二，文献学具有足够的开放性，这是其能不断发展的前提。

第一节　文献与文献学

一、文献

大家最先想到的文献大概是图书，然后是报刊、档案、图画等，再然后是音像文献(录音带、录像带等)、金石文献、电子文献(光盘、磁盘等)等。以上所举，前面的大致就是我们所说的狭义文献，后面的是广义文献。它们有着共同的特点，即记录知识。因此，文献可以被定义为记录有知识的一切载体。为了大家更好地理解这一定义，以下从3个方面来进行阐释。

首先，如何记录？应该是以一定的方式来记录。在一张纸上随便画画，就是文献吗？应该不是。一般来讲，文献应该是用图、文字等当时社会公认的、用来传播信息的符号来记录的。当然，也会有一些例外，有的记录方式和符号大家可能并不了解，如所谓“天书”。

其次，何为知识？从某种意义上说，是指有用的信息。以往所谓知识，现在多改称信息。其包容性更大，也更合理。

最后，何为载体？应该是一定的载体。文献载体是有一定范围的，一般应是便于书写、刻画和记录的，而且是普遍使用、便于保存的，后一点尤其重要。纸、金、石、帛、竹、木等传统载体，磁盘、胶片等现代载体，这些都是公认的用来记录信息的载体。

综上所述，文献还可以进一步被定义为以一定的方式将信息记录在一定的载体之上所形成的东西。换言之，以文字符号等方式记录有信息的相关载体即文献。《中国大百科全书》对“文献”所做的定义与此虽稍有不同，但基本思路是一致的，可供我们参考：“文献是记录有知识和信息的一切载体。由四个要素组成：(1)所记录的知识和信息，即文献的内容。(2)记录知识和信息的符号，文献中的知识和信息是借助于文字、图表、声音、图像等记录下来并为人们所感知的。(3)用于记录知识和信息的物质载体，如竹简、纸张、胶卷、胶片等，它是文献的外在形式。(4)记录的方式或手段，如铸刻、书写、印刷、复制、录音、录像等，它们是知识、信息与载体的联系方式。”①当然，文献的概念是开放的，因为载体会不断变化，对知识(信息)的认识也会变化，如以前不认识的符号(如甲骨文)，后来认识了。记录的方式也会变化，不能只关注书写、刻画。总之，随着人们认识的变化，知识记录方式的变化，知识载体的变化，文献所指的范围也是会变化的。

以上谈的是广义的文献，而狭义的文献一般是指传统意义上的文献。传统上知识的记录方式是有限的，主要为图、文字；记录的载体也是有限的，如甲骨、羊皮、树皮、贝叶、金石、绢帛、竹木、纸等，其中尤以纸最为主要。传统文献中最主要的是纸本文献，而纸本文献中最主要的是纸本书籍。我们所讲的历史文献，主要是纸本文献中的古籍。也就是说，文献学(包括其分支学科)主要是以古籍为研究对象的，其研究方法、理论等主要是针对古籍而言的。

---

① 中国大百科全书出版社编辑部编：《中国大百科全书 图书馆学 情报学 档案学》，465页，北京，中国大百科全书出版社，1993。

二、文献一词的来源

文献一词最早出现于《论语·八佾》。《论语·八佾》记载："夏礼，吾能言之，杞不足征也；殷礼，吾能言之，宋不足征也。文献不足故也。足，则吾能征之矣。"此处的文，大致是指我们今天所说的文献。至于献的解释则有多种，有人认为，献，为贤(声训)，指贤人。① 郑玄说："献，犹贤也。我不以礼成之者，以此二国之君，文章、贤才不足故也。"②郑玄以文章、贤才来解释文和献。又如，《尚书·益稷》云："万邦黎献，共惟帝臣。"孔安国传："献，贤也。"黎献，指众多贤能的人。此义可引申为贤人所见闻的东西，也包括其自身践行的礼仪等，又可引申为贤人讲的东西，即口耳相传的东西。还有人认为，献，最初是指祭祀中供献的祭品(犬)，后引申为献上，献祭品的人，以及主持祭祀的人。这些人口耳相传的东西也是献。以上两种解释有相通之处，均指那些掌握某些知识的人，以及他们自身践行的礼仪和口耳相传的知识。因此，文献应包括两方面的内容：其一为书面的知识，其二为口耳相传的知识。我们说征文考献，文、献所指的范围是相当广泛的，非局限于典籍材料。

上古社会，典籍稀少，而献更为重要。如果说文是用来阅读的话，那么献是用来问的。其时各种知识由专官掌握与传授，记录下来的知识反而不是很多。这些专官即知识之化身，要学习、了解知识，就要向他们求问。古代盛行问事、问政、问礼、问学之风，即缘于此。也可以说，上古社会人们学习知识的最佳途径其实是问，而不是直接阅读文献。③

后来，由于典籍越来越多，口头材料逐渐不被重视，文献遂专指文字著录的东西。例如，马端临《文献通考》中的文献在一定程度上反映了文献之初义——文，指叙事之文；献，指论事之文。其《文献通考·自序》云："凡叙事则本之经史，而参之以历代会要，以及百家传记之书，信而有证者从之，乖异传疑者不录，所谓'文'也。凡论事则先取当时臣僚之奏疏，次及近代诸儒之评论，以至名流之燕谈、稗官之纪录，凡一话一言可以订典

---

① 也有人认为，献在古代还通"仪"，仪也有贤的意思。

② 何晏《论语集解》引郑玄注。

③ 当然，这与当时绝大多数人的阅读水平有限也有关系。

故之得失，证史传之是非者，则采而录之，所谓‘献’也。”两者在书中是有区别地来处理的。但是，《文献通考》中的献所指还是典籍中所载之言论材料，而不是真正的口头记录。

另外，尽管献之初义在后世常被遗忘，但只要我们留心，还是能在很多诗文和著作中发现的。例如，明焦竑《国朝献征录》、清李桓《国朝耆献类征》中的献均指的是人物。又如，清初潘柽章撰《松陵文献》15卷，原计划收诗文(文)和人物传(献)，但现存只有人物传，故此书被认为是传记著作，而《吴江县志》在著录此书时也改其名为《松陵献集》。

从文献一词的词源看，其与广义的文献有更多共通的地方，如贤人所见闻的东西、口耳相传的东西，以及自身践行的礼仪等，即类似于后代的音像文献。

三、文献的特性

传统文献的特性，我认为比较突出的主要有下面四点。

其一，文献的多样性。多样性是就文献载体、外在特征而言的。文献载体多种多样，且不断变化，包括纸、帛、竹木、金石、甲骨等。

其二，文献的多重性。[①] 多重性是就文献内容、性质而言的。其有两方面的体现：就内容而言，文献的内容往往不是单一的。或者说，一种文献不是单纯的某一类文献。例如，一些文献在目录归类上的分歧(其中以传统目录中的互著、别裁最为典型)，就体现了这种复杂性。因此，我们对文献可以做多学科的解读，不能拘泥于某些就是固定的史学文献，某些就是固定的文学文献。就性质而言，文献有多重身份。从生产流通来看，它是商品；从阅读学习来看，它是知识的载体；从历史研究来看，它是史料；从文化传播来看，它是一种传播媒介；从图书情报学来看，它是一种情报或信息。因此，我们可以从不同学科对文献进行多重研究。

其三，文献的层累性。随着历史的发展，原始文献在不断地生长、繁衍，衍生出来的东西越来越多。其主要有两方面的体现：一方面，从原本

---

① 白寿彝先生对文献多重性有论述：一种文献能反映一定的历史现象；不同的、有代表性的文献联系起来又能反映超出一般历史现象的、规律性的东西；文献有活的、死的内容；文献的内容很丰富。参见《白寿彝史学论集》上册，561页，北京，北京师范大学出版社，1994。

到各种整理本。通过注释、续补、校勘等整理方式，附着在原始文献上的东西越来越多。随着历史的发展，古代很多书都被不断地校、不断地注、不断地续、不断地编选……最后有的已经与原书差别很大。由于后来的改动者不一定会署名，而且改动的内容也不一定正确，因此就导致了后世对原始文献认识上的混乱。校书、刻书而书亡，在一定程度上就反映了这一现象。另一方面，从原本到不同的版本。通过传抄、刻印，文献形成了一套版本系统。原始文献就像是树的种子一样，生根发芽，逐渐长成大树，形成枝繁叶茂的版本系统。文献学的求真、求古，就是要探索文献的层累性。

其四，文献的开放性。其有两方面的体现：一方面，不断有新的文献产生。随着人们认识的变化，知识记录方式的变化，知识载体的变化，新文献不断涌现，如电子文献等。另一方面，对文献的解释是没有止境的。同样的文献，不同的时期有不同的解读，因为读者不一样，对文献的解读当然也会不一样。读者无穷尽，对文献的解读当然也无穷尽。

四、文献学和历史文献学

文献学是研究什么的？

文献学是研究有关文献生产、流通、收藏与整理一般规律的专门学科。以往一些学者认为文献学只是研究有关文献整理的学问，以古籍整理代替传统文献学，其实是不对的。

文献生产，指文献是如何形成的，包括文献的载体、记录符号、编撰、复制、样式等。这些内容中，复制（主要是誊抄与刻印）以往关注较多，其他方面则关注较少，尤其是记录符号和编撰，以往文献学教材较少涉及。

文献流通，从动态的角度研究文献的一生，即文献从生（形成）到死（亡佚）的过程。文献是活的，而且总在流通中，因此，书价、书商、书坊、书船、行业公约、行业神、公私流通、流通渠道（赐、赠、购等）等，都在我们的研究范围内。

文献收藏，包括公私藏书、藏书机构、藏书楼、藏书习俗、藏书家、藏书数量与流散等。其中特别要注意三点：其一，说有易，说无难。图书真正消亡并不容易。其二，藏书的流散并不意味着亡佚，而是进入了再流通的渠道。也可以说，每一次藏书的流散都是一次藏书的重新分配。其三，收藏永远是相对的。藏是死的,流通是活的。藏是短暂的,流通是永恒的。实际上,藏书也只是流通中的一环。书只有流通,才能实现它的价值。

文献整理,包括编目(目录)、鉴定(版本、校勘、辨伪)与恢复(辑佚)。这些方面构成了文献学所强调的五大分支学科,即目录学、版本学、校勘学、辨伪学和辑佚学,也构成了文献学教材的主体内容。

以上这些方面,再加上文献学理论以及适当的文献学专题,就是我们这部教材讨论的主要内容。从通俗的角度来说,文献学主要研究文献从生到死的过程——文献的产生,包括编写、传抄、印行、装订等;文献的成长,包括文献的整合、续补、重印等;文献的治理,如校勘、辨伪、修补、重装等,用来解决文献的缺、残、伪等毛病;文献的死亡,指文献因遭受水、火、兵、虫等灾祸而导致亡佚;文献的起死回生,指辑佚。

最早以"文献学"为名的著作是1930年郑鹤声、郑鹤春两兄弟所写的《中国文献学概要》。其内容有:中国文献的结集、审订、讲习、翻译、编纂、刻印。其中"讲习"部分,包括讲学、佛教传入、经学的传授等,是有关知识、文献传播的,比较有特点。在这之后,一直至20世纪80年代才又陆续出版了一些文献学著作,如张舜徽《中国文献学》(1982)、吴枫《中国古典文献学》(1982)。随着西方文献学的传入,文献学又有了中西与新旧之分。

目前,图书馆学有文献学,中文学科有古典文献学,历史学科有历史文献学,这三者是什么关系呢?图书馆学中的文献学,包括现代文献学(以西方文献学为主)和中国传统文献学,而且以前者为主。中文学科的古典文献学和历史学科的历史文献学是一样的,都是中国传统文献学,因为"古典"与"历史"所指是一致的。历史文献是指历史上的文献,而不是有关史学的文献。历史文献学就是中国传统(古典)文献学,是研究有关历史(古代、古典)文献的学问。本教材即用的这个概念。

为了避免使用上的混乱,一些学者建议整合这3个学科的文献学,但至今仍未有定论。例如,有人提出,文献学应包括现代文献学、古典文献学。古典文献学包括目录学、版本学等传统文献学分支学科。至于各专科文献学则归入各个专门学科中,如历史文献学归入历史学,经济文献学归入经济学等。这一整合思路还是有一定道理的。

有的文献学教材有内容扩大化的倾向,把一些相关学科当成文献学的分支学科来予以介绍，这样反而会模糊我们对文献学的认识。白寿彝先生曾指出，古汉语、古民族语文、甲骨文字、金石文字、年代学、历史地理学等，这些学科都有它们的独立性或相对独立性。它们是历史文献学要联系的学科，不能说它们属于历史文献学。[①]

五、学习文献学需要注意的几个方面

文献学是实践性很强的学科。作为一门独立的学科，文献学必须有系统的理论才能更好地发展。以往对文献学概念及学科归属讨论较多，但对其他方面讨论较少。下面我们谈谈学习文献学需要注意的几个方面。

（一）关于文献学史

中国古代文献学非常发达。世界上大概很少有国家像中国这样有重视文献学的传统，这与我们传统上对儒家经典的重视有着非常密切的联系。从文献学史可看出，文献学源自编目，文献学分支学科是由编目不断分离出来的，所以目录学在文献学中最重要，是基础。

（二）关于五大分支学科之间的内在联系

传统文献学主要关注的是文献整理，而文献整理主要的内容就是目录学、版本学、校勘学、辨伪学和辑佚学。因此，学界普遍认为这些就是文献学的五大分支学科。我们要建设系统、整体的文献学理论，就必须深入地思考这五大分支学科之间的关系。现在的文献学著作，其主体内容基本上是五大分支学科的介绍。其实，各个分支学科都有很深入的专门研究，将其合编在一起而形成文献学，就要突出它们之间的联系以及它们在文献学体系中的作用和特色，而不是一一介绍各个分支学科。我们要从文献学的发展史来了解各个分支学科的发展史(产生、发展)，认清各个分支学科的出现正是为了满足文献学发展的不同需要。各个分支学科的出现与发展也相互影响，并共同推进文献学的发展。

首先，五大分支学科都是围绕文献展开工作的，服务于文献，均反映了文献整理的某一方面。这五大分支学科的最终目的都是恢复、完善文献本身。五大分支学科相互之间的关系很密切，构成一个整体：目录学，讨论文献的性质；版本学，讨论文献的时代性；校勘学，讨论文献在流传过

① 参见《白寿彝史学论集》上册，561页。

程中有无错讹，是否可靠；辨伪学，讨论其是否为真文献，是部分真还是全部真；辑佚学，讨论如何处理散佚文献。其中，目录学最重要，为基础，而其他分支学科均由此衍生。

其次，五大分支学科相互间有着密切的联系。清代很多学者往往兼擅目录学、版本学、校勘学、辨伪学和辑佚学，其文献整理工作并不截然分开。这说明，各种文献整理方法间其实都有相通之处。例如，校勘与辨伪，校勘中有一部分工作即辨伪之作，如校伪说、校伪事。辨伪是由校勘扩展开来的工作。在文献中，无意识的错，纳入校勘；有意识的错，纳入辨伪。辨伪与辑佚，伪书是辑佚的远源，辑佚书内容不规范，往往被认为是伪书。

总之，五大分支学科的关系是有机统一的。各个分支学科间都是紧密联系、相互作用的。对每一分支学科的总结性评价，也多适用于其他分支学科。我们要注意整体与分支的关系，要有整体的文献学观，要将各分支学科联系起来理解。

（三）关于新的研究动向

文献学研究者越来越重视理论研究，尤其是学科的系统理论研究。另外，文献学研究者也在不断借鉴新方法，开拓新思路。例如，以社会史研究方法研究书籍史，突破原来精英文献学的局限，更关注通俗文献的研究，以及对传播史、阅读史的重视。关于这些方面，可以参看本章第三节。这里重点谈谈另外两个方面。

1. 电子时代的文献学

古籍数字化，也称古籍数码化、电子化，是指利用现代信息技术对古籍文献进行加工处理，使其转化为电子数据形式，通过光盘、网络等介质保存和传播。近些年来，古籍数字化对传统学术研究的影响非常大，正如中国台湾学者黄一农所指出的，我们进入了 E 考据时代。其实，文献学也是如此，我们也进入了 E 文献学时代。为了应对这一发展趋势，一些文献学教材已经陆续对古籍数字化的影响有所介绍，而相关的论文也不少。关于电子时代的文献学，我认为要注意以下三点。

首先，要及时了解古籍数字化的最新成果，充分加以利用。例如，各种数据库的资源非常丰富，对我们搜检、整理和研究古籍很有帮助。

其次，电子时代的文献学研究要与时俱进。材料容易得到，如何做学问？例如，数字化对辑佚影响尤其大：一方面，佚文的搜集更容易了，只要将书名输入，相关的引用文献就会一搜而得；另一方面，佚文的比勘也变得容易了，因为各种类似的引文也可以一搜而得。在这样的情况下，传统的辑佚方法必须做出改变。如果还按照老方法来辑佚，不但劳而少功，而且质量也未必好。又如，电子文献对版本学、目录学的影响也很大，传统的版本概念、目录检索方法均已大为改变。还有，电子时代的藏书与古代的藏书也不是一个概念，如果还固守古代的认识来看待现在的藏书，是行不通的。

最后，要尽量避免古籍数字化带来的一些负面影响。例如，做文献整理与研究，不看古籍原本，就如同隔靴搔痒，很难达到理想的效果。另外，古籍数字化有其自身技术上的局限，容易产生误字、缺字，与原书有版式差异等，我们在利用时要注意和原书比对，不能尽信电子文献。

2. 域外汉籍

域外汉籍包含两方面的内容：其一为流散于域外的中国古代典籍，其二为古代域外人士以汉文抄印或写作的典籍。前者涉及的范围比较广，可以说是世界性的，其中日本、韩国、美国、英国、俄罗斯等收藏的汉籍较多。后者主要涉及汉文化圈国家，其中重要的是东亚的日本和韩国。

最近一些年，国内一些学者特别重视对域外汉籍的搜集与研究，已经编成几套大的丛书，如《域外汉籍珍本文库》《燕行录全编》《越南汉文燕行文献集成》等。外国所编的一些汉文或以汉文为主的大型丛书，如《美国哈佛大学哈佛燕京图书馆藏中文善本汇刊》《李朝实录》《韩国文集丛刊》《燕行录全集》等，也是我们要重点参考的资料书。由于这方面的研究是新兴起的，因而还有很多可以开拓的空间，如全世界范围内汉籍的普查，汉文佚书、佚文的发现，汉籍的流播渠道与影响，汉籍的回流等。

此外，近年来文献学界也比较关注简帛文献研究、古文书研究、民间历史文献研究等。

第二节　文献学研究资料

文献学研究的对象是文献，因此，从理论上说，所有的文献都可以成为文献学的研究资料。学历史文献学的多是历史系的学生，他们常常会有一个先入为主的观念，就是历史文献学主要关注的是史学文献。这是我们首先要打破的籓兕。我们的文献学研究资料的范围应该放宽一些，不要自我束缚。例如，文集、诗词、诗话、小说等，都可以成为我们研究文献学的资料。此外，文献学有很强的工具性，通俗地讲，就是学了文献学比较方便找资料。因此，我们当然要尽可能多地掌握搜寻资料的利器。

一、电子文献

现代技术日新月异，文献数据化发展很快，电子文献很多，其中有关古籍的数据库就有一大批，而且不断更新。因此，我们要随时跟进了解相关信息，高效地利用这些电子资源。大家要多交流这方面的信息。各大公共图书馆、各高校和研究机构都有很多很有用的数据库及相关的链接，要经常上其主页浏览一下。因为数据库太多，这里只能选择一些常用的来介绍。

(1)中国基本古籍库。该数据库是北京爱如生数字化技术研究中心开发制作的古籍数据库。其收录从先秦至民国历代典籍1万种、18万卷。每种典籍均提供一个通行版本的全文和1至2个重要版本的影像，用户可以对不同版本进行比较。其检索非常方便，可以任意字多重检索，而且可以复制。此外，目前其还在不断更新、补充新收录的古籍。该数据库提供的图像版很重要，大家检索时要注意比对一下，否则容易漏掉很多重要的信息，如序跋、目录等。北京爱如生数字化技术研究中心还开发了系列专题数据库，如中国方志库、中国谱牒库、中国丛书库、中国类书库、中国俗文库、中国经典库、历代别集库、敦煌文献库等。

(2)瀚堂典藏古籍数据库(原名为龙语瀚堂古籍数据库)。该数据库由14个子库构成：小学工具、类书集成、出土文献、中医药文献、经部集成、史部集成、子部集成、集部集成、古典戏曲、古本小说、佛教典籍、道教典籍、敦煌文献、专题文献。瀚堂典藏古籍数据库已加工入库3.6万种古籍，2.5万种民国报纸期刊，近6800万条记录与海量清晰图片直接对应，汉字总量超过70亿，可全文检索和连续图文对照阅读。目前，其文献内容还在不断修订，定期扩增。

(3)大学数字图书馆国际合作计划(China Academic Digital Associative

Library，CADAL），其前身为高等学校中英文图书数字化国际合作计划，是一项加强数字化图书馆建设的计划。大学数字图书馆国际合作计划旨在建设为我国高校教学与科研服务的百万册图书规模的数字资源。目前，其可检阅的古籍 24 万余条。此外，其还收录了大量的民国图书、英文图书、报刊等。该数据库收书量大，非常便于查阅古籍和民国图书。

（4）学苑汲古——高校古文献资源库。这是一个汇集高校古文献资源的数字图书馆，为中国高等教育文献保障系统（CALIS）三期建设的子项目之一。该资源库由北京大学牵头，联合国内 23 家高校图书馆合力建设。资源库中的古文献类型目前为各馆所藏古籍和舆图，今后还要增加金石拓片等古文献类型。资源库内容不仅包括各参建馆所藏古文献资源的书目记录，而且还配有相应的书影或图像式电子图书。

（5）中华古籍资源库。中华古籍资源库是“中华古籍保护计划”的重要成果。2016 年 9 月 28 日，中华古籍资源库正式开通运行。目前在线发布资源包括中国国家图书馆藏善本和普通古籍、甲骨、敦煌文献、碑帖拓片、西夏文献、赵城金藏、方志、家谱、年画、老照片等，以及馆外和海外征集资源，总量约 10 万部（件）。读者无须注册登录即可检索和阅览全文影像。

（6）中华古籍书目数据库。中华古籍书目数据库又名全国古籍普查登记基本数据库，是全国古籍普查登记工作的重要成果之一。数据库发布的内容主要包括普查编号、索书号、题名、著者、版本、册数、馆藏单位等信息。系统支持用户按照普查编号、索书号、题名、著者、版本、馆藏单位等字段进行简单检索（单一字段检索）或高级检索（组合字段检索），支持繁简共检。检索结果可按照普查编号和题名进行排序，同时可按照馆藏单位进行导航。截至 2020 年 11 月 30 日，该数据库累计发布 264 家单位古籍普查数据825362条、7973050册。该数据库的目标是建立古籍总台账，全面反映全国古籍的存藏情况。大家最好将该数据库与《中国古籍总目》结合起来检索，以搜检国内现存古籍的基本情况。

（7）我国台湾地区的数据库。我国台湾地区古籍数字化开发很早，有很多成果，有很多有用的数据库，如故宫清代文献档案数据库、台湾地区中文古籍数据库、傅斯年图书馆珍藏善本图籍书目资料库等。

（8）国外的数据库。日本、美国、韩国的中文古籍数字化也有不少成果，如日本的日本所藏中文古籍数据库、东京大学东洋文化研究所所藏汉籍全文影像资料库等，美国的哈佛大学哈佛燕京图书馆藏善本特藏资源库等。这里重点介绍一下韩国的韩国古典综合数据库。该数据库是韩国古典翻译院建设的，在任何界面都可以通过在输入框中输入搜索词进行搜索，而且提供搜索对象、搜索选项、搜索运算符号和详细搜索服务。当然，最重要的是其可以用中文检索。该数据库所收比较重要的中文文献有《朝鲜实录》《韩国文集丛刊》等。

此外，比较常用的数据库还有：文渊阁《四库全书》、汉籍全文检索系统、《古今图书集成》全文检索系统、中国数字方志库、书格网、古籍馆、籍合网、国学大师网、中国哲学书电子化计划等。

电子文献会不断更新，我们要注意经常查阅，关注其最新的进展。当然，电子文献也会有差错，有条件的话我们还是要多看原书或找原书来核对。

二、文献学基本资料

文献学的基本资料主要有目录、丛书、笔记、文集、档案、人物资料、域外汉籍等。

1. 目录

目录是文献学最主要的内容，最有代表性。读目录，尤其是读提要目录，可以在一定程度上代替读原书。

近些年大套的目录丛书出了不少，如中华书局出版的《宋元明清书目题跋丛刊》，上海古籍出版社出版的《中国历代书目题跋丛书》，学苑出版社出版的《古书题跋丛刊》，北京图书馆出版社[①]出版的《明代书目题跋丛刊》《明清以来公藏书目汇刊》《地方经籍志汇编》《清代私家藏书目录题跋丛刊》《民国时期私家藏书目录丛刊》，商务印书馆出版的《中国著名藏书家书目汇刊》(分为明清卷和近代卷，林夕编)，中国书店出版的《海王邨古籍书目题跋丛刊》等。

如果要快速、全面地查找古代的图书，我们还可以利用正史艺文志及

① 即国家图书馆出版社，1979年成立，原名书目文献出版社，1996年更名为北京图书馆出版社，2008年改为现名。

正史艺文志补编。如果是查明人的著述，可以利用《千顷堂书目》；查清人的著述，可查王绍曾主编的《清史稿艺文志拾遗》。清代的目录很多，可查来新夏的《清代目录提要》。随着影印的目录越来越多，清代的很多私家目录也都比较容易找到。查清代文集则更方便，有两套书可利用，即《清人别集总目》《清人诗文集总目提要》。

关于古代目录著作、目录学家的专门研究，也有不少成果，如关于《汉书·艺文志》《隋书·经籍志》《崇文总目》《四库全书总目》《钦定天禄琳琅书目》《读书敏求记》等，以及焦竑、钱谦益、钱曾等人均有专门的研究著作。

2. 丛书

丛书收书多，各方面的材料都有。这几年影印出版的丛书很多，我们要多利用丛书来查书。其中较常用的丛书有：

《四库全书》系列丛书，包括《文渊阁四库全书》《续修四库全书》《四库全书存目丛书》《四库全书存目丛书补编》《四库禁毁书丛刊》《四库禁毁书丛刊补编》《四库未收书辑刊》。《四库全书》系列丛书如同一座小型的古籍图书馆。其子目可以通过"四库系列丛书综合索引"在网上检索，很方便。

《丛书集成初编》收书 4107 种，共 4000 册，王云五主编，1935 年至 1937 年由商务印书馆排印、影印出版。该丛书选择宋代至清代重要丛书 100 部，去其重复，重新分类编排而成。当时只出了 3467 册，未出者 533 册。1985 年起中华书局重新影印，补齐未出者。上海书店出版社编《丛书集成续编》，1994 年影印出版。该丛书选取明清及民国时期的丛书 100 部，删除各丛书重复以及与《丛书集成初编》重复的书，共收古籍 3200 余种，按经、史、子、集分类编排。《丛书集成新编》《丛书集成续编》《丛书集成三编》是台北新文丰出版社编印的。其与台北"商务印书馆"、台北艺文印书馆（曾出过《百部丛书集成》）所出者不尽相同。

《四部丛刊》是民国时期商务印书馆出版的。从 1922 年起，《四部丛刊》共出了初编、续编、三编，收书 502 种，分装成 3100 多册。与此相类的还有中华书局于 1920 年至 1936 年陆续编印出版的《四部备要》。这部丛书收书 336 种，按经、史、子、集四部分类，用丁氏仿宋活字排印，个别影印。从当时的情况看，《四部丛刊》着眼于选择宋元明珍本影印，而《四部备要》则偏重于实用——选印较有代表性的校本、注本，可以说是学习和研究古代文献的常备书籍。不过，从现在的情况看，这两套书的用处都不是很大，因为其中有很多常用书现已整理出版，比较容易找到。当然，相对来说，《四部丛刊》因为有电子版，现在用的人也还较多。

方志丛书。大套的方志丛书已有不少，而且还陆续在出。方志也有数据库，网上即可检索阅读，很方便。旧方志有1万种左右，我们现在能比较容易地阅读到其中大部分。方志丛书主要有《宋元方志丛刊》《日本藏中国罕见地方志丛刊》《中国地方志集成》《稀见中国地方志汇刊》《中国方志丛书》《天一阁藏明代方志选刊》《天一阁藏明代方志选刊续编》《天一阁藏明代方志补刊》等。其中《中国方志丛书》收方志2279种，6357册，1970年台北成文出版社影印出版，极便查阅。此外，国家图书馆出版社近些年陆续推出“著名图书馆藏稀见方志丛刊”(包括上海图书馆、浙江图书馆、北京师范大学图书馆等)，已颇具规模。专题性的方志丛书和专志丛书也有一些，如乡土志、乡镇志、寺庙志、山水志等。一些大型综合性丛书也多收录方志，可以利用。方志的查找，可以利用互联网，也可以利用《中国地方志联合目录》和《中国地方志总目提要》。

我们还可以通过《中国丛书综录》《中国丛书广录》《中国近代现代丛书目录》《中国丛书综录续编》《中国丛书综录补正》来了解丛书的收藏情况。

3. 笔记

中华书局出了一套唐宋元明清《史料笔记丛刊》，可参考。另外，《中国野史大观》《中国野史集成》《中国野史集成续编》，包括了很多非常有价值的笔记。我们不要忽视此类野史笔记的史料价值。

4. 文集

中华书局、上海古籍出版社出的古代文集较多。其他地方出版社也出了不少各地的文集，如中州古籍出版社(河南)、黄山书社(安徽)等。文集的价值，我们以前重视得不够。其实，其中的序跋、文献学家的传记材料等都很有用。

5. 档案

档案对文献学研究也很有用，如《纂修四库全书档案》已经被研究者广泛使用以推进四库学的研究。《清代文字狱档》、翁连溪编《清内府刻书档案史料汇编》，也都是很好的文献学研究材料。档案的整理，我国台湾地区起步早，比较全面，其档案目录检索比较方便。大陆这些年随着大清史项目的开展，也进行了大规模的整理，成果显著。我们要随时跟进了解档案整理与出版的情况。

目前，明代的档案已大部分整理出版。中国第一历史档案馆、辽宁省档案馆编《中国明朝档案总汇》，由广西师范大学出版社 2001 年出版，共 101 册，其中中国第一历史档案馆编纂馆藏明档 88 册，辽宁省档案馆编纂馆藏明档 13 册。档案时间跨度，起自明太祖朱元璋洪武四年(1371)，止于明思宗朱由检崇祯十七年(1644)。

中国国家图书馆所藏清代档案已被影印出版了一大批。当然，中国第一历史档案馆所藏档案被影印出版得最多，包括《乾隆朝上谕档》《乾隆朝军机处随手登记档》《嘉庆道光两朝上谕档》《清宫热河档案》《庚子事变清宫档案汇编》《清宫内务府造办处档案总汇》等。关于清代档案整理出版的具体情况，大家可以通过中华文史网来了解。

台湾地区所藏的清代档案，有不少可以通过上网来检索其基本情况，包括时间、作者、主要内容、专题、性质(如奏折、上谕等)、机构等。台北"故宫博物院"文献馆所存的清代档案，现已基本整理就绪，并编录了目录卡片及各种索引。我们既可以查台北"故宫博物院"编《"国立故宫博物院"清代文献档案总目》(1982)，也可以查庄吉发所著《故宫档案述要》。台北"故宫博物院"文献馆对所存满、汉文朱批奏折已陆续整理影印出版，已编辑出版的有《袁世凯奏折专辑》8 册、《年羹尧奏折专辑》3 册、《宫中档光绪朝奏折》26 册、《宫中档康熙朝奏折》9 册、《宫中档雍正朝奏折》32 册、《宫中档乾隆朝奏折》75 册等。台北"中央研究院"历史语言研究所藏原属清代"内阁大库档案"的各色文书约 31 万件，其中包括诏令、题奏、移会、贺表、三法司案卷、实录稿本、黄册、簿册等，是研究明清政治、社会、经济、军事、法律等方面的珍贵史料。这批档案于清末由于库房损坏被移出大库后，数易其主，辗转迁徙，最后在该所创始人傅斯年的大力奔走下，以重金购入收藏。自民国十九年(1930)该所展开档案整理工作始，至今共刊印成《明清史料》10 编、《明清档案存真选辑》3 辑、《明清档案》10 辑等。

6. 人物资料

人物资料的查找有多种途径，最简单的当然是通过互联网查找。此外，相关的参考书也有不少。例如，人物年谱，国家图书馆出版社前些年出了一套《北京图书馆藏珍本年谱丛刊》，很有用。还有，《中华历史人物别传集》也不错。又如，家谱，国家图书馆出版社出过《北京图书馆藏家谱丛刊》，巴蜀书社出过《中华族谱集成》。学苑出版社影印出版的《历代日记丛钞》，也是相当好的人物研究资料。

但是，历史上的人物太多，再多的参考书也不够，因此，我们应从更广泛的角度来查找人物资料。例如，《清诗纪事》《明诗纪事》，这些书以诗存人，有不少人物资料。此外，我们要特别关注《地方志人物传记资料丛刊》，因为其收载量大，一些不太知名的人物也可在此书中查到。

7. 域外汉籍

现在收藏在国外的汉籍查起来也很方便，一般可以通过互联网查找，如美国、英国、德国、日本、韩国等所藏汉籍均可如此查找到其中一部分。当然，也有一些目录书可以利用，如日本很多图书馆都有汉籍目录，美国也有一些，韩国有延世大学中文系全寅初教授主编的《韩国所藏中国汉籍总目》(全6册，2005年6月在韩国学古房出版)，查起来则更方便。关于越南收藏汉籍的情况，可查《越南汉喃文献目录提要》及《越南汉喃文献目录提要补遗》。至于编成大套丛书的域外汉籍也不少，如《李朝实录》《燕行录全集》《越南汉文燕行文献集成(越南所藏编)》等。

此外，我们要对收藏古籍较多的各大图书馆，尤其是国内的各大图书馆有一定的了解。例如，北京有中国国家图书馆、中国科学院图书馆、首都图书馆、中国社会科学院历史所与文学所图书馆、故宫博物院图书馆、北京大学图书馆、北京师范大学图书馆、清华大学图书馆等，收藏古籍都很丰富。中国第一历史档案馆收藏的清代档案最多。当然，上海图书馆、浙江图书馆、南京图书馆、天津图书馆等公共图书馆，以及一些大学图书馆(如复旦大学图书馆、南开大学图书馆等)，收藏古籍也很多。我们可以通过互联网来了解这些图书馆的收藏特色，查找古籍。《中国古籍善本目录》《中国古籍总目》，以及一些大图书馆馆藏古籍或善本目录，也可以为我们提供各大图书馆的古籍收藏情况。

第三节　西方新书籍史与文献学研究

从20世纪五六十年代开始，西方兴起了文献学与史学等其他学科相结合的书籍史研究。与传统的书籍史相比，新兴的书籍史注重将其视为整体史的一部分，更注重用社会史、文化史的方法来研究书籍，并且注重开发以往书籍史涉略较少的领域(如传播、阅读等)，进而通过书籍来研究社会、历史。因此，学术界把这种书籍史称为新书籍史，或直称为书籍社会史。新书籍史的出现，是西方传统文献学发展的内在需求与突破，正可以为我们的古文献学发展提供诸多可以借鉴的思路。

一、西方的新书籍史①

学界公认西方新书籍史研究兴起于法国，而且一般均以1958年费夫贺(Lucien Febvre)与马尔坦(Henri-Jean Martin)合著的法文版《印刷书的诞生》为标志。该书采用统计学、社会学的方法，比较全面地论述了欧洲印刷书出现的背景及其生产经过、发行、消费、社会影响等情况，深入分析了书籍作为商品的传播方式，以及书籍与社会文化变革之间的关系，突破了传统目录学的研究方法与模式，揭示了新书籍史研究的发展方向。费夫贺是法国年鉴学派的创始人之一，而马尔坦是其学生，是著名的文献学家。该书是费夫贺策划的，因精力有限，他邀请马尔坦合作，并成为主要撰稿人。他们的合作，从现在来看，似乎是历史的必然。这本书很好地诠释了文献学(西方多称为目录学)与史学的合作，并预示着其合作必将成为书籍史研究的新方向和典范。自此以后，西方书籍史研究即进入了一个新阶段，也就是我们所说的新书籍史时期。

---

① 此节参考了安占华：《法国书籍史研究简介》，载《世界史研究动态》，1986(1)；孙卫国：《西方书籍史研究漫谈》，载《中国典籍与文化》，2003(3)；张仲民：《从书籍史到阅读史——关于晚清书籍史/阅读史研究的若干思考》，载《史林》，2007(5)；于文：《西方书籍史研究中的社会史转向》，载《国外社会科学》，2008(4)；[法]梅洛：《何为书籍？何为书籍史？——出发点与展望》，见韩琦、[意]米盖拉编：《中国和欧洲——印刷术与书籍史》，北京，商务印书馆，2008；[英]戴维·芬克尔斯坦、[英]阿利斯泰尔·麦克利里：《书史导论》，何朝晖译，北京，商务印书馆，2012。

20世纪60年代，法国高等研究实践学院出版了2卷本的《18世纪法国的书籍与社会》。该书主要论述18世纪法国书籍的生产、传播、分布情况以及其与群体心态的关系。该研究继承了《印刷书的诞生》所采用的研究路径，将计量系列法大规模地应用于书籍研究，而且将书籍出版发行与社会心态联系起来，希图借助研究书籍探明18世纪法国社会思想的演变。①

兴起于法国的新书籍史很快就得到了西方其他国家尤其是美国学者的响应。例如，美国文化史学家罗伯特·达恩顿(Robert Darnton)的《启蒙运动的生意——百科全书出版史(1775—1800)》(1979)便是一部影响巨大的新书籍史代表作。通过该书我们了解到：启蒙运动是从一笔投机生意开始的；《百科全书》是出版史上伟大的出版物，也是当时非常大的生意。这个故事本身就挺吸引人，而且其写作方法与一般的历史学著作也不同，是类似于报告文学的写法。在书中，罗伯特·达恩顿根据详细的档案资料，论述了这笔生意的开展情况，进而分析了出版过程对启蒙运动的影响。可以说，这是一部关于书的传记，涉及的内容非常广泛。此外，罗伯特·达恩顿还发表了一篇著名论文《什么是书籍史》("What is the History of Books")，提出了新书籍史上著名的"传播循环"模式(communication circuit)，认为作者、出版商、印刷者、销售者、读者是一个循环传播的过程。②

美国文化史学家伊丽莎白·爱森斯坦(Elizabeth L. Eisenstein)花了17年时间写作的《作为变革动因的印刷机：早期近代欧洲的传播与文化变革》(1979)也是一部书籍史巨著。该书涉及印刷史、技术史、文艺复兴史、宗教改革史、欧洲史等诸多方面，对诸多学者的观点提出了批评。其将印刷机与欧洲的文艺复兴、宗教改革、科学革命联系起来，认为印刷机从中产生了革命性的影响，促成了这些历史巨变。她在书中展示了宏观视野，将书籍、印刷机与整个社会的巨变联系起来谈，很有震撼力。

从20世纪80年代开始，法国年鉴学派史学家罗杰·夏蒂埃(Roge Chartier)撰写了《近代早期法国印刷品的文化功用》(1987)，主编了《法国出版史》(*Histoire de l'edition française*，4卷本)和《西方阅读史》(*A History*

① 参见洪庆明：《从社会史到文化史：十八世纪法国书籍与社会研究》，载《历史研究》，2011(1)。

② 参见于文：《西方书籍史研究中的社会史转向》，载《国外社会科学》，2008(4)。

of Reading in the West）等大部头书籍史著作。其主要贡献是进一步增加书籍史研究的深度和广度，尤其是对阅读史领域的开拓。与之前简单地通过对书籍的统计来分析集体心态不同，其指出了从书籍到心态之间种种复杂的变量：读者读什么类型的书籍并不重要，重要的是他们怎么读。由此开始，读者与文本的关系成为书籍史研究的一个核心问题。

正如伊丽莎白·爱森斯坦在《作为变革动因的印刷机：早期近代欧洲的传播与文化变革》中指出并详细论证的：印刷文化与科学有着紧密的联系。欧洲的科学革命也是拜印刷术所赐。关于这一点，在《历史上的书籍与科学》①中有集中的讨论。该书基于对科学书籍的进化性描述与文本分析，探讨了书籍与科学发展的相互推动作用。

此外，相关的著作还有很多，读者可参考《中国和欧洲——印刷术与书籍史》所附的“西方书籍史参考文献”，《书史导论》所附的参考文献以及何朝晖在该书译序中补充的一些参考文献。

新书籍史的基本情况如下所述。

1. 研究范围

书籍是什么？书籍是一种商品。从商品的角度，用经济学的方法来分析它的产生、流通规律。

书籍如何创作？书籍史关注书籍是如何写出来的，也就是书写史。与此相应的是关于作者的研究得到了很好的开展，如作者的身份、权益，作者与书籍、读者的关系等都得到了较为深入的探讨。

书籍是如何生产的？从手抄本到印本，是一场革命。书籍史学者对此十分重视，因此，书籍史简直就如同印刷文化史。

书籍是如何流通的？学者展开了对销售网络、盗版、国家审查制度等的研究。

书籍如何被阅读？由朗读到默读，由集体阅读到个人阅读，均意味着书籍史上的巨大转变。围绕阅读史，学者展开了对识字率、不同阶层读者的藏书偏好、特定地区的阅读取向等主题的研究。阅读习惯、阅读方式及

---

① ［英］玛丽娜·弗拉斯卡-斯帕达、［英］尼克·贾丁主编：《历史上的书籍与科学》，苏贤贵等译，上海，上海科技教育出版社，2006。

阅读大众集体心态的变化等问题，目前均成为书籍史研究的重点。

2. 研究方法

年鉴学派运用计量方法研究法国书籍与社会史，直接推动了新书籍史研究的兴起。此后，书籍史研究更是融会了传统目录学、文学、哲学、社会学、人类学、传播学等理论，采用多学科交叉研究的方法。

3. 研究结果

在西方，新书籍史逐渐发展成一门成熟而独立的学科，一门为诸多人文社会学科所关注的显学。一些大学开设了这门课程，并出版了多种教材，成立了一些书籍史研究中心，开过多次研讨会，相关的著作也不少。①

二、西方关于中国书籍史的研究

受新书籍史研究的启发，西方一些研究中国史的学者以社会史、文化史、阅读史为切入点，开拓了中国书籍史研究的视野。②

1996年《清史研究》(*Late Imperial China*)第17卷第1期推出了中国书籍史研究专号，这是美国学术界关于中国书籍史研究较集中的展示。罗杰·夏蒂埃为该期撰写了长篇导言。该期的作者包括卜正民(Timothy Brook)、贾晋珠(Lucille Chia)、周启荣(Kai-wing Chow)和包筠雅(Cynthia J. Brokaw)等人，他们均为著名的书籍史研究者。

2005年，包筠雅与周启荣共同主编的《中华帝国晚期的印刷与书籍文化》(*Printing and Book Culture in Late Imperial China*)出版。这本论文集收入了包筠雅、周绍明、贾晋珠、马兰安(Anne E. McLaren)、何谷理(Robert E. Hegel)、柯丽德(Katherine Carlitz)、罗友枝(Evelyn S. Rawski)、安妮·伯卡斯-查森(Anne Burkus-Chasson)、孟久丽(Julia K. Murray)、徐小蛮10位学者的论文。这些文章从不同角度对晚明至清的图书出版情况进行了探讨，包括城市和乡镇的图书出版与市场、阅读群体的构建、晚清畅销书、满文书籍的出版等多个主题。

---

① 参见[法]梅洛：《何为书籍？何为书籍史？——出发点与展望》，见韩琦、[意]米盖拉编：《中国和欧洲——印刷术与书籍史》。

② 详细情况可参见[美]梅尔清：《印刷的世界：书籍、出版文化和中华帝国晚期的社会》，载《史林》，2008(4)。

在西方中国书籍史研究学者中，比较有代表性的有以下几位。①

包筠雅。美国布朗大学历史系教授包筠雅的代表作为《文化贸易：清代至民国时期四堡的书籍交易》(刘永华、饶佳荣等译，北京大学出版社 2015 年版)。作者通过实地调查，获取了大量的一手资料，从国内较少人关注的四堡的刻书入手，分析了其刻书之风的形成、销售路径、刻书种类等。与传统的研究不同，她的研究更倾向于书籍社会史而不是印刷史。例如，她认为，四堡是一种区域类型的象征，虽然地方偏僻，但代表着清代书籍在地理和社会层面上渗透的广度和深度。

周启荣。美国伊利诺伊大学香槟分校周启荣教授的代表作为《近代早期中国的出版、文化与权力》(2004)，其从分析书籍生产成本和书价入手，认为明代的中国书价比西欧的便宜，士大夫普遍能买得起书。在此基础上，作者探讨了书籍出版在明代的地位、科举考试与出版的商业化等问题。② 此外，周启荣在《浙江大学学报》2010 年第 1 期上发表的《明清印刷书籍成本、价格及其商品价值的研究》一文，秉承了《近代早期中国的出版、文化与权力》的主要思路，从书价、印刷成本、藏书目录和存世刊本 4 个方面分析了明清印本书籍的价格，认为明清时期印本书籍已经成为一般百姓的消费品。

周绍明。英国剑桥大学圣约翰学院周绍明教授的代表作是《书籍的社会史——中华帝国晚期的书籍与士人文化》(何朝晖译，北京大学出版社 2009 年版)。该书从一个鞋匠的读书生活入手，探讨了从宋代到清中叶雕版印刷业兴盛时期的书籍生产、发行、阅读、流传等各个方面的内容。正如该书书名所示，书籍史实则应该是书籍社会史。中国的书籍史如何书写，该书提供了一个很好的思路，包括西方书籍史的方法与视角，中西比较的方法，长时段的考察，书籍、阅读对人们社会生活的影响等。

贾晋珠。美国加州大学河滨分校贾晋珠教授的代表作是《谋利而印：11 至 17 世纪福建建阳的商业出版者》。该书通过对宋、元、明时期福建建阳民

---

① 参见张志强：《海外中国出版史研究概述》，载《中国出版》，2006(12)；刘永华：《包筠雅〈文化贸易：清代至民国时期四堡的书籍交易〉评介》，载《历史研究》，2008(4)；[美]梅尔清：《印刷的世界：书籍、出版文化和中华帝国晚期的社会》，载《史林》，2008(4)；涂丰恩：《明清书籍史的研究回顾》，载《新史学》，2009(1)。

② 参见张志强：《海外中国出版史研究概述》，载《中国出版》，2006(12)。

间坊刻做个案研究，探讨了这一地区书籍出版的具体流程、图书贸易、与江南经济圈的关系，以及不同社会阶层读者的阅读取向等问题，有助于我们更好地了解和评价建阳坊刻在中国书籍史上的地位。[①]

卜正民。卜正民的《明清时期的国家图书检查与图书贸易》一文[②]，利用明清时期若干文字狱案件的材料，研究了书籍的生产、流通和官方查禁等问题。卜正民认为，没有西方的出版物审查制度，清代图书可以自由出版印行，而且乾隆只是依靠官僚机构进行事后的查禁，显然对于印刷术发达的中国来说，无法有效地控制图书出版。此外，卜正民还对明代地方学校藏书进行过颇有价值的探讨。[③] 其主要依据方志材料，讨论了地方官学的藏书数量、种类、来源及其象征意义等问题，在宫廷与私家藏书之外开拓出一条新的藏书研究路径。

三、新书籍史对文献学研究的启示

新书籍史研究提供了文献学研究的新思路，开创出文献学与史学等学科结合的一片新天地，让人有豁然开朗之感。

1. 新书籍史提供了研究历史的新角度

新书籍史通过书籍来看整体的历史，而不是书籍本身的发展史，为研究历史提供了新思路。事实上，文献学研究完全可以从自己的角度对历史的发展做出解释。例如，从中外图书流通角度看，中国历史是从“赐书”到“接受赐书”的历史。又如，活字印刷的出现与发展表明，印刷史中的资本主义在西方体现得特别突出；但是，在中国则没有这样的体现。这是为什么？我们也可以从印刷史的角度对中西资本主义的产生做出自己的解释。总之，文献学可以有更大的作用，也可以有更广阔的研究空间。

2. 新书籍史是整体的书籍史

目前国内学界关于文献学的概念有诸多不同的认识，我认为，文献学是研究有关文献生产、流通、收藏与整理的学问。这种文献学是整体的文

---

① 参见于文：《西方书籍史研究中的社会史转向》，载《国外社会科学》，2008(4)。

② [加]卜正民：《明清时期的国家图书检查与图书贸易》，载《史林》，2003(3)。

③ 参见[加]卜正民：《明代的社会与国家》，陈时龙译，149～175页，合肥，黄山书社，2009。

献学，是研究文献的一生的，包括其从生到死的过程。我们既要研究这4个环节，也要研究它们之间的关系。这一认识，可以从新书籍史中得到一定的支持。例如，对流通的关注。西方有一种观点认为，书籍史应纳入传播交流史中。我们传统文献学只是强调整理与收藏，这是不对的。文献只有放在流通中考察，才有生命。因此，书价、书商、书坊、书船、行业公约、行业神、公私流通、流通渠道(赐、赠、购)等，都能进入我们的研究范围。又如，注重阅读。就西方书籍史研究而言，目前正在由书籍史研究转向更为强调读者角色的阅读史研究。那么，我们文献学研究者是否也应多关注一下阅读史呢？

3. 眼光向下

我们的传统文献学其实一直以来都是精英文献学、藏书家的文献学。文献学研究的书也是精英的文献，是精英眼中的文献，而不是普通民众眼中的文献。其实，藏书家的藏书，并不能真正反映通行书的情况，有时甚至相反。这也促使我们思考：藏书是否等于藏书家所拥有的全部书？藏书目录是否反映了藏书家所有的书？那么，文献学的视野是否可以向下看，更多地关注普通书籍的生产、流通、阅读情况呢？事实上，新书籍史研究更关注藏书家藏书之外的书，也就是那些不是用来收藏的书，如善书、小册子、通俗读物、商业书、通俗类书等。他们研究更多的可阅读的材料，而不只是经典，并据此来看一个时代。

另外，新书籍史也促使我们关注那些与图书有关的普通民众，如印刷工人、书贩等。

4. 书籍是商品

书籍是什么？我们传统文献学给人的印象是，书籍更多地体现为文化的载体。但是，新书籍史强调书籍的第一属性是商品性。《印刷书的诞生》第一卷的题目就是“书籍，这种商品”，并以此为出发点探讨图书生产的市场化运作、作者权益、版权法、市场化写作等。因此，书籍不是为了收藏而生产，而是为了阅读、流通而生产。

5. 新方法

(1)计量方法。尽管计量方法在中国书籍史研究中存在一定的局限性；但是，因为我们传统文献学缺乏通过数字来说明问题的意识，所以这一方法的应用(如关于出版的成本、书价、印书数、识字率等)，可以在很大程度上弥补我们研究中的一些不足。

(2)多学科交叉研究法。文献学研究完全可以借鉴多学科交叉研究法，分析文献生产、流通、收藏、整理、阅读等问题。

总之，新书籍史带给我们很多启示，值得我们文献学研究者重视。当然，其存在的一些问题，我们也需要加以甄辨和避免。

第二章　文献的生产

文献是如何生产出来的？这是我们讨论文献最先要接触到的问题之一。这个问题应该包括最初的文献是什么样子的、谁制作的、如何制作的以及文献是如何被编写出来的等小问题。此外，文献生产需要诸多条件，如载体、文字等记录信息的符号以及掌握这些符号的人等。以上就是我们这一章要讨论的主要内容。

关于文献生产，我们要注意参考西方新书籍史的相关著作。中西方关于文献起源的探讨有许多共识和相通之处，如文字的起源、书籍的诞生等。

第一节　文献的载体

文献是记录在载体上的。以图、文字或其他符号记录在载体上，才成为文献。文字的书写、刻画，涉及的载体很多，我们比较熟悉的载体有甲骨、石、青铜、竹帛、纸等。载体不同，有时功用也各不相同。当然，关于上古时期的文献载体，我们现在基本是据考古发现来认定的，是否还有更多的载体，或者说载体在当时的使用情况(如普遍程度)，并不能完全以考古发现来认定(如甲骨并不一定就是商代最主要的载体)，这些都需要我们进一步讨论。换言之，有的上古载体可能未保存下来或者未见诸记载，还不为我们所知晓。例如，从文字产生的规律看，一开始使用的载体应该是便于书写的，如泥块、木板、石头等，随时可得，而且是随时书写的，不在乎其是否会保存久远。而且，从文字产生到成熟，有很长的过程，早期的书写并不具有普遍的意义，不太会刻在金属或甲骨上。后来，人们想到有保存的需要，才用到这些易保存的材料。因此那些易保存的材料(如甲骨)，可能是比较晚才成为文献载体的。

一、甲骨

甲骨，是龟甲和兽骨的合称。龟甲一般是指龟的腹板。兽骨一般是指牛肩胛骨(也有的用猪、羊肩胛骨)或胫骨。文字是刻在龟甲和兽骨上的，因此我们把甲骨上面所刻的文字称为甲骨文。现在我们通过考古发现，刻有文字的甲骨，主要是商代后期及周代早期的。相对来说，商代更多，而周代较少。因此，我们可以说，甲骨是商代、周代的文献载体，但在商代使用更普遍。

从现存的甲骨文片看，上面的文字基本上是用刀刻的。那么，为何商代主要使用甲骨作为文献载体呢？是因其方便刻，材料比较易得，容易保存，还是别的什么原因？相对而言，木板不是更适合作文献载体吗？显然，用甲骨作为文献载体，是与其特殊的功用有关的。

商人笃信鬼神，遇事常向鬼神求问，而龟甲和兽骨则是他们经常使用的占卜材料。在占卜结束后，将占卜情况刻在龟甲和兽骨之上，就形成了甲骨文献。据考证，甲骨文献的制作过程大致分为整治、钻凿、命辞、灼兆和刻辞等步骤。[①] 整治，先将龟腹、背甲锯开，去掉腹甲外沿。背甲则从中剖开，锯去首尾两端，呈鞋底形。削锯后去掉鳞片，将正反两面打磨平整。肩胛骨则要先切去一部分骨臼，再切去凸出的臼角并削平骨脊，最后将正反两面打磨光滑。钻凿，甲骨过厚，一般情况下光靠烧灼是很难开裂出有规律的兆纹的，在甲骨上挖出孔穴就是为了使甲骨变薄，以使烧灼后出现兆纹。命辞又称问辞，指卜问的事项。灼兆，将烧红的圆木在孔中旋转烫灼，由于钻孔处很薄，经高温烫灼后龟甲正面便会开裂，出现“卜”字形裂纹，这就是“兆纹”[②]。占卜者视此卜纹判断吉凶。刻辞，占卜后将所卜问事项刻记在甲骨之上。

一篇完整的卜辞包括叙辞、命辞、占辞、验辞等。叙辞又称前辞，记

---

① 参见钱存训：《书于竹帛 中国古代的文字记录》，25～26 页，上海，上海书店出版社，2006。

② 也有人认为，卜字是灼烤龟甲开裂时发出的噗的声音。

述占卜的干支日期、贞人名；命辞又称问辞，指卜问的事项；占辞，记述对卜问事项所做的吉凶判断或推测；验辞，记述卜后事情是否应验；等等。

据不完全统计，国内外现存甲骨(含拓片)15 万片左右，单字约 4500 个，可认者不及一半。从这个角度来看，甲骨是当时留下来的最多的文献载体，我们当然有理由推测当时文献的主要载体就是甲骨。是不是这样呢?起码从实物遗存来看是这样的。出土的一些甲骨有用朱墨书写的文字，可以说明刻辞一般是先写后刻的(当然也有熟手直接刻写的。石质、金属文献，也多是写好了再刻、铸的)。有的出土甲骨上面写上的文字只刻成了一半。那么，当时应该是已经有笔墨了，为何还用刀刻呢?这大概取决于这种材料的质地。我们知道，骨头是有一定硬度的，而吃墨的能力却不怎么强，如果用笔写，可能不会保存很久，因而只好用刀刻。这也可以看出，当时从文字记录来说，首先想到的还是用笔墨，而与笔墨相应的载体，最合适的当然不会是甲骨，而应当是简牍等便于书写的载体。刻于甲骨，只不过是当时为了特殊的功用(如占卜、纪念、存档等)而采取的一种特殊方式罢了。

二、金属

主要是青铜，也有铁、金、银等。这些金属都可以作为载体或刻或铸文字。

青铜器，包括礼器、乐器、食器、酒器、兵器等，其中又以礼器、乐器较为重要，而礼器以鼎为代表，乐器以钟为代表，故钟鼎可作为青铜器的代名词。青铜，在先秦时期普遍被称为金。青铜器很大一部分是用于祭礼的，而古代以祭祀为吉礼，故称青铜祭器为吉金。在各种青铜器上或刻或铸而成的文字，即金文，又称青铜器铭文或钟鼎文。这种金文又可与石刻文字合称为金石文字。

在青铜器上刻、铸文字，始于夏，中经商，盛于周，持续至汉。商代的金文较为简短，长篇铭文主要出现在西周和春秋时代。例如，现存青铜器铭文最长的是西周毛公鼎上的铭文，有 497 个字。

青铜器上的文字多数是铸上的，少数是刻上的，因为在青铜器上刻字显然不方便。后世刻字也很少刻在金属上，而相对来说，在金属上铸字则一直有所继承，如在金属钱币上铸字等。

除了青铜，铁、金、银等金属上也可以刻字和铸字，它们也是文献载体，但是，这些金属在上古时期没有青铜使用得那么普遍。

不管怎么说，无论在哪种金属上刻、铸字，都不会是当时文字记录的主要形式，而金属也不应该是当时文献的主要载体。如同甲骨一样，金属作为文献载体，是有它特殊的功用的(如纪念性、仪式性、象征意义等)。

三、石

有些论著认为，金、石文献起源大体是同步的。事实上，石作为文献载体，较金属要早得多。石作为简便易得之记录材料，大概从文字起源时起即作为文字之载体存在，如远古的崖画。文字的起源，离不开石。

正因为石作为载体之方便，所以自周秦以来，以石片、石鼓、摩崖、碑、碣等形式刻、写的石质文书，可以说是浩如烟海。

石质文献，往往是通过镌刻的方法将文字记录在石质载体之上的。例如，传世的石质文书包括摩崖石刻、碑、碣，历代所刻儒家石经、释家石经、道家石经等，基本都是镌刻的。现存最早之石刻文为秦国刻石鼓文，即刻于十方鼓形石头上之文字。秦始皇巡游天下，先后刻有泰山、琅邪、芝罘、碣石、会稽等七处石刻，现存唯有琅邪石刻。东汉“熹平石经”、曹魏“三体石经”亦是著名的石刻文献，但目前都只存残片。通过书写来记录的石质文献也有，如1965年在山西侯马春秋晚期晋国遗址出土的盟书，都是以朱色或墨色书写在玉片或石片上的。其中最大的长32厘米，宽3.8厘米，上尖下方，形态规整。不过，这种情况比较少见。

石质文献在镌刻时，一般要经过3道工序：撰文、书丹、勒石。撰文，即撰写要刻石的文稿；书丹，即用朱砂直接将文稿书写在石上；勒石，即照书写字迹雕刻。此外，很多石刻在刻好后还要用墨来填写一遍。

在中国古代的石质文献中，数量最多的是石刻文献，而在石刻文献中，数量最多的是墓志碑刻。后人为了保存或临摹石刻文献，往往会将其摹拓下来。对石刻及其拓本的研究非常多，尤其是书法界开展得很好。当然，史学、金石学、经学、社会学等研究者也一直非常重视对石刻文献的搜检、整理和利用。

四、竹木

竹，指竹简；木，指木牍。作为文献载体，两者可合称为简牍。这种文献就为简牍文献。

竹简(简也有木制的，但较少)呈细长条形，可供书写一两行字。竹简剖开成片后，为防蛀和便于书写，需用火烤干其水分，谓之“杀青”，亦称“汗青”。竹简本身又有长短之分。有一种说法认为，长(大)的是用来写经的，短(小)的是用来写传、记的。将多片竹简连缀在一起，就成为“策(册)”。编连的带子多以帛制成，史称孔子读《易》，韦编三绝，韦(纬)指的就是这种带子。其编连的方法，一般是采用正背交叉的方法。连缀成册的竹简往往要收卷起来存放，这就是一卷。古人为了存放、阅读的方便，往往将一个单元(或一篇)的内容编连成一卷，所以，先秦时期的一卷往往就指一篇，篇、卷作为文献的计量单位往往是相通的。这一点也可以从《汉书·艺文志》的著录中看出来。

牍多为木制，相对于竹简而言形制宽大，可供书写多行文字，故又称为方、版或方版。不过，相对于编连成册的简而言，它又较小，故《仪礼·聘礼》云：“百名以上书于策，不及百名书于方。”也就是说，百字以内者多书写于木牍，而超过百字者就要用简了。因此，单片木牍多用来书写公文、函柬等较为简短的文字，因而后世称公文为公牍，书信为尺牍。为防窜乱和更改，牍(版)也常用于登记户口、田地，故又有版籍、版图之称。

公文或书信这种私密性的牍，在传送的时候需要在其上加盖一片板作为封面，这就是检。然后用绳将检与牍捆扎好，这就是缄。然后在结绳处加封泥，再加盖印戳，这就是封。然后在检上写收件人的姓名等，这就是署。因此，检在后来的书籍中可以用来指封面，而在封面题签就可以说是署检。如某人题写的书名，落款就可以署：某某署检。署，即题写。同样的道理，简也可以以捆扎、封泥、加印的方式封存。也有将简牍盛于囊内，在囊外系绳封泥者。从以上所述可以看出，简牍对后来中国书籍制度产生了深远影响。①

---

① 参见王国维：《简牍检署考》，见《王国维考古学文辑》，南京，凤凰出版社，2008。

需要注意的是，以往有不少人误认为简牍上的文字是刀刻上的。事实上，目前我们发现的古代简牍上的文字基本上都是用笔墨书写的，只有当简牍上写了错字时，才用刀子刮去，然后再写上正确的文字。《后汉书·刘玄刘盆子列传》载："酒未行，其中一人出刀笔书谒欲贺，其余不知书者起请之。"李贤注："古者记事书于简册，谬误者以刀削而除之，故曰刀笔。"

此外，由于目前发现的简牍文献主要集中于战国至汉、晋时期[①]，因此有人认为，随着书籍的发展，特别是随着正规书籍的出现和发展，以前的甲骨、青铜器、石材料等都不再能满足需要，简牍便广泛地被用作书籍的制作材料。但按常理来推，简牍在古代获取非常方便，其出现应该早于金属载体。而且，《尚书·多士》载："惟殷先人，有册有典。"简牍在商代甚至更早就有。因此，简牍文献应与笔墨基本同时出现，简牍作为载体出现的时间，不会晚于甲骨、青铜器作为载体出现的时间。而且，简牍载体应该在战国以前已经有很多使用，并一直持续到汉晋时期。东晋以后，随着纸张的获得越来越方便，纸张基本取代了简牍成为主要的文献载体。因此，大致可以这样说，在东晋以前，文献的主要载体应该是简帛；之后，文献载体主要是纸张。

五、帛

帛是白色的丝织品。写有文字的帛，称为帛书。[②] 汉代总称丝织品为帛或缯，或合称缯帛，所以帛书也叫缯书。

帛书是用笔墨将文字写在其上的。[③] 帛作为文献载体应该也是比较好理解的，因为它便于着墨，且便于携带和保存，也相对不是很难获得，对于有身份和有钱的人来说，更是如此。当然，有文字记录需要的，往往都是社会上层人士，因此，用帛来作为记录载体就更可以理解了。从考古发现看，以湖南长沙子弹库楚墓中出土的战国时期的帛书为最早。这些帛书已

---

① 比较知名的如：西晋太康年间，河南汲郡人不准盗掘战国魏襄王墓，得竹书数十车，凡书75篇，10万余言，后整理得《竹书纪年》《穆天子传》等。20世纪30年代，西北出土居延汉简。20世纪70年代，山东出土银雀山汉简。

② 班固《汉书·苏武传》载："言天子射上林中，得雁，足有系帛书。"可见，汉代已有"帛书"一词。

③ 从考古材料看，帛不但可以用来写字，也可以用来绘图和画画。

经非常成熟，因此帛书出现的时间应该要远早于战国时期。春秋战国直至汉代，帛的使用相当广泛，其作为书写文字的载体也很普遍，所以当时常常“竹帛”并举。考古发现也可以证明这一现象。例如，1973年长沙马王堆汉墓出土了一批重要的帛书，有《老子》《战国纵横家书》等，说明汉代普遍使用帛书。竹帛并用的现象一直持续到纸张的大规模应用之后，自此缣帛与简牍一起逐渐从文献载体中淡出。

六、纸

纸的发明是一件划时代的大事。没有纸，后来的很多发明（如印刷术）就无从实现。从文献学来说，纸开启了纸质文献时代。

中国造纸历史悠久，可以上溯至西汉时期。纸，原指漂洗蚕茧时附于筐上之絮渣，故先秦即有“絮纸”记载。段玉裁《说文解字注》卷十三云：“造纸昉于漂絮，其初丝絮为之。”所以，最先出现的纸应是丝织纤维纸，后来才有植物纤维纸。这和西方造纸术的发展路径是一致的。通过丝织品（如碎布等）来造纸，材料来源比较窄，也比较贵，所以初期纸的产量并不会很大。东汉和帝时蔡伦改进造纸术，大大降低成本，使纸张普及成为可能。蔡伦的造纸法，是用树皮、麻头以及破布、渔网造成纸。汉和帝元兴元年蔡伦上奏皇帝，皇帝夸赞他的才能，从此都采用他的方法造纸，所以当时人都称这种纸为“蔡侯纸”。这种纸的制作成本比较低。后来，造纸术不断改进，植物纸（如用树皮、竹、草、麻等为原料）越来越普遍，成本越来越低，纸的产量越来越大，其作为文献载体的使用也更广泛。因此，自东晋之后，纸张基本取代了简牍、缣帛而成为书籍的普遍制作材料。

以纸为载体的文献可称为纸质文献。纸张价廉物美，作为文献载体，优点多而缺点少，故最终取代了其他载体而成为文献载体之主导，一直到现在。因此，造纸术堪称文献载体之一大革命，亦是人类文明史上之一大革命。

七、其他

中国传统文献的载体还有陶器、象牙、菩提叶等，但都较为特殊。

从考古发现看，新石器时代的许多陶器表面有近似于初期文字的符号。[①]

---

① 如半坡陶符、丁公陶文、高邮陶文等。

这些符号常被称为“记号陶文”。这些陶文(要早于甲骨文)是表意符号还是真正的文字，在学术界还有争议。从春秋战国时期开始，在陶器上刻写文字已较为普遍，但一般只有几个字，内容为人名、官名、地名、吉祥语和年月等。这和后世在陶瓷等器物上刻写装饰性的文字相类似。因此，总的来看，陶器并不是普遍意义上的文献载体。

在象牙上刻录文字，据说在夏代即已出现。那些刻在象牙上的文字称为象牙文。象牙文是不是一种独立的字体，其产生于何时等，均有很多争议。但不管如何，在象牙上刻字的传统一直还有保留，如清代就有不少这样的象牙制品。由于象牙非常珍贵，镌刻也非常不易，因此用象牙刻录文字也只是一种特殊的文献记录形式，且多具有装饰性、艺术性。我们一般不把刻有文字的象牙当文献看，而是当艺术品看。

用树叶作为文献载体，有一定的传统(如下文提到的贝叶)，但是中国历史上真正用树叶写成的文献还是绝少的，因此这里提到的菩提叶佛经就是非常特殊情况下产生的稀见之品。清乾隆年间两广总督杨廷璋在任上制作了一部写在菩提叶上的《般若波罗蜜多心经》，进呈给乾隆皇帝。该经册版框为半开，纵 16.7 厘米，横 9.5 厘米。卷前扉页为洒金黄纸，上精绘墨描八宝图。正文四开八面，1000 片菩提叶裱于暗花流云纹绿绫之上，经文是杨廷璋亲笔抄写在这些菩提叶上的。作经笺的菩提叶取自广州光孝寺里的一株具有千年历史的菩提树。乾隆皇帝对这件别致的经册极为喜爱，并于乾隆三十三年(1768)利用生长在皇宫英华殿内的菩提树叶，按照杨廷璋提供的制作程序，制成菩提叶笺，在叶笺上御笔亲书《般若波罗蜜多心经》，装裱成册，钤以御印，配上函套。①

此外，古代两河流域苏美尔、巴比伦、亚述和赫梯人用泥制作的供书写的泥板(在上面用楔形文字刻写文书、契约、纪事和文学作品等)，古埃及流行的莎(suō)草纸，西方古代流行的羊皮纸，古代印度用来写经的贝叶等，都是古代世界很有代表性的文献载体，值得我们关注，并可与上述中国古代文献载体相比较来认识。由于本教材主要是讲中国传统文献的，因此这些外国的文献载体在此就不详细介绍了。

---

① 参见向斯：《中国宫廷御览图书》，171 页，北京，紫禁城出版社，2005。

最后，我们可以尝试对以上这些传统文献载体做一些总结。

其一，文献载体的阶段性特点。也就是说，每个历史阶段有其代表性的文献载体。从这个角度来看，我们可以通过载体来划分和认识历史时期，如甲骨时代、竹帛时代、纸张时代等。

其二，文献载体的发展性特点。文献载体随着历史的发展而不断进步，新的载体不断取代旧的载体。这样一种趋势一直延续到现在，现在电子文献在很大程度上颠覆了两千年来的纸质文献传统。

其三，文献载体的共同特点是便于记录，便于保存。① 早期的载体（主要指甲骨、青铜）偏重于后者，而后期的载体偏重于前者。就早期载体而言，载体本身有着特殊的功能与象征意义，往往在文字之外传达出重要的信息。② 就后期载体而言，文字较之载体更重要。例如，在纸质文献时代，读者（指当时的读者）更看重的是文字，而不是载体本身。

其四，载体与字体有一定的对应关系。首先，不同的字体往往对应着不同的载体，如甲骨文对应着甲骨等。关于这一点，从下文记录符号中还可以明显看出。其次，同样的文字采用不同的字体和载体会有不同的意义。

当然，还有一点需要注意，即不同的载体一般来说都有相应的书写、刻铸工具和材料。这些工具和材料，有的是主要的，如笔、刀、墨；有的是辅助性的，如砚、锤等。到印刷时代，工具和材料则更多。关于这些工具和材料的介绍，涉及面太广，而且又不是文献学的主要内容，在此就不赘述了。

第二节　文献记录的符号

如前所述，文献是记录在载体上的。也就是说，以图、文字或其他符号记录在载体上，才成为文献。一般来说，记录符号是当时公认的有意义的符号，可以用来记录、交流信息。那么，记录符号都有哪些呢？大致来说，记录符号可分为文字、图画、标点符号和其他 4 类。

---

① 主流载体应该具有这样一些特点：便于获得，便于书写，便于保存，便于携带。

② 在西方，即使在纸张被广泛应用之后，人们也常用羊皮纸抄写那些神圣的、重要的文献，如宗教、法律文献等。

一、文字

中国古代文献是由多种文字文献组成的，包括汉文、西夏文、藏文、满文、蒙文等文献。汉文文献是中国古代文献的主体，而本教材所论也是以汉文文献为中心的，所以这里就以汉字作为文字代表来讨论。

最早的汉字我们一般只追溯至约公元前1300年商代的甲骨文，但在此之前的一些刻画符号也有可能是最初的文字。汉字起源的说法有5种，即结绳说、八卦说、河图洛书说、仓颉造字说和图画说。相对来说，图画说较为合理。汉字最初创造出表意符号，然后不断地组合、衍化出其他的文字，即所谓"独体为文，合体为字"。文献上出现的汉字有几万个，形成汉字大家庭。要了解汉文文献，就要先了解这些汉字。当然，相对于文献记录来说，首先要了解的不是这些汉字的含义，而是这些汉字的字体。如前所述，随着历史的发展，文献载体在变化，汉字的字体也在不断地变化。可以说，一定的时期、一定的载体，大致对应着一定的字体。因此，要了解中国古代文献，我们有必要先来了解汉字的字体。

以下大致依据汉字字体的发展演变过程，介绍一些主要的字体。

1. 甲骨文

甲骨文是初步的定型文字，为商代后期、周代刻写在龟甲、兽骨上的文字，其内容多为"卜辞"，也有"记事辞"。甲骨文大部分符合象形、会意的造字原则，形声字只占20%。其文字多为图画文字演变而成，象形程度高，且一字多体，笔画不定。这说明汉字在殷商时期尚未完全定型。

国内外现存甲骨(含拓片)15万片左右，发现甲骨文字已超5000个，已辨认出的有1700多字。相关的研究成果，大家可以参考郭沫若主编《甲骨文合集》(中华书局1978—1982年版)、胡厚宣主编《甲骨文合集释文》(中国社会科学出版社1999年版)、彭邦炯等《甲骨文合集补编》(语文出版社1999年版)、宋镇豪主编《甲骨文献集成》(四川大学出版社2001年版)等。

2. 金文

先秦称铜为金，故铸刻在青铜器上的文字叫作金文，又叫钟鼎文。金文始于商代，延续时间很长，但长篇铭文主要出现在西周和春秋时代，所以一般把金文作为春秋时期通用字体的代表。据统计，周代以前的金文，可释读的约有1800字，未能释读的有1200多字；秦汉金文，可释读的有近1000字，未能释读的仅30余字。

金文实为大篆之一种，上承甲骨文，下启秦代小篆，所以其书体也可称为金文大篆体。与甲骨文相比，金文字体整齐遒丽，古朴厚重，道肥粗，弯笔多，团块多。青铜器铭文是按照墨书的原本先刻出铭文模型的陶范，再翻范铸造出来的。因此，金文的书体实际上是一种墨书的书法艺术(当然甲骨文大多也是写好再刻的)，后代多有摹写的书法作品。一些书的书名题签用的就是金文大篆体。

3. 大篆

大篆是小篆的对称。广义上的大篆是流行于周代和春秋战国时期字体的总称。狭义上的大篆指的是金文和石鼓文，尤其以后者为代表。大篆又有籀文、籀篆、籀书、史书之称。史籀是周宣王的史官，他别创新体，以趋简便，故世称“籀文”。大篆散见于《说文解字》和后人所收集的各种钟鼎彝器中，其中以秦国刻石鼓文最为著名。石鼓文是刻在十方形似鼓的石头上的文字。此十方石鼓发现于唐初，分别刻有大篆四言诗(每鼓1首，共10首)。此十鼓现藏于北京故宫博物院，但其上文字已多残缺。

大篆有两个特点：一是线条化，早期粗细不匀的线条变得均匀柔和，简练生动；二是规范化，字形结构趋向整齐，逐渐离开了图画的原形，奠定了方块字的基础。

4. 小篆

小篆又名秦篆、玉筋篆，由大篆简化而成，为秦代丞相李斯等人所整理出的标准字体。《说文解字》所收各字的字头就是用小篆书写的。

小篆除了把大篆的形体简化之外，还把线条化和规范化推进到了相当完善的程度，几乎完全脱离了图画文字，成为整齐和谐、十分美观的长方形的方块字体。但是，小篆也有自己根本性的缺点，那就是它的线条用笔书写起来很不方便，所以几乎在同时就产生了形体向两边撑开成为扁方形的隶书。

5. 隶书

隶书产生于战国末至秦，盛行于汉代，是对篆书简化而成的。隶书分秦隶和汉隶，秦隶是隶书的早期形式，汉隶则为隶书之成熟字体。通常所说的隶书是指汉隶中的“八分”，所以隶书又称“八分书”。

从小篆向隶书演变，最显著的变化是从婉曲的线条变为平直的笔画，从无角变成有角。可以说，隶书是一种彻底线条化、符号化的字体。

6. 楷书

楷书又名真书、正书、今隶，从汉隶演变而成。其大概萌芽于汉代，发展于魏晋南北朝时期，到唐初才完全成熟定型。

楷书笔画平直，字体方正，稳重规整。古书印刷体基本用的都是楷书。我们今天所用的印刷体，也是由楷书变化而来的。

7. 行书

行书是介于楷书与草书之间的、运笔自由的一种字体。行书据传是汉代刘德升所创。其书写流畅，用笔灵活，又易于辨认，在古代使用极为广泛，至今仍是我们日常书写所习惯使用的字体。

8. 草书

草书，形成于东汉初年，又称破草、今草。草书本于章草，而章草带有比较浓厚的隶书味道，因其多用于奏章而得名。章草进一步发展而成为今草，即通常人们习称的“一笔书”。今草大部分较章草及行书在书写上更趋于简捷，因而有很强的实用性。

9. 印刷字体

古代印刷所用的字体一般是楷书，也可以说，印刷字体其实是楷书中特殊的一种。古代最普遍使用的印刷文字就是宋体字。宋体字横平竖直、横细竖粗、整齐方正，是为适应印刷术而出现的一种汉字字体。其起源于宋代，且应用于宋代刻书中。到明代嘉靖年间，宋体字开始定型，并在印书中得到广泛应用，故当时人把这种来源于宋代刻书的字体称为宋体字。[①]这种印刷字体在明代时传入日本，故日本人称其为“明朝体”。由于宋体字是印刷工匠根据楷书创制的一种印刷字体，适宜于雕印，但缺少变化和艺术性，故明代文人称其为“匠体字”。这种字体相对于手写楷书而言，笔画转折生硬，棱角分明，所以也常被称为“硬体字”，而楷书则被称为“软体字”。明清两代刻书大多采用宋体字。

---

① 最新的研究参见李开升：《明嘉靖刻本研究》，上海，中西书局，2019。

以上简略列举了中国古代的主要字体。当然，还有一些字体没在此介绍，而且有的字体本身还有多种不同的变化。例如，篆体就有很多种，如大篆、小篆、玉筋篆、鸟篆、龙爪篆、蝌蚪篆等。又如，楷体也有多种，有肥、瘦等区分。即便是楷体中的印刷体也有很多不同，并不是千篇一律的。例如，就印刷文献而言，尽管多用的是宋体字，但不同时期的刻书写手所选择和书写的字体还是有一定的差异的，这就有助于我们来分析其版本的差异。

这里介绍古代的字体主要是为了让大家加深对古代文献记录符号的认识。就古代文献而言(除书法作品外)，最常遇到的字体当然是楷书，因为楷书具有易写、易刻、易认、整齐、美观等优点，所以多用于古籍正文的抄写和刊刻。至于其他字体，使用情况相对来说没有楷书多，但是也要注意：汉以前的文献，字体复杂，需要多了解当时的各种字体，而不能只据楷书来认识；一些档案文件、账本、日记、书信、便笺、批注等古人随手的、临时性的记录，多用的是行书或草书，这需要我们多了解行书或草书的知识。此外，在后来印刷的古籍中，正文虽然基本是用楷书，但是隶书多用于书衣和内封的书名题签，行书、草书多用于序跋，小篆多用于牌记及各种藏书印章的印文。因此，要阅读古籍，尤其要鉴定古籍，就不能不熟悉各种字体。①

总之，字体会随着历史的变化而变化，要了解不同时期的文献，就需要先了解不同时期的代表性的字体。但是，我们也要注意，由于崇古等心理的影响，后世的文献中也常有前代的字体，甚至一种文献中有时会出现多种字体。因此，熟悉各种字体对学习古代文献而言还是非常必要的。

二、图画②

图画也是文献，因为：其一，文字源于图画；其二，音像文献③是文

---

① 以上参见郭英德、于雪棠编著：《中国古典文献学的理论与方法》，11～13页，北京，北京师范大学出版社，2008。

② 在古代文献中，除了文字之外，比较多的记录符号或内容就是图、画、表。但是，一般的表还是以文字为主，可以视为文字的一种变体，因此这里没有将表单列出来介绍。

③ 音像文献，又可称为声像资料、视听资料、音像制品，是以磁性材料、光学材料等为记录载体，利用专门的机械装置记录与显示声音和图像的文献。

献，图画文献当然也是文献；其三，传统文献中就包含了大量的图画。以图画的方式来记录信息的文献，就是图画文献。

图和画最初都是一个意思，图也是画，画也是图，而且最早的文字应该就是源于图画，甚至就是图画，可见文字、图、画是同源的，是合一的。因此，图画作为文献记录符号是可以理解的。

随着历史的发展，图与画逐渐分离为实用性的图和作为艺术的画。两者沿着各自的道路发展，但互有交叉和影响。图是指用线条、几何图案、符号等绘制而成的形象。画是指用一定的色彩和线条等绘制出来的形象(如油画、素描)，而狭义的画一般就是指我们平常所说的以纯艺术表现为目的的视觉形式。图指几何图形，画指艺术品。但是，无论如何变化，图与画始终纠缠在一起，图中有画，画中有图。而且，图与画既是信息交流的符号，也是文献记录的符号。例如，要描写一个人，我们可能要用很多文字来传递信息，但也可以画一幅人物画，就可以甚至更好地传递信息。换言之，图画既是人们对自然界的艺术再现，也是具有辅助记事和社会交际作用的符号。因此，文字与图画均有记录信息的作用，两者可以互补。从历史文献的记录来看，当然是文字为主，图画为辅的。但是，我们绝不能忽视和低估图画文献的存在及影响。

图画既然具有文献的功能，那么图画就可以说是文献的一种，即图画文献。至于那些收入典籍中的图和画，就当然也是图画文献，如方志中的图、小说中的插图与绣像等。古代文献中的图画所指范围很广，如地图、物品图、人物图等，其中最主要的是地图。古代的地图很丰富，其中保存至今较多的是方志中的地图。另外，古器物图也有很多，如一些器物的拓本。除此之外，还有考古图、钱图等。以上这些都可以称为图画文献。

自古图、书并称，如左图右书、河图洛书之说，因此叶德辉说："吾谓古人以图书并称，凡有书必有图。"[①]南朝王俭《七志》即专立图谱一志。但是，图不易保存，后来一般所说的图书，基本上指的是书籍，以至于治文献者普遍不关心图。有鉴于此，郑樵《通志》专门设"图谱略"著录图谱，并重新强调图的重要性："见书不见图，闻其声不见其形；见图不见书，见其

① 叶德辉：《书林清话 书林余话》，181页，长沙，岳麓书社，1999。

人不闻其语……若欲成天下之事业，未有无图谱而可行于世者。”

总之，图画就是文献。其实，我们早已习惯说书画文献，其中书法作品是文献，画当然也是文献。又如，音像文献、电子文献都是文献，图画文献当然也是文献。图画文献可以分为两大类：一是纯粹的图或画，如单幅的图或画，或者由纯粹的图或画组成的图册、画册；二是图画与文字相结合的文献。第二大类又可细分为：以图画为主、文字为辅的文献，如配有简单文字说明的单幅图、画或者图册、画册；以文字为主、图画为辅的文献，这种文献在古代文献中较常见，如插图(画)本小说、有图的方志等。

三、标点符号

在古代文献中，除了文字与图画外，我们还能看到一些标点符号。当然，古代的标点符号使用并不是很普遍，而且标点符号只是配合文字来使用的，脱离了文字，它们就无法表达有效的信息，因此标点符号只是文献记录的辅助符号。

古书是用来读的，读书有自然的语气停顿，所以不需要加标点符号。后来，因书太多了等原因，人们需要默读，无法再按朗读时那样停顿，因此一些书加入一些标点符号来帮助人们默读，这样就出现了标点符号。因此，标点符号其实就是“句读”之意，也就是标明读书需要语气停顿的地方：在语义完整的地方停顿称为“句”，在语义未完整而需要停顿的地方停顿称为“读”。

关于句读出现的时间，有许多推测，有人认为汉以前就有了。不过，句读一词，最早是汉人何休的《春秋公羊传序》提到的，谓：“援引他经，失其句读。”东汉许慎记录了两种句读符号，《说文解字》卷十二下载：“乚，钩识也，从反亅。”音句月切(jué)。又，卷五下载：“丶，有所绝止，丶而识之也。”音知庾切(zhǔ)。前者相当于现在的句号，后者相当于现在的逗号。

大约是从宋代开始的，标点符号开始比较多地使用。

(1)分隔、分段落的符号。有“ ∟”“—”“○”，尤其是“○”，作为分隔符号用得较多，如阮元校刻《十三经注疏》中就普遍使用。又如，《洪武正韵》各韵部下分小韵，各小韵首字前加“○”，既有分隔的意思，又有提示的意思。

(2)点断。分隔语句和表停顿，即句读或句逗，有“o”“、”“·”。其置于语句末字的右下方或正下方(亦有在右中方的)，代表句号、逗号、顿号、冒号等。宋人的句号是用“o”，标在本句最末一字的右侧中间。逗号则用“、”或“o”，标在该字的下方或右下方。在《永乐大典》中，句号(o)标在末字的右下方，逗号(o)标在末字的正下方。

(3)表音符号。遇多音字，在该字四角的某一角上，标注“、”“o”符号，表不同读音，称为“点发”或“圈发”。一般是：左下平声，左上上声，右上去声，右下入声。例如，相(o标于左下)信，宰相(o标于右上)。

(4)重文符号。有“⺀”“""“╷”，如“屡"”。重上二字时，可作“甚慰""”“可叹""”，或作“甚慰╷╷”“可叹╷╷”。

(5)评点符号。文中佳处、妙处或重点处，可用墨笔或朱笔在这些文字旁加圈点符号“o”或“、”，也就是古人所说的“可圈可点”。

古书中的标点符号，有的是手写上去的，有的是随同文字一同刻印上去的，还有一些是用专门的工具钤印上去的。最后一类较特殊，如《永乐大典》虽是写本，但其标点符号是钤印上去的。《永乐大典》所使用的标点符号都是“o”。从其原文看，“o”有大、小两种规格，与正文中的大、小两种字体相配，均是钤印上去的。至于其所使用的钤印工具，应该就是专门用来钤印这种标点符号的小木(或金属、象牙等)戳。① 这类工具在古代使用应较为普遍，如清代内府铜活字墨印书本上的朱色句读圆圈就是用细圆的空心金属棒钤印的。②

四、其他

古代文献中除了以上提到的文字、图画、标点符号外，还有一些特殊的符号，如乐谱、道教的符咒等。又如，书中的墨丁，或叫“黑钉”“墨等”，是指古代刻本图书正文中，偶有一二字缺文，常刻成正方形或长方形的黑

① 这种工具称为点子。程端礼《程氏家塾读书分年日程》卷二载：“所用点子：以果斋史先生法，取黑角牙刷柄，一头作点，一头作圈，至妙。凡金、竹、木及白角，并刚燥不受朱，不可用也。(造法，先削成光圆，如所欲点大小，磨平。圈子，先以锥子钻之，而后刮之，如所欲。)”(元)程端礼撰：《程氏家塾读书分年日程》，姜汉椿校注，74页，合肥，黄山书社，1992。

② 参见翁连溪：《清代内府刻书研究》下册，266页，北京，故宫出版社，2013。

块(“■”“▌”)表示，便于以后补刻。又如空围，即“□”，指古书正文中缺字、脱文的标识，一“□”代表一字。此外，有些字加方框(墨围)等，以表示某些特别的含义。当然，其中比较典型的是一些校勘符号。

关于校勘符号，在校勘学一节中还会谈到，这里只是简单介绍一下。例如，南宋方崧卿作《韩集举正》，创立了4种校勘符号：“某”(用红笔书写出正字，原误字不保留，已看不出原误字)，误字当刊(改)；“○”，即衍字当削，字在“○”中，表此字当删；“口”，即脱逸当增，字在“口”中，表此字当增入；“∽”，即淆次当乙，两字间加一红“∽”，表顺序颠倒。

事实上，古代校勘符号的使用并不规范和统一。古籍中的校勘底本和校样常会保留一些校勘符号，可以让我们大致了解古代校勘符号的具体使用情况，如美国国会图书馆所藏武英殿聚珍本校样《简斋集》就有这样的校勘符号。此书第三册中所有字体不正、颜色深浅不一，或者缺笔、排行不齐、字距疏密不均、字体粗细不均等问题，均用墨笔标示，说明要在摆印时纠正。其指出的问题不同，标示的符号也不同。王重民曾针对此册说：“每叶首有画押，为负责人所签署；尾有苏州字码所记全叶字数。其校例凡用△，表示刻字欠美观；[如太粗，太细，或不正应另刻者。]用一表示应移下或推上；[即横列要整齐。]用丨，在字左表示应左推，在字右应右移。[即直行要整齐。]此等校印样方法不见记载，今赖此犹可窥见一二。”①

前引王重民之言中提到的苏州字码，也是一种特殊的文献记录符号。例如，一些古书书口刻有书名、卷数、页数、刻工名、字数(指该版片的字数)，其字数统计往往是用苏州字码表示的。那么，什么是苏州字码呢？

苏州字码，又称为苏州码子，或草码、花码、番仔码、商码，是中国早期民间的商业数字。它脱胎于中国历史上的算筹，也是唯一还在被使用的算筹系统②，产生于苏州，故称苏州字码。苏州字码起源于何时已不太清楚，但是到明代时已成为一种完整统一的数码，并被商业界作为暗码使用。至清末民初，还广泛应用于民间。

苏州字码多用于旧时的商业、手工业等一切经营活动和生活中的数字

---

① 王重民：《中国善本书提要》，528页，上海，上海古籍出版社，1983。

② 现在在中国港澳地区的街市、旧式茶餐厅及中药房偶尔仍然可见。

记载、契约的签订及账务的处理。其中〡、〢、〣、〤、〥、〦、〧、〨、〩，与现在汉字中的一、二、三、四、五、六、七、八、九相对应。其书写方式为：一的书写形式为一个竖“〡”；二的书写形式为两个竖“〢”；三的书写形式为三个竖“〣”；四的书写形式类似一个叉“〤”；五的书写形式类似草写的8“〥”；六的书写形式为一横上边加一点“〦”，其中的一点代表了五；七的书写形式为二横上边加一点“〧”；八的书写形式为三横上边加一点“〨”；九的书写形式类似草写的久“〩”。另外，二十为两个汉字十组成“廿”，读作“念”；三十为“卅”(sà)；四十为“卌”(xì)。

总之，中国传统的汉文文献基本是以上述文字、图画、标点符号和其他符号来记录的。

第三节　文献的编纂

传统文献都是需要人来编纂的。也就是说，人们将上述符号记录在一定的载体上，才能形成文献。因此，本节主要谈谈传统文献编纂者和编纂方法。

一、文献编纂者

文献编纂者，也就是我们所说的广义的作者。最早的文献作者没有对文献创作的占有意识，因此也就没有署名意识，故多没有署名。后来的文献，除了一些特殊情况外(如佚名)，一般都有署名，这是因为作者的自我意识增强，对作品有占有和专利意识。

(一)早期文献的形成及史官

最早的文字，或者是文字的初形，只是图画形式，而且不成规模，比较零散，其作者有很大的随机性，无法进行归类研究。真正有规模的文献就是最早的官方档案，所以有的书说“档案是历史上产生的最早的文献形态”，这是有一定的道理的。也可以说，文献记录的早期成果主要是档案(如商朝的甲骨文献)，而档案的记录者其实也就是真正意义上最早的文献编纂者。据我们现在了解的情况看，史官是最为明确的最早的文献编纂者。[①]

先秦时期，史官有多种类型，如《周礼》“春官宗伯”属下即有大史、小史、内史、外史、御史等史官，其职能主要就是负责记录、抄写、保存和管理档案。他们也主持祭祀、占卜。史官均是具有较高书写能力和文化水平的人，如《汉书·艺文志》就提到“太史试学童，能讽书九千字以上，乃得为史”。史官还是文字(包括文献)的垄断者，这体现为他们既是史官，又是主祭者。凡是与文字有关的活动都需要史官来主持。另外，史官是世家，世世代代都操文字之业，这是他们的传统，如先秦时期的齐国太史兄弟，两汉的司马迁一家、班固一家等，都是如此。史官对文字的垄断还体现在对文献的阅读与解释，要依靠史官。可以说，史官既是文字记录者，也是讲故事者，如瞽史之讽诵传统。由此我们可以推测：早期的史官其实是通过口头交流来传述历史、治事的，后来才以文字来记录，并逐渐以文字记录取代口耳相传。

文献发展史中口耳相传的传统是如此根深蒂固，以至于在书写文献中也一直有保留。例如，我们说，书是用来读的而不是用来看的。即使我们看书的时候，其实也是在读，只不过是在默读。我们“写”文字的时候，习惯于表达为我们“说”，因为我们其实是在“说”给想象中的读者来“听”。即使是引用文献中的材料，我们也习惯于用“说”“子曰诗云”等。文字是以语言的节奏来书写的，并由语气来决定其起止、停顿。也就是说，语言表达支配着我们的文字表述，什么地方需要停顿，取决于阅读的需要，即所谓“句读”。文字通顺与否，要读一读，而不是看一看。以上这些都可以说是口耳相传传统的遗存。[②]

口耳相传留给我们最大的遗产，或者说最大的影响是献。我在前文已经解释过何为文，何为献。文字记录就是文，口耳相传就是献。没有献，我们就会失去文献中的一大部分。也可以说，未有文字之前，人类传播信

---

① 《隋书·经籍志》云：“史官既立，经籍于是兴焉。”

② 中国古代朗读的传统其实保存得很好：不但小孩读，大人也读；不但群处读，独处也读；不但白天读，夜里也读。这在小说、笔记等文献中多有记载。例如，李诩《戒庵老人漫笔》卷三载：“杨溇者，元末隐士也，尝避雨泊舟钺舍傍，窥见钺持书倚篱读不辍声，乃就视之，曰：‘竖子好学至此哉？日能读几何？’”(明)李诩撰：《戒庵老人漫笔》，魏连科点校，107页，北京，中华书局，1982。

息基本靠口耳相传，即所谓“献”。早期的神话与歌谣即靠口头传播下来。文字发明以后，我们还长期保留口耳相传的传统，文并没有很快取代献。先秦时期是文、献过渡时期，我们会看到很多文、献并举之事。即使是在汉代以后文字记录占统治地位的时代，献的传统还依旧保留，深刻地影响着我们的文献生产与传播。

总之，史官作为最早的文献编纂者有这样一些特点：身份特殊，对文字(包括文献)的垄断，口耳相传的传统。这些特点也赋予了早期文献更多的权威性和神秘性。同时，我们也应看到，早期文献编纂的特点是：文献编纂少，口头传述为辅助；文献编纂的形式比较简单；文献编纂人员比较单一。这与后代文献数量庞大、编纂人员众多、文献形式多样的情况有很大的不同。这说明文献编纂有一个发展的过程。

（二）早期文献的作者署名

由于习惯的影响，我们往往会以后代的概念来分析前代的问题。例如，对于书，我们认为早期的书和现在的书是一样的，自然有书名、作者、篇卷数。其实，我认为，真正意义上的书是从刘向、刘歆父子校书开始的(初步确定了书名、作者、篇卷数)。也就是说，在这之前，书的要素往往是不确定的，所谓书并不是真正意义上的书。如此说来，我们才能不纠缠于对先秦时期图书作者等问题之争论。关于这一点，余嘉锡有过较全面的论述，主要包括：其一，周秦古书，皆不题撰人，俗本有题者，盖后人所妄增；其二，诸经传注，最初只加姓氏于书名之上，并不别题撰人；其三，古书之题某氏某子，皆推本其学之所自出言之；其四，至于每卷自署某人撰，虽不详其所自始，要其盛行，当在魏、晋以后矣。①《史记》卷六十三《老子韩非列传》就记载了战国时古书不题撰人、单篇流行的一个例子：“人或传其书至秦，秦王见《孤愤》《五蠹》之书，曰：‘嗟乎，寡人得见此人，与之游，死不恨矣！’李斯曰：‘此韩非之所著书也。’秦因急攻韩。”

在疑古之风影响下，余氏之观点在初期并没有受到足够的重视。随着出土文献之增多，验之以实物，学者颇觉余氏所论之难能可贵，于是李学勤、李零等纷纷撰文表达对余氏观点之支持，并在其基础上做了进一步阐

① 参见余嘉锡：《目录学发微 古书通例》，202～209 页，北京，中华书局，2007。

释与发挥。①

（三）后来文献的作者署名

与早期文献作者复杂、模糊不同，后来文献的作者相对较为明确。这些作者的身份绝大多数都是知识分子，即古代的士大夫。从阅读古代文献的角度看，关于后来文献的作者并没有太多值得注意的地方，如果一定要提醒注意的话，大概就只有关于作者的署名方式了。汉代以后，文献作者的署名方式不一，或标姓名，或标字号，或名号同时标出，或标姓名而兼带籍贯、官衔等，如何读懂这些署名呢？

1. 署名之位置

有在书前署名的，有在书后署名的。有的书前后都找不到署名，一般在每卷之首页首行会出现。总之，可以找到作者的地方主要有正文首卷卷端、正文各卷卷端及各卷卷末、目录、凡例、封面、版心等。一些校对者的署名，有时也可以在版心中找到，如乾隆时内府聚珍版之校对者。

2. 署名之方式

其一，姓名字号等。

主要有以下几类：姓名，姓名及字，姓名、字号及籍贯，姓名、字号、籍贯及官职，姓名、字号、籍贯、官职及时代。署名的顺序一般是朝代、籍贯、姓名、字号。如果标朝代，该文献一般是后人所编、抄、刻的前代作者之作品。如果是当代的作者，则一般不会标朝代。如果标地名，则有古今之分，或用今名，或用古名，随其所好。至于字号，可标字，也可标号，一般还是标字较多，但也有标号的。例如，《鹤雪堂诗钞》署“溧水陈泰庸惕亭著”，惕亭是其号。如果是字号都标，则多是号在前字在后。例如，南宋张炎的《山中白云词》署“西秦玉田生张炎叔夏”，“西秦”（今甘肃天水）是张炎的原籍，“玉田生”是号，“叔夏”是字。此外，还有更复杂的署名。例如，东汉蔡邕的《蔡中郎集》署“汉左中郎将蔡邕伯喈撰”，“左中郎将”是官职，“伯喈”是字；三国魏曹植的《曹子建集》署“魏陈思王曹植撰”，“陈”是封地，“陈王”是封爵名，“思”是谥号；《资治通鉴》署“端明殿学士兼翰林

---

① 如李学勤：《走出疑古时代》，沈阳，辽宁大学出版社，1994；李零：《出土发现与古书年代的再认识》，见《李零自选集》，桂林，广西师范大学出版社，1998。

院侍读学士、朝散谏议大夫充集贤殿修撰提举西京嵩山崇福宫、上柱国、河内郡开国侯、食邑一千八百户、食实封六百户、赐紫金鱼袋臣司马光奉敕编集”，开列了一大堆头衔。

还有一点需要注意，如果署名是姓名与字在一起的，那么一般是姓名在前，字在后，而且有时还会在字之后加一“父”“甫”或“氏”字。加“氏”字比较好理解，因为先秦时期有“以字为氏”的传统。我们主要注意一下加“父”“甫”字的情况。例如，《玉亭稿》署“姚光虞继如甫著”(光虞为名，继如为字)，《十赉堂甲乙集》署“茅维孝若父著”(维为名，孝若为字)，《吴歈小草》署“娄坚子柔甫著”(坚为名，子柔为字)，《拟山园选集》署“王铎觉斯父著”(铎为名，觉斯为字)，《玉海》署“浚仪王应麟伯厚甫”(应麟为名，伯厚为字)等。“父”或“甫”加在字的后面，大概也有循古之意：先秦时期，习惯于在男子字后面加上“父”或“甫”，表示对男子的敬称、美称。

其二，佚名与化名。

后来的文献也有很多佚名、化名之作。小说、话本、杂剧等通俗文学作品，因为难登大雅之堂，所以大多仅署别号、化名，如明朝小说《金瓶梅》署“兰陵笑笑生”等。有的干脆不署作者姓名，其作者通称为“无名氏”“阙名”或“佚名”，如明朝佚名的小说《英烈传》[①]等。

至于作者署的是假名、化名，有时会涉伪书之嫌。关于这一点，在辨伪学一节中会详细讨论。

其三，多个作者之署名。

这在集体修书中普遍存在。集体之作往往会有分工，署名时一般会将分工标注清楚，即在作者(责任者)后标明其责任方式(如撰、注、编、纂、辑、译等)。如果作者不太多，可以在书前一一列举。例如，《史记》三家注本卷端题署“汉太史令司马迁撰，宋中郎外兵曹参军裴骃集解，唐国子博士弘文殿学士司马贞索隐，唐诸王侍读率府长史张守节正义”；清代重修岳飞《岳忠武王文集》卷端题署“护理河南巡抚河南等处承宣布政使司布政使兼理河道何煟、署河南布政司河南等处提刑按察使司按察使杨景素鉴定，彰德府知府黄邦宁纂修，汤阴县知县李林校阅”。如果参与人员太多，一般会据

① 关于此书的作者，学界有争议。

分工不同列出主要责任者。例如，官修方志一般既要列出主修者(相当于主编)，又要列出主纂者(纂稿负责人)；也有的在书前列出参与人员的总表，如《四库全书总目》书前开列的“《钦定四库全书》勘阅缮校诸臣职名”表。

二、文献的编纂方法

要知道文献是如何编纂出来的，还需要了解编纂方法。我们常说，书是码字而成的，那么，如何码呢？这就涉及编纂方法。文献编纂方法有多种，但简单来说，不外乎三类：其一是完全是自己的东西，自己想怎么写就怎么写；其二是别人的东西自己抄过来的，也就是别人怎么写(说)就怎么写；其三是既有别人的东西又有自己的东西，也就是前两类的结合。这三种方法也就是目前通行的著述形式：著、编和编著。至于传统著述形式，张舜徽的观点有很大的代表性，即著作(作)、抄纂(论)、编述(述)。[①] 这与前述的三种方法基本上是一致的。兹参考以上的分类，将中国古代文献的编纂方法分为以下几种。

1. 著

著，也可称为著作，古称“作”，即“述而不作”中的“作”。所谓著，在于言人之所未曾言，在于有自己的独到见解，有开创、创新的性质，能成一家之言。任何创造性的见解都是在前人成果的基础上取得的，因此著也可适当引用他人的工作或成果作为参考。例如，《史记》《汉书》《文史通义》等都是著作。古人所谓撰、著、纂、述、议等著述方式，所指并不是很严格，我们要据其作品来具体论定其是否属于著作。

2. 编

“编”原指古人用丝线或绳子把竹简编排起来，引申而有排比、整理、组织之意。书籍的编是指将已经存在的诗文、书籍等内容有选择性地辑在一起，而这些诗文、书籍等内容一般不是编书人自己创作的或用自己的话写出来的。在古代，编可称为“抄纂”，可称为“辑”，可称为“论(lún)”(“论”的本字应是“仑”，是排列、编辑的意思)，如汇集孔子言论的《论语》。古代最有代表性的汇编之书，有丛书、类书等，如《永乐大典》《四库全书》。此

① 参见张舜徽：《中国文献学》，31页，郑州，中州书画社，1982。

外，需要注意的是，虽然编也是抄纂，但是这样的抄纂是有一定程度的加工的，与下文文献复制中的抄不是一回事。

3. 编著

所谓编著，是将编和著有机地结合起来的工作。古人往往称编著为“述”，也就是张舜徽所说的“编述”。古人所称纂修类(或纂，或修，或纂与修)的著作，也多是编著。其往往凭借比较多的资料，并在此基础上做适当加工或发挥。编著书中有的内容是自己的研究成果，而且是用自己的语言写出来的；有的则是编抄进来的。例如，古代的政书、方志、历朝实录等都是编著而成的。

4. 注

这里所说的注是广义的，包括文献的注、疏、笺、训诂、音义、集释、集传、批点、评述、校勘、订正、标点等具有注释性质的著作形式。中国古代特别重视对前人著作(尤其是儒家经典)的注释，所以这类文献非常多，其中具有代表性的如《十三经注疏》。

5. 译

译，也称翻译，是指把一种语言文字转变成另一种语言文字的编纂方法。译也可以称为译述，指转述原文之意。前文已指出，古人的述，现代多称编著，因此将译归入编著一类也是可以的，为什么这里要单列呢？我认为，编著还是要有自己的论述(著的部分)的，不是纯粹的翻译，而且从目前学术成果的分类来看，翻译一般也不归入编著类。

古代注释中即有不少翻译的内容。例如，《诗经·召南·鹊巢》：“维鹊有巢，维鸠居之。”毛传：“兴也。鸠，鳲鸠也。鳲鸠不自为巢，居鹊之成巢。”司马迁著《史记》，在采用《诗经》《尚书》《春秋》《左传》《国语》等文献时，往往将其译成汉代通行语言。

宋代，朱熹《诗集传》开创了对《诗经》翻译之先河。此后，出现了一些有翻译经书性质的所谓“直解”“直讲”等书，已与现代之今译很接近。一些经筵讲章也有直解的意思，其实也是翻译之作。

当然，谈译书，最著名的是释家的译经。古代中国的佛经都是历代译经者翻译而来的，数量庞大。例如，玄奘(602 或 600—664)总共翻译了佛教经、论 75 部 1335 卷，共计 1000 多万字。

从明代开始，中外学者开始将一些西方著作翻译为中文，包括欧洲的天文、几何、医学等方面的典籍。到了近代，翻译之书更多，既有西方著作，也有日本著作，内容也是包罗万象。当时，翻译成为重要的文献编纂形式，许多出版机构发行译作，很多著名学者参与翻译，译作在社会上十分畅销，极大地改变了传统的文献构成，深刻地影响着中国的社会生活。

总之，中国古代文献有鲜明的述而不作的传统，注释多，编纂多，造成了文献层累性、延续性的特点。此外，各种文献编纂方法的界限比较模糊。

第四节　文献的复制

文献编纂出来后，还要通过复制的方式才能化身千百，真正产生社会效益。一般所说的古代文献复制，主要指传抄、拓印，但是这里所谈还包括文献的出版(印刷)。至于近代以来出现的摄影、扫描形式的复制，就不包括在内了。

一、传抄

在印刷术发明以前，文献的复制形式主要是抄写。现存的宋以前的文献，基本都是通过抄写的方式流传下来的。

宋代以前，社会上的图书比较少，许多读书人获书不易，只好依靠自己抄写。东汉初期，随着图书需求量的扩大，出现了受人雇佣以抄书为业的人，即佣书者。《后汉书・班超传》载："家贫，常为官佣书以供养。"《三国志・吴书・阚泽传》载："居贫无资，常为人佣书，以供纸笔。"佣书者，在后代多称为书手。至于那些专门在佛寺抄写佛经的人，则称为经生或写经生。

一般人会以为，印刷术发明以后，社会上很快就充斥着印本书。其实，关于中国传统社会中流通的印本数量何时超过抄本数量尽管仍有不少争议，但是学者普遍认为应是在印刷术发明相当长时间以后，有人甚至认为是在明代中叶。[1] 可见，雕版印刷术发明之后，抄书仍很普遍。目前存世的古书中抄本占有相当大的分量，即可说明这一点。抄书在古代一直是书籍流通的重要形式，尤其是那些珍稀的图书，大多是通过传抄的方式获得的，这是为什么呢？因为：其一，在图书流通与出版不是很发达的情况下，传抄是获得图书最简便的方法，而对于珍稀的图书来说尤其如此；其二，抄书方便、灵活、便宜，随时随地可以进行。正因为抄书如此方便、发达，甚至可能阻碍了中国古代印刷术的推广与改进。[2]

关于古代抄书，我们需要注意以下一些方面：中国古代抄书是如此普遍，因而不少书有各自的抄本系统；许多名家、藏书家热衷于抄书，据《管庭芬日记》载，管庭芬晚年喜欢抄书，抄了大量的图书(现存者仍有不少)；抄书用纸比较讲究，有的抄纸刻有斋、堂、室名，如知不足斋、知圣道斋等；某某抄本，并非一定指某人所抄，很可能是某人请书手所抄。

下面以明代内府抄书为例看看古代抄书的具体情况。

明代宫廷藏书主要集中在宫中的文渊阁，内阁大学士及中书舍人、庶吉士等均有机缘接触文渊阁藏书，他们往往利用这些机会来抄书，从而使文渊阁藏书流布于外。除了进入文渊阁者能接触到宫廷秘本外，还有一些宫廷秘本被有关官员借出于外，使得那些无法进入文渊阁的人也能转抄。

明代士大夫抄录(直接或间接)文渊阁图书的现象非常普遍。成化年间，丘浚任翰林学士，抄得文渊阁所藏唐张九龄《曲江集》和宋余靖《武溪集》。正德年间，大学士王鏊从文渊阁中抄得《云台编》《樊川文集》《孙可之集》《唐六典》等书。王鏊《震泽集》卷十三《重刊唐六典序》记载："唐有《六典》……而世无刻本，间于中秘得其书，伏读玩绎，手录以归。"万历年间，谢肇淛借抄得文渊阁藏书《小畜集》《谢幼槃集》《竹友集》等。谢肇淛虽做过京官曹郎，也曾入窥过文渊阁藏书，但是以他的身份是不可能滞留阁中抄书的，因而只好想办法借抄。其时同为福建人的叶向高任首辅大学士，所以谢肇淛就通过叶氏借抄文渊阁藏书。《五杂俎》载："吾乡叶进卿先生当国时，余

---

① 参见[美]周绍明：《书籍的社会史——中华帝国晚期的书籍与士人文化》，何朝晖译，42页，北京，北京大学出版社，2009。事实上，西方的印本数量超过抄本数量也经历了很长的一个过程。

② 西方在印刷机出现后，也出现了抄写员抵制印刷机的运动。

为曹郎，获借抄得一二种。但苦无佣书之资，又在长安之日浅，不能尽窥东观之藏，殊为恨恨耳。”①

内府秘本的传抄，无疑有助于图书的传播。

1. 抄以传刻

明人所抄的内府秘本往往是世所稀见之书，所以一经抄出，大多很快就被加以刊刻，得以流布较广。上面提到的文渊阁抄本，很多在明代就被刊刻出来了，如丘濬所抄《曲江集》和《武溪集》，成化年间就刻以传世。

2. 转抄

有些从文渊阁抄出之书，虽未被刊刻，但也往往经过辗转传抄得以流传，据张萱《西园存稿》卷十六《六书故序》记载，他在文渊阁抄得戴侗《六书故》后，“一时缙绅先生始知有《六书故》，竞相抄誊，费至二十余金”。可见文渊阁抄本传抄之普遍。

由于明文渊阁藏书在明末基本被焚毁，留存下来的并不多，因此那些经传抄而流传于世的文渊阁藏书，可以在很大程度上弥补这种缺憾。

二、传拓

传拓是一种传统的复制手段，现在还普遍地被使用。其方法是以纸覆在铸刻有文字或图画的金石上面，然后用墨或其他材料将金石上的文字或图画拓印在纸上。由于此法主要应用于金石器物上，如拓印碑刻、墓志、青铜铭文、玉器花纹、瓦当图案、画像石、货币等，所以也被称为金石传拓技法。

传拓可分为干拓与湿拓。

干拓又可分为摩拓、描拓。摩拓，是指实物有凹凸的纹路、文字或图案，在上面覆盖一张纸(纸张既不能太光滑，也不能太厚)，用铅笔、炭笔、炭条、蜡笔(也可用彩色的)等将之拓下。描拓，是指实物表面是平整的花纹或文字，在上面覆盖一张纸(纸张要有韧性且透明)，将之描画下来。摩拓相对来说比较容易，如我们用铅笔就能拓印出硬币的图案。

湿拓，可分为朱、墨两种拓法，其区分主要是用墨不同，拓印原理都

① (明)谢肇淛：《五杂俎》，276页，沈阳，辽宁教育出版社，2001。

是一致的。其中墨拓使用最多，因而所谓湿拓如果不特别说明一般都是指墨拓，如博物馆及考古工地的工作人员大多用墨拓。其方法是：把一张坚韧的薄纸事先浸湿，再敷在石碑上面，用刷子轻轻敲打，使纸入字口，待纸张干燥后用扑子蘸墨，轻轻地、均匀地拍打，使墨均匀地涂布纸上，然后把纸揭下来，一张黑底白字的拓片就拓制完成了。

三、临摹

按照原作仿制书法和绘画作品的过程叫作临摹。临，是照着原作写或画；摹，是用薄纸(绢)蒙在原作上面仿着来写或画。不过，临摹只是针对书画而言的，比较单一。而且，临摹很难保证不失真。再者，与一般的复制相比，临摹的数量也不大。因此，临摹在文献复制中的影响相对较小。

四、印刷

印刷术是人类历史上的一项伟大发明，西方学者将其视为社会进步的推手。印刷术是中国发明的，是中国古代的四大发明之一。

（一）印刷术的起源

探讨印刷术的起源，主要从以下 4 个方面着手：(1)最早的印刷品；(2)相关的记载；(3)技术因素；(4)其他因素，如对大量复制文献(复本)的需求等。这 4 个方面的重要性是依次递减的。

雕版印刷术起源有汉朝说、东晋说、六朝说、隋朝说、唐朝(又分初、中、晚期)说、五代说、宋朝说多种，比较普遍的看法是唐朝说，因为现在能看到的最早的印刷品实物就是唐朝的。868 年印刷的《金刚经》(现收藏于英国国家博物馆)，是迄今所知世界上最早的有明确刊印时间的印刷品。

如前所述，关于印刷术的起源有较多的争议，其中之一是韩国方面认为印刷术是新罗发明的。1966 年 10 月，韩国庆州一佛寺内发现了《无垢净光大陀罗尼经》一卷(卷轴装，有 6 米长，由逐张刻叶粘连而成一卷，共 12 张)。据有的学者考证，该经卷使用了武则天颁布的制字，因而其刻印时间可能是在唐朝武则天时期(也就是唐前期)。韩国方面认为其是新罗之印本，中国方面则认为其是唐朝长安印本而传入新罗的。尽管朝鲜半岛后来印刷术比较发达，13 世纪就发明了铜活字印刷(中国是在 15 世纪)，并且应用较广，朝鲜自己刻印的汉籍也很多。但是据该经卷而推定印刷术发源于朝鲜半岛的观点应该很难成立，因为历史背景、公认的最早印刷物产生的时间、佛教文化的传播等方面的史实都不支持这一观点，而且该经卷中的武周制字有的用有的不用，说明其肯定是武周之后的印本。①

有的学者则希望从史料中找到较唐朝更早的中国印刷术存在的证据，如李致忠、戴南海等据《后汉书·党锢列传》中“灵帝诏刊章捕俭等”一句，认为“刊”为刊刻之意，进而论定印刷术起源于东汉。② 不过，这一解释较牵强，因为从东汉直至隋朝都没有可以印证的材料，也没有留下任何印刷品。而且，此处的“刊”字实际上应是删削之意。因此，印刷术起源的“东汉说”目前还难以获得学界的普遍认可。

不管怎么说，中国古代印刷术出现的大背景还是比较清晰的。中国早就有墨、印章和拓印的广泛应用，可以说印章和石刻给印刷术提供了直接的经验性的启示，而用纸在石碑上墨拓的方法，直接为雕版印刷术指明了方向。印章，虽然是捺印的，与印刷术不同，但其刻写方式、捺印方法对印刷术产生了很重要的影响，而且我们视为最早印刷品的早期佛像其实就是捺印出来的。因此，印刷术的产生很有可能是从捺印得到的启发。③ 辛德勇发表了一篇长文《论中国书籍雕版印刷技术产生的社会原因及其时间》④，详细辨析了此前关于中国印刷术起源的各种观点，提出印刷术产生的技术源头直接来自印度的捺印佛像，而其社会背景是佛教信仰者的佛事活动，即佛教密宗信仰者制作梵文陀罗尼经咒的需要。捺印佛像技术大约是在唐贞观(627—649)、显庆(656—660)年间由印度传入中国的，而佛教密宗在中国的全面兴盛是唐开元(713—741)年间以后的事情，因此印刷术的产生时间不早于唐开元年间。此看法值得我们重视。

---

① 参见潘吉星：《论韩国发现的印本〈无垢净光大陀罗尼经〉》，载《科学通报》，1997(10)；张秀民：《中国印刷史》上册，韩琦增订，24～26页，杭州，浙江古籍出版社，2006。

② 参见戴南海：《版本学概论》，58～67页，成都，巴蜀书社，1989。

③ 参见张志清：《佛道教印像符咒对雕版印刷术起源的影响》，见韩琦、[意]米盖拉编：《中国和欧洲——印刷术与书籍史》。

④ 此文见《中国典籍与文化》编辑部编：《中国典籍与文化论丛》第16辑，南京，凤凰出版社，2014。

中国的印刷术向东传到了朝鲜半岛和日本，向西传到了中亚、西亚和欧洲，为人类的发展做出了巨大的贡献。

(二)关于早期印本书问题

印刷术应该起源于民间。肖东发在《中国图书出版印刷史论》中指出，印刷术的发明大致有两条线索：一条是民间坊刻；另一条是佛教信徒因为传经的需要，多方探索反复实践的结果。[①] 钱存训在《中国古代书籍纸墨及印刷术》中也说，宗教热诚是最先促进使用印刷术的原动力。但在印刷术普遍应用以后，非宗教类印刷品迅速超越宗教类印刷品。欧洲活字印刷最初即用于印刷《圣经》。[②] 从文献和实物看，早期印本主要为佛像、佛经和日用书，尤其是佛经，而且并不是政府刊刻的。佛像、佛经、日用书社会上需求量非常大，印刷术的发明正好因应了这种需求。尽管早期印刷品如佛像、佛经和日用书流传下来的绝少，但正如日用、平常的东西更容易被淘汰一样，我们并不能据此否定当时这些东西的普遍存在。

印刷术广泛应用于其他书籍(如个人的著述)，应该是从宋朝开始的。

(三)雕版印刷的工序

中国古代印刷术虽然很发达，但是目前我们还没有发现中国古代详细记录雕版印刷过程的史料。也正因如此，我们的印刷术的发明权往往会遭到某些西方学者的质疑。其实，史料缺乏的现象应该还是比较好理解的，因为：正如对待其他很多工艺一样，中国古代学者“重道不重艺”，往往不屑于记载这些末技；掌握这种工艺的工人因为没文化而无法记载下来；这种工艺有私密性，也许有相关的记载，但未能流传下来；等等。

不管如何，据一些零星的记载以及现在复原的雕版印刷工艺，我们还是基本可以推想出古代的工艺流程的。当然，这里所描述的工序是指宋以后比较成熟的雕版印刷工艺。

雕版与印刷是两道工序，一般分别由专人负责。雕版可简称刊，印刷可简称印。刊印与摆印(活字印刷)、排印(排版印刷，一般指铅字排印)不同，其工艺流程如下所述。

---

① 参见肖东发：《中国图书出版印刷史论》，46页，北京，北京大学出版社，2001。

② 参见钱存训：《中国古代书籍纸墨及印刷术》，266页，北京，北京图书馆出版社，2002。

1. 选材

一般选坚硬耐久的梨木、枣木。古书中常说的“灾枣梨”“以灾枣梨(或梨枣)”“寿之梨枣”就是雕版印刷之意。不过，梨木北方较多，南方并不是很普遍。清内府刻书时，就曾在直隶、山东、河南等产梨木之地征购过大量的梨版。也有用梓木(这在南方较多)等的，如古人习惯说的付梓、梓人、梓行、梓工等，其中的“梓”就是雕版印刷之意。总之，雕版的取材要依据各地情况，因地取材，并不会完全拘泥于上述的这几种木材。

2. 制版

即将木材按一定的尺寸大小加工为书版。先将木材剖成板，在水中浸泡一段时间，去除糖分(防蠹)。晾干后，按书叶大小规格制成版，两面刨光，以便两面刻字。古代书版一般都是两面刻字的，以节省材料，因而版不能太薄。这些书版在将原字铲去后还能再刻。例如，清朝乾隆年间禁毁书时，曾征集相关书版以销毁，其实相当多并不是真将其焚毁，而是将原书版字迹铲去。

3. 写样

在刻板前，要请人写样。版样一般写在专用格纸上(写的是正字)，包括版框、界行、书口、鱼尾等，在写样时都已印制好。写样也由专人负责，称字匠。字匠是一种职业，专门习字，其字体也专业化。例如，每一时代有此时代较流行的字体，因此从字体上能判断版本的年代。宋体字后来被普遍采用为刻字，这主要是因为这种字体比较方正，笔画统一，便于抄写和刊刻。当然，也有作者手书上版的，或请名家手书上版的[①]，不过这种情况并不是很多。

4. 刻板

刻工将版样反贴在涂有糨糊的板片上，反复轻刷纸背，字迹(反字)留在板片上，待干燥后将纸轻搓掉，即可刻板。刻工一般都不认识字，版样如何就如何刻，而不管其他，这就是我们后来所说的某人很“刻板”之来源。如前所述，板片一般是两面刻的，这是为了节省材料。刻板有专门的工具。

---

① 版本学的手书上版，一般是就全书而言的。如果只是书中的一部分(如序文等)是名家或作者手书上版的，不能称此书为手书上版书。

一般来说，刻出来的是凸版。

5. 印刷

在板片上刷上墨，将纸平铺上去，在纸背上用软毛刷轻刷，使着墨均匀，然后将纸揭下晾干，即成一页印张。因为这种工作需要用刷子来刷印而成，所以称印刷。

6. 装订

将印好的散页装订成册。这样一册印本就制作完成了。

（四）活字印刷

北宋沈括《梦溪笔谈》卷十八载有毕昇发明的泥活字印刷法：

> 庆历中，有布衣毕昇又为活板。其法用胶泥刻字，薄如钱唇，每字为一印，火烧令坚。先设一铁板，其上以松脂腊和纸灰之类冒之，欲印则以一铁范置铁板上，乃密布字印，满铁范为一板，持就火炀之，药稍镕，则以一平板按其面，则字平如砥。若止印三、二本，未为简易；若印数十百千本，则极为神速。常作二铁板，一板印刷，一板已自布字，此印者才毕，则第二板已具，更互用之，瞬息可就。每一字皆有数印，如“之”“也”等字，每字有二十余印，以备一板内有重复者。不用则以纸贴之，每韵为一贴，木格贮之。有奇字素无备者，旋刻之，以草火烧，瞬息可成。不以木为之者，木理有疏密，沾水则高下不平，兼与药相粘，不可取。不若燔土，用讫再火令药镕，以手拂之，其印自落，殊不沾污。

据《梦溪笔谈》可知，毕昇应该还试验过木活字印刷法。由于木料纹理疏密不匀，刻制困难，木活字沾水后易变形，以及和药剂粘在一起不容易分开等原因，所以毕昇没有采用。毕昇的胶泥活字印刷方法，如果只印二三本，不算省事，如果印成百上千本，工作效率就极其可观了，不仅能够节约大量的人力和物力，而且可以大大提高印刷的速度。

毕昇发明的泥活字印刷法成功，标志着活字印刷术的诞生，比德国谷登堡活字印书早约400年。

对于这么一项大发明，当时没有其他相关的记载，而且目前也没有发现当时印刷的实物，因此有人怀疑其是否真正应用过。我认为，正如前述中国古代文献缺乏记载雕版印刷的工序一样，对于活字印刷，也可如此理解。《梦溪笔谈》中的描述那么细致，不会是凭空的想象，应是有真正的实践作依据才能做到。至于实物，当时肯定比较少，所以不容易流传下来。1965 年，浙江温州出土了《佛说观无量寿佛经》的印本残页，有人认为是毕昇之后大约 50 年(1103)北宋时期的泥活字印本，也有人认为不是。不过，比较可信的宋代泥活字印书是南宋光宗绍熙四年(1193)周必大所印自著的《玉堂杂记》。其《周益文忠公集》卷一百九十八《与程元成给事札子》载："某素号浅拙，老益谬悠，兼之心气时作，久置斯事。近用沈存中法，以胶泥铜板，移换摹印，今日偶成《玉堂杂记》二十八事，首恩台览。"所谓"沈存中法"，即沈括(字存中)《梦溪笔谈》所载的毕昇发明的泥活字印刷法。

泥活字印刷法发明后不久，木活字印刷法也开始真正应用了。1991 年，宁夏贺兰山拜寺沟方塔废墟中发现的西夏文佛经《吉祥遍至口和本续》残本，学界普遍认为是西夏时期的木活字印本，也是现存最早的木活字印本。当然，早期木活字印刷最著名的实践者是元代王祯(1271—1368)。王祯是山东东平人，是一位农学家，做过几任县官，著有《农书》。王祯将木活字印刷的刻字、修字、选字、排字等方法都记载在《农书》"造活字印书法"中。他在安徽旌德请工匠刻木活字 3 万多个，于元成宗大德二年(1298)试印 6 万多字的《旌德县志》，不到 1 个月就印了 100 部，可见效率之高。王祯在印刷技术上的另一个贡献是发明了转轮排字盘。其用轻质木材做成一个大轮盘，直径约 7 尺，轮轴高 3 尺，轮盘装在轮轴上可以自由转动。他把木活字按古代韵书的分类法，分别放入盘内的一个个格子里。他做了两副这样的大轮盘，排字工人坐在 2 副轮盘之间，转动轮盘即可找字。这就是王祯所说的"以字就人，按韵取字"。这样既提高了排字效率，又减轻了排字工的体力劳动，是排字技术上的一个创举。

木活字印刷非常方便，应用相对也较为广泛，其中书坊采用较多，如《璧水群英待问会元》(九十卷，宋刘达可辑，明丽泽堂活版印行)，其书后标明："姑苏胡升缮写，章凤刻，赵昂印。"可见，丽泽堂请专人写字模、刻字模、印刷，并列名于书中，体现了其对此套字模的重视。

除了泥活字、木活字印刷，中国古代还发明了铜活字印刷、锡活字印刷等。例如，清代雍正年间的《古今图书集成》，即最有代表性的铜活字印本。此外，中国国家图书馆善本部藏有一部清康熙徐氏真合斋磁(瓷)版印本《蒿庵闲话》二册，以往多误认为是磁活字印刷的。其质量总体来看还可以，但有缺笔，笔画较纤细，字间距较大，字迹吃墨较浅。

不过，无论何种活字印刷，在古代都无法取代雕版印刷而成为印刷术的主流[①]，为什么呢？泥活字印刷本身有很多问题，铜、锡等金属活字印刷又太贵，所以相对来说还是木活字印刷比较合适。中国古代的活字印刷，如果没有特别标明，一般均指的是木活字印刷。但是，即使是木活字印刷，在古代的应用也不是很普遍，原因主要有以下几个方面。[②]

1. 技术问题

活字模不易保存，且使用次数多就会模糊、变形。活字印刷的一大优势是一次性大量印刷，但是由于字模易发胀变形，并不适宜一次印太多，因而这一优势难以体现出来。事实上，无论是雕版印刷还是活字印刷，一次印量都不可能太多，因为印多了，雕版和字模都易变形，需要洗净晾干，过一段时间再印。因此，活字印刷满足不了一次性大量印刷的技术要求，如果要多次印刷，则需要再摆版，而雕版则不用再摆版，可以克服多次印刷的弊端。活字印刷若要达到一次性大量印刷的要求，就要改变活字本身的材质(如用铅活字)。

此外，对于图画、图形、少数民族文字、外国文字、其他异型的情况，活字都无法有效应对，只能还是回到雕版上来。也就是说，活字模本身还有很多局限性。相对来说，雕版能应对这些问题，因为无论什么图案、异型，照刻就行。因此，清代四库馆应刊之书中的那些有图之书，还是选择用雕版而不是聚珍版来印刷。

2. 成本问题

一套活字模的制作成本太大。中国汉字单字太多，且古人用字多不规范，好用古体、异体字，又有大小字形之分等，不便制字模，如清代武英

---

① 当然，我们也不能过分低估活字本的占有率，因为明清时书坊印书、民间印家谱也常用活字。

② 以下分析参考了张秀民：《中国印刷史》下册，韩琦增订，629～632页；[美]周绍明：《书籍的社会史——中华帝国晚期的书籍与士人文化》，何朝晖译，7～38页；何朝晖：《试论中国传统雕版书籍的印数及相关问题》，载《浙江大学学报(人文社会科学版)》，2010(1)。

殿聚珍版为印书而准备的单字模就有 25 万多个。另外，摆字的成本也高。摆字需要雇识字的工人，而且往往要几人配合，既不方便，成本又高。

总之，活字印刷初次投入较大，一般的书坊、个人无法或不愿做那么大的资金投入。而且，一次印刷数量较多，活字印刷才能发挥优势，否则拆板后再摆，就更麻烦。但是，纸张、墨、人工都要钱，印得多，成本也高，若没必要，则不会随便多印。

与此相对，雕版印刷恰恰能克服以上活字印刷的缺点：一次性投入不大；雕好的版片可以随时根据需要来刷印；雕版的工作比较简单，妇女、儿童都能承担，劳动成本较低(每天约刻 150 个字，不认字的人也能刻)。中国古代劳动力便宜，这样的刻工多且好找。由于劳动力过剩，人们甚至可能会抵制印刷技术的革新(如活字印刷的推广与改进)。

3. 市场问题

活字印刷发挥优势的前提是：一次印书的数量大，也就是一种书一次的印量要大；印书种数多。这后一点是相对于雕版印刷而言的。如果印书种数多，每种书都要雕一套版片，成本当然很高，而活字印刷则可以用一套字模印多种书。但是，中国古代图书市场不是很发达，短期内有大量需求的书很少，一般的书坊出版图书的印数、种数都不多。例如，一次性印数一般只有数百部，往往又需要多次印刷，所以在这种环境下活字印刷就没有什么优势了。至于私家，一般印一两种书，印数也就数十部至百部，用以分赠亲友、自存，很少直接流入市场，因此他们当然会首先选择用雕版。雕版相对要灵活得多：可以随时印，多次印，每次印的不一定多。而且，雕版的初次投入不多。雕版可长期保留，需要的时候就印，适合印量不大以及随时印刷的情况。这样也促成了古代藏板观念的形成。

当然，一些书坊也有租用活字模来印书的，但并不是很普遍。

我们还可以通过与西方相比较来看市场与成本问题。雕版印刷传到西方后，没有多久就产生了活字印刷，因此西方似乎没有经历刻本时代(刻本很少，也不是很普遍)，而直接从抄本时代过渡到活字本时代。15 世纪中叶，德国人谷登堡发明活字印刷，随即采用市场化运作，集资开发此项技术，使其很快得以广泛应用。而且，西文如英文的 26 字母，制作字模(金属字模)比较简单、方便，因此西方的活字印刷能迅速推广。

4. 质量问题

活字印刷的字模是固定的，其字体千篇一律，不够丰富和美观，缺乏个性，不符合古代藏书家、文人学者的个人审美情趣。雕版则可以提供多种可能性，包括丰富的版式、书法艺术、作者个人的情趣等。此外，活字本也偶尔会有字歪、倒字的情况，更让人觉得质量有问题。[①] 因此，相对来说，士人(尤其是藏书家)更看重雕版书，而轻看活字本。

总之，活字印刷一次性的投入很大，需要短期内有大量需求，即印较大量的书，才能有效益，而中国古代图书市场不是很发达，短期内有大量需求的书很少，一般书的印量就一百至数百部，往往又需要多次印刷，所以这种环境下活字印刷就没有什么优势。而雕版印刷，书版可长期保留，需要的时候就印，适合印量不大以及随时印刷的情况。

关于印刷史，大家可参考一些经典著作，如钱存训的《中国古代书籍纸墨及印刷术》、张秀民的《中国印刷史》，以及一些新的研究成果，如韩琦、米盖拉编的《中国和欧洲——印刷术与书籍史》、周绍明的《书籍的社会史——中华帝国晚期的书籍与士人文化》。其中《书籍的社会史——中华帝国晚期的书籍与士人文化》一书关于雕版印刷与活字印刷的比较、雕版印刷工序的描述等，极具参考价值。

第五节　文献的形制

文献的形制，指文献的装帧(旧读 zhèng)和函套，也就是文献的外在形式或样子。古代的文献是什么样子的？在外观上给我们一个什么样的印象？书是文献的主要代表，我们还是以书为例来谈谈文献的形制。

一、书籍的装帧

书籍的装帧可分为中式和西式，其区别是由传统阅读习惯造成的。西

① 这可以作为活字本鉴定的依据。除字歪、倒字外，活字本还有字与字的间距较大、无连笔、版框有拼接痕迹等特征。

方有些图书馆或藏书家，把中国古书也按西式来重新装帧，就反映了他们的阅读习惯。例如，美国华盛顿大学图书馆洛克文库收藏的一批中国西南地区的旧方志，就改用西式装订，以便于西方人阅读。现在的书，基本上采用的都是西式装帧。中国的古书当然不是这个样子，采用的是中式装帧。因此，这里所谈是中国传统的装帧形式。

依照装帧形式的发展阶段来划分，古书的装帧形式主要有以下几种。

（一）卷轴装

简书、帛书、早期的手写纸书，基本上用的都是卷轴装，或称卷子装。以帛书为例，在一卷帛书的末尾装上一根木轴，然后以木轴为中心，从尾向前卷起，中间系好免散。简册其实更便于卷着来存放，而且往往不用轴，这种没有装轴的卷子称为卷子装。今天的书画也多用卷轴装。在卷轴装中，横向展阅的，称手卷；竖着悬挂的，称立轴。当然，绢帛书也有折叠为方形放置的。

古人往往将写好的一篇文章卷成一卷，一方面便于区分，另一方面便于检阅和存放。因此，一篇往往也就是一卷，一卷往往也就是指一篇。在《汉书·艺文志》中，篇专指简册，而卷专指帛书。

卷子或卷轴形制对中国传统书籍文化产生了深远的影响。例如，文字要竖着写(上下书写，这是由一根根简的形制限定的)，书版有行格(其实是仿着古代的一根根简而制作的)，自右至左的书写和阅读习惯(从右向左展开卷轴)，一卷的篇幅或长度，等等。简册中自右向左或自左向右编的都有，但前者是主流。若是先编后写，简在左，便于舒卷，右手执笔。若是先写后编，简在左边也方便取。阅读时，左手舒卷，右手可以执笔书写或做其他事。因此，可以说，简册、卷轴奠定了古人的阅读、书写习惯，而这种习惯又决定了后来书籍的装帧。

从纸写本时代到印本时代初期，卷轴装都普遍存在。卷轴装一般是自左向右卷，右端即书首。在早期，卷轴或卷子有时会用书帙(包裹书用的布袋或布套)盛装。后来，一些讲究的卷轴、卷子也装函入匣(函、匣一般是长方形的)，以便保存。卷轴装涉及的术语有很多，下面以纸质的卷轴装为例做简单介绍。

轴和轴头。卷子中心的细木棍叫作轴，通常是木质或竹质的。轴头，指轴杆两端，有时会用特殊材料作为装饰，如珊瑚、象牙、玳瑁、琉璃、玉石、金银等均可作为轴头装饰品。

牙签。牙签是穿、系在轴头上的骨制或竹木制的图书标签，形似小吊牌，上写书名、卷次。称为牙签，是指这种吊牌以象牙制成最为精美。其前身应为简帛图书的木楬吊牌，后来则发展为书签(书衣上的题签)。有的人认为牙签演变为现代的书签(指现在夹于书内的书签)，这是不对的。

褾(biǎo)首。褾首亦称包首、引首、护首、玉池，是卷轴装文字右端之前所加的一段纸或丝织品，卷起后包在书的外面，起保护作用。因此，褾也即后来所说的裱，有装裱之意。褾首上往往贴有题签(上写书名和卷次)，与前述的牙签的作用是一致的，其区别是褾首题签是为了竖放时识别，而牙签是为了横放时识别。当卷轴大量堆放在一起时，人们不一定能一眼看到褾首题签，因此需要用牙签来识别。后来的函装书在横放时，一般也会有小签条悬挂在各函之下，以作为识别图书的标志。

褾杆。褾杆是卷在褾前端边缘的竹木制细长杆，与在里面的轴杆不同。

褾带。褾带是穿系在褾杆中间用以捆缚书卷的带子。带子可以有不同颜色。

别签。别签又称为签或别子，是一种尾端有孔，穿系在褾带末端，由竹、木、兽骨、象牙和玉石等制成的尖长物，在卷轴装中起固定卷轴的作用，如同扣子一样。函装书中一般也有这样的别子，起扣紧函套的作用。

(二)经折装

经折装是对卷轴装的改进，即将长卷左右折叠，形成长方形的一叠，再在前后各粘一张厚纸作封皮。纸质的卷轴装有一些弊端，如因惯性的关系在翻阅时会左右回卷，为了方便阅读需要借助镇纸；一卷太长(这种情况简、纸均有)，前后翻看不易。经折装则克服了以上弊端。经折装开始并广泛使用于佛经，故称经折装。僧人可以在打坐时将经折装的佛经放在身前或膝上，而不影响双手合十。这种装帧形式后来逐渐影响到一般汉文书籍，以至于唐代写本也主要使用经折装，如敦煌遗书就有许多这样的例子。

后来，经折装在某些特定的场合下也多有采用，如清代的奏折。现在的一些广告册子、宣传材料、旅游景点介绍等也多采用此形式。一般情况下，文字量大于一页，但又不够成为一册，为方便携带和阅读，就常会考虑采用经折装。

（三）旋风装

旋风装是对经折装的改进，因为经折装最大的问题是其折叠处容易断开、分离。但是，因为古书没有明确记载，而且又欠缺实物，关于旋风装还有很多不同意见（如有人认为旋风装即叶子装），其普及情况如何也不是很清楚。比较有代表性的一种观点认为旋风装也称龙鳞装，是从唐写本书开始使用的。我们能看到的唯一的旋风装实物是故宫博物院所藏《唐写本王仁昫刊谬补缺切韵》。其装帧方式，是以比书叶略宽的一张长条纸作底纸，除书叶首叶因系单面书写，全幅裱于底纸右端之外，其余书叶均系双面书写，故以每叶右边无字空白处，逐叶向左鳞次相错地粘裱于首叶末尾的底纸上。收藏时从首向尾卷起，仍是卷轴的装式，但打开时，可逐叶翻动，宛如旋风，故称旋风装。而且，其外形看上去错落有致，形似龙鳞，故又称为龙鳞装。

不过，杜伟生认为旋风装不是龙鳞装。其《中国古籍修复与装裱技术图解》解释说，据敦煌遗书的实物看，旋风装为：将书叶一侧码齐，在纸边涂上糨糊，逐叶粘牢（如果叶太宽，可以折一下），再粘上一根木棍或用一劈开的竹棍夹住书叶粘连处，打眼穿线装订。其打开时是册子装。收藏时，其以粘叶的一侧为轴心卷起，则是卷轴装。因此，旋风装是卷轴装向册叶装的过渡，两者兼而有之。如此说来，故宫博物院所藏《唐写本王仁昫刊谬补缺切韵》其实是经过改造的，原书应是旋风装，后来改为现在所说的龙鳞装，其修改的痕迹还可以依稀看出。①

此外，也有学者认为，旋风装是册子装或叶子装，是对经折装的简单改进，即用一张大纸将经折装前后包连起来，作为一书之书皮。② 其形似册

---

① 参见杜伟生：《中国古籍修复与装裱技术图解》，455～456页，北京，中华书局，2013。向斯在《中国宫廷御览图书》（89页）中也谈到故宫所藏的《唐写本王仁昫刊谬补缺切韵》："故宫所藏的这部出自宋宫的龙鳞装《切韵》，在明初时由明内府重新装订：其前隔水有'洪武叁拾壹年肆月初玖日重装'十三字和'裱褙匠曹观'五字，其押缝有'文华之记'一印，其后隔水押缝有'政和'玺和'宣和'玺，其拖尾有'内府图书之印'。元代学者王恽称这部《切韵》是'龙鳞楷韵'，书凡24页，'鳞次相积，皆留纸缝'。"

② 参见[日]岛田翰撰：《古文旧书考》，杜泽逊、王晓娟点校，16～17页，上海，上海古籍出版社，2014；辛德勇：《旋风装：与"卷子"判然有别的册子》，载《文汇学人·学林》，2015-06-26。

子，但翻动起来又宛如旋风。我认为这一观点比较可信，体现了这一装帧形式承前启后的特点。

总之，旋风装应该是卷轴装向册页装过渡的标志，既有卷轴装的特点，又有册页装的特点，是两者的结合。

以上为写本时代的图书装帧形式，以下则是印本时代的图书装帧形式。

（四）蝴蝶装

蝴蝶装亦可称蝶装。雕版印书兴起后，每版为一叶，如何装订成书呢？最初，人们将印好的书叶有字的一面对折，版心朝里，在版心反面的地方涂上糨糊，逐叶粘连，然后再用一张硬厚纸对折粘于书脊，作为前后封面。打开书时，书叶向两边张开，形似蝴蝶展翅，故称蝴蝶装。不过，翻书时常遇空白，较麻烦，用古人的话来说，就是常常让人气短(着急)。现在我们看古书，遇到书口完全断开，也会有这样的体会。

那么，为什么古人要用蝴蝶装呢？其实这与旋风装有直接的联系。如果前述旋风装中向里的折处粘在书皮上，而向外的折处因经常翻动而断开，即变成了后来的蝴蝶装(有字的页面两两相对)。由于古代纸薄、水墨易渗及操作不便，绝大多数印张只印一面。在装订这些印好的印张时，人们自然会参考之前的旋风装，逐叶将有字的一面朝里对折，然后将其折处粘于书皮上，即形成了一书的蝴蝶装。

杜伟生也提供了另外一种解释。敦煌遗书中的粘叶发展到蝴蝶装是因为：一张纸对折后，原来是四面都写字的，在粘叶时就只能粘折口的那边而不能粘开口的那边；到了印纸时，虽然一面无字，但也粘折口，这既是出于方便、快速，也是出于一种习惯。① 不过，这一解释相对比较勉强。

蝴蝶装是宋代印本书的主要装帧形式，而明代文渊阁中还有一些这样的书，谢肇淛《五杂组》载：“内府秘阁所藏书甚寥寥，然宋人诸集，十九皆宋板也。书皆倒折，四周外向，故虽遭虫鼠啮而中未损。”②此外，《恽毓鼎澄斋日记》载，宣统三年(1911)五月二十九日，“饭毕，缪筱珊年丈邀往图书馆阅藏书。内阁大库移来书极多。宋、元、明板史书数十种，虽大半不

① 参见杜伟生：《中国古籍修复与装裱技术图解》，464～465页。

② (明)谢肇淛：《五杂组》，276页。

全，然雕印精工，人间罕见。有宋刻小字本《唐书》，尤希世宝笈。装订多用蝴蝶装，与今东西洋相似，且有题书名于册脊者，乃知古人藏书亦直立也”[①]。现在中国国家图书馆也藏有一些蝴蝶装书籍。

蝴蝶装的出现是书籍装帧形式的一大飞跃，从此书成了真正的册页书。也可以说，书从此真正成为书了(现代人所认为书应该有的样子)。

（五）包背装

包背装是对蝴蝶装的改进。如前所述，翻阅蝴蝶装要经常遇到空白页，为避免这种情况，就出现了包背装。[②] 这种装帧形式是将印好的书叶沿版心正折，版心、有字的一面向外，用纸捻将一叠折好的纸右边余幅贯穿固定，然后再用一张硬厚纸对折粘于书脊。包背装约始于南宋，一直流行至明中叶，《永乐大典》就采用此种装帧形式。后来，《四库全书》也仿《永乐大典》的样子沿用了包背装。现在的书也有点包背装的意思，书皮是粘于书脊的。当然，包背装也有缺点，经常翻阅，因为黏附不牢，书皮与书脊容易散开。

（六）线装

线装是对包背装的改进，一般认为兴起于明中叶。其折叶同于包背装，但装订时右边余幅连同书皮一起打眼，用线将书页与书皮订在一起，这样就有效地避免了书皮容易脱落的弊端。这种装订方法一直流行了几百年，成为我们今天所看到的古籍的主要装帧形式。直到今天，我们仿制古籍时也多采用线装。当然，线装也有缺点，如裸露在外的线容易断，一旦线断了，书皮和书页就会散乱。

除了上述的主要装帧形式外，下面再介绍两种比较特殊的装帧形式。

其一，梵夹装[③]。一般多指贝叶装，原为古印度用梵文书写的贝叶经的装帧形式，后来的纸质等汉文佛教文献也有采用此种装帧形式的。其方法是将刻写好经文的贝多树叶依次摞成一摞，在一摞的上下各夹配一块与经叶大小长短相同或相近的竹片或木板，于夹板中段，隔开一定距离，连同

---

① 恽毓鼎：《恽毓鼎澄斋日记》第 2 册，537 页，杭州，浙江古籍出版社，2004。

② 事实上，存世的个别蝴蝶装的空白页面曾被人两两相对粘连在一起，以避免空白页的出现。这一思路有可能直接启发了后来包背装的折叶方式。

③ 关于梵夹装的最新研究成果，可参见方广锠：《谈梵夹与梵夹装(上)》，见沈乃文主编：《版本目录学研究》第 3 辑，北京，国家图书馆出版社，2012。梵夹中的夹，有人读为 jiā，有人读为 cè。读为 jiā 者，大概是视其为夹板之意，指梵夹装中用木板夹其两端；读为 cè 者，夹又作筴或筴，同策或册，指梵夹装这种书册的形式。

经叶垂直穿两个小圆洞，再用绳索两端分别穿入两个洞，直至穿过另一边的夹板，将绳索勒紧结扣，一部梵夹装的书籍就算装帧完毕。也有的梵夹装是穿一个洞的，其穿绳原理则是一样的。也有不穿洞的，则直接用绳来捆扎。需要注意的是，在梵夹装中，有的是写完字再穿夹板的，有的是穿完夹板再写字的，这可以通过观察穿洞处的留空情况来区分。

梵夹装适宜于手持，也特别适宜打坐时摊放在身前或膝上，所以其起源且多应用于佛经。这和经折装的情况非常相似。但是，有人把梵夹装视为经折装，则是不对的。

其二，缝缋装。缋(huì)，指布帛的头尾。缝缋装大概应用于唐宋时期，但很少有人介绍。其方法大致是将两张以上多至七八张的书页摞在一起，整齐后对折为一帖，然后将若干帖用针线在折叠处反复连缀，缝在一起。这种装帧形式在敦煌遗书中有，但不一定有多流行。王国维《致马衡》(1926年8月10日)载："在《图书季刊》中得读大著《书籍制度考》，甚佩甚佩。弟尚见敦煌所出唐末人写经，有线装叶子本，与西洋书装订式相同。其法先钉后写，苟装线脱去，则书之次序全不可寻，《墨庄漫录》所记缝缋法，即谓此种装订，非后来之线装书也。"[①]

杜伟生则认为，缝缋装中的缋指书背，缝缋指用线反复穿连将书背缀合在一起。其方法是先写(两面写)，再折，再缝。几叶纸叠在一起折，就应先有排版的概念，因为古代写字时，一般是先写，再折，再装。就毛笔写字来说，折好再写不方便(尤其是小纸)。[②]

二、函套

函套也可称为书籍的装具[③]，是保护书用的。如同现在书之外再加书套一样，函套并不是书本来的一部分。古代书籍的函套主要有以下几种。

书帙。书帙指包裹图书(主要指卷子或卷轴装图书)的布袋或布套，一

① 谢维扬、房鑫亮主编：《王国维全集》第15卷，828页，杭州，浙江教育出版社，2010。

② 参见杜伟生：《中国古籍修复与装裱技术图解》，458页。

③ 装具所指的范围太大，如陈红彦、张平编著的《中国古籍装具》(国家图书馆出版社2012年版)一书所述，包括函套、书箱、书柜、书架，甚至书房等。因此，这里还是使用函套一词更为合适。

般用软布做成。[1] 帙，也可写作袠、袟。书帙，古代也称缥缃，其本意是指两种丝织物，后用以包书，再后来则用以指代书。据阮孝绪“七录序目”，魏晋南北朝时期的目录书多著录书的帙数，可见当时的书普遍用帙来包装，且应该有一定的规范和标准。文献记载，通常 10 卷装为一帙。若一书不满 10 卷，用帙包装，亦称一帙。后来，书套、书函、书册也可用帙表示，因此一套、一函、一册均可称一帙。

书套。书套一般以草板纸为里，外蒙以布(多为蓝色的)制成。围绕书之前后左右，为四合套。再围绕上下，为六合套。左侧有签或扣子，用动物骨等做成，用以系紧书套。书套上一般会贴有书签，上写书名。

夹板。书前后用两块硬木板夹裹，板间两边分别有两根线相连，用以系紧、开启。也有三面用板的，一般是加在书脊一面。夹板包装显得过于简单，书上容易落灰尘，对书的保护不好。

木匣。用木板制成的放书的匣子，亦称函[2]。其一端可开闭，书置匣中。例如，《四库全书》即放于楠木匣中。这种装具对书的保护比较好，但不便取阅。有的木匣为便于取阅，还会在书册之下垫一块板，上面系上布条，开启时，轻拉布条，书就会随着其下的木板被一起抽出匣中。

纸匣。纸匣是以草板纸为里，外蒙以布(多为蓝色的)制成的放书的匣子。其放置书的方法是：将书置于一面张口、三面(也有五面的，但很少，因为不方便取放)有纸墙的匣中，再将此匣套置于另一稍大的一面张口、五面有纸墙的匣中。匣背可贴上写有书名的书签，便于直立插架。这种装帧在现存古籍中最常见。以前的书一直都是躺着摆放在书架上的，而从纸匣出现开始，书终于可以真正地站起来了。

---

① 书帙也有用竹子编成的，但较特殊。

② 函，原指匣，但现在每一书套、夹板也可称为一函。

第三章　文献的流通

我们都希望文献能化身千百，但化身千百，如果不流通，徒饱蠹鱼，也没什么用。因此，文献只有流通，才能实现自身的价值。也可以说，文献是为流通和使用而生产的，而不是为收藏而生产的。我们现在处于信息化时代，文献流通无处不在，而且是在世界范围内的流通，因此我们很难想象没有文献流通的世界会是什么样的世界。

文献是记录有信息的相关载体，因此文献流通其实也是信息传播。近年来，传统文献学研究发生了一些可喜的变化，就是越来越重视对文献流通、信息传播的研究。这些研究不断引发和促使我们思考这样一些问题：古代一般民众获得信息的途径有哪些？他们更多地依赖书本还是口耳相传(包括说书和看戏等)来获得信息？他们是如何知道当时的天下大事的？他们又是如何了解历史知识的？传统的信息传播大致有两种途径：一是通过人与人的传播，也就是口耳相传。这种传播的速度与范围受限于人的流动速度与范围。例如，崇祯皇帝在煤山上吊死，这一爆炸性的新闻若是发生在今天，很快就会传遍天下。但是，事实上，南京的官员获得此信息却是在20多天之后——因为这一消息是通过逃离北京的人口耳相传传递到南京的。二是通过物(主要是指文献)与人的传播。这种传播的速度与范围有更多的限制条件，包括文献是如何从一地到另一地的，文献又是如何到达受众之手的，受众是如何阅读和理解文献中的信息的等。这些都应该是我们研究流通要关注的问题。不过，本章不可能将这些问题都解决，只是对文献流通的一些基本知识做简单介绍。而且，文献流通包括的范围很广，如书信投递、公文往来等也是流通，但是本教材所谈的文献主要是就图书尤其是古书而言的，因此从这个角度出发，图书之外的文献流通就不在本章讨论的范围之内了。

第一节　古代图书流通总论

图书流通的含义很广，现在图书馆一般都有流通部门，一些寺庙里也设有佛经流通处，这些都应该是图书流通所包括的内容。当然，我们所说的图书流通不止这些，还有更广泛的内容。图书流通是指图书从一方到另一方的运动过程，一般伴随图书所有权、使用权从此到彼的转移或变化。为了更好地理解图书流通的概念，我们要注意其与其他图书活动的区别。

其一，图书流通与聚书。聚书也涉及所有权的转移，但是流通并不只是所有权的变化，还更多地涉及使用权的变化，而且这种变化往往是频繁的、双向的，可以涉及多人，这些都是其与聚书不同的地方。

其二，图书流通与图书散佚。图书流通不但与聚书有区别，而且与图书散佚也有区别。流通既有聚又有散，但是流通中的散与图书的散佚(如受水、火、兵、虫等影响)不同，不是指图书的真正消失，而是指所有权、使用权的转移。事实上，古代藏书史中的所谓流散，更多情况下是藏书从此到彼的转移，是所有权的变化，并不是真正的消亡。可以说，相对于聚书，流通注重散；相对于散佚，流通又注重聚。

其三，图书流通与图书移动。一般性的图书移动不能算是流通。例如，图书从此到彼的搬迁，所有权、使用权实质上并没有改变。因此，古人藏书楼的改移，明初南北两京宫廷藏书的移徙，均不是真正的图书流通。

目前，关于图书流通的史料多是藏书家留下的，但是藏书家关注的只是藏书的流通，与一般意义上的图书流通有很大的区别，因此我们研究流通史要特别注意这一点。近些年的书籍史研究，比较关注藏书家藏书之外的书，也就是那些不是用来收藏的书，诸如善书、通俗读物、商业书、兔园册子等。这些图书的流通更能反映普通士民的购读情况，也更能反映图书流通的真实情况。

关于古代图书流通方面的参考书，主要有：严绍璗《汉籍在日本的流布研究》，王勇等《中日“书籍之路”研究》，大庭修《江户时代中国典籍流播日本之研究》，彭斐章《中外图书交流史》，潘玉田、陈永刚《中西文献交流史》，王宇、潘德利《中国古籍流散与回归》，宋莉华《明清时期的小说传播》，王京山《文献传播》，周绍明《书籍的社会史——中华帝国晚期的书籍与士人文化》，包筠雅《文化贸易：清代至民国时期四堡的书籍交易》，井上进《中国出版文化史》，李瑞良《中国古代图书流通史》，郑士德《中国图书发行史》，肖东发等《中国出版通史》，以及一些断代出版史著作如缪咏禾《明代出版史稿》、田建平《元代出版史》等。

一、影响图书流通的主要因素

（一）书价

我们现在习惯了书有定价，但事实上，古书绝大多数没有定价。例如，沈津花很多时间来搜集，但也只是找到十数种明代刻本有定价。[①] 因为古书绝大多数没有定价，所以古代书价具有不确定性，不好做归纳分析。那么，我们如何了解古代的书价呢?

首先，目前对于书价的研究尽管比较薄弱，但是仍有一些相关研究成果值得重视。例如，袁逸对明清书价进行过较长时间的研究，其成果收集在其著作《书色斑斓》中。沈津也写过一系列有关书价的文章，并提供了其搜集到的书价材料。[②] 张秀民《中国印刷史》对书价也有一些介绍。需要注意的是，受西方新书籍史研究的影响，国内外学者越来越重视对中国古代书价的研究。例如，周生春、何朝晖编《“印刷与市场”国际学术研讨会论文集》收录了数篇关于中国古代图书价格、印刷与流通的文章。其中，周启荣认为，明清时期书很普及，价格也较便宜，一钱到一两这个价格范围内的书籍，读者可以有很多选择；周生春、孔祥来认为，宋以后，书价呈下降之势。[③] 当然，他们的结论还需要进一步讨论。我认为，古代书价一直都偏高，这限制了读者面的扩大，尤其是限制了低收入者的购买、阅读。即便

① 参见沈津：《书韵悠悠一脉香：沈津书目文献论集》，103～112页，桂林，广西师范大学出版社，2006。

② 如《明代的书价》《说清代的书价》《再说清代的书价》《关于古籍版本的价格——敬答钱存训先生》等。

③ 以上分别参见[美]周启荣：《明清印刷书籍成本、价格及其商品价值的研究》，周生春、孔祥来：《宋元图书的刻印、销售价与市场》，见周生春、何朝晖编：《“印刷与市场”国际学术研讨会论文集》，杭州，浙江大学出版社，2012。

是小说等畅销书的价格也偏高，因此相对来说，更多的人是通过听说书、看戏、口耳相传等方式来了解文化知识的，而不是通过读书。

其次，尽管关于书价等图书流通史料少，但是还是有一些重要材料可以参考。例如，古代藏书家的日记、题跋等，一些标有书价的书目(如毛扆《汲古阁珍藏秘本书目》)等。黄金台、许瀚、李慈铭、翁同龢、叶昌炽等人的日记中就有不少关于书价及购书的材料，包括购何书、在何地购、价格、版本等(表3.1)。此外，《燕行录》等朝鲜文献及"书籍底帐"等日本文献也有不少涉及中国典籍价格的材料，可以参考。程民生《宋代物价研究》一书，尽管收罗的宋代书价材料不是很多，但为我们提供了书价与当时其他物品价格相比较的可能性。

表3.1　许瀚购书书价表①

时间	书籍	价格	购书地点
道光十四年(1834)十月初六	清微波榭刻本《戴东原文集》等5种1函，7册	1500文	京师琉璃厂西门
道光十四年	明张凤翼纂注《楚辞》10卷，1册	100文	京师
同上	《九经三传沿革例》，1册	60文	京师
道光十五年	《安邱乡贤小传》，1册	50文	京师琉璃厂
道光十五年九月初二	清戴震《声韵考》4卷，1册	60文	京师琉璃厂东门
道光十六年正月十一日	《孔子家语》《孔子集语》	320文	京师
十三日	影宋抄本《晏子春秋》、抄本《石刻铺叙》、清翁方纲撰《焦山鼎铭考》	700文	京师琉璃厂火神庙
十六日	清高玮《留耕堂遗诗》、清高珩《栖云阁诗》、《西溪遗诗》、《毕氏两世遗诗》，共8册	600文	京师琉璃厂

① 表中内容是据《许瀚日记》(河北教育出版社2001年版)所收的日记、"燕台买书记"综合而成的。据其日记可知，当时在北京，剃个头100文，买4个烧饼16文。许瀚(1797—1866)，字印林，山东日照人，清代著名学者，长期寄食幕府，替人校书、修书。

续表

时间	书籍	价格	购书地点
三月初四	影宋抄本《殷芸小说》，1 册	60 文	京师
四月三十日	《明十六科进士录》，4 册	300 文	京师琉璃厂西门
五月二十日	《周礼郑注疏证》1 函，8 册	700 文	京师贵学堂
七月初十	清《刘淳诗集》	200 文	京师琉璃厂
十二日	《事文类聚》，8 册	120 文	京师
道光十九年正月初八	汉孔鲋《小尔雅》2 册，清朱筠《笥河文集》1 册，清宋琬《安雅词曲》1 册，清徐作肃《(偶)更堂文》2 册	400 文	京师琉璃厂
同上	清《钱东垣文》，1 册	20 文	京师琉璃厂
十六日	清张实居《萧亭诗》，1 册	80 文	京师琉璃厂
同上	清任大椿《小学钩沉》1 部	700 文	京师琉璃厂
同上	《淮南子》1 部	1100 文	京师琉璃厂
四月二十七日	《篆韵》1 部	1000 文	京师琉璃厂
七月初八	元陶宗仪《说郛》，1 册	40 文	京师琉璃厂
十月初六	《圣谕广训》1 册，《通鉴总论》1 册，《成都至宁夏路程》1 册	160 文	京师琉璃厂
十一月初八	宋卫湜《礼记集说》1 部	2000 文	京师琉璃厂
十二月初六	清蒋良骥《东华录》，16 册	4000 文	京师
同上	清王引之《经义述闻》1 部	8000 文	京师
同上	宋罗愿《尔雅翼》1 部	1000 文	京师
道光二十四年四月十五日	《求轩印谱》，2 册	1000 文	京师
二十日	清吴锡麒《有正味斋集》1 部，《关中诗赋》2 部，清顾修《汇刻书目》1 部	6500 文	京师琉璃厂

续表

时间	书籍	价格	购书地点
同上	明仿宋抄本《水经注》2套(函)	4000文	京师琉璃厂
同上	清张尔岐《蒿庵集》1部	500文	京师琉璃厂

最后，关于以往的研究及相关材料，我们要充分注意其局限性。藏书家所购多旧书，而市面上流通的多新书。我们以往研究图书流通史多关注藏书家的购书，而这不是一般意义上的流通，由此得出的书价结论当然有局限性。例如，藏书家购书的价格相对来说会高很多，并不能代表当时市面上一般图书的价格。

古代书价或高或低，是相对于当时人们的收入而言的。古代图书的消费阶层主要是士大夫阶层。那么，即使相对于士大夫来说，书价也是偏高的。沈津将明代官员的俸禄与书价做了一个较详细的比较，也认为书价在当时是偏高的。①

当然，我们也要注意到，尽管书价较高，但是士大夫仍常购买，而且似乎也不影响他们的生活质量，有不少士大夫还能花很多钱来出书(家刻本)。不过，这些情况并不能说明书价不高，而只能说明当时士大夫的收入来源是多方面的，俸禄只是其中之一罢了。

为了方便大家更直观地了解古代书价，我制作了一个书价表供参考(表3.2)。

表3.2　历代书价简表②

朝代	书价	单位	折米量(市斤)	备注
唐代(8世纪后半叶)	1000文(写本)	卷	59	米每市石1692文。参见余耀华《中国价格史(先秦—清朝)》(经济科学出版社2013年版)309页。一市石为100市斤

① 参见沈津：《书韵悠悠一脉香：沈津书目文献论集》，103～112页。

② 参见张升：《古代书价述略》，载《中国出版史研究》，2016(3)。

续表

朝代	书价	单位	折米量(市斤)	备注
唐代(9世纪上半叶)	1000文(写本)	卷	100	米每市石约合1000文。参见余耀华《中国价格史(先秦—清朝)》309页
唐代(9世纪上半叶)	110文(印本)	卷	11	同上
北宋(嘉祐年间,1056—1063)	100文	册	13	米每市石约合780文。参见余耀华《中国价格史(先秦—清朝)》403页
南宋(12世纪后半叶)	393文	册	13	米每市石约合2993文。参见余耀华《中国价格史(先秦—清朝)》404页
元代(延祐年间,1314—1320)	2600文(2.6贯)	册	18	米一石约合25贯。参见余耀华《中国价格史(先秦—清朝)》475页
元代(至正年间,1341—1368)	2400文(2.4贯)	册	10	米一石约合40贯。参见余耀华《中国价格史(先秦—清朝)》476页
明前期(洪武年间,1368—1398)	50～100文	册	11～22	米每市石约合460文。参见余耀华《中国价格史(先秦—清朝)》519页
明后期(万历年间,1573—1619)	33文	册	7	米每市石约合450文。参见余耀华《中国价格史(先秦—清朝)》519页
清前期(顺治末年、康熙初年)	100文(1钱)	册	17	一两约兑1000文。米每市石约合600文。参见余耀华《中国价格史(先秦—清朝)》598、601页
清中期(嘉庆年间,1796—1820)	336文(0.24两)	册	10	一两约兑1400文。米每市石约合3267文。参见余耀华《中国价格史(先秦—清朝)》582、601页
清后期(光绪年间,1875—1908)	185文(民间坊肆)	册	6	米每市石约合3152文。参见余耀华《中国价格史(先秦—清朝)》601页

续表

朝代	书价	单位	折米量（市斤）	备注
清后期（光绪年间，1875—1908）	86 文（官书局，竹连纸）	册	2.7	同上
清后期（光绪年间，1875—1908）	75 文（官书局，官堆纸）	册	2.4	同上

注：

其一，这里所说的书价，一般是针对当时出版之刊本而言的（表中的书价，只有唐代涉及抄本价格，其余均指刊本的价格），而不是针对当时的古籍而言的。

其二，参考折米量，我们既可看出书价是否超出一般的购买力，也比较好理解这些书价的真正水平。

其三，这里所提供的书价数据，没有考虑地域不同、装帧精粗、纸墨优劣、刻印好坏、每册厚薄（每卷长短）、插图与否、书的内容重要与否、书畅销与否、官私坊刻之区别等因素，因此仅供参考。

其四，唐代以前，书价材料非常少，而且书籍的流通主要靠相互传抄，通过市场进行买卖的情况比较少，没有形成真正的图书市场，因此书价随机而定，有很大的偶然性，不便做统计分析。

其五，此表之书价数据，主要参考袁逸《书色斑斓》（岳麓书社 2010 年版）、[日]井上进《中国出版文化史》（华中师范大学出版社 2015 年版）、孙文杰《清刻本图书的价格与分析》（《出版科学》2013 年第 4 期）之研究，但有所修正和补充。

据表 3.2 可以看出：书价总体上是一个下降的趋势，这符合历史的规律。当然，在这一大趋势下偶尔也会有反复，书价不降反升。

除唐代写本外，这些书价大致都在合理的范围内，可为一般士人所接受。但是，相对于一般民众而言，除晚清时期外，书价总体上是偏高的。即便所谓“书籍爆炸性增长”的晚明时期，一般民众也不太可能购买图书。

唐代写本价格高昂，真实地反映了写本时代书籍资源稀缺，图书市场没有形成，书价偶然性较大这样一些特点。就一般流通而言，写本无法与印本竞争，写本时代必然会被印本时代所取代。

晚明时期，书价下降幅度较大。其时进入了一个图书数量爆炸性增长的历史时期，书业发达，图书大行于世，尤其是通俗出版物充斥市场。这在很多书籍史论著中都有阐述，其中代表性的论述可以参考周绍明《书籍的社会史——中华帝国晚期的书籍与士人文化》。

清代后期，由于官书局的出现以及近代出版企业的兴起，书价下降幅度更大。传统民间书坊无法与官书局、近代出版企业竞争，传统出版业走向衰亡，被新兴的出版业所取代[①]，这是历史发展的必然。

(二)消费阶层

传统文献学对藏书家的过度关注容易使人们误以为藏书家是图书的主要消费者。其实，相对于当时市面上的图书而言，藏书家的消费只是很小的部分。那么，除此之外，还有哪些人会购书呢？古代图书的消费者主要是知识分子，尤其是士大夫，这是毫无疑问的。此外，知识分子与半文盲之间，是否还有一个消费阶层存在？他们的购买力如何？这些方面我们还不是很清楚。因此，有的学者通过研究识字率来分析图书潜在的购买者。但是，识字率的分析也存在较大的争议。例如，有的研究尤其是外国学者的研究，对中国的识字率估计过高，一般认为高于同期的西方。其实，中国古代识字率应该是比较低的，这可以从文献记载来证明，也可以通过近现代中国的文盲数量来反推古代的情况。识字率低的原因主要有：中国古代不重视识字的普及；文言文自始至终就不是为一般人服务的，不是让一般人读写的，也可以说，不是用来普及的；书写及阅读文言文在古代是一种身份的标志；文言文的读写与说话分离，极大地增加了一般人掌握文言文的困难。

即使我们乐观地估计识字率，但对于粗识文字的人来说，要完整地阅读古书还是颇有困难的。而且，对于一般的家庭来说，即使具有较高的阅读能力，是否有足够的闲钱来购书，也是很值得怀疑的。

为了了解图书的普及性，我们更应该关注图书在一般家庭的收藏情况，而不是藏书家的收藏情况。因此，我们要重视利用古代小说材料，以及一些文集、笔记、戏曲等的记载。近些年关于这方面的研究渐多，但是由于材料所限，很难有实质性的进展。例如，类书尤其是那些日用类书，可能阅读使用者多，但是并无较为可靠的材料来证明这一点，而只是凭我们的推想：这些书是为一般大众编的，书商多次编写，书经不断翻印等。即使

---

① 芮哲非将这种新兴的出版业称为“中国印刷资本业”。参见[美]芮哲非：《谷腾堡在上海——中国印刷资本业的发展(1876—1937)》，张志强、潘文年、鄱毅等译，北京，商务印书馆，2014。

有一些相关的阅读材料，也未必可靠，有的可能为了某种目的(如批评、宣传等)而夸大。例如，通俗类书中的《兔园册》就是一个很好的例子，孙光宪《北梦琐言》说其“但家藏一本，人多贱之也”①。一些学者依据书的序言来说明某些书是为普通百姓服务的，如有的序言说其书是“四民皆宜”，村野童叟、妇孺都能读的。其实这些序言多是起广告作用的夸大之辞，或者是泛泛之言而已，就如同说“有井水处皆能歌柳词”一样。

(三)禁书

文字狱和禁书对图书流通有极大的影响。从秦始皇焚书、禁书，到明清的文字狱和禁书(尤其是清修《四库全书》时的禁书)，均对图书的正常流通产生了严重的影响，也使很多图书消亡了。关于这一点，很多论著都曾论及，而且也比较好理解。这里主要想谈谈关于禁书应注意的其他方面。

首先，禁并不意味着亡。我们不能说什么书禁了，就亡了。事实上，清修《四库全书》时禁书很严酷，共有3000多种，但是这些禁书目前仍有约一半存世。历史上有很多被禁之书，其中也有不少被保存下来。

其次，禁书在一定程度上反而促进了流通。禁书能引起人们的好奇心，故有很多人会特意搜寻、收藏禁书。例如，清代朝鲜使团到中国来时就有人专意搜寻禁书。此外，中国古代没有西方的出版物审查制度，图书可以自由出版印行，而且乾隆只是依靠官僚机构进行事后的查禁，显然在印刷术发达的中国，无法有效地对禁书加以控制。有的禁书通过改头换面反而更容易保存下来，甚至在查禁时还继续印行。②

再次，历史上的禁书都是运动性的，是临时性的，过一段时间往往会自动解禁。例如，《四库全书》禁书到了嘉庆之后就陆续开禁，可以公开销售刊印，其中就包括文字狱大案所涉的尹嘉铨著作。

最后，文字狱和禁书材料恰恰是研究古代图书流通的重要依据。从流通的角度看，禁书与其说反映了当时的禁，不如说反映了当时的流通。以《四库全书》禁书(如《字贯》等)为例，追查一部禁书的相关档案往往反映了该书从编写到购买、收藏的整个过程，可以让我们详细了解该书的流通情

---

① (宋)孙光宪撰：《北梦琐言》卷一九，林青、贺军平校注，300页，西安，三秦出版社，2003。

② 参见[加]卜正民：《明清时期的国家图书检查与图书贸易》，载《史林》，2003(3)。

况。又如，对康熙《御批通鉴纲目续编》的查禁，也提供了很好的图书流通的个案材料。《清代文字狱档》中收有很多这样的例子，特别值得我们从图书流通的角度加以研究。

此外，一些禁书规定也可以帮助我们了解图书流通、书业行会、书版价格等，如《元明清三代禁毁小说戏曲史料》《乾隆三年禁淫词小说》载，“乾隆三年议准，查定例：凡坊肆市卖一应淫词小说，在内交八旗都统察院顺天府，在外交督抚等，转饬所属官，严行查禁，务将书板尽行销毁……其有收存旧本，限文到三月，悉令销毁。如过期不行销毁者，照买看例治罪。其有开铺租赁者，照市卖例治罪”。《各书坊公禁淫书议单条约》载：“一、议得书板大小新旧不同，今公同议定，大新板每块一百文，大旧板每块七十文，片头新板每块八十文，片新板每块六十文，旧板每块五十文，滩头小片每块二十文，唱本板每板三十文，书本照批价洋银对扣，倘有模糊不全者，照数减半，抄本每十页五文，每页以四百字为准。”①

（四）交通

古代书肆多集中在一些交通比较发达的地区，因此图书贸易中心往往也是一地之交通中心，如北方的北京，南方的南京、杭州、苏州等地。

古代的交通更多地依赖水路。也就是说，人们出行、货物运输，倘若有水路与旱路之选择，一般会选择水路，因此图书贸易中心自然多集中在水路发达的地方。例如，江西金溪在清代书业非常发达，其书铺街就坐落在抚河边上的浒湾镇。相对来说，江南的水路最发达，在很多地方船是主要的交通工具，因此江南书业的繁荣，除了有经济、文化、教育传统等的影响外，更得益于水路交通的发达，而在这方面最有代表性的当然是江南的书船。

书船，顾名思义，是指运载书籍以进行贸易的船。书船流行于浙江、江苏，尤以浙江为多，浙江又以湖州为著，而湖州又以织里最出名，因此提到书船，一般就说湖州书船或织里书船。郑元庆《湖录》对此有较详细的记载：“书船出织里及郑港、谈港诸村落，吾湖……明中叶如花林茅氏，晟舍凌氏、闵氏，汇沮潘氏，雉城臧氏，皆广储篇帙。旧家子弟好事者，往

---

① 王晓传(王利器)辑录：《元明清三代禁毁小说戏曲史料》，38、157页，北京，作家出版社，1958。

往以秘册镂刻流传。于是，织里诸村民以此网利，购书于船，南至钱塘，东抵松江，北达京口，走士大夫之门，出书目袖中，低昂其值。所至每以礼接之，客之末座，号为‘书客’。”①

书船最早起于何时，已难以考知。江南水路发达，用船运书来经营，按理来说应该早就有，或者可以推溯至元代时期。② 但是，专以书船称之，大概始于清代，渊源于晚明的书画船。③ 因此，真正的书船贸易可以说兴起于明代，盛行于清代，持续至民国时期。

书船最主要的活动地区当然是水网发达的江南，但是也有不少书船远航至北京，李德懋《入燕记》载：“自言书船从江南来，泊于通州张家湾。再明日，当输来凡四千余卷云。因借其书目而来，不惟吾之一生所求者尽在此，凡天下奇异之籍甚多。始知江浙为书籍之渊薮。……陶氏书船之目，亦有浙江书目所未有者，故誊其目。”④

（五）广告

图书广告起源很早。书店所悬的牌匾，门外所树的旗子，均可视为图书之广告。晚清、民国时期，一些书店常常编有销售目录，著录书名、作者、册数、版本、价格，分赠潜在之买家，也是一种广告。相对来说，古代书坊采用较多的广告形式有以下几种。

(1)书名广告。书名常加上这样的前缀语：新刻、新编、重订、精订、重校、纂图、全相(像)、详注、京本、古本等。例如，《新编纂图增类群书类要事林广记》《监本纂图重言重意互注论语》《新锲校正京本大字音释圈点三国志演义》。

(2)牌记广告。牌记又名墨围、碑牌、墨记、木记、木牌、书牌子等，是在书前、书尾、序后、目录后或卷末所刻印的图记，记录刻书者姓名堂

---

① 转引自《缪荃孙全集·笔记》，79页，南京，凤凰出版社，2013。

② 张鉴《眠琴山馆藏书目序》云：“吾湖固多贾客，织里一乡，居者皆以佣书为业。出则扁舟孤棹，举凡平江远近数百里之间，简籍不胫而走。盖自元时至今，几四百载，上至都门，下逮海舶，苟得一善本，辄蛛丝马迹，缘沿而购取之。”(清)张鉴：《冬青馆甲集》卷四，见《清代诗文集汇编》第490册，上海，上海古籍出版社，2010。

③ 参见徐雁平：《清代环太湖地区的书估、书船与书籍的流动》，载《学术研究》，2013(10)；傅申：《董其昌书画船：水上行旅与鉴赏、创作关系研究》，载《美术史研究集刊》，2003(15)。

④ ［韩］林基中编：《燕行录全集》卷五七，293～294页，汉城，东国大学校出版部，2001。

号、时间地点、版本源流、内容简介等。例如，宋四川刻本《六家文选》序后牌记云："此集精加校正，绝无舛误，现在广都县北门裴宅印卖。"

(3)封面广告。封面即书名页，类似于后世的版权页。不过，坊刻之书的封面除了书名、出版者、作者外，还时有广告语。例如，清雍正十二年(1734)继志堂刊刻《按鉴三国志传》的封面，书名右边刻"全像古本并无删省"，左边刻"《三国志传》坊刻苦无善本。本堂不惜重资，剞劂精工，字义注释，典实详解，只字无讹，迥异他刻。识者鉴诸。书林继志堂梓行"，上边刻"雍正甲寅新刊"。

(4)征启广告。明清时期书坊发布的各类征稿启文也往往是一种广告。这些征启既是对该书的一种宣传，也让读者对书坊出版的其他读物有所了解，尤其是为即将出版的书做广告宣传。例如，崇祯六年(1633)陆云龙峥霄馆刊《皇明十六家小品》所附征稿启文云："见惠瑶章，在杭付花市陆雨侯家中；在金陵付承恩寺中林季芳、汪复初寓。"其后附拟刻之书，包括：

一、刊《行笈二集》，征名公制诰、奏疏、诗文、词启、小札；
一、刊《广舆续集》，征各直省昭代名宦人物；
一、刊《续西湖志》，征游客咏题，嘉、隆后杭郡名宦人物；
一、刊《明文归》，征名公、逸士、方外、闺秀散逸诗文；
一、刊《皇明百家诗文选》，征名公、逸士、方外、闺阁成集者；
一、刊《行笈别集》，征名公新剧，骚人时曲；
一、刊《型世言二集》，征海内异闻。①

(5)凡例广告。凡例对书中的内容有更详细的介绍，亦能起广告作用。而且，凡例还可以为征稿和拟刻之书做宣传。例如，《昭代诗存》凡例云："一、兹选既竣，予即勉事二编。凡远近诸名家瑶章大刻，速求惠赐，以成巨观。"《皇清诗选》凡例云："一、是书问世后，随有二集，海内大家不我遐弃，幸即以瑶篇见寄。且云既梓《见山亭古今词选》一书，书成之后，邮寄

① (明)丁允和、(明)陆云龙编：《皇明十六家小品》，见《四库全书存目丛书》集部第378册，济南，齐鲁书社，1997。

诗余及文集者更夥，行将又有词选文选之役。鸿章隽调，并望俱邮；沐枣拭梨，俟成诸集。”

此外，还有序跋广告、插图广告等。以上这些广告的内容包括：标明刻印者，以表正版及版权所属，并防盗版；标明书坊所在，以便有意者访购(古代书籍印数少，有意购买者可以到书坊去印刷)；夸耀书之价值；开列可售之书，预告即出之书；征集稿源；等等。

二、图书流通史研究需注意的几点

（一）古代书业发展不均衡

相对于全国而言，书业发达的地区还是太少，全国还有很多地方书籍非常少。例如，清代修《四库全书》开馆征书时，一些省就直言无书可征(如贵州省上奏说只有一些科举考试方面的书)。这当然并不是指真的什么书都没有，而是可以选择的书太少了。

许多地方书业不发达，与经济条件的大背景有关，也与传统文人对书籍作为一种商品的认识观念较弱有关。与西方将商品性当作书籍的第一属性不同，中国传统士大夫更愿意将书籍看作文化、身份的象征，用来阅读、收藏乃至送礼、求名等。可以说，中国古代相当多的书都不是为了买卖而出版的。

（二）非商业性流通比较多

与上述情况相应，古代书籍流通中非商业性流通比重较大，如抄书、赠书等。即使是在印刷术普及以后，互相传抄之风仍很盛行。在一定程度上也可以说，抄书的发达抑制了印刷术的改进。

促使非商业性流通普遍存在的原因很多，如藏书家之间的私人交往多，抄书便宜、方便快捷，书价一直偏高，商业流通渠道不畅等。

（三）畅销书

畅销书是古代图书流通研究中应该关注的一个重点。畅销书有多种，有长期性的畅销书，如三(《三字经》)、百(《百家姓》)、千(《千字文》)、千(《千家诗》)等这些童蒙书籍，也有短期性的畅销书，如科举考试方面的参考书。以北京为例，每逢会试之期，书摊众多，集中于考场附近，所售书与科举考试有关。关于明清科举考试参考书的畅销情况，《儒林外史》中的记载可作参考，如该书第十四回载：“店里贴着报单，上写：‘处州马纯上先生精选《三科程墨持运》于此发卖。'马二先生见了欢喜，走进书店坐坐，取过一本来看，问个价钱，又问：'这书可还行?'书店人道：'墨卷只行得一时，那里比得古书。'"第二十回载："匡超人说了姓名。冯琢庵道：'先生是浙江选家。尊选有好几部弟都是见过的。'匡超人道：'我的文名也够了。自从那年到杭州，至今五六年，考卷、墨卷、房书、行书、名家的稿子，还有《四书讲书》《五经讲书》《古文选本》——家里有个帐，共是九十五本。弟选的文章，每一回出，书店定要卖掉一万部，山东、山西、河南、陕西、北直的客人，都争着买，只愁买不到手；还有个拙稿是前年刻的，而今已经翻刻过三副板。不瞒二位先生说，此五省读书的人，家家隆重的是小弟，都在书案上，香火蜡烛，供着'先儒匡子之神位'。"[①]此外，孔尚任《桃花扇·逮社》中的一段记载也很有代表性：

> 在下金陵三山街书客蔡益所的便是。天下书籍之富，无过俺金陵；这金陵书铺之多，无过俺三山街；这三山街书客之大，无过俺蔡益所。你看十三经、廿一史、九流三教、诸子百家、腐烂时文、新奇小说，上下充箱盈架，高低列肆连楼。不但兴南贩北，积古堆今，而且严批妙选，精刻善印。俺蔡益所既射了贸易诗书之利，又收了流传文字之功；凭他进士举人，见俺作揖拱手，好不体面。今乃乙酉乡试之年，大布恩纶，开科取士。准了礼部尚书钱谦益的条陈，要亟正文体，以光新治。俺小店乃坊间首领，只得聘请几家名手，另选新篇。今日正在里边删改批评，待俺早些贴起封面来。[②]

比科举考试用书更畅销的还有通俗小说，故清代《格言联璧》载："卖古书不如卖时文，印时文不如印小说。"

（四）士大夫流动性强

古代地方官员按规定要异地为官，而且每届科举考试试期，士子或云集省会，或汇聚京城，均会利用这些难得的机会来搜求图书。例如，范氏天一阁创始者范钦就利用在各地为官的机会搜求到不少图书(尤其是方志)。

---

① (清)吴敬梓：《儒林外史》，116、161页，天津，百花文艺出版社，2015。

② (清)孔尚任：《桃花扇》，117页，济南，齐鲁书社，2004。

又如，古人尤其是清人的一些日记多有关于士子赴京考试之余暇阅肆搜书的记载。京城是士大夫汇聚之地，而且京中士大夫的流动、变更更频繁。官员晋京赴任，多会选择一些藏书自随，又在京城不断搜求图书。这些官员藏书质量都比较高，因此互相借阅与传抄图书往往就成为在京官员私下交往的一项重要内容。

（五）藏书与通行书的关系

有了收藏，就产生了藏书与通行书的分离。物以稀为贵，藏书更是如此，因此印数多的通行书与藏书家的藏书是对立的关系，前述《兔园册》就是个很好的例子，所谓“但家藏一本，人多贱之也”。

不过，我们若是深入思考，则会发现流通与收藏其实是矛盾又统一的：一方面，流通抑制收藏(收藏的书多为少见的，多了就不值得收藏了)，收藏也抑制流通(书都收藏了，进入流通渠道的就少了)；另一方面，流通促进收藏(没有流通，收藏无从下手，无法得到书)，收藏也促进流通(收藏使一些书升值，书商、藏书家等兴趣高，推动相关书业发展)。

以往，我们多通过藏书家的藏书目录来考察某个时期的图书流通情况，这是有很大局限性的。因为藏书家的书其实可以分为 3 个层面：其一，他所拥有的全部书；其二，他的藏书(并不是他全部的书)；其三，他的藏书目录所收的书(也不一定是他全部的藏书)。这 3 个层面是依次递减的关系，也就是说，其藏书目录所收只是其藏书的一部分，其藏书也只是其拥有的书的一部分。我们对藏书家藏书的了解主要是通过其藏书目录，这样获得的信息显然是不全面的。例如，一些通行本，或一些有这样那样问题的书(如诲淫、诲盗的书，禁书等)，藏书家就不会收入其藏书目录，甚至不计入其藏书。这是我们研究藏书史时应注意的一个方面。

第二节 流通方式

图书流通可分为商业性流通(如买书、租书)和非商业性流通(如抄书、赠书)。两者之间会有较多交叉，因此这里将图书流通分为一般的流通和特殊的流通。所谓一般的流通，是指正常的、主动的、双方自愿的、双向的流通；所谓特殊的流通，是指不正常的、被动的、非双方自愿的、单向的流通。本节所论还有两点需注意：其一，本节所谈的流通方式有个别交叉之处，但为让大家尽量多地了解各种流通方式，所以不惮繁举；其二，骗取不单独作为一种流通方式加以介绍，因为其可以归并到其他方式中。例如，斯坦因通过王道士骗买了一大批敦煌遗书，虽然价格不合理，但毕竟还是买卖，此类骗买可归入买卖类中。同理，如果是不花钱的骗取，则应归入赠送类中。

一、一般的流通

（一）借阅

借阅是古代图书流通的主要方式。借阅的方式有多种，如官方机构的借阅(古代文渊阁、翰林院、国子监藏书的借阅，修书各馆间的借阅等)，亲属间的借阅，朋友间的借阅，熟人间的借阅，陌生人间的借阅，辗转的借阅，长距离的借阅，近距离的借阅，时间长的借阅，时间短的借阅等，我们都要关注。但是，我们都知道，古代藏书家藏而不借是一种普遍现象，那么为什么古代还有普遍存在的借阅现象呢？其实，两者并不矛盾，因为没有藏就没有借，而且借阅并不只是针对藏书家而言的，它存在于社会的各个角落。至于藏书家藏而不借背景下的借阅，可称为有限度的借阅，其主要特征为：借阅是在熟人之间或通过熟人的介绍来实现的，这与公共图书馆的借阅不是一回事。例如，谈古代图书借阅，一般会举藏书家的“图书交流协议”(如《古欢社约》《流通古书约》)作为例子，来证明藏书家藏书的开放性。事实上，这是最典型的有限度的交流，因为这些图书交流协议有明确的规定，图书交流只存在于某些地位相当的藏书家之间，不涉及外人，而且对所借之书亦多有限定。

不过，各种有限度的借阅圈子组合起来，其实即可构成普遍借阅现象，正如《管庭芬日记》中所展示的交流现象(关于这一点，下文还会详谈)：熟人间反复频繁的借阅，以及辗转熟人间的借阅。这种辗转借阅圈的不断扩大，漾散开去，就会形成一个庞大的图书交流圈。江南书香社会所展示的书籍之交的普遍性，让我们对中国古代图书交流产生了新的认识：在交流圈中，陌生人其实也是辗转的熟人。

（二）买卖

图书的买卖当然是古代图书流通的主要方式。《后汉书·文苑列传》载："刘梁字曼山，一名岑，东平宁阳人也。梁宗室子孙，而少孤贫，卖书于市以自资。"《后汉书·王充传》载："王充……家贫无书，常游洛阳市肆，阅所卖书，一见辄能诵忆，遂博通众流百家之言。"可见，图书的买卖起源很早。

一些图书买卖中心在各地逐渐形成，如北京的琉璃厂、南京的状元坊等。一般来说，图书生产地与销售地往往是在一起的，如南京、杭州、苏州等。但是，也有的图书生产地与销售地并不在一起，如清代北京琉璃厂书肆所售的图书就是多从南方贩运而来的。另外，明清福建建阳刻书多，通过长途运输至各地贩卖，《（嘉靖）建阳县志》卷三记载，福建建阳崇化里"比屋皆鬻书籍，天下客商贩者如织，每月以一、六日集"。

民间零星的商贩买卖也很多，如南方游走各处的书船、北京的书摊等。书商也会在各处设点，以便营销。例如，清代宁波书商吕留良在南京设点，苏州书商陶正祥在北京设点，福建四堡书商在广东等地设分店，近代一些北京书商在天津、上海设点等。以上这些贩卖活动扩大了全国的图书销售市场，推动了图书流通。由此，我们可以从更大的经济环境、市场运作来认识图书的买卖问题。

（三）赠送

赠送包括一般的赠送，也包括捐赠、进呈（如个人进呈图书给朝廷或皇帝）、家庭世代传承的遗赠。一般的赠送多发生在亲友、师生、同门、同僚等之间。《翁心存日记》记载了不少赠书的例子，一般是朋友、学生所赠，而且多为新书。《管庭芬日记》也有大量关于亲友间赠书的记载。文人之间赠送图书有很多意味。赠送图书是表达情感的一种普通而又特殊的方式。例如，《三国志·魏书·王粲传》载："粲至，年既幼弱，容状短小，一坐尽惊。邕曰：'此王公孙也，有异才，吾不如也。吾家书籍文章，尽当与之。'"这就是著名的"蔡邕之赠"。

古代赠送之书既有收藏的复本，也有难得之善本，还有自著之书（刻以送人）等。此外，还有专门用以送礼的所谓书帕本。明代官员任满入觐或奉使出差回京，必刻一书，以一书一帕为馈赠的礼品，即书帕本。

（四）颁赐

古代中国的皇帝和中央政府经常会颁赐书籍给各地的机构、个人或外国，其主要利用的是宫廷藏书或朝廷编刻之图书。

颁赐是一项重要的政治活动，因此官方档案和私家记述往往都会有记载，如《明实录》就记载了不少颁赐事例。又如，《翁心存日记》载，道光十七年(1837)九月十一日，“是日苻卿以赏书四分分之，拈阄为定。余所得者为《吴园周易解》一函(五册)”[①]。

地方行政机构受颁赐的往往是与政令、法规有关的朝廷新编之书。学校受颁赐的则多是一些传统教材性质的书，如儒家经典等。至于寺观，受颁赐之书一般是佛经、道经。个人受颁赐之书范围较宽，从皇帝御制文集到一般的书画均有涉及。个人受颁赐之后，往往会进呈谢恩折表示感谢。

此外，中国官方的赐书还涉及中外图书流通。也就是说，一些中国典籍通过赏赐的方式流通到外国。关于这一点，下文还会详谈。

(五)征集

征书几乎每朝都有，有出自政府的，有出自民间的。官方征书往往多措并举，如购买、悬赏(给予物质、金钱或官职的奖励)、劝捐、传抄，甚至到藏板之家进行印刷等，因此是一种综合的图书流通方式。

朝廷的征书主要出于两种目的：其一是充秘府之藏，以表右文之治；其二是朝廷修书。两者均为不定期之举，相对来说，前者往往是在开国之初，而后者往往是在朝代中期。至于地方政府及相关机构(如近代以来的图书馆)，也会有征书之举。例如，地方政府为修方志而征书，其搜罗对象包括旧志、地方文人的文集、传记、碑刻、家谱等。私人征书相对较少，清代徐乾学兄弟曾经为其舅父顾炎武发布过一篇《征书启》：“舅氏顾宁人先生，年逾六十，笃志《五经》，欲作书堂于西河之介山，聚天下之书藏之，以贻后之学者。……伏维先达名公，好事君子，如有前代刻板善本及抄本经史有用之书，或送之堂中，或借来录副，庶传习有资，《坟》《典》不坠，可胜冀幸之至。”[②]在民间征书中，有一些特殊形式值得注意。例如，书坊或私人的征稿也是征书(文献)之一种，是明清时期书坊、书商编刻大型图书

① (清)翁心存：《翁心存日记》第1册，张剑整理，282页，北京，中华书局，2011。

② 缪荃孙辑：《艺风堂杂钞》，259页，北京，中华书局，2010。

的惯用手法。[①] 其征集的对象，可以是印刷品，也可以是手稿；可以是整书，也可以是散篇零什。征集者往往通过发布征启（表明征集的目的、投寄地址等）来征稿，而有意者可以通过邮筒来投稿。至于古人为纪念、庆祝等活动而征诗征文的，则更为普遍。

（六）传抄

在雕版印刷出现以前，传抄既是图书生产方式，也是图书流通方式。在雕版印刷出现之后，一般的传抄就是指流通中的传抄，因为以抄书作为图书生产手段就比较落伍了。

在古代，抄书是最方便、最灵活的获书途径。抄书既可指自己抄，也可指请人抄。古代有钱的人多请人抄书，有的人家里常年雇着一个甚至几个抄手。

古代通过传抄来获得书的例子很多，如梁元帝早期所聚之书中就有大量抄来之书，其《金楼子》卷二《聚书篇》载：

> 初出阁，在西省，蒙敕旨赉《五经》正副本。为琅琊郡时，蒙敕给书，并私有缮写。为东州时，写得《史》《汉》《三国志》《晋书》。又写刘选部孺家、谢通直彦远家书。又遣人至吴兴郡，就夏侯亶写得书。又写得虞太中阐家书。为丹阳时，启请先宫书，又就新渝、上黄、新吴写格五戏，得少许。为扬州时，就吴中诸士大夫写得《起居注》，又得徐简肃勉《起居注》。前在荆州时，晋安王子时镇雍州，启请书写。比应入蜀，又写得书。又遣州民宗孟坚下都市得书。又得鲍中记泉上书。安成炀王于湘州薨，又遣人就写得书。刘大南郡之遴、小南郡之亨、江夏乐法才、别驾庾乔、宗仲回、主簿庾格、僧正法持绘经书，是其家者皆写得。又得招提琰法师众义疏及众经序。又得头陀寺昙智法师阴阳、卜祝、冢宅等书。又得州民朱澹远送异书。又于长沙寺经藏，就京公写得四部。又于江州江革家，得元嘉前后书五帙。又就姚凯处得三帙。又就江禄处得四帙。足为一部，合二十帙，一百一十五卷，

---

① 参见张升：《晚明清初江南征稿之风初探》，见周少川主编：《历史文献研究》总第28辑，上海，华东师范大学出版社，2009。

并是元嘉书，纸墨极精奇。又聚得元嘉《后汉》，并《史记》《续汉春秋》《周官》《尚书》及诸子集等，可一千余卷。又聚得细书《周易》《尚书》《周官》《仪礼》《礼记》《毛诗》《春秋》各一部。又使孔昂写得《前汉》《后汉》《史记》《三国志》《晋阳秋》《庄子》《老子》《肘后方》《离骚》等，合六百三十四卷，悉在一巾箱中，书极精细。还石城为戍军时，写得《玄儒众家义疏》。为江州时，又写得萧谘议贲、刘中记缓、周录事弘直等书。时罗乡侯萧说于安成失守，又遣王谘议僧辩取得说书。又值吴平光侯广州下，遣何集、曹沔写得书。又值衡山侯雍州下，又写得书。又兰左卫钦从南郑还，又写得兰书，往往未渡江时书，或是此间制作，甚新奇。张湘州缵经饷书，如樊光注《尔雅》之例是也。张豫章绾经饷书，如《高僧传》之例是也。范鄱阳胥经饷书，如高诱注《战国策》之例是也。隐士王缜之经饷书，如《童子传》之例是也。又就东林寺智表法师写得书。……吾今年四十六岁，自聚书来四十年，得书八万卷，河间之侔汉室，颇谓过之矣。[①]

又如，清代四库馆中的图书，当时许多学者利用入馆修书的机会来录副；《管庭芬日记》也有大量关于管氏抄书的记载。

（七）租赁[②]

前述的借阅是指无偿的借阅，而这里的租赁是指有偿的借阅。租赁式的借阅在古代应该不少，但相关的记载却不多。清代北京正阳门一带十分繁华，其中即有租书摊(肆)，金昌业《老稼斋燕行日记》载："(正阳门外市场)众人围拥，中有踞凳读书者，似通州所见，是收直于听者也。又有无匣弊书堆在路上，皆小说，是则似为取直于读者而置也。就视之，皆名未曾

① (南朝梁)萧绎撰：《金楼子校笺》，许逸民校笺，515～517页，北京，中华书局，2011。其中"二十帙"疑为"十二帙"之误。

② 书版、活字模也有租赁的。除了租借书版、活字模自行印刷外，古代一些人还自带纸墨去书坊、别人家或官府机构(如国子监)等藏板之处印刷书籍，给付一定的工钱与赁板费。例如，叶绍袁《午梦堂集·叶天寥自撰年谱》(839页，北京，中华书局，1998)载："余在六馆(指叶氏任北京国子监助教)，同年同郡及他相识托余印《十三经》《二十一史》，大都二十余金便可印两部矣。余代人印去甚多，而自不能印一本归。官贫无他恨，此可恨耳。"

闻者。"[①]徐有素《燕行录》亦载："路傍据桌看书者，处处有之。众人围住听之，即读小说而收其直于听者也，其傍有肆，多积小说，读者必于此肆借贯也。"[②]从这两条材料可看出，说书者傍着书摊(肆)而开讲，书摊(肆)也借助说书而推销其书(小说)，相依相益，颇具经营之道。康熙二十六年(1687)，刘楷《禁刊邪书疏》云："臣见一二书肆刊单出赁小说，上列一百五十余种，多不经之语、诲淫之书，贩买于一二小店如此，其余尚不知几何。"[③]嘉庆十八年(1813)，《仁宗睿皇帝实录》卷二百八十一载有清廷禁令："稗官野史……最为人心风俗之害，屡经降旨饬禁。此等小说，未必家有其书，多由坊肆租赁，应行实力禁止。"[④]正如周绍明在《书籍的社会史——中华帝国晚期的书籍与士人文化》中分析的，这些租书摊可能租的都是些大众通俗读物。周氏转引日本学者的观点说，1800年前后，在福建省福州城，租书摊上的"淫词艳曲"绝大多数是平话手抄本，尤其得到女性租书者的喜爱。读者不论男女，最多可以借阅25天，按天付费。超过借期按天罚款，并没收押金(具体数额不详)。[⑤]

谈旧书业的租赁，一般都会提到北京馒头铺。据说，馒头铺是捎带从事租书业务的。也就是说，卖馒头是主业，租书只是副业。北京馒头铺出租的书籍多为通俗小说和抄写本鼓词，租书者会在书上印有诸如此类的告示："本斋出赁抄本公案，言明一天一换。如半月不换，押账作本。一月不换，按天加钱。如有租去将书哄孩，撕去书皮，撕去书编，撕纸使用，胡写、胡画、胡改字者，是男盗女娼，妓女之子，君子莫怪"，"本斋出赁四大奇书，古词野史，一日一换。如半月不换，押账变价为本，亲友莫怪。撕书者男盗女娼。本铺在交道口南路东便是"。[⑥] 郑振铎也提到，他购得的明代鼓词抄本，封皮皆用数层厚皮纸，每本皆有出租的书肆的广告，如：

---

① [韩]林基中编：《燕行录全集》卷三三，79页。

② [韩]林基中编：《燕行录全集》卷八一，242页。

③ (清)贺长龄辑：《皇朝经世文编》卷六二，2488页，台北，文海出版社，1966。

④ 《仁宗睿皇帝实录》卷二八一，见《清实录》第31册，837页，北京，中华书局，1986。

⑤ 参见[美]周绍明：《书籍的社会史——中华帝国晚期的书籍与士人文化》，何朝晖译，86页。

⑥ 转引自李家瑞：《清代北京馒头铺租赁唱本的概况》，见张静庐辑注：《中国出版史料补编》，北京，中华书局，1957。

“调每本一天一换。三日不到，本斋即将押账便本。君子莫怪!”“本斋出赁四大奇书，抄本公案，今古奇观，古词野史，开设在北沟沿拣果厂中间小胡同内路北顶头门。”[①]由此亦可见当时通俗小说、鼓词在社会上之风行情形。

此外，拓印、讲唱、交换也可以说是图书流通的方式。

二、特殊的流通

(一)劫掠

古代大规模的图书劫掠一般发生在朝代变更或战乱之时。例如，光绪二十六年(1900)庚子事变，藏于翰林院中的《永乐大典》被使馆区内的外国人盗劫了不少，这些被劫掠之书至今仍多散藏于英、美、俄、日、德等国。

巧取豪夺其实也是一种劫掠行为。例如，1945年，苏联经济学家波波夫率调查团来大连图书馆，并以“保护珍贵图书”为名，从该馆挑选掠夺去中国古籍图书801种4960册，其中包括《永乐大典》55册，运往西伯利亚，后藏于苏联列宁格勒大学(今圣彼得堡大学)东方系图书馆。1954年，《永乐大典》中的52册还给了中国政府。藏书家之间也时有巧取豪夺之举。例如，丁日昌(字雨生)就以此种方式掠夺了上海藏书家郁松年(号泰峰)之善本：“雨生介绍应敏斋廉访至郁氏阅书，自取架上宋元刊本五十余种，令材官骑士担负而趋。时泰峰已故，家已中落，诸孙尚幼，率其孀妇追及于门。雨生不能夺，取其卷帙少者自置舆中，其卷帙多者仅携首帙而去。后经应敏斋调停，以宋刊世彩堂《韩文》、程大昌《禹贡论》、《九朝编年》、《毛诗要义》、《仪礼要义》、金刊《地理新书》等十余种为赠，余仍返璧。”[②]

(二)偷盗

偷盗活动在图书流通史上屡见不鲜。例如，明清宫廷藏书流散的主要原因之一就是偷盗。此外，明清两朝中央机构的藏书也曾屡遭偷盗。以藏书最多的翰林院为例，其所藏《永乐大典》的流传史，简直可以说是一部图书偷盗的历史。这些偷盗都在暗中进行，绝大多数在当时未被发觉，即使

---

① 《郑振铎文集》第6卷，460页，北京，人民文学出版社，1988。

② (清)陆心源:《元刊元印玉海跋》，见《仪顾堂书目题跋汇编》，401页，北京，中华书局，2009。应敏斋即应宝时，字敏斋，江苏按察使。

有被发觉的亦未能严密追查，所以也都不了了之。这些偷盗案均发生在翰林院中，偷盗者均为翰林院中人(应以翰林官为主，可能也有供事等吏员)。缪荃孙《〈永乐大典〉考》载："咸丰庚申(1860)与西国议和，使馆林立，与翰林院密迩，书(《永乐大典》)遂渐渐遗失。"①而《永乐大典》散佚的主要原因是当时利欲熏心的官吏监守自盗，刘声木《苌楚斋随笔》记录了偷盗者的伎俩："早间入院，带一包袱，包一棉马褂，约如《永乐大典》二本大小，晚间出院，将马褂穿于身上，偷《永乐大典》二本……包于包袱内而出也。"②这确实是"极巧妙刻毒"的偷书法。

宫廷、官府机构如此，民间藏书遭盗的情况则更严重，即使如天一阁这样管理颇严密的藏书楼，其藏书在近代亦曾多遭偷盗。清末民初，许多显贵之家家道中落，一些不良书商就内外勾结，通过买通大家族仆人或不肖子孙以盗取其藏书。

（三）罚没

罚没是指官方将有罪之人的财产进行惩罚性没收。有的罚没财产在事后会返还，但绝大多数没有返还。

古代官府罚没的财产很多，其中就有不少书籍。例如，明嘉靖年间严嵩被抄家，其财产清单记录在《天水冰山录》中，包括历朝《实录》并经史子集等书合计共 88 部，2613 本。清代档案流传下来的很多，其中就有不少抄家档案(包括一部分文字狱档)，亦多涉及书画及图书之罚没。例如，《和珅犯罪全案档》载，罚没和珅书籍 501 套，其中"交御书房一百五十套，东西陵行宫一百二十九套，赏二阿哥五十六套，三阿哥二十二套，交军机大人拟赏王公大臣一百四十四套"③。可见，明清宫廷藏书中应有相当一部分是抄家没收的书籍。

---

① 缪荃孙：《艺风堂文续集》，见《清代诗文集汇编》第 756 册，604 页。

② 刘声木：《苌楚斋随笔》卷三，5 页，台北，世界书局，1981。

③ 转引自冯佐哲：《和珅家产考实——以辨伪宫中藏〈和珅犯罪全案档〉为中心》，见故宫博物院编：《明清宫廷史学术研讨会论文集》第 1 辑，322 页，北京，紫禁城出版社，2011。

第三节　国内图书流通

国内的图书流通分为南方、北方两部分来讨论。

一、南方

南方图书流通比较发达的地方有浙江、江苏、江西(如金溪)、福建(如建阳)等地。其中，浙江又以杭州为中心，而江苏则以南京、苏州、扬州为中心。例如，杭州的书坊，我们可以通过《儒林外史》了解：书铺很多，而且合编书、印书、售书为一体，所售书多为科举考试参考书。福建方面，连城四堡的刻书业很发达，有典型的家族式书坊，其所编刻之书远销全国。江西金溪刻书业也很发达，现在还有不少金溪刻书流传下来。金溪浒湾镇临江有一条书铺街，生产的书可以很方便地运到外地销售。此外，金溪的书商随着其图书的输出，也到外地创业，在外地设点卖书，据说北京琉璃厂书肆最早的经营者就是金溪书商。

明清时期，江南的书业非常发达，书坊与文人关系非常密切。书坊聘请文人为其提供稿源，而文人也通过书坊实现自身的价值并获声誉。此时出现了一批有名的书坊，也出现了一批以编书出名的大人物，如冯梦龙、陈继儒、陈仁锡、李渔、吕留良等，他们的身份比较复杂，既是文人，又是书商，而且有的还是大官。例如，吕留良是有名的诗人、学者，不但编了很多畅销书，而且在宁波、南京均开有书坊。这些都是当时书业繁盛的体现。

书商售书，既会通过开设书坊、书铺和书摊来经营，也会采取其他非常灵活的流动性售书方式，如书船。如前所述，南方水路发达，所以常用船来销售图书。例如，清代李集《愿学斋文钞》卷十三《金星轺先生传》载："先生讳檀，字星轺……平生无他嗜，唯好聚书。每书估船至，日遣数人要于水次，先生必造舟，一一寓目乃已。"陈鳣《赠苕上书估》载："万卷图书一叶舟，相逢小市且邀留。"南方尤其是湖州的书船如此知名，以至于乾隆在征书时特地指示通过这些书船来找书，乾隆三十八年(1773)三月二十八日

《谕内阁传令各督抚予限半年迅速购访遗书》载："且江浙诸大省，著名藏书之家，指不胜屈，即或其家散佚，仍不过转落人手。闻之苏湖间书贾书船，皆能知其底里，更无难于物色。"二十九日《寄谕两江总督高晋等于江浙迅速购访遗书》载："又闻苏州有一种贾客，惟事收卖旧书，如山塘开铺之金姓者，乃专门世业，于古书存佚原委，颇能谙悉。又湖州向多贾客书船，平时在各处州县兑卖书籍，与藏书家往来最熟，其于某氏旧有某书，曾购某本，问之无不深知。如能向此等人善为谘询，详加物色，因而四处借抄，仍将原书迅速发还，谅无不踊跃从事。"[①]晚清著名藏书家浙江湖州的陆心源就颇得益于书船之售书，他说："湖有书船，夙善聚书，兵后吾得于书船者尚不下数万卷。"[②]

在不通水路的地方如何流动性地售书呢？至少有两种方式：其一，将书放在箱子中，售书者挑着担子来售卖；其二，背着装满书籍的大包来售卖。缪荃孙《云自在龛随笔》卷四载："余幼时在申港，时有书客负一大包闯入书塾。包内湖笔、徽墨、纸本、四书、经书，村塾所需要无不备。议价后，问家有旧书、残破书否，见村童临帖稍旧者，均欲以新者相易，盖志在收书也。"这些书客既卖书也收书。

以上主要谈的是商业性流通。商业性流通的核心是买卖，是金钱。与此相对应的是非商业性流通，其核心是书籍之交，是感情。

所谓书籍之交，是指民间非商业性的书籍往还，包括借阅、赠送等。中国古代私家藏书多藏而不借，这是大背景。但是，在此大背景下，书籍之交在一定范围内还是相当活跃与发达的。在熟悉的圈子内，图书不但可以借阅，甚至还可以赠送。可以说，藏而不借、书籍之交这一对矛盾一直贯穿于整个中国的图书流通史中。前文通过两个例子讨论了借阅的问题，这里还借用这两个例子来说明书籍之交。

例一，《流通古书约》与《古欢社约》。[③] 曹溶《流通古书约》载："今酌一

① 张书才主编：《纂修四库全书档案》，68、70页，上海，上海古籍出版社，1997。

② （清）宗源瀚修：《同治湖州府志》，见《中国地方志集成·浙江府县志辑》第24册，南京、上海、成都，江苏古籍出版社、上海书店、巴蜀书社，1993。

③ 此两约篇幅都很短，参见（明）祁承㸁等：《澹生堂藏书约（外八种）》，上海，上海古籍出版社，2005。

简便法，彼此藏书家，各就观目录，标出所缺者。先经注，次史逸，次文集，次杂说，视所著门类同，时代先后同，卷帙多寡同，约定有无相易，则主人自命门下之役，精工缮写，校对无误，一两月间，各赍所抄互换。”从曹溶的约定可以明显发现，这是身份相当的藏书家之间的书籍之交，书籍是有限度地交换的。同样，丁雄飞《古欢社约》也是其与大藏书家黄虞稷订立的互相借抄所藏的协议：“每月十三日丁至黄，二十六日黄至丁……要务有妨则预辞；不入他友，恐涉应酬，兼妨检阅；到时果核六器，茶不计；午后饭，一荤一蔬，不及酒，逾额者夺异书示罚；舆徒每名给钱三十文，不过三人；借书不得逾半月；还书不得托人转致。”协议明确规定拒绝他人参与。

例二，管庭芬的书籍之交。[①] 管庭芬(1797—1880)，字培兰，号芷湘，诸生，浙江海宁路仲人，著有《芷湘吟稿》4卷、《海昌经籍著录考》22卷等数十种著作。《管庭芬日记》多记载其与他人书籍往还之事，兹选取道光四年(1824)三月的情况，如表3.3所述。[②]

表3.3　管庭芬的书籍之交

<table>
<tr><th>日期</th><th>流通方式</th><th>书名</th><th>作者</th><th>书主</th><th>获(观)书者</th><th>备注</th></tr>
<tr><td>初三</td><td>借</td><td>《聊斋志异》</td><td>蒲松龄</td><td>管庭芬</td><td>祝梦岩</td><td>祝梦岩，海宁诸生，管氏之友</td></tr>
<tr><td rowspan="2">初五</td><td rowspan="2">赠</td><td>《禹贡图说》</td><td>马俊良</td><td rowspan="2">管庭芬</td><td rowspan="2">钱焯</td><td rowspan="2">钱焯，字承勋，号爱斋，海宁诸生，管氏之亲戚</td></tr>
<tr><td>《林蕙堂四六》</td><td>吴绮</td></tr>
<tr><td>初六</td><td>示</td><td>《硖川诗抄》</td><td>曹宗载</td><td>曹宗载</td><td>管庭芬</td><td>管氏在曹氏家获观此书。曹宗载，字问渠，号桐石，海宁贡生，管氏之父执</td></tr>
</table>

① 参见张升：《论题：明清民间社会的“书籍之交”》，载《历史教学问题》，2015(4)。

② 参见张廷银整理：《管庭芬日记》第1册，北京，中华书局，2013。

续表

日期	流通方式	书名	作者	书主	获(观)书者	备注
初七	借	《订正通鉴(纲目)前编》	南轩	钱意山	管庭芬	钱意山，管氏之亲戚
初八	借	《枣林杂俎》	谈迁	管庭芬	潘宝岩	潘宝岩，管氏之表兄
		《西藏志》	佚名			
		《真腊风土记》	周达观			
		《国史经籍志》	焦竑			
初九	示	《兰言题赠》	毕三桥	毕三桥	管庭芬	管氏在毕氏家获观此书。毕三桥，海宁石泾人，管氏之友
初十	借	《皇朝武功纪盛》	赵翼	管庭芬	钱焯	
		《檐曝杂记》	赵翼			
十一	观	《武林旧事》	周密	胡尔荥	管庭芬	管氏在胡氏家获观此书。胡尔荥，字豫波，号蕉窗，又号廉石，海宁路仲人，监生，管氏之表侄
十三	赠	《昌平山水记》	顾炎武	管庭芬	胡尔荥	
十四	赠	《默记》	王铚	胡尔荥	管庭芬	
		《船山诗草》	张问陶			
		《白鹄山房集》	徐熊飞			
	借	《小篷庐札记》	周勋懋	周勋懋		周勋懋，字虞嘉，号竹泉，海宁人，道光壬午副贡，管氏之老师
十八	赠	《春园吟稿》	查有新	潘宝岩	管庭芬	查有新，字铭三，号春园，海宁袁花镇人，诸生

续表

日期	流通方式	书名	作者	书主	获(观)书者	备注
十九	托购	《禹贡图说》	马俊良		管庭芬	此三书为管氏托马省三购得
		《禹贡注节读》				
		《易堂问目》	吴鼎			
	赠	《槐西杂志》	纪昀	马省三	管庭芬	马省三，桐乡语溪人，诸生，在海宁做塾师，管氏之友
		《陶说》	朱琰			
二十	借	《祝氏宗谱》		祝梦岩	管庭芬	
		《石门县志》	耿维祜	马省三		
		《姑妄听之》	纪昀			
廿一	寄	《文章游戏》	缪艮	管庭芬	孙绵山	孙绵山，管氏之友
廿二	还	《姑妄听之》	纪昀	马省三	管庭芬	
廿四	借	《敬亭诗文集》	沈起元	祝梦岩	管庭芬	
廿七	借	《西域闻见录》	七十一	管庭芬	虞濮园	虞濮园，海宁鄞墅镇人，管氏之友
廿八	还	《随园诗话》	袁枚	管庭芬	僧志能	僧志能，海宁僧人
	赠	《春园吟稿》	查有新		马省三	
廿九	借	《小篷庐札记》	周勋懋	周勋懋	马省三	此书先由管氏借自周氏，再转借马氏

以上是《管庭芬日记》所载一个月的书籍往还情况，类似的情况在日记中是比较普遍的。据此我们可以看出：其一，书籍交流非常频繁。在一个月内，有书籍来往的天数很多，涉及的人和书也比较多。其二，其交流圈主要在海宁，交流者主要是亲戚、师友、同乡。其三，交流形式多样，包括借、还、寄、赠、托购等。我认为，管庭芬的书籍之交在江南地区有一定的代表性。

管氏是藏书家，而且是下层文人，只有秀才的功名，也从未出仕，较能代表下层文人生活的一般情况。他在乡里生活，与当地的文人来往密切，展示了颇为典型的书籍之交：他经常从别人那里借书，而且他也经常借书给别人。当然，借书的对象都是和他有一定关系的人。与借书相伴，还经常有互赠书籍的情况。书籍之交是如此频繁，渗透进其日常生活的方方面面，包括日常礼仪、待人接物、诗书往还等。管氏的书籍之交虽然以戚友为圈子，但是戚友亦有自己的戚友，这样一圈圈扩大，漾散开去，书籍之交的涵盖面就相当大了。江南地方文人圈的形成、地方文化的发达、文化世家的出现、书香社会的建立均与此有关。

总之，《流通古书约》与《古欢社约》让我们看到的是一个较封闭的图书交流圈，而管氏的书籍之交让我们看到的是更大的、更普遍的图书交流圈。两者都是真正存在的。相对而言，管氏的书籍之交应该更具有普遍意义。在书籍之交中，个人交往的圈子尽管有限，但是因为不断有新朋友加入其书籍之交中，而且亲朋的交往圈也在一圈圈地往外扩散，这样书籍之交可以扩展到整个社会，每个文人都可以通过书籍之交进入这个漾散开的大的交流圈中。在这样的交流圈中，大家变成了真正的书友：以书会友，以友会书。因此，从书籍之交的角度看，中国古代江南地区图书的借阅、流通多，获取知识的途径也多，这对以往关于中国古代较为封闭的阅读环境的认识是一个挑战。

二、北方

与南方有多个书业中心不同，古代北方的图书流通中心主要是北京。明清时期朝鲜使团到中国求书时，在中国北方其他地方很少能买到书，只有到北京才能大量购买，说明北方很多地方的书业都不够发达。

北京的图书流通有一定的特殊性，除了一般的购书、赠书、抄书等形式外，北京还有较多的颁赐、进呈等具有官方性质的流通方式。此外，北京只是图书流通中心，但不是出版中心，其很多图书是从南方贩运而来的。还有，北京官员多，士子多，流动性大，在很大程度上也促进了其图书市场的繁荣。

北京的图书流通在元以前不是很突出，因此这里主要谈谈其在明清时期的情况。明清北京的书肆比较多，有几个中心——琉璃厂、慈仁寺、东安市场、隆福寺等，但前后变化又较大，有一些还保留至今。当然，其中最著名的图书贸易中心就是琉璃厂。自清代中叶琉璃厂书肆兴起之后，设于其中的书肆非常多。这些书肆在当时及后来的文献中有不少记录，孙殿起将其汇编成《琉璃厂小志》，可以供我们检索。清末，王仁俊《海王村所见金石书画记》也有一些关于当时琉璃厂书肆及主人的记载，可以作为前者之补充。我们将这些材料结合起来考察，就能对其书肆的变迁有比较清晰的认识。此外，朝鲜文献《燕行录》也有相当多关于北京图书流通的记载，而这些材料是以往研究者较少利用的，故下面主要以《燕行录》为依据来谈谈清代北京琉璃厂的图书贸易。

明清两朝，朝鲜李朝多次派使团来华。据统计，整个清代，平均每年使团来华次数将近3次。在朝鲜派遣的使团中，三节年贡使(简称节使，三节指冬至、正旦、万寿)是定期的，除此之外，还有不定期的奏请使、陈奏使、谢恩使、进贺使、进香使、陈慰使、问安使、告讣使、护行使等。这里所指的朝鲜使团主要是三节年贡使团。就节使而言，一般来说，朝鲜使团的人数规模在200至300名不等，主要由1名正使、1名副使、1名书状官、3名大通官、24名押物官组成，另外，每个官员还有多名随从(如译官、伴倘等。伴倘，即伴当)。正、副使和书状官，通常又被称为三使。朝鲜三节年贡使团通常在每年的十月或十一月初从汉阳(汉城，现在称首尔)出发，十二月末以前到达北京，来年二月中旬从北京返程，三月末或四月初回到汉阳。他们在北京逗留的时间1～2个月。[①]

早期(指清初)朝鲜使团成员在北京不太自由，后来(乾隆以后)则比较自由，可以随时出游，与中国士大夫接触，逛书肆，购买图书等。由于种种需要，朝鲜使团成员撰写了大量的日记或见闻录。一般来说，明代时来访的朝鲜使团成员的日记或见闻录多称为《朝天录》，而清代时来访的朝鲜使团成员的日记或见闻录多称为《燕行录》。韩国林基中先生将这些《朝天录》《燕行录》汇编成《燕行录全集》100册(其中还包括一些《漂海录》等)，由韩国东国大学校出版部于2001年出版。这里所依据的主要材料就是这部《燕行录全集》[②]。

琉璃厂是清代以来北京典籍、书画、文物等文化商品的集散地，是清

① 参见王政尧：《〈燕行录〉初探》，载《清史研究》，1997(3)。

② 此书后来还有补编，即[韩]林基中主编：《燕行录补编》，首尔，东国大学校出版部，2006。

代中叶以后朝鲜使团成员抵达北京后必到之处。

（一）琉璃厂书肆的兴起

琉璃厂商业的兴起，与清初北京城大环境的变化有着密切的关系。顺治元年（1644）五月，清军进入北京城后，立即在内城圈地，安置八旗军队，原东、中、西三城居民被迫迁出。而且，由于清初朝廷对内城商业的限制，北京的商业中心便随着居民迁往南城而向南转移，位于前门附近的琉璃厂商业圈正是在这样的背景下兴起的。

伴随着琉璃厂商业的兴起，琉璃厂书肆也出现并兴盛起来。琉璃厂书市的初步形成大约是从康熙中叶开始的。究其原因，主要有如下两个方面：其一，有大的文化氛围的培育。清初以来，宣武门外以汉族士人、官宦聚集为主，成为当时北京乃至全国士人最集中的地方。《旧京琐记》卷八《城厢》载："旧日汉官非大臣有赐第或值枢廷者，皆居外城，多在宣武门外。土著富室，则多在崇文门外。故有'东富西贵'之说。士流题咏，率署宣南，以此也。"[①]其二，清初慈仁寺书市的衰落。明代北京书市的中心在内城，即今前门内及东城之灯市口、西城之城隍庙街一带。胡应麟《少室山房笔丛》对此有简要而清晰的记载："凡燕中书肆，多在大明门之右及礼部门之外及拱宸门之西，每会试举子则书肆列于场前，每花朝后三日则移于灯市，每朔望并下浣五日则徙于城隍庙中。灯市极东、城隍庙极西，皆日中贸易所也，灯市岁三日、城隍庙月三日，至期百货萃焉，书其一也。"[②]清初，北京书市最著名的是慈仁寺书市。慈仁寺（又名报国寺）庙市，每月开市3次，学者文人常流连其中。《京师坊巷志稿》载："慈仁庙市，国初最盛，屡见名流篇咏。"[③]康熙十八年（1679）北京发生大地震后，慈仁寺书市逐渐衰落。继慈仁寺书市之后，代之而兴起的即琉璃厂书肆。

乾隆中期，琉璃厂书肆已逐步兴盛起来。乾隆三十年（1765），洪大容《湛轩燕记》载："厂在正阳门外西南五里，而近厂夹道而为市铺，东西设閒门，扁曰琉璃厂，盖因以为市号云。市中多书籍、碑版、鼎彝、古董，凡器玩杂物。为商者多南川秀才应第求官者，故游其市者，往往有名士。盖

① 夏仁虎：《枝巢四述 旧京琐记》，118页，沈阳，辽宁教育出版社，1998。

② （明）胡应麟：《少室山房笔丛》，42页，上海，上海书店出版社，2009。

③ （清）朱一新：《京师坊巷志稿》，225页，北京，北京古籍出版社，1982。

一市长可五里，虽其楼栏之豪侈不及他市，珍怪奇巧，充溢罗积，位置古雅，遵道徐步，如入波斯宝市，只见其环然灿然而已，终日行不能鉴赏一物也。书肆有七，三壁周设悬架为十数层，牙签整秩，每套有标纸，量一肆之书，已不下数万卷，仰面良久，不能遍省其标号，而眼已眩昏矣。”[①]李文藻的《琉璃厂书肆记》也印证了这种繁荣，一一描述了他逛过的29家琉璃厂书肆。[②]

至于琉璃厂书肆最初的经营者，孙殿起辑《琉璃厂小志》载，相传清代某年有一名江西的举子，来京会试不第，便在琉璃厂设立书肆，自撰八股文试帖诗，镌版出售，借此谋生。后来许多江西人依靠同乡关系也都来此地经营书肆，以江西人为主营的琉璃厂书肆就渐渐多了起来。[③] 这种情况在《燕行录》中也可得到一定程度的印证，如李遇骏《梦游燕行录》载：“闻江南西蜀举子取应上京，得捷者因留仕宦，落榜者路远不得还，留待后科，遂作文印板，卖以资生，故游于册肆者多儒生，而所著皆奇闻异说云。”[④]可见，其时落第士子无钱返乡，滞留京师，艰于为生，刻书卖钱。最初的琉璃厂书肆很有可能就是从这些落第士子刻书卖文发展而来的。

(二)琉璃厂书肆的繁荣

琉璃厂书肆的真正繁荣源自乾隆三十八年(1773)开始的《四库全书》编修工作。

乾隆三十八年二月开四库馆，编修《四库全书》。翁方纲《复初斋诗注》载：“乾隆癸巳开四库馆，即于翰林院藏书之所，分三处：凡内府秘书，发出到院为一处；院中旧藏永乐大典，内有摘钞成卷，汇编成部者为一处；各省采进民间藏书为一处。每日清晨，诸臣入院，设大厨，供茶饭。午后归寓，各以所校阅某书应考某典，详列书目，至琉璃厂书肆访之。是时，浙江书贾，奔辏辇下；书坊以五柳居、文粹堂为最。”[⑤]这时的琉璃厂书肆成

---

① [韩]林基中编：《燕行录全集》卷四二，350～351页。

② 参见孙殿起辑：《琉璃厂小志》，101页，北京，北京古籍出版社，1982。乾隆三十年洪大容说琉璃厂有7家书肆，而3年后李文藻说琉璃厂书肆有29家。如果洪氏的统计没错，那么琉璃厂书肆在3年间突然增加了20多家，这种增长速度是惊人的。

③ 参见孙殿起辑：《琉璃厂小志》，16页。

④ [韩]林基中编：《燕行录全集》卷七七，76页。

⑤ 孙殿起辑：《琉璃厂小志》，32页。

了修《四库全书》的纂修官查阅资料、访书之所，而各地图书(尤其是南方的图书)纷纷汇聚于此。琉璃厂书肆正是在这样的背景下繁荣起来的，而五柳居书肆就是其中的典型。其开设于京师琉璃厂路北，主人陶正祥甚至还代四库馆访书，孙星衍《五松园文稿》卷一《清故封修职郎两浙盐课大使陶君正祥墓碣》载："会开《四库全书》馆，安徽提学朱君筠言于当道，属(陶正祥)以搜访秘书，能称事焉。……贤士大夫往来辐辏，广求故家书籍秘本历数十年。"

也正是从这时开始，《燕行录》有了非常多的关于琉璃厂书肆的记载，详细地描述了朝鲜使团成员眼中的琉璃厂盛况。

其一，街市繁华，书肆众多，而且长盛不衰。从乾隆一直到光绪年间，《燕行录》记录下了琉璃厂书肆长时段的繁荣。乾隆四十三年(1778)，李德懋《入燕记》载："归路历观琉璃厂市，书籍、画帧、鼎彝、古玉、锦缎之属，应接不暇，颈为之披。四通五达，人肩触磨。"①嘉庆五年(1800)，朴齐仁《燕行日记》载："归路历琉璃厂下，又历观册铺。……入其铺中，眩耀夺目，不可名状。"②道光二年(1822)，徐有素《燕行录》载："复出正阳门，为观琉璃厂也。……地甚繁华，日玩无数，故虽北京恒居人，每来游赏，往往有达官朝士，聚会燕饮。厂中有册肆十余处。"③同治元年(1862)，李恒亿《燕行日记》载："厂之西南又有册肆宝文堂、大文堂，横列左右，亦为五六里许，天下之遗文古事，毕集于此。或数百间炕，或三四百间炕，委积三层之板上，计其委积，合以都聚，足与我东之木觅山斋焉。"④光绪八年(1882)，权复仁《天游稿燕行诗》"琉璃厂"载："书肆最易寻，位置颇清佳。插架悬标识，鳞栉互挨挫。素心爱此物，馋眼眩频揩。"⑤

其二，书籍众多。从《燕行录》的记载看，很多朝鲜的文人学者尽管在出使中国之前已对琉璃厂书肆的繁荣早有耳闻，但一旦置身其间，还是不禁惊叹于琉璃厂书肆书籍的众多。当然，他们对书籍数量的大致估算未免

---

① [韩]林基中编：《燕行录全集》卷五七，277 页。

② [韩]林基中编：《燕行录全集》卷七六，173 页。

③ [韩]林基中编：《燕行录全集》卷八一，87～89 页。

④ [韩]林基中编：《燕行录全集》卷九三，88 页。

⑤ [韩]林基中编：《燕行录全集》卷九四，140～141 页。

有夸大的成分，但琉璃厂书肆所出售的书籍异常之多是毋庸置疑的。乾隆五十八年(1793)，金正中《燕行录》"燕行日记"载："书肆之旗，令人心醉目眩。珍签宝轴，插架而连屋；青缃锦帙，垒几而堆床。入而观之，未知何书之在何方，似难搜得。卷面糊小片白纸，各书某书某帙也。"①道光二年(1822)，徐有素《燕行录》载："京都正阳门外琉璃厂册肆凡十一，广储书册售之，大者十余万卷，小者五六万卷，盖无书不存，然犹不及于南京书肆云。"②道光十一年(1831)，韩弼教《随槎录》载："报国寺归路过琉璃厂册肆一处而入，牌号曰文会楼。……取阅其目录，则共一函八卷，每行一帙，其多不可量，若欲穷阅，殆数岁不能尽也。"③

(三)琉璃厂火神庙与文昌会馆

琉璃厂除了固定的书肆，还有不少书摊。这些书摊多设于琉璃厂东门内的火神庙④，李遇骏《梦游燕行录》载："饭后，又与安生出正阳门，逶迤行五里余，路右有所谓火祖庙(火神庙)，门内庭宇甚广，皆铺以甓，即四方商贾都会处，如我国场市样。……又铺长席，列置书册千百种，各帖纸标题，全不识名者居多，而大半明清后集录及稗官小说等属。"⑤权时亨《石湍燕记》载："余则与顺汝同往琉璃厂火祖庙观光，满庭中罗列的皆是金珠宝贝，左顾右盼，应接不暇。外庭有册市，紫缥绿帙，无书不存，间有文房诸具，色色具全，而余本手赤，虽好，奈何。"⑥

古代商业有行会，北京琉璃厂书业也有行会，其行业神为文昌帝君(南方称梓潼帝君)，修有文昌会馆，举办祭祀等活动。当时，琉璃厂火神庙不但是书摊的集合地，也是书业同仁聚会议事之所。如前所述，早期琉璃厂书肆主人以南方人(尤其是江西人)占多数，由于身在异乡经商的关系，这些江西书商迫切要寻求一种在异乡谋生的安全感和归属感，便于咸丰、同治年间在厂东门路北火神庙旁购置土地和房产，修建文昌会馆。每年二月

---

① [韩]林基中编：《燕行录全集》卷七五，141～142页。

② [韩]林基中编：《燕行录全集》卷七九，228页。

③ 转引自[韩]朴现圭：《朝鲜使臣与北京琉璃厂》，载《文献》，2003(1)。

④ 孙殿起辑《琉璃厂小志》第17页载："火神庙在琉璃厂东门内，琉璃厂书摊，多在该处陈列，最早约在康熙年间，谓之庙市。"

⑤ [韩]林基中编：《燕行录全集》卷七七，21～22页。

⑥ [韩]林基中编：《燕行录全集》卷九一，138页。

初三文昌帝君诞辰之时，琉璃厂书商在此拈香祭拜，献戏酬神，祈求文昌帝君的保护，也协调书业的竞争。后来，江西书商逐步衰微，而北省书商日益强大，一盛一衰之间，彼此的矛盾也越来越尖锐："北京旧有书行，向分南北之域，南人极多，北人甚少。每逢会议，诸多不睦"①，"至光绪中叶，河北冀属人业书者渐多，足与江西派抗衡，而往文昌馆拈香者，辄被江西人所拒绝；北方书贾愤甚"②。于是，北省书商"遂集资在小沙土园购地，修建北直文昌会馆"③。北直文昌会馆也是建在旧火神庙的遗址之上的。两个会馆之间多有竞争和纠纷。

（四）书肆的经营

1. 书肆之外部情况

其一，书肆外观。

琉璃厂书肆的繁荣给朝鲜使团成员留下了非常深刻的印象，其中一些有代表性的书肆不但规模大，而且雕栏画栋、文窗绮户、琉璃辉映。例如，同治元年(1862)，李恒亿《燕行日记》载："大抵大文堂、宝文堂之间，无论此堂彼堂，雕栏画栋，金碧辉映，粉碧纱窗，渺若仙居。"④道光十一年(1831)，韩弼教《随槎录》载："报国寺归路过琉璃厂册肆一处而入，牌号曰文会楼。其复轩层榭，连檐通脊，几四五十间，皆文窗绮户。"⑤尽管以上的描述不免有夸张成分，但应该能够在一定程度上反映出琉璃厂中大书肆的外观。

其二，招牌。

琉璃厂书肆均有招牌名号。这些名号之取义往往与图书有关，如宗圣堂、圣经堂、二酉堂、文锦堂、文绘堂、宝田堂、经腴堂、宏文堂等。书肆名号一般都写在门额上，权时亨《石湍燕记》载："及到琉厂……行至一处，铺门始开，门上写道文秀斋三字，即册肆也。"⑥而且，为了显得更加醒目，有的招牌还用泥金题写，金景善《燕辕直指》"琉璃厂记"载，琉璃厂"夹

---

① 李华编：《明清以来北京工商会馆碑刻选编》，123页，北京，文物出版社，1980。

② 孙殿起辑：《琉璃厂小志》，273页。

③ 孙殿起辑：《琉璃厂小志》，273页。

④ [韩]林基中编：《燕行录全集》卷九三，165～166页。

⑤ 转引自[韩]朴现圭：《朝鲜使臣与北京琉璃厂》，载《文献》，2003(1)。

⑥ [韩]林基中编：《燕行录全集》卷九一，106页。

路为市铺，东南各有里门，西题琉璃厂西边，东题琉璃厂东边，自西门至东门可七八里，每铺竖红竿，金书铺名，如纬文堂、泰兴局、鸣盛堂诸号是也”①。朴趾源《热河日记》载，逛琉璃厂，“回车入北条，路傍金字‘先月楼’忽映车前，此亦册肆也”②。

2. 书肆之内部情况

对于书肆的内部情况，《燕行录》也有十分详细的记载，其中最有代表性的为柳得恭在《燕台再游录》中关于聚瀛堂书肆的描述：“聚瀛堂特潇洒，书籍又富，广庭起簟棚，随景开阖，置椅三四张，床桌笔砚，楚楚略备，月季花数盆烂开。初夏天气甚热，余日雇车至聚瀛堂散闷，卸笠据椅而坐，随意抽书看之，甚乐也。”③这里细致地描画出聚瀛堂书肆的内部情况：有庭院，有凉棚，置椅三四张，床桌笔砚，甚至还有月季花数盆烂开，点缀其间；顾客可以坐在书肆提供的椅子上，随意抽看书籍，感觉十分惬意。琉璃厂书肆中普遍存在的这种温馨环境，正是吸引中外士大夫乐于流连其间的原因之一。

其一，书籍的摆设。

琉璃厂书肆尽管书籍繁多，但书籍陈列还是颇有条理的，金景善《燕辕直指》“琉璃厂记”载：“一铺之储已不知为几万卷，屋凡两重或三四重，而每屋三壁设悬架，架凡十数层，每层庋书，卷帙齐整，每套皆有标纸，俯仰视之，不可领略，觅其都录见之，则亦多不闻不见之书，看到未半，眼已眩昏。”④李遇骏《梦游燕行录》载：“同安生出琉璃厂，至册肆，扁曰同文堂，三面靠壁处俱有册架，皆贮书，均齐方正。”⑤徐有素《燕行录》载：“厂中有册肆十余处，文盛堂其一也，内外铺积书可十万卷，遍设层桌，分类积聚，井井不乱。”⑥佚名《赴燕日记》载：“正阳门外重门左右皆永巷挟道，左右皆设床廛，以青褐布作遮日，自东至西，至一里许……而册肆所存，充栋架屋，不啻五车，而以题目识纸可见。以一间所储考之，其常时可认

① [韩]林基中编：《燕行录全集》卷七一，253页。

② [朝]朴趾源：《热河日记》，朱瑞平校点，110页，上海，上海书店出版社，1997。

③ [韩]林基中编：《燕行录全集》卷六〇，236页。

④ [韩]林基中编：《燕行录全集》卷七一，254～255页。

⑤ [韩]林基中编：《燕行录全集》卷七七，75～76页。

⑥ [韩]林基中编：《燕行录全集》卷八一，89页。

者不过一二名目，而经史之目类甚浩烦，可谓富溢。”[1]综合而言，琉璃厂书肆一般有几间屋，每间屋中三面墙摆放书架，每个书架凡十数层，书籍分类整齐地摆放在每层上。

书肆中不但所售图书码放整齐，而且每套书上均贴有标纸(标纸有白色的，也有红色的)，写清楚书名，让人一目了然，权时亨《石湍燕记》载："行至一处，铺门始开，门上写道文秀斋三字，即册肆也。入其门，数十余间，棚子里层层结架，满积书册，各以小片纸书名表之。左顾右览，无书不存，真个是文林。”[2]佚名《燕行录》载：“过琉璃厂，眼角迷花，金银抵斗，锦绣连云，牙签缃帙，宋刻唐板，积与屋齐，载可轴折。红纸标儿，鳞鳞相次，真李玉溪之獭祭鱼。此即书籍铺也。”[3]书肆中有的书架很高，店员还需登梯为顾客取书。例如，金士龙在逛琉璃厂的时候，“不忘从弟之请，先问《小注礼记奎璧》之有也否么，主人登梯向西璧(壁)高处取二匣而来，一则《礼记体注》四合卷，皆明儒之注迹，非吾所谓先儒氏小注也；一则《礼记奎璧》而无小注”[4]。

有的书肆为了方便顾客了解所售之图书，还在桌子上放置书籍目录以供查阅。例如，道光八年(1828)，朴思浩《燕蓟纪程》“册肆记”载：“册肆在正阳门外，非止一处。其畜书之法，设堂数三十间，每间四壁设间架，层层井井，排列积峙。每套付签曰某册。故充栋溢宇，不可计量。而前阁置一大桌，桌上置十余卷册匣，乃册名目录也。人坐椅上，欲买某册，则一举手抽给，抽插甚便易也。”[5]

其二，作为休憩场所的书肆。

琉璃厂书肆不但是买书的好去处，也是休息、交游的好地方。从上述引文可看出，书肆内一般还设有椅子、桌子，备有茶碗，供人休憩、饮用；还有笔砚，供人记录。对朝鲜人来说，笔砚还提供了笔谈的方便。因此，琉璃厂书肆为中外士人间之交流提供了方便。许多朝鲜使团成员到琉璃厂

---

① ［韩］林基中编：《燕行录全集》卷八五，159页。

② ［韩］林基中编：《燕行录全集》卷九一，106页。

③ ［韩］林基中编：《燕行录全集》卷七〇，56页。

④ ［韩］林基中编：《燕行录全集》卷七五，142页。

⑤ ［韩］林基中编：《燕行录全集》卷八五，496～497页。这里的正阳门外书肆指琉璃厂地区的书肆。

书肆并不只是买书，还连带着休息，与人闲话。例如，金景善《出疆录》载："转至琉璃厂，入册肆少憩，厨房备进午馔，啜而起，由正阳门还馆所。"[①]金景善《燕辕直指》载："就册肆觅茶，盖比他肆稍雅，暂坐亦无可嫌故也。"[②]成仁浩《游燕录》载："食后与三使臣出城往册肆宝文斋，主人徐生略陈茶果，阅览群书。转往宝文斋(按：原文如此，可能有误)，主人李炳勋又有肴核之陈。竟日看书，侵昏归馆。"[③]李恒亿《燕行日记》载："历入大文堂，尽醉而归。"[④]

从上面的记载还可看出，书肆还会提供果品、酒食等，可使客人"尽醉而归"。总之，琉璃厂书肆成为当时士大夫聚会的重要场所之一，也成就和见证了不少异国知己。例如，五柳居在朝鲜使节团中颇有影响，朴趾源、柳得恭、李德懋和朴齐家均与五柳居主人有深厚交情，他们都专门造访五柳居，在此购买书籍。当时不少清王朝学者也不断进入以五柳居为中心的交际圈中，柳得恭和朴齐家在五柳居约见的清王朝学者有10余名。可以说，在清代，无论是久居京城或外省新来京的学者，还是使团中的朝鲜文人，都会在琉璃厂中浸润流连，并以此为时尚。他们"终日便在厂肆消岁月，展转吸引，便成一种风气，大家无事，即以书店为公共图书馆"[⑤]。

3. 书肆的经营者

关于书肆的经营者，佚名《燕行录》有一段非常精彩的描述："列肆经纪之人，面如傅粉，指如削葱，青幔之下，各踞床凳椅杌，前面摆列茶碗笔砚等物，见客则起而揖迎，道个好呀。"[⑥]从这里我们可以清晰地看到琉璃厂书肆主人的形象：外表看上去是个保养非常好的文士，对客人非常有礼貌。更为难得的是，这段记载并不是针对某一家书肆而言的，而是作者对琉璃厂书肆主人的一种普遍印象。我们结合相关的记载，还可以进一步总结出清代琉璃厂书肆经营者的如下几个特点。

---

① [韩]林基中编：《燕行录全集》卷七二，509页。
② [韩]林基中编：《燕行录全集》卷七一，254页。
③ [韩]林基中编：《燕行录全集》卷七八，83页。
④ [韩]林基中编：《燕行录全集》卷九三，138页。
⑤ 孙殿起辑：《琉璃厂小志》，14页。
⑥ [韩]林基中编：《燕行录全集》卷七〇，56页。

其一，早期以南方人居多。①

如前所述，琉璃厂书肆最初的经营者多为江西落第士子。② 例如，味经斋主人就是江西人，洪大容《湛轩燕记》载："(味经斋书坊)铺主姓周，应文(监生，江西人)之族叔也。"③后来，江浙等地的书贾也来北京开设书肆。例如，陶正祥，字庭学，号瑞庵，原籍浙江湖州，业书于苏州，乾隆中期又贩书北京，在琉璃厂开设五柳居书肆；文粹堂谢氏，是苏州人；鉴古堂韦氏，是湖州人。④

其二，经营者有学识。

有些琉璃厂书肆主人擅长诗文，这与他们是士子出身有关。例如，聚瀛堂主人崔琦，为落第的南方士子，《缟纻集》收有崔琦写给朴齐家的诗《句奉贞蕤先生斧正》："迢迢浿水三千里，学士风流奉命来。卜得燕台题咏遍，龙蛇飞舞谪仙才。"⑤

即便不是士子出身，但经过长期诗书熏陶、浸润，琉璃厂书肆主人一般都具备一定的学识，尤其具备鉴别版本的能力。例如，五柳居主人陶正祥，孙星衍《五松园文稿》卷一《清故封修职郎两浙盐课大使陶君正祥墓碣铭》载：陶氏虽业书，"闻见日广，能知何书为宋元佳本，有谁氏刊本，板贮何所，谁氏本善且备，谁氏本删除本文若注，或舛误不可从。都中巨公宿学欲购异书者皆诣君，车辙满户外"。另外，缪荃孙《琉璃厂书肆后记》亦载："宝文斋，主人徐氏苍厓，年六十余，目录之学甚熟"；宝森堂主人李雨亭，"所谓宋槧元槧，见而即识，蜀板闽板，到眼不欺"。⑥

其三，礼貌待客，讲求诚信。

书肆主人待客之礼节，颇能体现其儒雅的一面，前引佚名《燕行录》载："列肆经纪之人……见客则起而揖迎，道个好呀。"权时亨《石湍燕记》亦载：

① 晚清开始，琉璃厂书肆的经营者多为河北南宫、冀县等处人。参见孙殿起辑：《琉璃厂小志》，107页。

② 乾隆三十四年(1769)琉璃厂二十九家书肆，其中"韦(鉴古堂)，湖州人，陶(五柳居)、谢(文粹堂)皆苏州人，其余不著何许人者，皆江西金溪人也"。孙殿起辑：《琉璃厂小志》，102页。

③ [韩]林基中编：《燕行录全集》卷四二，38页。

④ 参见孙殿起辑：《琉璃厂小志》，100～101页。

⑤ 转引自[韩]朴现圭：《朝鲜使臣与北京琉璃厂》，载《文献》，2003(1)。

⑥ 孙殿起辑：《琉璃厂小志》，103、104页。

“行至一处，铺门始开，门上写道文秀斋三字，即册肆也。入其门……有数个掌册的，纳头问讯。”①可见，书肆经营者对顾客是非常有礼的。

关于其待客以诚方面，五柳居主人陶氏则可以说是其中的代表，前引孙星衍《清故封修职郎两浙盐课大使陶君正祥墓碣铭》载：“与人贸易书，不沾沾计利，所得书若值百金者，自以十金得之，止售十余金；自得之若干金者，售亦取余；其存之久者，则多取余。曰：‘吾求赢余以糊口耳，己好利，亦使购书者获其利。人之欲利谁不如我！我专利而物滞不行，犹为失利也。’以是，售书甚获利。朝之公卿、四方好学之士，无不知有五柳居主人者。”李德懋在《入燕记》还记载了一件事：朝鲜书状官在五柳居所购图书没有取走，即已起程离京，五柳居主人陶氏发现后，让其姓袁的亲戚用车装载好所购的图书，追送至通州，交至书状官之手。对此，李德懋不由得感慨：“益叹陶生之信实。”②

4. 售书方法

琉璃厂书肆的售书方法颇为多样，体现其经营的灵活性。兹分述如下：

其一，有销售目录供查询。

如前所述，不少书肆都备有销售目录，放置于桌上，供顾客查询，极大地方便了顾客的搜购。对于经营图书数量巨大的琉璃厂书肆来说，这种售书方法是非常必要的，徐有素《燕行录》载：“往文盛堂册肆。在我京时，有求地家书者，阅其目录，总有数十种。……凡经、史、子、集、兵、农、医、卜、阴阳、象数至于蒲博、鹰犬等书，皆分类为目录，以便考阅。”③道光八年(1828)，朴思浩《燕蓟纪程》“册肆记”载：“而前阁置一大桌，桌上置十余卷册匣，乃册名目录也。……阅其目录，则其大帙有《四库全书》《文章大成》……而其外经史、诸子百家、医药、卜筮、种树之类、稗官杂记、四大奇书、演义等书，其数亦不亿，多有不知其名目者。”④

其二，可以预订、代留图书。

在图书贸易中，有缺货或所携钱款不足等情况，顾客可以预订图书，

---

① [韩]林基中编：《燕行录全集》卷九一，106页。
② [韩]林基中编：《燕行录全集》卷五七，320页。
③ [韩]林基中编：《燕行录全集》卷八一，110页。
④ [韩]林基中编：《燕行录全集》卷八五，496～497页。

日后付款，或者再议价交易，权时亨《石湍燕记》载：“行至一处，铺门始开，门上写道文秀斋三字，即册肆也。……有数个掌册的，纳头问讯，坐余椅子上。余手书四五种册，问其有无，果无不存者，约以后日持钱来买。”[①]客人购好书后，可以暂时寄存于书肆，方便时再取走，李德懋《入燕记》载：“余与乾粮官先出，因访五柳居，检阅书状所购书籍，封裹以置。”[②]

其三，上门推销。

此法在古代乃至近现代图书流通中被普遍采用，且颇为士大夫所称道。北京书商(非仅限琉璃厂)也经常会上门售书，而且按惯例往往只携全书的头册供顾客选购。金昌业《燕行日记》载：“食后往书状所，柳凤山持来两种兵书，一名《武备志略》，为五六卷；一名《武备志》，为七十篇。兵家之言，无所不载。自昨朝书册连入，而每书各送头一卷看品。不买之前，不入全秩；入后不得不买。是以所欲见者，不得随意得览，可郁。”[③]

值得一提的是，民国时期北京书肆还流行封书的销售方式。所谓封书，类似于用投标的方式来竞购图书，其大致情况是这样的：几家书店合伙购买大宗书籍后，通过竞标的方式整批或分批将其出售。如果是本号自存之书封售，为避免竞标者出价过低而造成亏损，书店会借他人之名抬价投封。《贺葆真日记》载：“(1930 年 11 月 23 日)聚珍堂、文璘堂封书，以非新购之书，故讳言之，结果多自封回。余往观之，亦得数种。北京书行之封书也，皆大宗购自他所，而遍招同行投封，卖之人亦每出高值以相竞。若本号自存之书封售，人则以其为剩货，不肯出高值，且皆以封本号之书为耻，盖非有亏累不肯为此。苟为之，必假他人之名，谓购自他所，然人辄知之，不庸讳也。若封货而患人给值低廉，则假他号之名自投封焉。超过我所投之封固有利矣。即不然而收回亦无失焉，行中人名之曰拦封。夫既招人来封而又自取焉，所谓垄断也，其见讥固宜。今日两家自封其号中之书，虽假他人之名，人固不肯投赀，乃封者预为之防，而大为拦封之举，其卒也损本号之名誉，而无所得利，岂非计之失哉?”[④]此外，该日记还记载了其他

① [韩]林基中编：《燕行录全集》卷九一，106 页。

② [韩]林基中编：《燕行录全集》卷五七，305 页。

③ [韩]林基中编：《燕行录全集》卷三一，456～457 页。

④ 张剑、徐雁平、彭国忠主编：《贺葆真日记》，569 页，南京，凤凰出版社，2014。

几次类似的封书活动。可见，当时书肆封书销售情况还是很常见的。

5. 书籍来源

明清时期北京是图书的主要集散地，但并非图书的主要生产地。其流通的图书大多是从南方贩运而来的。这些书籍如同南方北运的其他货物一样，大都是经由运河运抵北京的。例如，著名的五柳居陶氏、文粹堂谢氏，他们均是苏州人，“旧书甚多”，“每年购书于苏州，载船而来”。[①] 李德懋《入燕记》载：“过琉璃厂，又搜向日未见之书肆三四所，而陶氏所藏，尤为大家。揭额曰五柳居。自言书船从江南来，泊于通州张家湾。再明日，当输来凡四千余卷云。因借其书目而来，不惟吾之一生所求者尽在于此，凡天下奇异之籍甚多。始知江浙为书籍之渊薮”[②]，“与在先往琉璃厂五柳居，阅南船奇书”[③]。可见，有专门的书船从南方贩运图书而来，一船即载有4000多卷书。

总之，清代北京最主要的图书贸易场所是琉璃厂。琉璃厂书肆自清中叶至民国时期一直长盛不衰，并形成了自己的传统特色，在中外享有盛誉。

第四节　图书对外流通

图书输出是文化输出的主要形式之一，影响巨大且深远。古代中国能对周边国家一直保持非常强大的影响力，与图书输出有着非常密切的联系。关于对外流通，需要注意两点：其一，交流是双向的，图书在输出的同时也会有输入，如佛经的传入(一般认为，最早的中外图书交流可以追溯至东汉时期佛经的传入)，近代对日本、西方文献的译介，以及汉籍的回流等。近代以前，中国图书的对外交流主要是单向输出，集中在亚洲，尤其是东亚，这体现了古代中国的文化优势。而近代以来，这一现象发生了巨大的转变，中国从图书输出国变为输入国。其二，西方输入中国图书，主要是通过传教士、外交官、商人等，明朝至清朝初期，传教士购书并不多，到

① 孙殿起辑：《琉璃厂小志》，101页。

② [韩]林基中编：《燕行录全集》卷五七，293页。

③ [韩]林基中编：《燕行录全集》卷五七，298页。

了近代以来则较多。另外，西方人往往需要翻译才能看懂中国图书，所以早期少购汉籍。东方的朝鲜人、日本人则基本不用翻译，因此其长期大量地购入汉籍。

关于中外图书交流的研究，可参考与明清来华传教士有关的研究成果和资料，以及彭斐章《中外图书交流史》，潘玉田等《中西文献交流史》（主要关注西书的流入），王宇、潘德利《中国古籍流散与回归》等，以及数量众多的中朝、中日图书交流史研究成果。

一、概述

（一）朝鲜

朝鲜受汉文化影响最深。从朝鲜百济王请赐书开始，中国典籍通过各种途径不断地流入朝鲜。南朝宋元嘉二十七年（450），百济王请赐《易林》《式占》等书，许之。梁朝，请《涅槃》等经义，给之。南朝陈文帝时遣使到新罗，送去佛经1700多卷。《北史·高丽传》载，高丽在南北朝时，已有五经三史（《史记》《汉书》《后汉书》）、《三国志》和《晋阳秋》。

在唐朝，新罗求书与唐朝赠书均较多，故唐玄宗说："新罗号为君子之国，颇知书记，有类中华。"[①]当时在中朝交往中最著名的人物是崔致远。他本为新罗人，在唐朝中进士，长期在唐朝担任官职，著有《桂苑笔耕录》。

宋朝利用使节往来赐书高丽，所赐书有《文苑英华》《太平御览》和佛经等。中国商人也向高丽贩运图书，《热河日记》载："高丽时，宋商舶频年来泊于礼成江，百货凑集。丽王待之以礼，故当时书籍大备，中国器物无不来者。"[②]例如，1192年，《高丽史》载，宋商向高丽王献《太平御览》，高丽王赐给他白银60斤。1027年，江南李文通等人向高丽献书597卷。最大规模的一次是泉州商人徐戬将在杭州雕造的《华严经》经版2900余片运到朝鲜，得酬银3000两。此事被杭州知府苏轼状奏，将徐氏判送千里外州军编管。后来，苏轼针对高丽之求书还曾在1个月内连上《论高丽买书利害》三札，请求朝廷禁止史书等书籍外流。此外，宋朝也曾求书于高丽。宋朝写有一求

① 《旧唐书·新罗传》。

② ［朝］朴趾源：《热河日记》，朱瑞平校点，351～352页。

书目录，托高丽使者回去帮助寻求，包括图书128种、4980卷。其时，高丽也确实献给了宋朝一些图书。辽朝亦先后赠送高丽3部《大藏经》。

在元朝，通过高丽世子与元朝公主的联姻，进一步加强了两国之间的友好关系和文化交流。除了使节来往之外，高丽人还频繁前来求学、应举、购书。例如，元仁宗延祐元年(1314)，高丽人柳衍曾一次性购得中国书籍10800卷而归。朴趾源《热河日记》载："(高丽)遣博士柳衍等诣江南购书籍，船败。时判典校洪沦在南京，以宝钞一百五十锭遗衍购书一万八百卷而还。沦又奏元，赐王书四千七十卷，皆宋秘阁所藏也。"①

明清时期，朝鲜几乎每年都会派一至数个使团来北京，其重要任务之一即求书。大量的图书以赏赐、购买、赠送等方式经由相对固定的路线传入朝鲜，成为古代中朝文化交流的主要标志。在通常情况下，使团在出发前就确定了要搜求的图书目录。使团回去之后，李朝政府还会依据购书的成绩进行相应的嘉奖。当然，这种采购多在北京进行，因而他们到中国求书，往往就直称赴燕求书，如柳得恭《燕台再游录》载："二十八日，内阁知会随谢恩使一行，赴燕购朱子书善本。"②因此，买书就自然成了使团在京逗留期间非常重要的一项工作，姜绍书《韵石斋笔谈》卷上载："朝鲜人最好书，凡使臣入贡，限五六十人，或旧典，或新书，或稗官小说，在彼所缺者，日出市中，各写书目，逢人遍问，不惜重值购回，故彼国反有异书藏本也。"《燕行录全集》包含大量关于他们在北京购书的珍贵实录。除了上文所述朝鲜人阅肆之活动外，这里再介绍一些其他方面的图书贸易情况。

1. 书贾上门兜售

书贾上门向朝鲜使团成员兜售图书，这在朝鲜使行沿途中屡见不鲜，《燕行录》多有提及。例如，朴趾源《热河日记》载，他们路过蓟州城，"还寓馆，则门外贾客云集，持马驴，携书册、书画、器玩"③。到了北京之后，上门售卖图书者则更多，如赵荣福《燕行日录》载："初九日……有来售《范忠贞公集》者。"④金舜协《燕行录》载："初八日，晴，留馆，竟日无所事，只

---

① [朝]朴趾源：《热河日记》，朱瑞平校点，367页。

② [韩]林基中编：《燕行录全集》卷六〇，192页。

③ [朝]朴趾源：《热河日记》，朱瑞平校点，102页。

④ [韩]林基中编：《燕行录全集》卷三六，74页。

对图书及诸种宝贝之出入者。”[①]金士龙《燕行日记》载：“二十五日……是夕，有书贾抱许多诗史而来，欲售其书，皆愿见而未得者。”[②]

正因如此，朝鲜使团成员即使不出门，亦能不时获得图书，如徐浩修《燕行记》载：“二十八日……留南馆，购《十三经注疏》《周易折中》《诗书汇纂》”，“二十九日……留南馆，购《大清会典》《盛京通志》”。[③]沈乐洙《燕行日乘》载：“二十五日，留馆，为消日，求新刊书籍，得《归愚集》。”[④]

为了便于中朝贸易的管理，清廷对入馆交易做了相应的规定，李押《燕行纪事》载：“礼部为晓谕事：照得朝鲜国进贡员役到京，例于公事毕后，所有携带布匹纸张等项，许令行家铺户人等，入馆交易。兹当开馆伊始，各行户等情愿交易者，务须遵照法例，现银售买，不得赊欠拖延，以便该国员役得以及时起程回国。至史书兵器焰硝牛角等项，一应违禁之物，不得入馆售买。”[⑤]俞彦述《燕京杂识》亦载：“开市交易日，悬榜于馆门，申加禁令，而所禁之物，则史书舆图……而天文地理书、兵书……会典……之类，则初不举论，可怪。然而，既是应禁之物，则不可以漏于榜文，许其买卖，故严饬行中，使不得犯禁。”[⑥]不过，禁书规定所起的作用十分有限，金昌业《燕行日记》载：“在前甲军见书则禁，故卷卷潜怀而来。全秩若来，夜从墙上入送。而今番则书册肆然持来，可怪云。”[⑦]

2. 序班对图书贸易的垄断

除了上门的书贾外，直接负责接待朝鲜使团的清廷有关人员也利用其有利条件开展乃至把持与朝鲜使团的图书贸易。这些人包括序班、通事、馆夫等，其中最有代表性的是序班。例如，徐文重《燕行日录》载：“此册亦求于李序班而未得来：《吕东莱集》、《性理》诸家解、《天源发湘》、《朱子遗书》、《胡子知言》、《胡五峰集》、《胡文定公集》、《杨龟山集》、《范文正公集》”，“此十余册使序班等广求而得来：《荆川稗编》、《阳明全集》、《陈口

---

① [韩]林基中编：《燕行录全集》卷三八，391页。
② [韩]林基中编：《燕行录全集》卷七四，39页。
③ [韩]林基中编：《燕行录全集》卷五一，242页。
④ [韩]林基中编：《燕行录全集》卷五七，41页。
⑤ [韩]林基中编：《燕行录全集》卷五二，464页。
⑥ [韩]林基中编：《燕行录全集》卷三九，336～337页。
⑦ [韩]林基中编：《燕行录全集》卷三一，457页。

口集》、《罗整庵集》、《于慎行集》、《胡敬斋居仁集》、《黄勉富集》、《谷山漫录》、《口巫间贺钦集》、《柳州全集》、《谷山笔麈》、《山海经水经》、《茅鹿门集》、《陈后山集》、《笔谈》(沈括)”。[①] 洪昌汉《燕行日记》载：“初三日，晴阴，夜洒雨，序班辈持示书册而价，粉纸所印一卷至数三钱，大史连纸所印不下八九分，比前太高云矣。”[②]佚名《闲闲堂燕行录》载：“二十七日……崔希尚袖示小册子，以为胥班辈所示，即九月间京报印出者。……使之即还。”[③]赵荣福《燕行日记》载：“初十日……求合力出银给序班辈，得二题本以来者。”[④]赵尚絅《燕槎录》载：“初六日壬子，晴，留玉河馆，因序班得见户部文书。”[⑤]韩泰东、韩祉《两世燕行录》载：“序班曹姓人购得礼部所构题草”[⑥]，“因序班辈购得题本”[⑦]。李在学《燕行日记》载：“馆中买卖物货如书册笔墨香茶之属，必序班主之，而近来书册有禁，笔墨亦不多买，故序班失其利云。”[⑧]

朝鲜使团普遍通过序班求购图书(包括题本等官方文书)，究其原因，主要是早期门禁较严，朝鲜使团成员外出购书不便，而序班正好利用其自身的有利条件形成了对朝鲜使团图书贸易的垄断。此外，朝鲜使团非常热衷于购求题本等文书，而这些文书属于禁书，序班可以为朝鲜使团成员购求禁书提供方便。那么，序班为何人呢？又是如何垄断这一贸易的呢？

序班共 10 人，是清廷礼部调派来朝鲜馆更番值宿，以备诸官役使的。他们多为南方人(尤其以绍兴人居多)，识文字，因而多负责朝鲜使团书册笔墨的买卖。序班为了实现对图书贸易的垄断，往往上下其手，百般刁难，以专食其利。序班一则居间食利，故意抬高书价，徐有素《燕行录》载：“任译以朝廷意，买《文献通考》新刊正者一秩。年前谢恩使回时，板本未就，未及赍还，今始因序班买致，价为银百两。此若口价于册肆，则不过三十

① [韩]林基中编：《燕行录全集》卷二四，243 页。
② [韩]林基中编：《燕行录全集》卷三九，141 页。
③ [韩]林基中编：《燕行录全集》卷三九，251 页。
④ [韩]林基中编：《燕行录全集》卷三六，77～78 页。
⑤ [韩]林基中编：《燕行录全集》卷三七，281 页。
⑥ [韩]林基中编：《燕行录全集》卷二九，235 页。
⑦ [韩]林基中编：《燕行录全集》卷二九，328 页。
⑧ [韩]林基中编：《燕行录全集》卷五八，185 页。

两。序班辈乘时邀利，其无义无耻若此。”[①]严璹《燕行录》载：“平(平恕，时为翰林)书问：今年买法帖几何？答：不知书法，故法帖则不求，欲买好书籍，□姑未多得。问：见在琉璃厂买。答：琉璃厂书册，序班阻搪，俾不得买，必自为驵侩，索多价，所以难买。平点头。”[②]李在学《癸丑燕行诗》“馆中杂咏”(序班)载：“馆中货侩序班曹，伎俩由来利析毫。相对东人愚弄甚，钀铃燔佩价犹高。”[③]二则对潜买者进行跟踪、阻梗甚至威胁，如金景善《燕辕直指》载：“使行入京，自礼部调遣本部序班十人更番值宿于衙门，以备诸官役使，皆从外省选上，俸食甚贫，凡燕货之稍雅如书籍书画香茶笔墨之属，许其居间贩买，俾有聊赖而榷其利。我人苦其刁蹬，而或有潜买，则辄肆恚骂，动必跟伺云。”[④]洪大容《湛轩燕记》载：“东人苦其(序班)刁踊，或有潜买，詈辱备至。余往琉璃厂及隆福市，序班恐余潜买书籍，必跟随伺察。或谕解之，终不听。是以恶余游观，常欲沮尼之。”[⑤]更有甚者对那些不配合的朝鲜买书者进行检举揭发，以逞其私愤，如徐有素《燕行录》载：“十五日……往文盛堂买书，深藏车中，因骑而来，盖外国所买书册多禁书，史记、兵书、术数书至于《三国志》等书亦在禁例。日前，秋士买册而来，为序班所诘，送其册于礼部，礼部以《太乙统宗》《数理精蕴》《六壬大全》《三国志》为禁书，留之，其余经书古文医卜等书还送之。盖礼部朝鲜序班辈素主卖我国书册，近来彼辈行权卖之术，册价渐踊，乃呈礼部，往册肆直买之。彼辈合愤不已……竟逞憾于秋士，其所为良可痛恶。余所买亦不能无禁书，与其宣露而或生弊，不若隐约而初无事。故竟不免密怀而来还，可笑也。”[⑥]

另外，序班为了牟利，也多有造假之举。金昌业《燕行日记》载：“且我国欲知此中阴事，则因序班求知。故此属大半为伪文书而赚译辈。虽无一事之时，亦以为有事。事虽轻者，言之若重。此属之言，从来少可信。”[⑦]韩

---

① [韩]林基中编：《燕行录全集》卷八一，251页。

② [韩]林基中编：《燕行录全集》卷四〇，247页。

③ [韩]林基中编：《燕行录全集》卷五七，503～504页。

④ [韩]林基中编：《燕行录全集》卷七一，167～168页。

⑤ [韩]林基中编：《燕行录全集》卷四二，80页。

⑥ [韩]林基中编：《燕行录全集》卷八一，171～172页。

⑦ [韩]林基中编：《燕行录全集》卷三一，455页。

泰东、韩祉《两世燕行录》载:“若其朝政得失,中外事情,拘禁既严,诇探极难。虽或因序班辈购得题本云,而此类意在索赂,例多虚谬,不足取信。”①

3. 其他

除了到市场购买、书贾上门服务、利用序班购买之外,朝鲜使团成员还经常利用结交的中国士大夫代为寻购中国典籍,如纪昀就曾为朝鲜使团成员购买朱子理学书籍。

朝鲜李朝以朱子理学立国,所以对朱子之书十分重视。1799 年,朝鲜使团的副使徐滢修来北京购求朱子书,因在坊间未购得,便在归国前托纪昀代购,徐氏《明皋全集》卷六《书·与纪晓岚》载:“《朱子大全类编》,朱子后孙朱玉所编。诗文各体,一从年条编次,最有赖于初晚之考据。《朱子语类》,黎靖德集诸刻合成一部者,而蜀、徽两本中,欲得初刻古本。《朱子五经语类》,程川所编。《白田杂著》,王懋竑所编,闻于朱子书用力至深,能辨别真伪,参考异同。其所发挥,多前儒所未及者。……以上四种,南方藏书家必皆有之,窃愿次第博访,随得随寄,以卒嘉惠,区区之幸也。”其后附纪昀答书云:“所委采办各书,陆续必有以报命。其《白田杂著》一种,本无是书,乃匀编定《四库全书》时,惜其全集之芜杂,转掩其考证之精确,为删定其书,改题此名,寔非所自编也。近其孙得官县令,闻已从匀所编刻板,当即驰书索之耳。”②可见纪氏对徐氏所托是非常重视的。

1801 年,柳得恭出使清朝,徐滢修托其捎信给纪昀,再次提及购书之事。柳氏抵达北京后,第二天就去拜访了纪昀,并转交了徐氏之书信。徐氏《明皋全集》卷六《书·与纪晓岚》载:“朱子书未得诸种,蒙阁下一言之诺,得以藉手归国。而今因节贡之便,更此别录仰恳,未知其间建宁、淮安,俱经往复否?此系弊邦正学术、明道法之一大事,切愿如数觅副,以卒嘉惠。而万一各种未及齐到,则以见在者先付今便,未及到者,随到随付于后便,幸甚。”随后,纪昀即作答书云:“贡使接读手教,如见故

---

① [韩]林基中编:《燕行录全集》卷二九,328 页。

② 纪氏此通答书及下文所引的两通答书,分别附载于[朝]徐滢修《明皋全集》(韩国财团法人民族文化推进会编:《韩国文集丛刊》第 261 册,汉城,景仁文化社,1990)卷六《书·与纪晓岚》三通书信之后。

人。……承委买朱子各书，业已发札托旧友代觅。道路迢遥，卷秩繁重，此时尚许而未至，然必有以报命也。……〇夹片曰：朱子书数种，皆人家藏板与明刻板，非市中所有。其书一半在江南，一半在福建。江南之书，已托驿盐道魏成宪购求；福建之书，已托十府粮道陈观购求，皆匀门生也。此时尚皆未至。当以次随得随寄，必有以报命也。”纪氏一方面在信中再次表明必守前诺代为购书，另一方面通过信末便笺进一步解释了未能及时购得的具体原因。

在收到纪昀答书后，徐氏又给纪氏回了一书，徐氏《明皋全集》卷六《书·与纪晓岚》载：“春间节使之还，瑶华远存，寄意郑重。……朱子书采访委折，金译袖传阁下所录示者，始悉为之谋忠之颠末。而魏、陈两贤，皆系阁下门生，则其于师门之托，知应竭心妥办，早晚东出。”

而纪氏收到徐氏此书后，又作答书云：“六月使车至止，接读华缄，兼惠寄方物，知前笺已达，且怅且喜。……所需之书，京师竟不能物色求之，闽中始有端绪。其中《白田杂著》一种，原匀家之抄本，敝通家陈粮道疑而反诘。不知止正副二本，正本已交官库，为《四库全书》之底稿，钤印秘藏，不可复得。副本，为白田之孙乞去刊刻，闻已刻成。而此公萍踪无定，故匀转求印本，而敝通家以为疑也。顷已札复之，谅亦必办矣。久稽台命，颇切惭恧，谨以敝通家札中夹片呈阅，庶知匀未度外置之耳。……〇陈粮道观夹片曰：前谕寻买朱子诸书，即向闽中书坊查问。所有《语类》《全集》，俱已买得，卷帙繁重，道路迢远，必附土贡之船，始可以北上。其程川《五经语类》，据书坊云系新板，现在坊中者卖完，尚须另觅。其《白田杂著》一种，闻系抄本，现无此书，并称此抄本出于老夫子大人家中，不知何以转觅，并乞示知。门生观谨附禀。”纪氏又一次对何以迟迟未获购图书做了详细的解释，并附代购者陈观的便笺以证明其所言不虚。

尽管其中颇费周折，但是，1802 年，朝鲜使臣李基宪终于给徐滢修捎回了纪昀代购的《朱子全集》及《朱子语类》。徐氏在收到书后，即给纪氏回信表示感谢，《明皋全集》卷六《书·与纪晓岚》载：“辛酉、壬戌贡使之还，连蒙《朱子语类》建安合刻本及《全集》闽刻本两帙之寄惠，此知是陈粮道书所云向闽中书坊买得者。长者之不忘旧要如此，后生所以激感于知己也，尤当如何。”

从上述可看出，自1799年受徐滢修所托购书始，纪昀一直想方设法为其寻购，到1802年终于购得其中两种。纪昀是当时朝中大臣，能够不遗余力为朝鲜学人徐滢修购书，确实能充分说明当时中朝文人学者间的真挚友情。

总之，中朝图书交流历史悠久，影响深远。王勇在前些年对中日书籍流通史进行研究后，提出“中日书籍之路”的观点，并以此与中西方交通的“丝绸之路”相比较。[①] 事实上，中朝书籍之路与中日书籍之路各具特色，互相辉映，一同构成了古代中国与东亚各国的书籍之路。也就是说，明清以来，在北方是以中朝书籍之路为代表的对外图书贸易，在南方是以中日书籍之路为代表的对外图书贸易。[②] 中朝书籍之路与中日书籍之路有很多共同之处。例如，求书的范围，早期以佛典为主，后来以外典书(非佛教书籍)为主；大量通过使者购求；接受赐书，也曾遭受过禁控；等等。但两者也有很多不同之处。例如，中朝书籍之路以北京为起点，而中日书籍之路以浙江、福建沿海为起点；朝鲜接受赐书更多，通过使者购书更普遍，而日本更多地通过唐船将书运至日本来获得汉籍；等等。中朝之间的陆上“书籍之路”与中日之间的海上“书籍之路”，正可以与中西交通的陆上、海上“丝绸之路”遥相呼应，东西并峙，提供比较东西方文化交流的绝佳视角。

(二)日本

中日文化交流源远流长，传说在秦朝时即有徐福携书东渡日本。关于中日图书交流的研究成果比较多，包括中国学者的成果，以及不少日本学者的成果，比较有代表性的如严绍璗《汉籍在日本的流布研究》、王勇等《中日“书籍之路”研究》，日本大庭修《江户时代中国典籍流播日本之研究》(简写本为《江户时代日中秘话》)等。王宇、潘德利著《中国古籍流散与回归》一书将中国典籍外流日本的渠道总结为：遣唐使节的访求传播，贵族知识分子对中国古籍的收集，来华禅宗僧侣的往返携带，中日商务贸易通道的传

① 参见王勇等：《中日“书籍之路”研究》，北京，北京图书馆出版社，2003。

② 事实上，在北方还有一条隐性的“中日书籍之路”：中国—朝鲜—日本。徐有素《燕行录》载：“(日本)国中书籍，自朝鲜而往者，以百数；自南京海贾而来者，以千数。”[韩]林基中编：《燕行录全集》卷八三，85页。

播，日本学人有目的地寻访与猎取，财团家族的征集与访购。[1]

汉籍真正较大规模地流入日本，应该是从唐朝的请经使开始的。其时东传之书既有佛典，也有传统的汉籍。与朝鲜主要从陆路进行图书交流不同，日本只通过海路交流，故与江苏、浙江、福建的来往多。在闭关锁国期间，日本只开放长崎一港，闽、浙之商人用船将书籍等货物运到日本长崎港售卖。日本在长崎港设有各类检查官，对进港的书籍进行审查、统计、编目，并写有大意书(提要)。其记录之内容颇为细致，这些存世的原始档案材料中的一部分现已编辑为《舶载书目》等，可供我们检索。相对而言，中国方面有关的材料则较少，《南雷文定前集》卷一《寿李杲堂五十序》载："崇祯丙子丁丑间，吴门行世文集一时沓出，列屋兼辆，自非阘茸间阎之辈，未有不购而观者，洋船所至，或用以填压空舱，外国人辄兼金易之。"书籍既可买卖，亦可作压舱货。这大概是说汉籍流入日本的情况。

到了近代，中国国内书价较低，且古籍善本从失势故家流出较多，而日本学者(如内藤湖南、仓石武四郎、长泽规矩也等)出于各种目的，仍然对求书中国抱有浓厚的兴趣，并写有相关的访书日记。[2] 日本书商也非常重视对中国书籍的搜求，如田中庆太郎(1880—1951)，其书店为文求堂，是日本近代一家规模最大、最有影响的中国古书字画店。田中庆太郎频繁地往返于北京、东京之间，大量输入中国的古书和字画。孙殿起《琉璃厂小志》载："日本东京文求堂书店主人田中庆太郎，清光绪末叶，每年必至我国北京，搜罗书画法帖一次或两次。……是时我国学者，多喜读集部书，故对于府州县志，无人过问；厂肆志书，多被他人买去。普通本以罗计，每罗一文明杖高，仅售现银一圆。其他善本稀见者，如三关四镇志，价亦相当低廉。……并经常托文友堂代搜《永乐大典》，每册现银壹百圆，购去数十册。"[3]

其实，日本方面很早就注重收集中国方志，《江户时代日中秘话》载：

---

① 参见王宇、潘德利：《中国古籍流散与回归》，4～9 页，北京，中国社会科学出版社，2012。

② 参见[日]内藤湖南、[日]长泽规矩也等：《日本学人中国访书记》，钱婉约、宋炎辑译，北京，中华书局，2006。

③ 孙殿起辑：《琉璃厂小志》，371 页。

日本吉宗将军时期，自1721年(清康熙六十年)吉宗向长崎奉行发出了搜集清朝府志的命令后，不断有中国方志运至日本，每次交易的数量还相当多。周彦文《日本九州大学文学部书库汉籍目录·前言》(台北)载："根据这些方志书首所钤印的购藏章，它们绝大部分都是在昭和元年到昭和二十年(西历1926年到1945)之间被购入九州大学的，其中又以昭和十年左右购入的最多。"[①]《东洋文库地方志目录》序也谈道：东洋文库自大正九年(1920)以来，锐意搜求地志，有2550部，54279卷；在方志采购方面，北平的松村太郎用力颇多。可见，日本图书馆在民国期间也十分注重搜求中国方志，所获不少。

近代以来，中国学者比较关注日本汉籍回流的问题。一批学者前赴后继地访书日本，留下了不少重要的访书成果。黎庶昌、杨守敬、董康、傅增湘、罗振玉、王国维、王古鲁、张元济、金毓黻等都是其中较著名者。

(三)俄国

自17世纪东正教在中国开展传教活动开始，俄国以北京俄罗斯东正教会图书馆为据点，在中国搜求图书，并利用传教士团成员回国之机带回不少汉籍。

如前所述，交流是双向的，但是中国古代一直奉行厚往薄来的朝贡外交政策，具体到中外图书交流上就是外国的求书和中国的赐书，这在中俄早期图书交流上也有所体现。例如，道光二十五年(1845)，俄国请求藏传佛教经书，清朝以雍和宫所藏《甘珠尔》800册与之，俄方旋即以本国图书350余种回赠。何秋涛《俄罗斯进呈书籍记》载："道光二十五年，俄罗斯国王表言《丹珠尔经》乃佛教所重而本国无之，奏求颁赐，上命发雍和宫藏本八百余册赐之。越数月，其国王因肄业换班学生进京，乃尽缮俄罗斯所有书籍来献，凡三百五十七号，每号为一袟，装饰甚华，有书有图。惟通体皆俄罗斯字，人不尽识，当事者议发还之。或曰，斯乃所以为报也，却之转拂远人之情，则奏请收存于理藩院以俟暇日将翻译焉。于是军机处存注档册，例须先译书名，乃得其三百五十七号之书目，好事者争相传录，余亦得而迻焉。考其中言彼国史事、地理、武备、算法之书十之五，医药、

---

① 转引自巴兆祥：《日本大学图书馆中国地方志调查记》，载《中国地方志》，2002(2)。

种树之书十之二，字学、训解之书十之二，其天主教书与夫诗文等类仅十之一而已。此其中足备掌故考核者多矣，置之典属，掌之枢廷，将来取次译之，于边防军政大有裨益。”书目所标“进呈”即反映清政府方面居高临下的心态，而且清政府对俄国的求书慷慨“颁赐”，而对俄国“进呈”之书则只是出于礼貌勉强收下，充分反映了清朝朝贡外交之特点。

（四）美国①

中美之间的图书交流开始比较晚。1869 年 6 月，同治皇帝以明清刻书 10 种赠予美国国会图书馆，共 993 册。1902 年，慈禧将同文书局影印的《古今图书集成》一套赠予美国哥伦比亚大学。1904 年，清政府派代表参加“圣路易斯万国博览会”，其参展图书及地图在会后全部赠给了美国国会图书馆。1909 年，清政府为答谢美国退还庚子赔款，赠送国会图书馆一套同文版《古今图书集成》。此外，容闳也赠给耶鲁大学一套《古今图书集成》。②

近代以来，美国一些机构和个人大量地从中国搜购图书。例如，美国驻华公使顾盛(Caleb Cushing)在任职期间购入不少中国图书。又如，哈佛大学、哥伦比亚大学、国会图书馆等机构在中国也大量地购书。总之，近代以来中国古籍流入美国呈逐年增加的态势，可分 4 个时期来认识：(1)辛亥革命以前。方志是美国搜求的重点，主要通过公使、领事、传教士、商人来中国搜集。(2)民国成立至太平洋战争爆发。一些大学图书馆开始加紧搜集，收藏种类增多。(3)太平洋战争爆发至 20 世纪 60 年代。第二次世界大战后，经济萧条，藏家多便宜出手，美国从世界各地搜购到不少中国古籍。(4)20 世纪 70 年代至今。中美文化交流增多，一些中国古籍通过非法出境、拍卖、采购、捐赠等方式，流入美国公私藏家。

如前所述，方志是美国搜购中国图书的重点，兹以美国国会图书馆、哈佛大学为例再做进一步说明。

鸦片战争以后，美国传教士、商人等来中国搜集方志。美国国会图书

---

① 相关研究可参见昌彼得《美日访书记》，吴文津《哈佛燕京图书馆中国方志及其他有关资料存藏现况》，沈津《美国所藏中国古籍善本述略》和《美国主要东亚图书馆所藏中国古籍文献及其展望》，James S. C. Hu “Chinese Fang-chih，Ts'ung-shu and Rare Books in the Library of Congress,”，钱存训《中美书缘》和“First Exchange of Chinese-American Publication,”等。

② 参见王宇、潘德利：《中国古籍流散与回归》，2 页。

馆搜求中国方志始于民国四五年。沈津《美国主要东亚图书馆所藏中国古籍文献及其展望》载："早在1915至1926年间，美国农业部的一位植物学家施永格博士(Dr. Walter T. Swingle)三次到中国各地广为搜罗，陆续采购到中国农书、类书、丛书、地图和方志等约68000余册，其中方志即有1500种之多，并由此奠定了国会馆收藏中国方志的基础。"[①]除了施永格，美国国会图书馆还有在中国的代表替其搜集方志，《奉天省长公署令转江亢虎为美国国会图书馆征集我国各种志书的函文(1917年6月28日)》载："奉该馆馆长委托，代向我国中央暨地方政府请求交换各省地方志书……今年农部为考查物产事，与他部会同商准该馆向中国政府请求地方志书……应请惠速分饬贵省各属，限文到若干日，即将现存最近之地志(前清省府厅州县等)，检备全部汇送上海交涉使署转邮美国。"[②]此外，美国国会图书馆东方部主任恒慕义(Arthur W. Hummel)也曾托人或亲自到中国、日本购入不少方志，朱士嘉《国会图书馆采访方志的经过》载："恒先生曾经委托Dr. Joseph F. Rock为国会访购方志。他所访购的以西南各省的方志为多，尤其是四川的方志。到了1934年恒先生也到中国去买到三百来种。随后又设法在日本访求中国方志，居然也得到好几种珍本。"而且，"国会承王文山先生的介绍在一九三三年买到高鸿裁所藏山东全省的方志一百十八种"。[③] 经过20多年的采购，到1942年朱士嘉编制《美国国会图书馆藏中国方志目录》时，美国国会图书馆所藏中国方志已达2939种。

美国哈佛大学也十分注重对方志的搜求，朱士嘉说："美国哈佛大学早在三十年代已购置中国地方志一千五、六百部。"[④]民国时期，燕京大学图书馆是购买方志的大户，事实上，除满足馆藏外，其还有一项特殊的任务，就是替美国哈佛大学图书馆收集方志："(哈佛大学)燕京馆收集方志始于30年代，其时除向北京、上海等地书商直接购买外，北平的燕京大学图书馆

---

① 沈津：《美国主要东亚图书馆所藏中国古籍文献及其展望》，载《"国家"图书馆馆刊》(台北)，2001(1)。

② 辽宁省档案馆选编：《编修地方志档案选编》，89～90页，沈阳，辽沈书社，1983。

③ 朱士嘉编：《美国国会图书馆藏中国方志目录》，2～3页，北京，中华书局，1989。

④ 李泽主编：《朱士嘉方志文集》，75页，北京，北京燕山出版社，1991。

也协助采购。”[①]此外，美国哈佛大学曾欲出50万美元购买四川成都严遨父子所藏全部方志，但最后没有成交。[②]

总之，美国对中国古籍的搜求虽然起步较晚，但在较短时间内获得了大量的中国古籍。

（五）其他国家[③]

法国、英国、意大利、德国、西班牙、葡萄牙等欧洲国家也搜集了不少中国古籍。他们的搜集早期主要体现为传教士搜集，后来则体现为公私机构、个人之多方(如购买、交换、掠夺等)搜集。

法国。法国传教士到中国较早(自13世纪中叶即已开始)，搜集了不少中国古籍。1693年，康熙帝任命耶稣会法国传教士白晋(Joachim Bouvet，1656—1730)为特使出使法国，为答谢法王路易十四，让其将49种300多卷珍贵古籍带回法国。法国敦煌学家沙畹(Edouard Chavannes)在清末任公使译员期间，购买了大量的中国书籍带回国。

英国。其中既有传教士等个人购书，也有大学等机构购书。例如，牛津大学于17世纪曾委托传教士购入一批明刊本；理雅阁从中国也带回了不少汉籍；马礼逊回国时带回了中文图书1万余册；伟烈亚力回国时带回中文图书2万余种。庚子事变时，英使馆中人、英军在战乱中掠得不少图书(尤其是翰林院中的珍本，如《永乐大典》等)。此外，当时任《泰晤士报》驻华首席记者的莫理循在中国搜集到大量的汉籍，其中有不少是珍贵的图书(如多册《永乐大典》)。[④]

意大利。意大利传教士罗明坚、利玛窦、卫匡国等均从中国搜集了一些汉籍。梵蒂冈图书馆就收藏了不少汉籍，可参见《梵蒂冈图书馆所藏汉文写本和印本书籍简明目录》和《梵蒂冈图书馆所藏汉籍目录补编》。

德国。德国传教士(如郭士立)从中国带回了一些汉籍。后来，卫礼贤也带回了一些汉籍。德国汉学家福兰阁(中文名傅兰克，1863—1946)也从

---

① 沈津：《美国主要东亚图书馆所藏中国古籍文献及其展望》，载《“国家”图书馆馆刊》(台北)，2001(1)。

② 参见郑伟章：《文献家通考(清—现代)》，1607页，北京，中华书局，1999。

③ 此小节主要参考王宇、潘德利：《中国古籍流散与回归》，1～13页。

④ 莫理循所藏的汉籍，连同其收藏的其他东方文献，后来大部分被日本收购，现藏于日本东洋文库。

中国购得不少汉籍带回国内。1912年，商衍鎏[①]受福兰阁之邀，前往汉堡大学任教。他积极参与汉堡大学中国语言文化系及汉学研究中心的筹建工作。汉堡大学董事会拨款2万马克，由商衍鎏与福兰阁采购中文图书，并以商衍鎏的名义向中国订购。他首选了《古今图书集成》《永乐大典》等一批明清古籍，为汉堡大学图书馆的中文馆藏打下了坚实的基础。

此外，越南与中国交往历史悠久，既接受中国王朝的赐书，又通过民间图书交流获得不少中国典籍。其使者出使中国后往往留下燕行记录，不过这些记录很少提及搜书之事。越南也翻刻中国古籍，并有广东刻工代刻或到越南刻书。关于越南收藏汉籍的情况，可参见《越南汉喃文献目录提要》《越南汉喃文献目录提要补遗》。琉球与古代中国交往也很多，有相关档案详细记录，其中也涉及一些赐书活动。

二、外交赐书——以明朝为例

中国古代的对外交往，长期以来受朝贡体制的影响。朝廷对外国使者的给赏往往是十分优厚的(厚往薄来)，除了赏赐金钱、器皿、丝绸等之外，赐书也是一种很常见的外交回赐方式。书籍是文化的载体，是文明的表征，向朝贡国家回赐书籍体现了古代中国的文化优势心理。外交赐书自晋朝就开始出现，唐宋时则具相当规模，但是就普遍性而言，明朝的外交赐书远远超过了前代。

(一)外交赐书之特点

其一，所赐之书超出佛典范围，并且多为外典书。明以前，对日本诸国多回赐佛典，但到了明朝，赐书范围扩大到儒家经典、史书、历书等，其中回赐最多的为《大统历》。《大统历》为明朝奉行的历书，最能体现明朝的宗主国地位，因而对《大统历》的奉行与否，意味着对明朝的臣服与否。《明太祖实录》卷三十九载："(洪武二年)颁去(印度尼西亚)《大统历》一本，王其知正朔所在，必能奉若天道。"《〈明史·日本传〉笺证》引《大明书》载："班示《大统历》，俾奉正朔。"[②]在这种背景下，明朝对《大统历》的颁赐十分

---

① 商衍鎏(1875—1963)，著名文字学家商承祚之父，字藻亭，号又章、冕臣，晚号康乐老人，广东番禺人，著名学者、书法家。

② 汪向荣编：《〈明史·日本传〉笺证》，194页，成都，巴蜀书社，1988。

重视。明朝使臣到外国，通常赐《大统历》给外国国王；外国使臣来朝，明廷亦回赐《大统历》。《大统历》都是无偿颁赐的。明廷一般都在每年冬至时(因路途远近等原因，在十一月、十二月不等)赐下一年的《大统历》，数量常为100本。为了保证这种颁赐顺利进行，朝廷尽可能地提供方便。例如，安南离明廷较远，朝廷让广西布政使每年给安南供应一定数量的《大统历》。琉球因海路阻隔，其使者提出："小邦遵奉正朔，海道险远，受历之使，或半岁一岁始返，常惧后时。"①应其请求，朝廷让福建布政使供给他们《大统历》。从这条史料也可看出，琉球定期派"受历之使"到明朝领取《大统历》。《明实录》所载，受历最多、持续时间最长的为朝鲜国(高丽)。终明一朝，几乎每年都有向朝鲜赐《大统历》的记载，主要原因为朝鲜与中国一直保持着良好的关系，且陆路近便，文化接近，正如《明太祖实录》卷七十六上所称的："今高丽去中国稍近，人知经史文物礼乐，略似中国，非他邦之比。"

除了《大统历》之外，回赐比较多的还有儒家经典及资政、伦理方面的书籍，如《资治通鉴》《通鉴纲目》《孝经》《五经大全》《四书大全》《性理大全》《内训》《列女传》等，此外还有一些前代或当代修的史书，如《汉书》《宋史》《皇明会典》等。从以上书籍可看出，明朝外交赐书范围相当广，虽然也回赐佛典，但儒家经典、史书、历书占外交赐书的绝大多数。

其二，外交赐书涉及的国家相当多。明以前，一般赐书只限于东亚。但到了明朝，据《明实录》《明史》记载，接受明朝赐书的国家有朝鲜、日本、越南、柬埔寨、泰国、印度尼西亚、印度、尼泊尔、琉球等，其中接受赐书最多的为朝鲜、日本。

（二）外交赐书之影响

首先，促进了与外国的文化交流。从外交赐书史料看，明朝的外交活动相当频繁，覆盖面相当广，包括东亚、东南亚、南亚，促进了亚洲地区的文化交流，对亚洲文化的发展起到了推动作用。从明朝外交赐书这一相沿不变的成规看，明朝十分希望别国一道来分享自己的文化成果，《明宣宗实录》卷二十二载："(宣德元年)遣使以《五经》《四书》及《性理大全》《通鉴纲目》赐朝鲜国王李祹。上谓行在礼部尚书胡濙曰：'圣人之道与前代得失俱

---

① (清)张廷玉等：《明史》，8364～8365页，北京，中华书局，1974。

在此书，有天下国家者不可不读。闻李祹勤学，朕故赐之。若使小国之民得蒙其惠，亦朕心所乐也。'”

其次，相当多的珍贵中国古籍被保存在国外。朝鲜是一个汉籍外传的目的地和中转站。宋朝即曾开单求书于高丽。清初姜绍书《韵石斋笔谈》载："故彼国(朝鲜)反有异书藏本也。"由于朝鲜李朝藏书之多，所以附近的一些国家和地区均向其求中国典籍，如日本、琉球等，甚至明朝也向其搜寻汉籍，《李朝实录》载："今付中朝寻访书目，归报尔(指琉球国使者)殿下，所有书册，送之可也。以天下(中国)而失其本，况海外之国，未必有也。然幸有一、二本，须宜送之。"①此段史料说明，明朝曾交付给李朝一个索书单，而朝鲜又转给琉球，让琉球帮忙求找。相对来说，日本所藏的中国古籍就更多了，这已经有很多相关书目和研究成果可以参考。当然，除了日本外，我们还应关注别的国家所藏中国古籍的情况。现在兴起的域外汉籍搜求热，正反映了这一趋势和愿望。

最后，有助于了解中国古代的外交政策。外交赐书方式体现了明朝当时的文化优势心理。出于这种心理，明朝一方面十分希望别国向自己求书，基本上做到有求必应；另一方面又一厢情愿地赐给别国书籍。《明史》《明实录》有相当多这方面的记载："请赐《皇明会典》"②，"且请冕服、书籍。上嘉其能慕中国礼文，悉从之"③，"朝鲜国请明年《历日》百本，命礼部给之"④，"请赐仁孝皇后所制《劝善》《内训》二书，即命各给百本"⑤。在这种文化优势心理影响下，中国的外交制度更为畸形地发展，阻碍了中国人对世界的认识。这在后来与西方的交往中充分地表现出来："他(中国明朝人)很惊异地得知我们也有印刷，而且用印刷出书，跟他们的一般，因为他们在我们之前许多世纪已有印刷术了。他为了能够相信，向我们要一本印刷的书，我们在这种情况下没有别的东西可满足他的好奇心，就送他一本祷告书，他

---

① 吴晗辑：《朝鲜李朝实录中的中国史料》，538页，北京，中华书局，1980。

② (清)张廷玉等：《明史》，8291页。

③ 李国祥主编：《明实录类纂·涉外史料卷》，112页，武汉，武汉出版社，1991。

④ 李国祥主编：《明实录类纂·涉外史料卷》，354页。

⑤ (清)张廷玉等：《明史》，8345页。

才不敢确定唯有他们享有印刷术的天才发明权。”①

总之，古代中外图书交流的方式主要是赐书与求书，即中国赐书给外国，外国到中国来求书。这体现了古代中国的文化优势心理及其宗主国的地位。不过，近代以来，当这种文化优势心理丧失之后，中国便开始不断地接受西学、译介外国(包括西方与日本)图书。从赐书到求书，既是中外文化交流史的一个缩影，也是中国历史的一个缩影。

① ［英］C. R. 博克舍编注：《十六世纪中国南部行纪》，何高济译，180～181页，北京，中华书局，1990。

第四章　文献的收藏

这一章，我们主要谈谈图书的收藏，也就是藏书。藏书、藏书家、藏书的影响、藏书文化、藏书的聚散、藏书链等都应该是藏书研究的重点。目前，学界关于中国古代藏书(尤其是私家藏书)的研究成果比较多，如任继愈主编《中国藏书楼》、傅璇琮与谢灼华主编《中国藏书通史》、范凤书《中国私家藏书史》、周少川《藏书与文化：古代私家藏书文化研究》等，我们都可以参考。

第一节　藏书总论

在现代社会里，图书几乎和每个人都有关，而且大多数人都有藏书。但是，我们不能说大家都是藏书家，因为藏书家是有特定所指的。

一、藏书

什么是藏书？这本是个不是问题的问题，因为藏书就是指某一主体所拥有或收藏的图书。但是，如果我们再追问下去，大概就会发现这里边其实还有很多问题。例如，就藏书家而言，藏书是否等于其所拥有的全部书？不一定。藏书目录是否反映了藏书家所有的书？不一定。例如，某些书由于这样或那样的原因(如太普通的书、禁书等)，就常常不被列入藏书目录，甚至不被视为藏书。因此，藏书家的书可以分为3个层面：其一，他所拥有的全部书；其二，他的藏书，指其全部图书中用来收藏的那一部分；其三，他的藏书目录所收的书，往往是其藏书中比较好的一部分。

二、藏书家

什么样的人才算是藏书家呢？古代和现在似乎均没有严格的规定，称某人为藏书家均较为随意。不过，藏书家大概有一个标准是大家都会想到的，就是书多。但是，要藏多少书才够得上藏书家呢？显然，不同时期有不同的标准。另外，是否藏书多即能名家？例如，有人到书店去一下子购回大批的书，是否摇身一变就成了藏书家呢？清初朱彝尊就说过，只要有钱，随便到市场去就能购得大量的书。但是，这样的人似乎不应该是藏书家。[①] 因此，我们研究藏书，还要对藏书家有一个比较清晰的认识。

我们先看看其他学者的观点。有人将藏书家归为文献家，与目录家、校勘家等相混，如郑伟章《文献家通考(清—现代)》。范凤书《中国私家藏书史》则认为，其一，藏书家必须书多，或者说，藏书要达到相当的数量。这数量可据各个时代的不同而定，早期要求低，后期要求高。其二，所藏书必须具备相当的质量。其三，藏书家本人应进行一定的整理与应用。[②] 有人认为，收罗宏富、四库齐备、善本众多、精于校勘、明辨版本、著书立说才算藏书家。也有人认为，要靠自己的鉴赏能力把尽可能多的善本、稀见本聚到自己身旁，详加整理研究，并得到收藏界的认可，那才是藏书家。藏书家在人们的心目中是财富、学问、身价的集合体。综合分析以上的观点，我认为，藏书家的标准不能太高，也不能太低，应该起码符合以下 3 个条件：较多的藏书(据各个时期要求而有所不同)，较高质量的藏书，较高的鉴赏能力(如版本学、目录学知识等)。

总之，藏书不是简单地拥有书。有的图书收藏者与其藏书之间貌合神离，因而他们只是图书的所有者而已，不能称为藏书家。真正的藏书家应该想方设法地(如通过重装、钤印、题跋、校勘、编目、鉴赏和阅读等)将其藏书(实际上是别人的书)变成自己的书。

---

① 黄宗羲《天一阁藏书记》云：“强解事者以数百金捆载坊书，便称百城之富，不可谓之好也。”沈善洪主编：《黄宗羲全集》第 10 册，117 页，杭州，浙江古籍出版社，2005。

② 参见范凤书：《中国私家藏书史》，7～8 页，郑州，大象出版社，2001。

三、藏书史研究需注意的几点

(一)对以往藏书研究的反思

首先，以往关于藏书研究，孤立的多(如仅研究私家或公家藏书)，互动的少。早期宫廷藏书多，私人藏书少；后来私人藏书多，宫廷藏书少。这种变化要好好分析。

其次，重南而轻北。现在对南方尤其是江浙藏书家的研究比较深入，而对北方藏书家的研究很少，以至于藏书史很少谈到北方藏书家。

最后，忽视藏书与流通的关系。其实，藏书与流通既是对立又是统一的，值得我们重视。

(二)如何认识古代私家藏书的发达

古代私家藏书发达的原因，大致可归纳为以下 6 点：(1)无法借书，只有自藏。越怕得不到书，越要不断地收藏。(2)有文化的体现，包括附庸风雅。(3)有地位的体现，是身份的标志。(4)代表财富，可以待价而沽。(5)做学问的需要。在古代，很大程度上可以这样说，有多少书，就有多少学问。因此，古人通过垄断某些书而垄断某些学问。(6)教育后代，传诸子孙，所谓诗书传家。

中国古代藏书家多，藏书也多，并在相当长的时期内是社会藏书总量的主体，远远超过官府藏书。那么，私家藏书对社会文化发展是否发挥了其应有的贡献呢？这是值得讨论的问题。从积极方面来看，私家藏书对文化的发展做出了巨大的贡献是毫无疑问的，很多伟大的著作均得益于对私家藏书的利用。但是，我们也要注意其消极影响，私家藏书往往藏而不借，阻碍了流通，增加了其消亡的概率与风险。从文化传播的角度来看，中西方藏书观有很大的区别。西方很早就有这种观念：书是用来借的。而中国古代比较根深蒂固的观念是：书是用来藏的。想象一下，如果中国古代私家藏书均具有开放性，那中国文化的发展会是什么情况呢？因此，我们应对古代藏书家表达更多的敬意，还是进行更多的批评呢？

当然，正如《书籍的社会史——中华帝国晚期的书籍与士人文化》所指出的，我们不能把责任都推给藏书家，因为政府在这方面更应承担责任。①

---

① 参见[美]周绍明：《书籍的社会史——中华帝国晚期的书籍与士人文化》，何朝晖译，131 页。

公共图书馆的缺失是政府的主要责任。由藏书家来承担对公众开放图书的责任，无疑是一种苛求，因为藏书是藏书家的私有财产，凭什么让其对公众开放，分享其私有财产呢?

古代的私家藏书在社会藏书中是主流，远胜公藏；而现在公藏是主流，远胜私藏。因此，作为传统意义上的私家藏书，在现代社会里肯定会逐渐衰落，正如吴晗在《两浙藏书家史略》序言中所指出的："晚近欧风东渐，各城市渐有图书馆之设，采集古今载籍，付之公开阅览，其用意至美至善。且其建筑大多先事预防，尽力于火灾及潮湿致腐之设备。其规模组织率较私人为宏大，其管理编列率较私人为精密。两者相律，私人藏书在将来之必归淘汰也无疑。"①

（三）私家藏书与宫廷藏书的互动关系

私家藏书与宫廷藏书存在互动的关系。一方面，新朝建立后，宫廷藏书征自私家；另一方面，改朝换代之际，宫廷藏书流散，有的归私家。征书，散失，再征书，再散失，图书在这样频繁的易主中得到互动。

《明史·艺文志》载，以往的书多在宫廷，故正史艺文志可录一代藏书之盛，可反映当时天下之书的大势及基本情况，而明代以后(其实宋元以后也是)，宫廷藏书少，故《明史·艺文志》只能反映一代著述之盛，而不能反映一代藏书之盛。这是一个转折。我认为，这一转变其实在宋代就开始了。印刷术发明以前，朝廷藏书相对更为重要，其流散程度对书籍的存亡有重大影响。印刷术发明后，私家藏书与日俱增，越往后越多，朝廷藏书从总体上来说不如私家藏书。

由此，我们还可以进一步思考近代以来公共图书馆与私家藏书的关系问题。近代以来，公共图书馆的建立与发展多得益于当时的私家藏书。例如，民国时兴起方志搜求热，公共图书馆从私家征集到不少方志。② 我们甚至可以说，私家藏书构成了某些公共图书馆的收藏基础及特色。例如，任凤苞所藏方志颇多，后其所藏归天津图书馆，成为此馆古籍收藏的一大特色。中国国家图书馆得自私家之书更多，包括徐乃昌、姚觐元、瞿济苍、

---

① 吴晗：《江浙藏书家史略》，2页，北京，中华书局，1981。

② 参见张升：《民国时期方志搜求热考述》，载《近代史研究》，2004(3)。

傅忠谟(傅增湘长子)、周叔弢、翁之熹、刘少山、邢之襄、赵世暹、吴南青、赵元方、丁惠康、潘宗周诸家藏书;北京大学图书馆得自私家之书者包括马幼渔、郭则沄、马廉、李盛铎、胡适诸家藏书;上海图书馆得自私家之书者包括刘晦之、姚石子、封文权、柳亚子、高吹万诸家藏书;复旦大学图书馆得自私家之书者包括李国松、丁福保、刘承干、王欣夫、刘大杰、赵景深诸家藏书;南京图书馆得自私家之书者包括刘世珩、邓邦述、刘承干、邓实、陶湘、张钧衡、陈群、顾鹤逸诸家藏书;南京大学图书馆得自私家之书者包括陈钟凡、胡小石、罗根泽、缪凤林、倪则埙、欧阳翥、钟泰诸家藏书。[①] 以上私家藏书均在一定程度上构成了上述各馆馆藏之特色。当然,我们也会发现,越是有名的图书馆,越能吸纳私家藏书。

(四)从动态角度看藏书

从动态、流通的角度看藏书,我们可以发现:其一,所有的收藏都是短暂的,公藏如此,私藏更是如此;所有的收藏都是流通的一环,是流通中短暂的停留;藏书只有在流通中才能发挥它最大的价值。其二,我们还应注意到,几乎每一部古书后面都有一条藏书链。如果有可能,我们应该弄清每部古书后面的藏书链。其三,藏书的流散,在大多数情况下并不意味着消亡,而只是意味着藏书的重新分配,即藏书又进入了新的流通环节。

藏书链是我们研究藏书的重要一环。我们可以通过藏书链了解藏书主体的变化,书的递传、易手经过及书的散佚情况。藏书链也是我们考察书的下落、流传线索的重要依据。书失传了,藏书链就断了,我们应从断处入手查下落。而且,有的书流散了,要尽可能找到新的链接,因为它并不一定失传。关于这一点,谭卓垣《清代藏书楼发展史》曾指出:“在考察清代的主要藏书楼时,我们发现一个有意思的现象,那就是三百多年间的五百多个藏书家承继着藏书的事业,私人藏书的链条是一环紧扣一环的。往往彼时彼地的藏书散开了,而到此时此地又被重新聚集了起来。”[②]

(五)关于藏书数量

无论是官府(主要是宫廷)还是私家,古代藏书数量给我们的印象常常

① 参见徐雁平:《私家藏书之兴衰与社会文化之变迁》,载《博览群书》,2005(9)。

② 谭卓垣、伦明、徐绍棨等:《清代藏书楼发展史 续补藏书纪事诗传》,徐雁、谭华军译补,49页,沈阳,辽宁人民出版社,1988。

是非常模糊的，这与我们传统文化中不讲究精确统计的特点有关。藏书数量的模糊主要体现在两个方面：其一，记载的数量模糊，如数万卷、数千卷、10余万卷等，不精确；其二，计量单位不统一，惯常用来统计书籍数量的单位有册、卷、部、种等，这些计量单位的使用因人而异，标准不一，因此难以比较。

藏书数量的模糊所带来的负面影响是多方面的，而首先一点当然是数量的可靠性值得怀疑(主要是夸大)。例如，《明史·艺文志》载："是时，秘阁贮书约二万余部，近百万卷，刻本十三，抄本十七。"这一统计曾多次被引用以证明明代文渊阁藏书的丰富性。但是，事实上，该数量显然是一个夸大的数字。①

此外，计量单位的不统一也会带来比较上的麻烦。例如，中国古代的1册(往往有1至3卷不等)与西方的1册(往往指1部书)所指的范围差距较大。

第二节　历代官府藏书

中国古代藏书主体主要有：官府、书院、寺观、私家。书院藏书主要是一些普通本子②，而寺观所藏则基本为佛、道经书③，均比较单一，因此，本节和下一节分别谈谈官府与私家藏书。

官府藏书也称为公家藏书，因属于官府或公家所有，故名。它又可细分为宫廷藏书、中央官府藏书和地方官府藏书3个部分。地方官府一般藏书都很少，所以官府藏书主要体现为中央与宫廷藏书。元以前，中央与宫廷藏书都很重要，且很难截然区分，故统合(泛称朝廷藏书)而介绍之；明清时期，宫廷藏书成为官府藏书的主体，故单论宫廷藏书。

---

① 参见张升：《明初宫廷藏书数质疑》，载《中国典籍与文化》，2003(2)。

② 书院藏书数量也有比较大的，尤其是一些著名的书院，如保定的莲池书院等。另清赵怀玉《亦有生斋集》诗卷第二十三载："如皋黄叟(兴祚)当乾隆庚戌尝捐书七千一百九十九卷，置之学宫。嘉庆癸亥，其子(理)又续捐书三千七百十七卷送学。"书院受赠如此多的书籍也是值得注意的现象。

③ 关于寺院藏书，可参见徐建华：《中国古代佛教寺院藏书若干问题研究》，见黄建国、高跃新主编：《中国古代藏书楼研究》，北京，中华书局，1999。

一、元以前朝廷藏书①

先秦时期，朝廷即有藏书，设官分守，以资利用。不过，其时藏书不多，而且所藏主要为文书档案。例如，商代时人们把卜辞刻在龟甲或牛羊的胛骨上，郑重地保藏起来。周王室和各诸侯国的史官称"史"或"太史"，既记载当代政事，又负责保藏政府文献。《周礼·春官宗伯》载，太史掌建邦之六典，小史掌邦国之志，内史掌书王命，外史掌书外令，掌四方之志，掌三皇五帝之书，御史掌赞书。其中所提到的史官，其职能之一就是负责掌管文书档案。另《史记·老子韩非列传》载，老子姓李名耳，字聃，"周守藏室之史也"。老子是东周王室的史官，这个藏室应该是周王室的藏书之所。

秦始皇兼并六国，搜集到各国不少的图籍，朝廷藏书之处有明堂、石室等。其中宫廷藏书由御史掌管，官府藏书则由各职能部门分掌——郡县图籍、户籍、计簿等由丞相府掌管，律令图书藏于御史府，各国史籍、盟书由史官掌管，《诗》《书》及百家书由博士官掌管。公元前213年，秦始皇为加强思想统治，采纳李斯的建议，发布了焚书令：史官所藏史书，除秦国史籍外都烧掉；《诗》《书》等儒家文献和诸子百家的书，除博士官收藏者外，私人所藏者一律送官府烧掉；令下30日而不执行者处以脸上刻字的黥刑并罚筑城4年的苦役；只有医药、卜筮和种植等技术性书籍不在禁毁之列。当时焚书的影响还是很大的，但是，我们也不要过分夸大焚书的影响，因为其所焚之书是有选择的，如当时中央官府收藏的大多数书应该没有被焚。此外，当时也有一些人冒险把书籍秘藏起来(如复壁藏书)，而这些秘藏起来的图书，到了汉代除挟书律后，有的陆续得以重见天日。例如，曾任秦博士的济南人伏生，到汉文帝时年已九十，他所传授的《尚书》就是藏在墙壁中保存下来的。汉武帝末年，鲁恭王刘余为扩建宫室而拆毁孔子故居时，从墙壁中发现了古文《尚书》《礼记》《论语》《孝经》等书。

朝廷大规模地搜藏图书是从西汉开始的。刘邦进入咸阳后，萧何收取

---

① 此节主要参考杜泽逊的《文献学概要》(北京，中华书局，2001)，许碚生的《古代藏书史话》(北京，中华书局，1982)的相关部分。

了秦丞相和御史掌管的有关户籍、地理和法律等图籍档案，成为汉代朝廷藏书之一部分。其他文献和书籍仍然封存于咸阳，后来被项羽焚毁了。西汉初年，废挟书律，遣使求书，大收篇籍，广开献书之路。朝廷藏书积如丘山，宫中设有石渠阁、延阁、广内阁、麒麟阁、兰台等藏书之所。其后，刘向父子负责对这些藏书进行校勘整理，编成《别录》《七略》，成为朝廷藏书目录之鼻祖。朝廷藏书之规制(包括管理与整理)，于此时渐趋完备。此后历朝相承，大多会在开国之初搜求遗书，然后对其进行整理利用，编制目录。刘歆《七略》所录图书共“三十八种，六百三家，一万三千二百一十九卷”①，其不收复本，可作为西汉朝廷藏书总种数之参考。

公元25年，刘秀建立东汉王朝。光武帝刘秀崇儒尚文，重视图书，其时朝廷藏书增长较快。《后汉书·儒林列传》载：“昔王莽、更始之际，天下散乱，礼乐分崩，典文残落。及光武中兴，爱好经术，未及下车，而先访儒雅，采求阙文，补缀漏逸。先是，四方学士多怀协图书，遁逃林薮。自是莫不抱负坟策，云会京师。”“初，光武迁还洛阳，其经牒秘书载之二千余两，自此以后，参倍于前。”可见，在朝廷藏书总量方面，东汉应远超过西汉。东汉朝廷藏书之所有兰台、东观和仁寿阁等，管理藏书的机构有秘书省，设秘书监、秘书郎、校书郎等官，班固就曾任掌管文书的兰台令史和掌管图书的校书郎。

东汉末年，战乱频仍，朝廷藏书流散、损失严重。公元190年，董卓逼汉献帝从洛阳迁都长安，东观、兰台、辟雍与鸿都门学等处的藏书大部散失，许多用缣帛写的书卷被拆作车帷或口袋，只剩下70余车书籍西运长安，途中又遗弃过半。魏晋南北朝时期，朝代更迭频繁，但朝廷藏书仍陆续建立起来。西晋初年，秘书监荀勖整理都城洛阳的朝廷藏书，仿曹魏秘书郎郑默《中经》之例编成《中经新簿》14卷，收书1885部，20935卷。其开创了图书四部分类法：甲部为六艺、小学；乙部为诸子、兵书、兵家、数术；丙部为史记、旧事、皇览簿；丁部为诗赋、图赞、汲冢书。东晋建都建业(今南京)之初，秘书省著作郎李充查点朝廷藏书，撰成《晋元帝四部书目》，

① (南朝梁)阮孝绪：《七录序》，见(唐)释道宣：《广弘明集》卷三，《四部丛刊》本。班固撰《汉书》时，依《七略》稍有增减而成《汉书·艺文志》。班固《汉书·艺文志》所录图书共“六略三十八种，五百九十六家，万三千二百六十九卷”。

凡荀勖《中经新簿》所列书籍只剩下了3014卷。该目将荀目的分类次序进行了调整：乙、丙两部位置互换，以使史部书列于诸子书之前。

在南北朝时期，南朝相对比较重视文事，朝廷藏书也较多，并且编有多种书目。刘宋主要继承了东晋的朝廷藏书。此外，宋武帝刘裕攻入长安时，收归苻秦、姚秦累积的藏书，这些图书"才四千卷。赤轴青纸，文字古拙"①。宋文帝元嘉八年，秘书监谢灵运编《四部目录》，共收书14582卷。刘宋苍梧王元徽元年，王俭又重编朝廷藏书目录，共收书15704卷。南齐永明年间，秘书丞王亮、秘书监谢朏编成《四部书目》，收书18010卷。梁武帝萧衍雅好诗书，朝廷藏书有较大增幅。梁秘书监任昉整理藏书，集中收藏于文德殿，而华林园则单藏佛典。除佛典之外，其时朝廷藏书共23106卷。后来，梁元帝收集金陵文德殿及其他各处藏书共7万余卷，移藏于江陵，又从私人藏书者那里借抄了所缺的图书。梁元帝承圣三年十一月末(555年1月)，北朝西魏军攻破江陵，梁元帝投降，不久被杀。梁元帝在投降前夕，命舍人高善宝把所聚古今图书14万卷付之一炬。投降后有人问他："何意焚书?"他说："读书万卷，犹有今日，故焚之!"随后的陈朝，其朝廷藏书情况不是很清楚，估计总数并不多，因为梁朝的朝廷藏书已几乎全部被毁。

北朝文事较荒疏，社会动荡，图籍损失严重。苻秦、姚秦宫廷所藏才4000卷书。北魏孝文帝迁都洛阳，向南齐借书，以充实秘府，且以奖励措施向全国征求图书。北魏宣武帝永平三年再一次向全国征求图书。魏末尔朱荣之乱，宫廷图书大都散失。后来，北齐的藏书也只有5000卷而已。北周取代西魏后统一了北方，朝廷藏书才稍有增加："保定(北周武帝宇文邕年号)之始，书止八千。后稍加增，方盈万卷。周武平齐，先封书府，所加旧本，才至五千。"②

隋统一全国后，文化事业有较大发展。隋初朝廷藏书仅有15000卷，主要来自北齐和北周的朝廷藏书。隋文帝开皇三年(583)，依照秘书监牛弘的奏请，朝廷派人到各地搜访异本，每书一卷，赏绢一匹，并在抄写副本后，将原书归还原主。隋通过这种方法获得了大量的图书。开皇九年(589)，隋

---

① 《隋书·经籍志》。

② 《隋书·经籍志》。

灭了南方的陈，又获得了一批图书。之后，朝廷派人抄补宫中藏书的残缺本，抄成正、副两本，分藏于内宫和秘书省，共计3万余卷。隋炀帝时，秘阁之书限写五十副本。其书卷装潢极为讲究，分为三等：上品的用红琉璃轴，中品的用绀琉璃轴，下品的用漆轴。

隋宫廷藏书之所以秘阁、观文殿和嘉则殿著名。观文殿有一套供皇帝阅览的正御本图书，其两侧有藏书室，东厢藏甲(经)、乙(史)两部的书，西厢藏丙(子)、丁(集)两部的书。嘉则殿也有大量图书，据说达37万卷①，远远超过以往的宫廷藏书，也超过大多数后代的宫廷藏书。因此，此藏书数未必可信。但是，考虑到当时大量副本的情况(如上述的一书抄五十副本)，这一数量也非绝无可能。后来，嘉则殿藏书经秘书监柳顾言"除其重复猥杂，得正御本三万七千余卷"②。

隋炀帝巡幸江都(扬州)时，带了大批图书，而装书船只中途覆没，损失了大部分书籍。大业十四年(618)，隋炀帝在江都被杀，余下的书也散失了。唐建立后，高祖武德五年(622)，平定了占据洛阳的王世充，把观文殿等处的图书文物经黄河西运长安，船在底柱(在今三门峡市)翻没，抢救出来的图书文物不过十分之一二。隋炀帝时的朝廷藏书，到唐初只剩下了14466多部、89666多卷。唐太宗贞观年间，魏徵、虞世南、颜师古相继任秘书监，"请购天下书，选五品以上子孙工书者为书手，缮写藏于内库"③。中宗景龙三年六月"以经籍多缺，使天下搜括"④。睿宗景云年间，"以经籍多缺，令京官有学行者，分行天下，搜检图籍"⑤。唐玄宗开元七年，还下诏向公卿士庶之家借抄秘府所无的"异书"⑥。

唐朝廷藏书至开元年间达到最盛。长安和洛阳各有一份用益州(今成都一带)麻纸抄缮的四库书，两份合计125960卷。此外，宫中还有唐代人著作28469卷，佛、道经籍2500余部、9500卷。不过，天宝十四载(755)，安史之乱爆发，两京陷落，图书大多散失。后经多方搜求，到唐僖宗广明元年

---

① 《新唐书·艺文志》有可能是将下文提到的"三万七千余卷"误成此数。

② (宋)王应麟：《玉海》卷五二，台北，大化书局，1977。

③ 《新唐书·艺文志》。

④ 《旧唐书·中宗本纪》。

⑤ (宋)王溥：《经籍》，见《唐会要》，751页，上海，上海古籍出版社，2006。

⑥ 《旧唐书·经籍志》。

(880)黄巢农民军进入两京之前，秘书省所藏的四库书共7万余卷。

唐代的朝廷图书主要藏在后来被称为“三馆”的弘文馆、史馆和集贤书院。

弘文馆：唐高祖武德四年(621)在门下省设修文馆，九年改名弘文馆，后一度改称昭文馆。唐高宗仪凤(676—679)年间，设弘文馆学士主持“校理图籍”。武则天垂拱(685—688)年间，以宰相兼领馆务，称为“馆主”，以校书郎具体负责“校理典籍，刊正错谬”。

史馆：唐太宗贞观三年(629)，史馆从秘书省移于门下省，由宰相监修国史。唐玄宗开元二十五年(737)，又将史馆移至中书省。史馆职在修史，故藏有大批供参考的图书档案。

集贤书院：唐玄宗开元十一年(723)、十二年，先后在京师长安和东都洛阳设丽正书院，十三年改称集贤殿书院(或称集贤书院、集贤院)。书院主管为“学士兼院事”的宰相，其他官员则有负责图书整理校勘的校理、校书、正字等，以及从事抄缮的“写御书手”和装潢书卷的“装书直”。

唐比较重视编制朝廷藏书目录。唐初所修《隋书·经籍志》，著录四部书3127部、36708卷，主要依据嘉则殿的正御本。开元五年(717)，在洛阳乾元殿抄写、整理图书，任命昭文馆学士、秘书监马怀素为“修图书使”主持其事，由元行冲、毋煚等26位文臣进行校理编目。第二年，玄宗从洛阳回到长安，这项工作又在长安东宫的丽正殿(后改称集贤殿)继续进行。开元九年(721)，整理工作结束，元行冲等人编成了《群书四部录》200卷，著录图书2655部、48169卷。该书依照经史子集四部分类，有总序、类序和各书解题。元行冲等人整理的图书抄有正、副本，在东西两京各按经史子集四部分藏于4个书库。这次整理之后，又不断有新书被征集入藏。

《群书四部录》成书后不久，毋煚认为其收录藏书不甚完备，分类、解题亦有错误，所谓“事有未周，理有未宏，体有不通”之处有五，于是“积思潜心，审正旧疑，详开新例”，改旧传之失者达300余条，加新书之目者达6000余卷，凡经、史、子、集四部45家(类)，著录图书3060部、51852卷(这个数目不计副本)，成《古今书录》40卷。该目可以说是《群书四部录》的修订、简化本。《旧唐书·经籍志》基本上是依据《古今书录》编成的，且云：“开成初，四部书至五万六千四百七十六卷。”欧阳修《新唐书·艺文志》在著录开元藏书3277部、52094卷之外，增入唐人著作1390家、27127卷，合计达到79221卷。

五代十国时期，国无宁日，各国的朝廷藏书均不多。尽管后唐、后汉王朝曾向民间征书，规定献书多者授以官秩，少者赐以金帛，但收效不大。相对来说，南方的后蜀、吴越和南唐藏书较多。南唐后主李煜雅好图书，其时朝廷藏书的校勘和装潢都很出名。李后主让他宠幸的保仪(女官)黄氏掌管宫中书画珍品。公元975年，宋军兵临金陵城下，李后主吩咐黄氏："此皆吾所宝惜，城若不守，尔可焚之，毋使散佚。"金陵陷落之日，南唐宫中的书画被焚毁了一大批。

宋代时雕版印刷开始普遍推广，人们获取图书更方便，加上当时文化发达，著书较盛，所以朝廷藏书不断增长。北宋的朝廷藏书，最初继承了后周三馆之书13000卷，后来平定了后蜀、南唐等国，又收缴了大量的图书。自宋太祖开始，朝廷多次悬赏求书，规定：呈献三馆所缺的书，一卷赏绢一匹或钱一千；达300卷(有时规定达500卷)者则未仕者授以官秩，已仕者晋官加秩。在这种奖励措施刺激下，征书取得了一定的成效。例如，真宗大中祥符(1008—1016)年间献书者有19人，得书共计10754卷。

北宋的朝廷藏书机构主要是三馆和秘阁，即所谓"馆阁"。三馆之名源自唐代。宋太宗御极之初，别建新三馆于左升龙门东北旧车辂院原址上。太平兴国三年(978)，正式赐名为崇文院。崇文院内，东为昭文书库，南为集贤书库，西为史馆书库，此三馆的藏书达8万卷。后来，在崇文院内又立秘阁，分三馆书万余卷入藏。真宗大中祥符八年(1015)，宫中大火，延及崇文院，其藏书多为煨烬。此后又陆续征集图书。由于真宗曾"命三馆写四部书二本，置禁中之龙图阁及后苑之太清楼"，故大火之后得以"重写书籍"。宋仁宗重建崇文院后，景祐(1034—1038)年间，命王尧臣、张观、欧阳修、宋庠、宋祁、李淑、王洙等人整理藏书，编成《崇文总目》66卷，共著录四部书3445部、30669卷。该目将图书分为四部，下分45类，每类有大序，每书有解题。此外，宫中龙图阁、宣和殿、玉宸殿、四门殿和后苑太清楼等处也有藏书。

靖康二年(1127)北宋覆灭，汴京被金兵掳掠一空，"秘阁图书，狼藉泥中"，朝廷藏书大部散失。金军在入汴京前，刘彦宗曾建议统帅宗翰、宗望效法萧何及辽太宗，入汴京后搜集图书。[1] 及入汴京，金大臣完颜宗宪“独载图书以归”。完颜勖赴汴京劳军，宗翰等人问其所欲，他说“惟好书耳”，遂载数车(书)而还。金章宗(1189—1208 年在位)大力提倡汉文化，十分重视藏书，一面在京师燕京设弘文院译写儒学经籍，一面依《崇文总目》购求所缺图书。他令臣下提高书价以鼓励私人出让藏书，并规定：如藏书家舍不得出售，官府借抄后仍发还原书，同时以书价的一半作为借抄的报酬。

南宋建都临安(今杭州)后，颁布献书赏格，在南方各地广求图书，并在秘书省特设“补写所”从事抄书。孝宗淳熙四年(1177)，陈骙编《中兴馆阁书目》，记载当时藏书44486卷。宁宗嘉定十三年(1220)，张攀编《中兴馆阁续书目》，又新增了14943卷。

以上为元以前朝廷藏书的主要情况。为方便大家了解，我还制作了《元以前朝廷藏书目录表》(表 4.1)。

表 4.1 元以前朝廷藏书目录表[2]

朝代	作者	藏书机构	藏书目录	收书数	出处
西汉	刘向		《别录》20 卷。已佚		《隋书·经籍志》
西汉	刘歆		《七略》7 卷。已佚	38 种，603 家，13219卷	阮孝绪《七录序目》[3]：572 家亡，31 家存
东汉	班固		《汉书·艺文志》。存	38 种，596 家，13269卷	《隋书·经籍志》。阮孝绪《七录序目》：552 家亡，44 家存
魏	郑默	三阁	《中经》。已佚		《隋书·经籍志》

① 参见《金史·刘彦宗传》。

② 本表制作参考了白金：《北宋目录学研究》，北京，人民出版社，2014；唐明元：《魏晋南北朝目录学研究》，成都，巴蜀书社，2009；任继愈主编：《中国藏书楼》，沈阳，辽宁人民出版社，2001；李艳秋、张雷：《汉魏六朝书目考略》，载《山东图书馆季刊》，2008(3、4)；李艳秋、张雷：《唐五代书目考略》，载《山东图书馆学刊》，2009(1、2)。

③ 参见任莉莉：《七录辑证》，上海，上海古籍出版社，2011。

续表

朝代	作者	藏书机构	藏书目录	收书数	出处
西晋	荀勖		《中经新簿》14 卷。已佚	1885 部，20935 卷	阮孝绪《七录序目》：16 卷佛经书簿少 2 卷，不详所载多少。1119 部亡，766 部存
东晋	李充		《晋元帝四部书目》。已佚	305 帙，3014 卷	阮孝绪《七录序目》
东晋	徐广	秘阁	《晋义熙四年秘阁四部目录》。已佚	36000卷	《魏晋南北朝目录学研究》第 103 页
东晋			《隆安西库书目》2 卷。已佚		《宋史・艺文志》。隆安为晋安帝年号
南朝宋	谢灵运	秘阁	《宋元嘉八年秘阁四部目录》40 卷。已佚	1564 帙，14582 卷。另有 55 帙、438 卷佛经	阮孝绪《七录序目》
南朝宋	王俭	秘阁	《宋元徽元年四部书目录》4 卷。已佚	2020 帙，15074 卷	《隋书・经籍志》。阮孝绪《七录序目》
南朝宋	邱渊之	秘阁	《晋义熙以来新集目录》3 卷。已佚		《隋书・经籍志》
南朝齐	王亮、谢朏	秘阁	《齐永明元年秘阁四部目录》。已佚	2332 帙，18010 卷	阮孝绪《七录序目》
南朝梁	刘孝标	文德殿	《梁天监四年文德正御四部及术数书目录》。已佚	2968 帙，23106 卷	《新唐史・艺文志》。阮孝绪《七录序目》
南朝梁	任昉、殷钧	秘阁	《梁天监六年四部书目录》4 卷。已佚		《隋书・经籍志》
南朝梁	刘遵	东宫	《梁东宫四部目录》4 卷。已佚		《隋书・经籍志》
南朝梁	释僧绍	华林园	《华林佛殿众经目录》4 卷。已佚		李艳秋、张雷《汉魏六朝书目考略》

续表

朝代	作者	藏书机构	藏书目录	收书数	出处
北魏	卢昶	秘阁	《甲乙新录》。已佚		《北史·儒林传》。另据《隋书·经籍志》，北魏还编有《魏阙书目录》一卷(已佚)，朝廷据以访求图书
南朝陈		寿安殿	《陈天嘉六年寿安殿四部图书目录》4卷。已佚		《隋书·经籍志》
南朝陈		德教殿	《陈德教殿四部目录》4卷。已佚		《隋书·经籍志》
南朝陈		承香殿	《陈承香殿五经史记目录》2卷。已佚		《隋书·经籍志》
南朝陈		秘阁	《陈秘阁图书法书目录》1卷。已佚		《隋书·经籍志》
隋	牛弘	秘阁	《开皇四年四部目录》4卷。已佚		《隋书·经籍志》
隋		秘阁	《开皇八年四部目录》4卷。已佚		《隋书·经籍志》
隋			《香厨四部目录》4卷。已佚		《隋书·经籍志》
隋	许善心	秘阁	《七林》。已佚		《隋书·许善心传》
隋	王劭		《开皇二十年书目》4卷。已佚		《旧唐书·经籍志》
隋		东都修文殿	《大业正御书目录》9卷。已佚		《隋书·经籍志》
隋	虞龢		《法书目录》6卷。已佚		《旧唐书·经籍志》

续表

朝代	作者	藏书机构	藏书目录	收书数	出处
隋			《杂仪注目录》4卷。已佚		《隋书·经籍志》
唐	魏徵等		《隋书·经籍志》4卷。存		《隋书·经籍志》
唐	元行冲等		《群书四部录》200卷(或作《群书四录》)。已佚	2655部，48169卷	《唐会要》卷三十六
唐	毋煚		《古今书录》40卷。已佚	45家，3060部，51852卷	《旧唐书·经籍志》
唐			《开元四库书目》40卷。已佚		《崇文总目》卷二
唐		秘阁	《唐秘阁四部书目》4卷。已佚		《宋史·艺文志》
唐		秘阁	《四库搜访图书目》1卷。已佚		《宋史·艺文志》
唐	陈京		《贞元御府群书新录》。已佚		《玉海》卷五十二
唐			《见在库书目》。已佚	首编于天宝三载，经、史、子、集四库共54643卷。至天宝十四载，又续写16843卷，总计71486卷	《唐会要》卷三十五
唐	韦述	集贤殿书院	《集贤书目》1卷。已佚		《新唐书·艺文志》

续表

朝代	作者	藏书机构	藏书目录	收书数	出处
北宋		史馆	《史馆新定目录》4卷。已佚。疑即《乾德新定书目》4卷		《玉海》卷五十二
北宋		中书舍人院	《紫微楼书目》1卷。已佚		《通志·艺文略》
北宋	朱昂、杜镐、刘承珪	三馆、秘阁	《三馆秘阁书目》。已佚		《玉海》卷五十二
北宋	朱昂、杜镐等	三馆、秘阁	《咸平馆阁图籍目录》。已佚		《玉海》卷五十二
北宋	刘均、聂震等	太清楼	《太清楼书目》4卷。已佚		《玉海》卷五十二
北宋	杜镐	龙图阁	《龙图阁书目》7卷。已佚		《宋史·艺文志》
北宋		玉宸殿	《玉宸殿书目》4卷。已佚		《宋史·艺文志》
北宋	吕夷简等		《三朝国史·艺文志》。已佚	36000余卷	《北宋目录学研究》
北宋	王尧臣等	三馆、秘阁	《崇文总目》66卷。已佚。有节本和辑本	3445部，30669卷	《宋史·艺文志》
北宋	张方平	史馆	《史馆书目》2卷。已佚		《通志·艺文略》。《郡斋读书志》卷九著录的《大宋史馆书目》1卷，收书15142卷，或为同一书
北宋		史馆	(皇祐)《史馆新定书目》4卷。已佚	4部，14409卷	《玉海》卷五十二

续表

朝代	作者	藏书机构	藏书目录	收书数	出处
北宋	宋敏求等		《两朝国史·艺文志》。已佚	1474部，8464卷	《北宋目录学研究》
北宋		秘阁	《元祐秘阁书目》。已佚		《玉海》卷五十二
北宋	孙觌等	三馆、秘阁	《秘书总目》。已佚	55923卷	《中国藏书楼》第1949页
北宋		三馆、秘阁	《秘书省书目》2卷。已佚	14900余卷	《玉海》卷五十二
北宋		秘阁	《秘阁四库书》10卷。已佚		《通志·艺文略》
南宋	李舜臣		《四朝国史·艺文志》。已佚	约26000卷	《北宋目录学研究》
南宋	陈骙等	馆阁	《中兴馆阁书目》70卷，例序1卷。已佚。有辑本	44486卷	《中国藏书楼》第1957页
南宋	张攀等	馆阁	《中兴馆阁续书目》30卷。已佚。有辑本	752家，845部，14943卷	《玉海》卷五十二

二、元代朝廷藏书①

（一）藏书背景

1. 文化政策

朝廷藏书既能为国家治理提供借鉴经验，又是国家文化建设的一部分。对元代来说，它更体现了蒙古族统治者对汉文化的接受程度。元是我国历史上由北方游牧的蒙古族统治者建立起来的封建王朝，它实行蒙汉两族联

① 本节参考田建平：《元代出版史》，石家庄，河北人民出版社，2003；任继愈主编：《中国藏书楼》；傅璇琮、谢灼华主编：《中国藏书通史》，宁波，宁波出版社，2001。

合进行统治的体制。这种统治体现了蒙汉两族相互之间的文化渗透和影响。蒙古族统治者既吸收了汉族先进的文化，也保存了许多蒙古族的草原游牧文化。因此，元代的文化呈现出比较复杂的现象。

在文化上，元世祖为了巩固统治，起用许衡、吴澄等人，大力提倡儒学。许衡建议说："考之前代，北方奄有中夏，必行汉法，可以长久。故魏、辽、金能用汉法，历年最多，其他不能实用汉法，皆乱亡相继，史册具载，昭昭可见也。国朝仍处远汉，无事论此，必若今日形势，非用汉法不可也。"[①]元世祖在即位诏书中指出，成吉思汗创业以来50余年中"武功迭兴，文治多缺"，于是大力推行汉法，标榜文治。除了元世祖外，元文宗也非常好学，热衷于吸收汉文化知识，虞集《道园学古录·送墨庄刘叔熙远游序》载："往者承乏，事文宗皇帝，于廷阁清燕之暇，曲赐延对，访问故实，著述文字，几无虚日。"柯九思《丹邱生集》曹元忠跋载："文宗之御奎章日，学士虞集、博士柯九思常侍从，以讨论法书名画为事。"因此，从总体来看，元代文化环境还是相对轻松的，有利于藏书活动的开展。

2. 出版业的繁荣

元代图书出版比宋代更兴盛，为元代藏书的发展提供了有利的条件。

元代图书出版可分南北两方面来谈，主要包括官刻本和坊刻本。

北方出版的官刻本以兴文署的刻本最为著名。兴文署是元代中央政府机构中掌管刻书的机构，其最早、最好的刻本是至元二十七年(1290)刻的胡三省音注《资治通鉴》294卷、《通鉴释文辨误》13卷。此外，国子监的刻本有延祐三年《伤寒论》10卷。艺文监的广成局于至元十九年(1282)刊行蒙古畏兀儿字所书的《通鉴》。太医院刻有医书，如《圣济风得效方》《风科集验方》《世医得效方》等。太史院的印历局专门掌管历书的印刷。其他中央官署刻的还有《至元新格》《大元通判》等。

除了中央官署刻印书籍外，元代官刻图书也常由各地方政府及儒学承印。这些图书的刊印大都需经中书省审核批准，颁下牒文，然后由各路地

---

① (元)许衡：《时务五事》，见《许衡集》，毛瑞方、谢辉、周少川校点，111页，长春，吉林文史出版社，2010。

方政府或儒学出资刊布。[1] 这类图书的刊印以南方各路居多。

北方的坊刻本以平阳(平水，今山西临汾)出版最多，因为这里在辽、金时代没有受到战乱的影响，是北方经济、文化比较发达的地方，也是刻书业集中之处，书坊特别兴盛。其所刻的书镂版精工。叶德辉《书林清话 书林余话》载，其中著名的有：平阳梁宅元贞二年(1296)刻的《论语注疏》20卷，平水曹氏进德斋大德三年(1299)刻的《尔雅郭注》3卷和至大三年(1310)刻的元好问《中州集》附《中州乐府》，平水许宅大德十年(1306)刻的《重修政和经史类证备用本草》30卷。此外，平水高昂霄尊贤堂、平阳司家颐真堂、平阳道参幕段子成等刻印的图书也比较有名。

元代南方的出版业主要集中在福建、浙江和四川3个地区，尤以福建建宁府(辖有建安、建阳等县)最有名，因为这里自南宋以来一直是刻书业的中心，也是书坊聚集之所。其中著名书坊有：崇化坊余氏勤有堂、麻沙镇刘氏南涧书堂、刘锦文日新堂、虞氏务本堂、郑天泽宗文堂、叶日增和叶景逵的广勤堂等。余氏勤有堂元统三年(1335)刻的苏天爵《国朝名臣事略》，刘锦文日新堂至元六年(1269)刻的虞集《伯生诗编》3卷，虞氏务本堂至元十八年(1281)刻的《赵子昂诗集》7卷，郑氏宗文堂至顺元年(1330)刻的刘因《静修先生文集》22卷，广勤堂天历三年(1330)刻的《新刊王叔和脉经》10卷等，都是元代坊刻的善本。此外，建安的郑明德宅、陈氏庆余堂、朱氏与耕堂、同文堂、万卷堂等也是比较有名的书坊。

元代浙江的杭州也是出版业发达的地区。元代杂剧盛行，杭州中瓦子张家书铺刻的平话小说《大唐三藏取经诗话》，以及《关大王单刀会》《尉迟恭三夺槊》《风月紫云庭》《李太白贬夜郎》等杂剧，均为当时杭州刊刻的本子。杭州刻印的元大德本《绘图列女传》，在我国版刻艺术史上有较大的影响。佛经出版方面，杭州南山大普宁寺于元初刊印《大藏经》，世称《普宁藏》。《西夏藏经》(《河西字大藏经》)也是大德(1297—1307)年间杭州大万寿寺刻的。元代杭州的西湖书院是南宋太学的旧址，藏有南宋国子监的四部书版20多万片。元代编修的宋、辽、金三史都是由西湖书院刊行的。此外，许

---

① 钱大昕的《补元史艺文志》卷一(中华书局1985年影印《丛书集成初编》本)载："诸路儒生著述，辄由本路官呈进，下翰林看详，可传者，命各行省檄所在儒学及书院以系官钱刊行。"

多监本书也是这里刻印的，当时称为“院本”。其中，马端临《文献通考》348卷，刻印俱精，字体优美，行款疏朗悦目，为元版中的代表作。

受刻书业发展的影响，当时私人藏书量大增，出现了一些藏书过万卷的藏书家，如张柔、贾辅、汪惟正、何玮、庄肃、同恕、张思明、袁桷、杨维桢等。

(二)藏书的收集

1. 来源于金的朝廷藏书

金的朝廷藏书主要有两个来源：其一为辽的朝廷藏书，其二为北宋的朝廷藏书。元太宗五年(1233)，蒙古伐金，在攻克金都之前，听从耶律楚材的意见，保护并接收了该城的图书文物。这些图书既有金新印之书，也有来自辽、北宋的旧籍。当时，耶律楚材还礼请金著名的儒士梁陟、王万庆、赵著为蒙古贵族讲授儒家的九经。3年之后，即元太宗八年(1236)，耶律楚材又建议在燕京设立编修所，在平阳设立经籍所，任命此三人负责其事。①

2. 来源于南宋的朝廷藏书

元世祖至元十二年(1275)二月，元丞相伯颜挥师打败贾似道统领的宋军后，收得督府图籍符印。九月，以玉昔帖木儿为御史大夫，搜集江南诸郡书版和临安秘书省《乾坤宝典》等书。至元十三年(1276)二月，当伯颜受宋降而命董文炳入临安时，董文炳说：“国可灭，史不可没。宋十六主，有天下三百余年，其太史所记具在史馆，宜悉收以备典礼。”②于是，伯颜以皇帝名义下旨：“秘书省图书，太常寺祭器、乐器、法服、乐工、卤簿、仪卫，宗正谱牒，天文地理图册，凡典故文字，并户口版籍，尽仰收拾。”随后，遣内侍王埜收宫中图籍、宝玩等物，命秘书监焦友直搜集宋秘书省禁书图籍。当时收得宋史及各种注记共5000余册，归之国史院。三月，又派郎中孟祺登记“秘书省、国子监、国史院、学士院、太常寺图书”。这年十月，已经改任两浙宣抚使的焦友直“以临安经籍、图画、阴阳秘书来上”。③

① 参见《元史·耶律楚材传》。

② 《元史·董文炳传》。

③ 以上引文均见《元史·世祖本纪》。

3. 广泛征书

元朝廷大规模购求图书的次数并不多，比较重要的有下面4次。

其一，元世祖至元十年(1273)秘书监初建时，《元史·赵瑨传》载，赵秉温于至元八年[①]“授秘书少监，购求天下秘书”[②]。

其二，元世祖至元十五年(1278)四月，集贤大学士许衡建议遣使到杭州等处取官府书籍版刻至京师，由兴文署掌管。钱大昕《补元史艺文志》载：“世祖用许衡言，遣使取杭州在官书籍板及江西诸郡书板，立兴文署以掌之。”其时忽必烈的长子真金曾派人去南方购求图书。至元十五年(1278)，东宫的书库官刘容“奉旨使江西，抚慰新附之民。……使还，惟载书籍数车，献之皇太子”[③]。刘容因去南方购书有功，升任秘书少监。

其三，元成宗大德十一年(1307)，派遣使臣到四方收集经书。1308年，元武宗之弟爱育黎拔力八达被立为皇太子，领中书省、枢密院兼尚书令，“遣使四方，旁求经籍”[④]。在购进的书籍中有一部《大学衍义》，命詹事王约译成蒙古文字。他还选出《大学衍义》《列女传》等书，命兴文署刊刻发行。

其四，元顺帝至正三年(1343)开始修撰宋、辽、金三史时，因文献不足，又下诏求购遗书，其中重点是在江南。据任职于翰林国史院的袁桷记载，其时需要搜求的图书有《宋太祖实录》《巽岩集》《三朝北盟会编》《靖康传信录》《孤臣泣血录》《靖康草史》等共141部。袁桷还建议重点在南方搜求这些遗书：“凡所具遗书，散在东南，日就湮落，或得搜访，或得给笔札传录，庶能成书，以备一代之史。”[⑤]另张以宁《翠屏集》卷三《送李逊学献书史馆序》载：“曹南李时中教授……聚经若史诸书数万卷……今朝廷有诏修宋、辽、金三史，遣使购前代异书江淮间。其子敏出父所藏宋逸史，为卷若干，献之馆。有司韪其志，驿送以闻。”[⑥]危素是这次奉使求书的官员，其著述中也有相关记载。例如，危素《说学斋稿》卷三《史馆购书目录序》(戊子)载：

---

① 至元八年应为至元十年。

② 来新夏等：《中国古代图书事业史》，252页，上海，上海人民出版社，1990。

③ 《元史·刘容传》。

④ 《元史·仁宗本纪》。

⑤ (元)袁桷：《修辽金宋史搜访遗书条列事状》，见《清容居士集》卷四一，292页，北京，中华书局，2011。

⑥ (明)张以宁：《翠屏集》，141页，厦门，鹭江出版社，2012。

至正三年诏修辽金宋史，遣使旁午，购求遗书，而书之送官者甚少。素以庸陋，备数史官，中书复命往河南江浙江西。素承命恪共，不遑宁处，谕以皇上仁明，锐志删述，于是其藏书之家稍以其书来献，驿送史馆。既采择其要者书诸策矣，暇日因发故椟，录其目藏焉。其间宋东都盛时所写之书，世无他本者，今亦有之。朝廷之购求，民间之上送，皆至公之心也。素之跋涉山海，心殚力劳，有不足言。后之司管钥者，诚慎守之，不至于散亡可也。[①]

从上述可看出，当时求书的重点在南方，而且往往是有目的地到一些藏书家家中搜求。例如，松江庄肃，字恭叔，号蓼塘，家中藏书数万卷，且多抄本。至正六年(1346)，朝廷开局修宋、辽、金三史，诏求遗书，特差危素至其家选购书籍。[②] 为了鼓励私家献书，至正六年还规定，凡献书者都给以官职。[③]

经过接收前朝遗书和收罗四方典籍，特别是收集到南宋的书版，元代的朝廷藏书数量大增。其数量虽比不上宋代的朝廷藏书，但也很可观。不过，正如《秘书监志》所说："自至元迄今，库无定数，题目简秩，宁无紊乱。"由于元代没有留下详细的朝廷藏书目录，其藏书的具体种类与数量无法查考。

（三）藏书机构

1. 经籍所

元太宗八年(1236)六月成立经籍所，它是当时的官方印刷出版中心，也是中央藏书之所。元世祖至元四年(1267)，经籍所从平阳迁往大都，改名宏文院，以马天昭知院事。

2. 秘书监

元世祖至元九年(1272)置秘书监，掌历代图籍并阴阳禁书。钱大昕《补

① 顺帝至正年间危素所撰《史馆购书目录》已佚。

② 《(崇祯)松江府志》(《日本藏中国罕见地方志丛刊》本，书目文献出版社 1991 年版)卷四十二载："庄肃字恭叔，号蓼塘，居于上海青龙镇。仕宋为秘书小史，宋亡弃去，放身海上。性嗜书，聚书至八万卷，且多手抄者。经史子集，山经、地志、医卜、方技、稗官小说，靡所不具。书目以甲乙分十门。至正间修宋辽金三史，诏求遗书，命简讨危素购书于其家，得五百卷。"

③ 参见田建平：《元代出版史》，322 页。

元史艺文志》卷一载："元起朔漠，未遑文事。太宗八年，始用耶律楚材言，立经籍所于平阳，编集经史。世祖至元四年，徙置京师，改名宏文院。九年置秘书监，掌历代图籍，并阴阳禁书。"秘书监，秩正三品，设卿、太监、少监、监丞、典簿、令史、知印、奏差、译史、通事、典书、典吏等；属官则有著作郎、著作佐郎、秘书郎、校书郎、辨验书画直长等。元顺帝至正二年(1342)五月，应监丞王道的请求，由王士点、商企翁编成《秘书监志》。

《秘书监志》记载，秘书监设有秘书库，收藏"金、宋流传及四方购纳古书、古画"。[①] 这些书画有专人依照相当严格的管理程序来管理和修整。《秘书监志》"秘书库"载：

> 延祐三年三月二十一日……奉圣旨，秘书监里有的书画，无签贴的教赵子昂都写了者么道。至元十四年正月二十二日……钦奉圣旨："秘书监里有损坏了底文书书画，都擗掠底好者。钦此。"至元十四年二月，裱褙匠焦庆安计料到裱褙书籍物色：书籍文册六千七百六十二册……大德六年六月裱褙毕工，书画手卷六百四十六轴。本监照得，钦奉圣旨，裱褙秘府书画，今已完备。所有签贴，合委请字画精妙之人题写。……天历二年十一月二十六日……特奉圣旨："秘书监书画好生收拾者。少的厨柜架子，您行与工部文书，教添造者。"……至元十五年五月十一日，秘书监照得，本监应有书画图籍等物，须要依时正官监视，子细点检曝晒，不致虫伤浥变损坏。外据回回文书就便北台内令兀都蛮一同检觑曝晒。至元十四年正月二十二日，张左丞奏："先奉圣旨，教张平章俺两个分间江南起将来底文书去来。据经史子集、典故文字、阴阳禁书、书画宋神容，俱系秘书监合行收掌。如别衙门遇有合检阅书籍，立收附于秘书监关取，用毕却行还监呵，怎生?"……至元十六年三月二十四日，奉监官圆议得：本监见收书画，非奉圣旨及上位不得出监。延祐五年三月初九日，监官议得：秘书库所藏御览图籍、禁秘天文、历代法书名画，谅为不轻。近年以来，凡

① 秘书监所藏还有大量的文房四宝、玉玺等。

遇出纳秘书郎等自行开封，倘蒙上位不测取索书画失误未便。今后移请监官一员，不妨本职，逐月轮流提调。如遇阴雨，点视疏漏，常例舒展曝晒。及出纳书画不测之事，直日秘书郎等计会提调府亲诣府库，用心监视，一同开封，毋致似前违错。[①]

《秘书监志》卷六中有简单的书目，所载只有书的数量(部、册)，没有书的名称、作者和卷数，其收载情况如表 4.2 所述。

表 4.2 《秘书监志》书目统计

项目		经	史	子	集	类书	小学	志书	医书	阴阳	农	兵	释道	法帖	总计
在库书	部	121	79		57				14	8			303		582
	册	1023	1724		1724				171	152			402		5196
先次送库书	部	6	4		2										12
	册	113	75		290										478
后次发下书	部	244	132	111	463									42	993
	册	2145	1843	712	5924									217	10841
续发下书	部	166	46	26	120	96	68	33	51	15	12	5	3	1	642
	册	1946	1270	73	2053	931	228	330	461	130	37	21	22	10	7512
总计	部	537	261	138	642	96	68	33	65	23	12	5	306	43	2229
	册	5227	4912	785	9991	931	228	330	632	282	37	21	424	227	24027

秘书监所藏的书籍主要是供皇帝御览的。《秘书监志》记录了皇帝用书的一些情况。例如，皇帝每年四月到八月要在上都避暑，为此，秘书监专

① (元)王士点、(元)商企翁：《秘书监志》，104～109 页，杭州，浙江古籍出版社，1992。

设分监，负责管理皇帝在上都的用书。《秘书监志》卷三载，大德五年(1301)四月二十日，“关取下项合用书籍，用站车载赴上都者”，凡860册，包括《通鉴》690册、《太平御览》150册、《通典》20册。大德七年(1303)三月二十六日，“分监上都合用书籍，教差定人吏管押站车上来者”，包括《太平御览》《通典》《事文类聚》《播芳大全》。延祐二年(1315)四月十二日，“照得年例分监上都，以备御览，《通鉴》等书，及装载站车，打角柳箱、席索等物，行移依例应付”，包括《通鉴》《太平御览》《周礼》《通典》《播芳大全》《春秋》《礼记》《尚书》各1部。

3. 兴文署

兴文署初建于至元十年(1273)，掌雕印文书，属秘书监。至元十四年(1277)，兴文署并入翰林院，《秘书监志》卷七载，兴文署由“王待制兼管，有印造每年历日事务，拨附秘书监亲管”。至元二十四年(1287)，兴文署与国子监皆属集贤院。至元二十七年(1290)正月，复立兴文署，掌经籍版及江南学田钱谷，并召集良工刊刻经、子、史书籍，以《资治通鉴》为起端。兴文署设官3员、令1员、示3员、校理4员、楷书1员、掌记1员、作头1名、匠39名、印匠16名。除了《资治通鉴》外，兴文署还刻了其他很多书籍，是元代官府刻书的重要机构。

此外，兴文署还于至元十九年(1282)将《资治通鉴》译为畏兀儿体蒙古文字，梓行于世。

4. 奎章阁(附群玉内司、艺文监)

奎章阁也是朝廷藏书、刻书机构。天历二年(1329)三月，奎章阁建于西宫兴圣殿西廊，分南、中、北三间。阁长官初名奎章阁学士，隶东宫属官。奎章阁后升为奎章阁学士院，置大学士5员，并知经筵事；侍书学士2员、承制学士2员、供奉学士2员，并兼经筵官幕职；参书2员、典签2员，并兼经筵参赞官；照磨1员、内掾4名(内2名兼检讨)；宣使4名、知印2名、译史2名、典书4名。

天历二年(1329)九月，敕翰林国史院官同奎章阁学士采辑本朝典故，编著《经世大典》。至顺元年(1330)二月，命奎章阁阿邻帖木儿、忽都鲁都儿迷失等人将蒙文所记典章译为汉文，由赵世延、虞集等人任纂修。可见奎章阁的职能是以编辑、翻译、校勘、出版图书为主的。当然，作为藏书机构，奎章阁也相当重要。由耶律楚材保存的耶律璋所修《辽代实录》，后来即交此保存。《脱卜察安》(《蒙古秘史》)系用蒙文写成的记述蒙古早期历史的秘史，亦藏于奎章阁，且保管极严，不轻易让人阅读。

元顺帝至元六年(1340)，罢奎章阁，改置宣文阁。

群玉内司属奎章阁学士院，天历二年(1329)设，掌奎章阁图书、宝玩。官吏有监群玉内司1员、司尉1员、亚尉2员、佥司2员、典簿1员，令史2名、典吏2名、司钥2名、司膳4名、给使8名。元顺帝元统(1333—1335)年间群玉内司并入艺文监。

艺文监是主管内府书籍翻译、校勘、出版的机构，天历二年(1329)设，隶属于奎章阁学士院。官吏有太监检校书籍事、少监同检校书籍事、监丞参检校书籍事各2员，典簿、照磨各1员，令史4名、典吏2名；别设鉴书博士2员，掌鉴辨书画；授经郎2员，掌训教勋旧贵戚大臣子孙。《元史·百官志》载："艺文监……专以国语敷译儒书，及儒书之合校雠者俾兼治之。"艺文监下又设艺林库和广成局。天历二年(1329)设艺林库，掌贮藏书籍。官吏有提点、大使、副使各1员，司吏2名，库子1名。天历二年(1329)设广成局，掌传刻经籍及印造之事。官吏有大使、副使各1员，直长2员，司吏2名。其以蒙古文字刻印之书颇多，如《孝经》《贞观政要》《大学衍义》等。

至元六年(1340)，艺文监改为崇文监，后隶属于翰林国史院。

三、明代宫廷藏书

明清两代是宫廷藏书的集大成时期。

（一）藏书的收集

1. 明初

明代建立之初，为满足统治的需要，在接收前朝宫廷、官府藏书的基础上，采取广泛征书的措施，加之官修、官刻书籍的不断增加，大大丰富了明代的宫廷藏书。

(1)接收元代遗书。

这包括两个方面：其一，收集元宫廷藏书。洪武元年(1368)八月，大将军徐达率军攻入元都北京后，即下令封闭元宫廷府库图籍宝物，严守宫门，禁止士卒侵暴，从而接收了元宫廷的大量藏书[①]，并将2000余部书籍运往南京内府收藏。其二，接收元地方官府的藏书。不过，由于古代地方官府藏书普遍有限，所以通过这种途径搜求到的图书显然不会太多。

(2)朝廷求书与个人进献。

其一，朝廷求书。首先，为收藏、阅览而求书。早在元至正二十六年(1366)五月，朱元璋就曾命令部下访求古今图籍，藏于秘府以资阅览。其次，在明代建立之初，为行政、军事等方面的需要，征收有关的地理图籍、方志。最后，为编书而求书。洪武、永乐年间朝廷组织编修了大量图书，其中有相当一部分图书在编修时进行了广泛的征书。最典型的例子是成祖初年进行的《永乐大典》编纂。《永乐大典》初稿于永乐二年就修好了，但成祖不满意，觉得收入的书不够多，尤其是新入藏的书很多未收入[②]，又下令进行重修。因此，为了增加《永乐大典》收书量，当然要广泛地征书。其时南京文渊阁的藏书情况是“经史粗备，子集尚多阙”，于是“永乐四年四月……遂召礼部尚书郑赐，命以访求遗书(圣旨：恁部家差人将缺少的书数去天下访求，若是该载不尽，但有奇异的书籍，都一般访求将来。有的愿自进来的，与他赏赐，书籍抄写了还与他)，乃遣庶吉士秦政学及进士刘溇等四出搜讨。凡天文地理释道医卜以及稗官野语之书，靡不收者”。[③]

其二，个人进献。其时通过献书朝廷以求幸进之事相当普遍，《国朝典汇》就记载了不少这样的事例。对于进献不同的书籍，朝廷制定过相应的赏罚措施。

(3)御制、官修图书的入藏。

御制图书是指皇帝或以皇帝的名义撰著的书籍，如《御制文集》《御制诗集》等。官修图书是指官府主持编修的典籍及官府各部门颁布的文告、律例等官方文书汇编，如《永乐大典》《则例》《条例》《军法定律》等。这些图书编成后往往藏于文渊阁，因而又丰富了明代宫廷藏书。明初，这类图书绝大

---

① 参见(清)孙承泽：《春明梦余录》，153页，北京，北京古籍出版社，1992。

② 《明太宗实录》卷三十六载：永乐二年十一月丁巳，“上览所进书向多未备，遂命重修”。《明太宗实录》，627页，台北“中央研究院”历史语言研究所1962年影印本。

③ (明)周应宾：《书籍》，见《旧京词林志》卷三，《(影印)文渊阁四库全书》本。

多数被收录于《文渊阁书目》卷一“国朝”中，计有186种。其种数如此之多，说明开国之初，皇帝、官府注重编修有关典章制度以及道德教化之书。

(4)新印典籍的入藏。

明代政府设有专门的刻书机构，如经厂和南、北国子监等，刻印官书、经史读物和佛道之书，主要有供宫内学习、颁赐群臣、学校教育等用途，而这些书籍又成为宫廷藏书的重要来源之一。例如，明代礼部专门负责刊印《登科录》《会试录》，《文渊阁书目》就收有不少这类书。南京国子监接收了不少宋元重要书版，成为明代官刻之重镇。其主要通过翻刻国子监所藏旧书版以扩大书籍之流传，从而增加了宫廷藏书。

2. 明中后期

明中期以后，朝廷较少大规模收集图书，故弘治年间丘浚在《访求遗书疏》中指出：“数十年来，在内者未闻有所考校，在外者未闻有所购求。”[①]由于管理不善，图书流失严重，宫廷藏书不升反降。谢肇淛《五杂俎》载：“俗语谓京师有三不称，谓光禄寺茶汤，武库司刀枪，太医院药方。余谓尚不止于三者，如钦天监之推卜，中书科之字法，国子监之人材，太仓之蓄积，皆大舛讹可笑。而内秘书之藏，不及万卷，寥寥散逸，卷帙淆乱，徒以饱鼠蟫之腹，入胠箧之手，此古今所无之事也。……余尝获观中秘之藏，其不及外人藏书家远甚。但有宋集五十余种，皆宋刻本，精工完美而日月不及，日就浥腐，恐百年之外，尽成乌有矣。胡元瑞谓欲以三年之力，尽括四海之藏，而后大出秘书，分命儒臣编摩论次。噫，谈何容易！不惟右文之主不可得，即知重文史者，在朝之臣能有几人，而欲成万世不刊之典乎？内阁书目门类次第，仅付之一二省郎之手，其泯淆鱼豕不下，矇瞽而不问也，何望其他哉！……内府秘阁所藏书甚寥寥，然宋人诸集，十九皆宋板也。书皆倒折，四周外向，故虽遭虫鼠啮而中未损。但文渊阁制既庳狭，而牖复暗黑，抽阅者必秉炬以登，内阁老臣无暇留心及此，徒付筦钥于中翰涓人之手，渐以汩没，良可叹也。”[②]王肯堂《郁冈斋笔麈》卷二载：“文渊阁藏书皆宋元秘阁所遗，虽不甚精，然无不宋板者。因典籍多赀生，既不

---

① (明)陈子龙等编：《明经世文编》卷七六，北京，中华书局，1962。

② (明)谢肇淛：《五杂俎》，273～276页。

知爱重，阁老亦漫不检省，往往为人取去。余尝于溧阳马氏楼中见种类甚多，每册皆有文渊阁印。乙丑既入馆阁，师王荆石先生谓余与焦弱侯曰：‘君等名为读中秘书，而不读中秘书，何为？吾命典籍以书目来，有欲观者，可列其目以请。’少顷典籍果以书目来，仅四册，凡余所见马氏书，已去其籍矣。及按目而索，则又十无一二，存者又多残缺。讯之则曰：‘丙戌馆中诸公领出未还故也，时馆长彭肯亭烊已予告归，无从核问。’试以讯院吏，院吏曰：‘今在库中。’余大喜，亟命出诸库，视之，则皆易以时刻人事书，非复秘阁之旧矣。余亟令交还典籍，典籍亦朦胧收入。今所存千万之一，然犹日销月耗，无一留心保护者。不过十年，必至无片纸只字乃已。甚可叹也。”可见，明代中期以后宫廷藏书并不多。

（二）藏书目录

1.《文渊阁书目》

正统六年(1441)编定的《文渊阁书目》是现存最早的明代宫廷藏书目录，对考察明初宫廷藏书情况，以及整个明代宫廷藏书的流变过程具有十分重要的参考价值。主持编目工作的主要为杨士奇、马愉、曹鼐 3 人。

《文渊阁书目》以《千字文》按架排次，自天字至往字，共 20 号，50 橱；每部书只载书名、册数，不录作者与卷数。其具体号数、目次如下：

天字五橱：国朝类(明朝御制书、实录等)321 部；

地字四橱：易、书、诗、春秋、周礼、仪礼、礼记 555 部；

玄字一橱：礼书、乐书、诸经总类 149 部；

黄字三橱：四书、性理、附经济类 474 部；

宇字六橱：史类 272 部；

宙字二橱：史附、史杂类 316 部；

洪字一橱：子书类 109 部；

荒字一橱：子杂、杂附类 276 部；

日字三橱：文集类 745 部；

月字二橱：诗词类 568 部；

盈字六橱：类书类 266 部；

昃字一橱：韵书、姓氏类 176 部；

辰字二橱：法帖、画谱类，附诸谱 364 部；

宿字一橱：政书、刑书、兵法、算法 228 部；

列字二橱：阴阳、医书、农圃类 552 部；

张字一橱：道书 199 部；

寒字二橱：佛书 406 部；

来字一橱：古今志、附杂志类 128 部；

暑字三橱：旧志类 584 部；

往字三橱：新志类 566 部。

其编排方法为先分类，后分橱(柜)。将所有的书分为 41 类，按顺序置入 50 橱中。由于各类书多少不等，因而有一橱数类(类目大致相近)的情况，也有一类数橱的情况。然后用《千字文》中的字号来代表这些橱，共有 20 字号，即“天地玄黄，宇宙洪荒，日月盈昃，辰宿列张，寒来暑往”。每号一至数橱不等。这样，所收每部书都有一个顺序号，如“地字橱的第 20 部书”即“地字第二十号”。《文渊阁书目》这种以《千字文》编次的方法，应该是有所借鉴的，因为宋真宗时编成的道教文献集成《大宋天宫宝藏》，即已依《千字文》字号顺序排次。而明永乐间于北京刻的佛教典籍集成《北藏》，亦依《千字文》编号。后来的正统《道藏》及万历《续藏》，均依《千字文》编号。

关于《文渊阁书目》，还有一点值得注意：目前比较通行的“读画斋丛书”本《文渊阁书目》，在每部书后标有“完全”“残缺”“阙”这样的文字，这是因为《文渊阁书目》编成相当长一段时间后，文渊阁所藏书缺佚较多，后人以《文渊阁书目》对文渊阁现存书加以核查，做出“完全”“残缺”“阙”的记录。后世一些学者以为“完全”“残缺”“阙”这些文字是杨士奇时所做的整理记录，显然是错误的。

2. 张萱《内阁藏书目录》

此次编目的工作起码从万历三十年就开始了，因为中国国家图书馆善本部所藏元大德本《梦溪笔谈》原为明内阁藏书，开卷即有“文渊阁”玉印及“万历三十年查讫”条记。[①]《内阁藏书目录》完成于万历三十三年，共 8 卷，收书 2447 种、数万卷、一万八九千册。其分类基本沿袭《文渊阁书目》，但

---

① 参见李致忠：《元大德本〈梦溪笔谈〉》，见《肩朴集》，142 页，北京，北京图书馆出版社，1998。

不按橱排序，而是按类排序。每书基本上都有一个简略的提要，一般包括作者、卷数，有的还包括主要内容、写作背景等。另外，每书记录册数及全、缺(不全)情况。

关于此目，需要注意以下 3 个方面。

首先，此目后代多称为张萱《内阁藏书目录》，其实列名者有大理寺左寺副孙能传，中书舍人张萱、秦焜、郭安民、吴大山这些人，按官职等级及书后列名，孙能传应为主持者。何以后人多称为张目呢？有人认为，张萱文名较盛，所以后代多称为张目。这只能是一种推测。孙能传也是颇有文名的，今传其著述 3 种①，而且他在当时也确曾参与此事。例如，《松乡先生文集》(元任士林撰，明泰昌元年句章任氏刻本，哈佛燕京图书馆藏)前有孙能传识语："万历乙巳(三十三年)春，予校阁中藏书，有《任松乡先生文集》四帙，乃元至正四年浙江行中书省旧刻。……凡十卷。先生为予乡先哲，今其集多亡缺不可得，幸藏在秘阁，岿然若鲁灵光之独存，亦予邑文虬之光也。"②不过，相对来说，可能是张萱用力居多，其《西园存稿》载："秘省藏书，十已亡七，来谕尸子、桓谭、徐整诸书，皆不复存。其书目，萱已编成，独抄写无人，俟登舟后令小价缮录一册，俟过螺川躬谒老师祖堂下，耑致贤郎斋头，不敢爽也。"③所以后人直说此目是张萱编的。

其次，此目第 525、526、527、528、529、531 页书名下有洪、宙、秋、地等字④，而《文渊阁书目》正是据《千字文》分橱排列的，说明这些图书应是明初文渊阁藏书的遗存；另外，"秋"字号是《文渊阁书目》20 个《千字文》字号中所没有的，据此又可推测原来文渊阁所使用的《千字文》字号可能并非只有 20 号，应该更多。

最后，此书目只收书 2447 种，其中约一半是正统之后新出之书。这与前述万历前文渊阁藏书散佚严重的记载是一致的。最典型的例子是，《文渊阁书目》原收有不少明初以前的方志，而《内阁藏书目录》虽然也收有不少方

---

① 即《益智编》《谥法纂》《剡溪漫笔》。

② 沈津：《美国哈佛大学哈佛燕京图书馆中文善本书志》，658 页，上海，上海辞书出版社，1999。

③ (明)张萱：《又答黔台郭青螺老师》，见《西园存稿》卷三一，清康熙刻本。

④ 本处所用的《内阁藏书目录》为《明代书目题跋丛刊》本。

志，但均为正统以后所编的。

（三）藏书处所

1. 大本堂

大本堂是明初宫廷藏书处所之一，位于当时南京皇宫东部。朱元璋建大本堂主要是为了延请名儒教授太子、诸皇子，因而，大本堂首先是用作太子、诸皇子读书之所的。既然是读书学习之所，大本堂当然应该有藏书。大本堂中的藏书来自宫中，亦即从宫中选取适合用作教导之书，存贮其中，而非将宫中所有之书都移置其中。由于洪武元年宫中藏书不是太多，因此移入大本堂的书也不可能太多。这些书主要包括一些经史类的典籍。大本堂藏书应该都钤有相关的印记，如“大本之堂”“大本堂书”“大本堂记”等。我们现在能见到的大本堂藏书印鉴是“大本堂书”。保存至今的《洪范政鉴》是目前所知大本堂藏书中的幸存者。①

2. 文渊阁

文渊阁在南京宫中奉天门之东，建于洪武时期，上下两层，收藏古今载籍及档案文书。明太祖朱元璋对藏书非常重视，早在元至正二十六年(1366)五月，就曾命令部下访求古今图籍，以充秘府之藏。《旧京词林志》载：“国初丙午年五月，太祖命有司访求古今书籍，藏之秘阁，以资省览。”②在攻克集庆(今南京)之后，明太祖又下令征求书籍，如《国朝典汇》载：“洪武元年四月，上命有司访求古今书籍，藏之秘府，以资览阅。”③攻下北平后，明太祖不但将元宫廷藏书收载回南京内府，而且还下诏求书于民间，《明史·艺文志》记载：“明太祖定元都，大将军收图籍致之南京，复诏求四方遗书。”此后，明成祖朱棣亦曾广搜图书。经过明太祖、明成祖的努力，南京文渊阁的藏书在迁都北京以前已相当丰富，这在永乐初年编的《永乐大典》及正统年间杨士奇编的《文渊阁书目》中可以得到反映。

北京宫中也有文渊阁，建于永乐年间营建北京宫殿之时。其在宫中的

---

① 傅增湘《宋内府写本洪范政鉴书后》云：“每卷首有‘内府(殿)文玺’、‘御府图书’印，卷尾有‘缉熙殿书籍印’，皆宋代内府所钤朱文大印。别有‘大本堂印’，知明洪武中曾入内府，又‘海隅’朱文印，则明人藏印也。”傅增湘：《藏园群书题记》，322页，上海，上海古籍出版社，1989。

② (明)周应宾：《书籍》，见《旧京词林志》卷三。

③ (明)徐学聚：《编辑诸书》，见《国朝典汇》卷二二，北京，书目文献出版社，1996。

位置与南京的相同，在左顺门外的东南角。

3. 古今通集库

古今通集库应该在洪武朝就设立了，主要用途是藏书。古今通集库大概在内阁之东，东华门之南，紫禁城之东南角。原先藏书较少，所以不为人们所重视，嘉靖以后藏书移入较多(文渊阁藏书减少与此有直接关系)，《春明梦余录》卷十二载："嘉靖中，(文渊)阁灾，书移通集库及皇史宬。"①古今通集库不但收藏图书，还收藏印信、画像等。

4. 皇史宬

皇史宬位于北京天安门东的南池子大街南口路东，始建于明嘉靖十三年(1534)七月，于嘉靖十五年七月建成。其紧邻紫禁城，所藏均是宫廷之图书，也是宫廷藏书之重要处所。

嘉靖十三年七月，世宗命开实录馆，修撰恭睿献皇帝《实录》《圣训》，一并重抄历朝《实录》。世宗还命在南内(今南池子一带，当时为明帝游玩作乐的御苑)修建神御阁作为贮藏《实录》《圣训》之所。是年七月十七日，神御阁开工，至嘉靖十五年七月二十五日全部完工。神御阁原欲建成上下两层，建成后，却变成单层。原计划准备收藏列圣御容和《实录》《圣训》也有所改变，只是收藏《实录》《圣训》，而以景神殿收藏列圣御容。于是，世宗命将"神御阁"更名为"皇史宬"。② 八月十九日，《实录》《圣训》正式入藏皇史宬。此后，皇史宬成为专藏明历代皇帝《实录》《圣训》的库房。

在明代皇史宬的重要藏书中，还有一部《永乐大典》副本。此书在隆庆元年抄成后即入藏于皇史宬。直至清雍正年间，此书才被移藏于翰林院。

5. 经厂库

经厂和南、北国子监在明代并称为三大刻书中心。司礼监是由宦官掌管的内府二十四衙门之首，其下属的经厂专掌内府书籍的雕版刷印，内有经厂库，有提督总其事，下有"掌司四员或六员，在经厂居住，只管一应经

① (清)孙承泽：《春明梦余录》，153页。

② 《日下旧闻考》援引《燕都游览志》注释说："宬与盛同义，庄子以匡宬矢。说文曰：宬，屋所容受也。"(清)于敏中等编纂：《日下旧闻考》卷四〇，632页，北京，北京古籍出版社，1981。

书印板及印成书籍，佛藏、道藏、番藏，皆佐理之”[①]。经厂刻印的书籍颇杂，以制书、御制诗文、宗教类图书为主，所刻书籍后人称为“经厂本”。例如，《大明一统志》90卷，哈佛燕京图书馆藏，为天顺五年内府经厂原刊本，各卷卷端均钤有“广运之宝”印记。[②]

经厂位于紫禁城外西安门与西苑之间，内府衙门皆集中于此。而经厂库在紫禁城内隆宗门外慈宁宫之南，即司礼监经厂直房，日用纸札、笔墨书籍，皆贮于此，以备御前取讨。[③]

经厂所刻书曾编有目录流传，《四库全书总目》“《经厂书目》提要”载：“明内府所刊书目也。……所列书一百十四部，凡册数、页数，纸幅多寡，一一详载。盖即当时通行则例，好事者录而传之。然大抵皆习见之书，甚至《神童诗》《百家姓》亦厕其中，殊为猥杂。今印行之本尚有流传，往往舛错，疑误后生。”另刘若愚《酌中志》所载，内府书版有158种，共计566358叶：《五伦书》62本，1701叶；《诗传大全》12本，909叶；《书经大全》10本，763叶；《周易大全》12本，1118叶；《春秋大全》18本，1459叶；《礼记大全》18本，1259叶；等等。[④] 据此可以大致看出明末经厂所印书及藏书之情况。

明万历以后，由于内部管理混乱，经厂库所藏典籍及板片“遂多被匠夫厨役偷出货卖。柘黄之帙，公然罗列于市肆中，而有宝图书，再无人敢诘其来自何处者。或占空地为圃，以致板无晒处，湿损模糊，甚或劈经板以御寒，去其字以改作。即库中见贮之书，屋漏浥损，鼠啮虫巢，有蛀如玲珑板者，有尘霉如泥片者，放失亏缺，日甚一日”[⑤]。尽管如此，清代宫廷藏书中尚有少量明经厂本，可能是接收下来的遗物，如《四库全书总目》存目所收的内府本《易传义》12卷，版式字画颇为工整，即明代经厂本。

此外，明代的经厂本也普遍用于颁赏，因而其流传较广。据《中国古籍善本书目》及《明代版刻综录》等著录，现存的经厂本仍有数十种之多。

---

① (明)刘若愚：《酌中志》，94页，北京，北京古籍出版社，1994。

② 参见王重民：《中国善本书提要》，183页。

③ 参见(明)刘若愚：《酌中志》，149页。

④ 参见(明)刘若愚：《酌中志》，158～162页。

⑤ (明)刘若愚：《酌中志》，157页。

除上述藏书处所外，明代宫廷中还有其他一些藏书之地，如文华堂、游艺堂(游艺斋)、弘文阁(馆)、重华殿等，只不过它们或者多为临时性的，或者藏书不多。至于明代宫中的书馆，也会因修书的原因而作为临时性的藏书之处，如实录馆、玉牒馆、起居注馆等。

四、清代宫廷藏书

(一)藏书的收集

1. 清初

在入关之后，受汉族士大夫的影响，清廷在武力镇压反抗的同时，也适当采取了一些笼络知识分子的文化政策，诸如开科取士，宣扬文治，崇尚经学，网罗知识分子于朝廷设局编书等。在图书事业方面，清廷也采取了较为积极的态度，包括：其一，对图书的出版与流通采取较为宽松的政策；其二，重视修志；其三，对保存、翻译汉文图书重视。因此，清初形成了一种有利于图书事业发展的氛围，公私藏书得到了较快的发展，而宫廷藏书也逐渐丰富起来。

清初宫廷藏书的来源主要有3个方面：其一，明宫廷藏书之遗；其二，清初顺治、康熙朝搜集的图书；其三，清廷奉敕编刊的图书。明末宫廷藏书曾遭焚毁，所存不会太多；清廷奉敕编刊的图书也大致可统计出来①，因此，以下主要谈谈第二方面的情况。

在清军进入南京时，朝廷马上敕谕："一切紧要图籍，俱著收藏毋失"，"南京各衙门图书史册，太常司祭器及天文仪象地理户口版籍，应用典故文字，责令各该衙门官吏，用心收掌，不许乘机抽毁，致难稽考。其或散失在民间者，许赴官交纳，酌量给赏"。② 由此可看出，清廷对接收南明宫廷藏书是相当重视的。

如前所述，开国之初朝廷往往要征集图书③，这是历朝的惯例。顺治朝

---

① 如康熙朝官修、御纂的图书有60多种，可参见(清)鄂尔泰、(清)张廷玉等编纂：《书籍》，见《国朝宫史》，北京，北京古籍出版社，1987。

② 《世祖章皇帝实录》，见《清实录》第3册，152、155页，北京，中华书局，1985。

③ 据《北游录》载，顺治十二年八月，"庚申，初，县官购书郡国，或奏上，贮于詹事府，得其目，《十三经》《廿一史》外，寥寥也。集不下数种，余多地志"。可见，早在顺治十二年之前，清廷已开始搜求图书。参见(清)谈迁：《北游录》，115页，北京，中华书局，1960。

就有不少大臣提议征书，而且朝廷也相当重视这些建议。《清世祖实录》顺治十四年正月载："兵科给事中金汉鼎奏言：……再如海内古文秘录，所在多有，宜特遣词臣分道购求。……下所司议。"顺治十四年三月又载："(甲寅)诏直省学臣购求遗书。"①

顺治朝求书，主要是为编修《明史》而展开的。《清世祖实录》载，顺治五年九月庚午，谕内三院："今纂修《明史》，缺天启四年、七年《实录》及崇祯元年以后事迹，著在内六部、都察院等衙门，在外督、抚、镇、按及都、布、按三司等衙门，将所缺年分内一应上下文移有关政事者，作速开送礼部，汇送内院，以备纂修。"顺治八年闰二月癸丑，"大学士刚林等奏言，臣等纂修《明史》，查天启四年及七年六月《实录》并崇祯一朝事迹俱缺，宜敕内外各官广示晓谕，重悬赏格，凡钞有天启、崇祯《实录》或有汇集邸报者，多方购求，期于必得。或有野史外传集记等书，皆可备资纂辑，务须广询博访，汇送礼部，庶事实有据，信史可成。下所司知之"。顺治十六年五月己卯，"礼部议复翰林院掌院学士折库讷等疏言，明朝一代之史，理应修辑以昭鉴戒，请敕各直省地方官，凡收藏有明崇祯十七年朝报及召对纪载可备采择者，务期广为搜罗，速行汇送翰林院，以便题请纂修。其野史小说不许滥收。报可"。② 从以上记述可看出，朝廷着力搜求的主要是修史所缺的有关天启、崇祯二朝史事的档案以及其他相关典籍，尤其是前者。

尽管顺治朝大臣不断提议求书，朝廷也下了谕旨，但求书效果并不太好，因为当时南明抗清势力仍很强大，国家未能安定，而且，一方面献书者怕触犯忌讳，另一方面各地方官也"因循了事"。因此，康熙四年(1665)又以修《明史》谕礼部搜采明季档案、史书。《清圣祖实录》载，康熙四年八月，"己巳，谕礼部：前于顺治五年九月内，有旨纂修《明史》，因缺少天启甲子、丁卯两年《实录》，及戊辰年以后事迹，令内外衙门速查开送，至今未行查送。尔部即再行内外各衙门，将彼时所行事迹及奏疏、谕旨、旧案俱著查送。在内部院委满汉官员详查，在外委该地方能干官员详查。如委之书吏下役，仍前因循了事，不行详查，被旁人出首，定行治罪。其官民

---

① 《世祖章皇帝实录》，见《清实录》第3册，833、848页。

② 《世祖章皇帝实录》，见《清实录》第3册，321、426、977页。

之家，如有开载明季时事之书，亦著送来，虽有忌讳之语，亦不治罪。尔部即作速传谕行”[①]。另外，徐元文《含经堂集》载：“伏察馆阁见存书籍，有关明史者甚少，而前经礼部行文各省采取，止广东送书一部，其他山东诸省已经咨复者，直曰无有。臣等窃虑在外各官职务繁冗，虽奉行部文，等诸故事，必不能极力搜采，而藏书之家，又吝于陈献，稽延日久，即使间有呈送，不过以寻常见闻之书苟且充数，终无裨益。”[②]顾炎武《顾亭林诗文集》卷三《与公肃甥书》云：“求藏书于四方，意非不美，而四方州县以此为苦，宪檄一到，即报无书。所以然者，正缘借端派取解费。时事人情，大抵如此。”[③]这些记载反映了到康熙初重议修《明史》之时，朝廷搜求到的图书并不多。

正因如此，其时参与纂修《明史》的大臣们不断建议朝廷加紧搜求图书，朝廷针对大臣们的建议，及时采取相应的措施，多次下令各直省和朝廷大臣征集图书。在康熙鼓励私人进献图书的倡议下，中央和地方的官员纷纷响应，徐乾学即其中较著名的一位。其《恭进经籍疏》载：“谨将家藏善本有关六经诸史者共十二种，或用缮写，或仍古本，装潢成帙，仰尘乙夜之观。”[④]徐乾学进献了《上易传并图说》《岩易传》《读易杂说》《大易集义》《大易粹言》《东莱书说》《尚书表注》《毛诗集解》《春秋经筌》《周礼订义》《论语集说》《续资治通鉴长编》《开元礼》等。

此外，康熙朝为编纂《大清一统志》，还多次谕令省、府、州、县等各级机构定期纂修方志和赋役之书进呈。

2. 乾隆朝

清代的征书活动以乾隆朝规模最大。乾隆即位以后，为显示其文治方面的成绩，组织人员校定经史，因而进行广泛的求书。

乾隆元年(1736)开三礼馆，《命纂三礼上谕》载，应取汉、唐、宋、元以来注疏诠解，精研详订，发其意蕴，编辑成书。随后陆续进呈之书有：户部送到江苏省崇明县生员王者佐著《礼记拟言》10本；礼部送到河南中牟

---

① 《圣祖仁皇帝实录》，见《清实录》第4册，239～240页。

② (清)徐元文：《请购明史遗书疏》，见《含经堂集》卷一八，《续修四库全书》本。

③ (清)顾炎武：《顾亭林诗文集》，54页，北京，中华书局，1983。

④ (清)徐乾学：《憺园文集》卷十，见《清代诗文集汇编》第124册。

县故翰林冉觐祖著《礼记详说》6 套，计 62 本，抄本；浙督稽咨送海宁县属生员朱芹忠曾祖朝瑛手著《礼记》《周礼》《仪礼》共 8 本等。[①] 故宫文献馆藏有一本《收到书目档》，就是乾隆元年到四年三礼馆收到的部院、各省督抚、武英殿、翰林院等方面进呈的书籍的目录。当时，为搜求有关三礼之书，朝廷还专门编有《三礼书目》，按目搜求。

乾隆三年，朝廷组织人员先后校正“十三经”与“二十二史”。《纂修四库全书档案·谕内阁著直省督抚学政购访遗书》载：“御极之初，即诏中外搜访遗书；并命儒臣校刊十三经、二十二史。”[②]为搜集与其相关的书籍作为校勘之需，有关大臣建议：一遍查内府藏书，二鼓励献书，三要求各省购求。

乾隆六年(1741)正月初四，又有征书之举，谕旨云：“从古右文之治，务访遗编。目今内府藏书，已称大备。但近世以来，著述日繁，如元明诸贤，以及国朝儒学，研究六经，阐明性理，潜心正学，醇粹无疵者，当不乏人，虽业在名山，而未登天府。著直省督抚学政留心采访，不拘刻本抄本，随时进呈，以广石渠天禄之储。”[③]

还有，乾隆为续修《大清一统志》，多次敕谕省、府、州、县等各级机构定期纂修方志和赋役之书进呈。又如，乾隆初编修《八旗通志》时也征求过直省方志，李绂《穆堂别稿》卷三十四《与同馆论〈八旗通志〉补传书》载：“行文礼部转行直省，将新修通志移送本馆，以便查出名宦人等，逐一立传。……而直省通志，惟贵州一省未到，其余两京十四省俱已送到。”

从以上情况可看出，乾隆前期即已采取过多次求书行动，当时朝廷应征收到了一定数量的图书。

乾隆后期最主要的征书活动始于三十七年正月，迄于四十三年。这次征书主要是围绕编修《四库全书》开展的。

乾隆三十七年(1772)正月，朝廷颁发征书之谕，特命各省督抚、学政加意购访，及时采集，汇送京师。然征书工作并不顺利，进书者寥寥，如贵州巡抚的一道奏折称本地“地居山僻，书籍罕临”。乾隆帝大为恼火，严厉责令各省督抚，尤其是藏书丰富的江浙地区的督抚，要求他们立即奏报

① 参见任继愈主编：《中国藏书楼》，1190 页。

② 张书才主编：《纂修四库全书档案》，1 页。

③ 中国第一历史档案馆编：《乾隆朝上谕档》第 1 册，693 页，北京，档案出版社，1991。

访书情形。乾隆于三十七年十月十七日再次下令，严厉要求各省督抚进行求书。自十一月初至次年二月底，山东、直隶、山西、湖北、河南、江西、浙江、安徽、江苏、奉天、陕西、福建、湖南、广东、云南、贵州、广西等地督抚、学政才相继回奏查访情况。不过，此时的征书工作成效不大。

恰在此时，安徽学政朱筠上奏疏提出访书、校书的4条建议，其中提到翰林院所藏的《永乐大典》中收有不少当时已失传的珍贵典籍，请求派专人进行辑录。军机大臣查核《永乐大典》后，发现确如朱筠所言，乾隆遂下令从《永乐大典》中辑校珍稀典籍，并决定将从全国各地广泛征集而来的图书、自内府拨出的图书等，再加上从《永乐大典》中辑出来的书，全部汇集起来，编纂《四库全书》。因此，为配合《四库全书》的编修，求书的规模进一步扩大。

乾隆三十八年三月二十八日，乾隆帝再次下诏求书。同年五月又重申前谕，提出展限半年，命各省着力查访，大规模地汇集天下图籍。乾隆三十九年八月以后，全国范围内搜访图书的工作进入尾声，各省督抚在乾隆的迭次严谕之下，开始转入了更大规模的查缴违碍书籍的活动。尽管在此后的一段时间，搜访图书的工作并未停止，江西、浙江、江苏、湖南、福建等一些省份在查缴违碍书籍时，也还继续进呈少量遗书，但各省督抚已经把重点转入查缴违碍书籍的活动。至乾隆四十三年八月，江西附解“堪备选择”的数种书籍之后，各省就再也没有进呈书籍，此次全国范围内搜访征集图书的工作遂告全部结束。① 关于此次征书之效果，据《四库采进书目》统计，共有13501种(内272种重本)。②

3. 乾隆朝以后

《四库全书》收书全不全？当然不全。《四库全书》征书不可能做到收尽天下图书，所以会有遗漏。当时，很快就有人从事拾遗补漏的工作，这就是阮元所献的“《四库全书》未收书”。嘉庆四年(1799)，阮元初任浙江巡抚，发现有不少珍本秘籍为《四库全书》所未收。他利用职务之便，广泛搜求图

① 参见黄爱平：《四库全书纂修研究》，33～35页，北京，中国人民大学出版社，1989。

② 参见张书才主编：《纂修四库全书档案》，1930页。

书，“或借自江南旧家，或购之苏州番舶，或得之书坊，或钞自友人”①。他选取珍本影抄，并照《四库全书》提要体例，写成各书提要，与原书一起陆续进呈朝廷。此事历时10余年，至嘉庆中叶，进呈之书有172种。嘉庆帝令仿《四库全书》之式排比装潢，钤盖“嘉庆御览之宝”朱文方印，赐名《宛委别藏》，藏于宫中。

清中后期朝廷收书虽然从规模上没有乾隆时那样大，但也采取了不少求书、征书之举措。例如，清代修书开馆最多，有的是常设的，有的是临时性的，各馆往往会根据各自的需要而进行征书，其中成绩最大的当数为国史馆、会典馆修书而进行的征书。

除了修书各馆根据各自的需要征集图书外，清代各地地方政府还有常规的献书。这种常规的献书是指按规定应进献御览或朝廷备份之书。这些书一般是朝廷规定各地应修之书，如各地所修之通志。

清代私家不时的献书也值得留意。这种献书有的是为供皇帝阅览，有的是为供朝廷修史参考。

此外，晚清时期，朝廷有意改革新政，比较注意搜集有关西学之书。而且，武英殿自身也印制大量图书，这些图书也占宫廷藏书之很大部分。

（二）藏书目录

清代宫廷藏书目录中比较著名的是《四库全书总目》《钦定天禄琳琅书目》《钦定天禄琳琅书目后编》，它们在“《四库全书》”一章和“目录学”一节中有详细介绍，因此，这里选择其他一些较为重要的目录进行介绍。

1.《古董房书目》②

《古董房书目》1册，同治年间内府抄本，故宫博物院图书馆藏。此书著录书架号、书名、部数与套数，共24格(书架)。

古董房藏书是供皇帝等使用的，所以其藏书也是流动变化的。书提取后，由管事太监写取书条，说明提用时间、提用者、数量，直接粘贴在《古董房书目》各相应书上，待书还撤条。很多书取走后，未再归还，故书目下至今尚存黄色或白色的纸条，如《御览经史讲义》条目下面空白处贴一黄签：

① (清)丁申：《浙江巡抚续进书》，见《武林藏书录》卷上，25页，上海，古典文学出版社，1957。

② 参见白珀晶：《清代宫廷的古董房藏书》，载《历史档案》，2003(1)。

“同治十一年四月初三日师傅翁同龢要去安弘德殿。”其时翁同龢在弘德殿进讲，所以经常为皇帝从古董房取书。

《古董房书目》收有不少光绪年间黏附的取书条，据这些书条可推知，到光绪年间，古董房尚存书600余种。

2.《懋勤殿书目》

2卷，清东武刘氏味经书屋抄本，1册，中国国家图书馆善本部藏。此目所收书多为：御制与钦定之书；正史；本朝的政书；比较著名的文集；儒家的经典及其注释；古代资治方面比较重要的书。所收书均为1部，不收复本，主要为备参阅使用，非为纯粹的藏书。此目共收书约600部(种)。

3.《武英殿东庑凝道殿存贮书目》

19卷，清抄本，共29册，中国国家图书馆善本部藏。此目所收以《四库全书》存目及未入存目的采进书为主。在《四库全书》开馆前后，在全国范围内进行了大规模的征书活动，各省采进及进呈之书达13501种(含270余种复本)。这些书绝大多数都未发还。乾隆五十一年(1786)，吏部尚书刘墉奉命再次清查进呈之书，奏云：“据翰林院查明付覆：收过各省采进及各家进呈各种书籍，共计一万三千五百零一种。除送武英殿缮写书籍三千零九十八种，又重本二百七十二种，已经发还各家书三百九十种外，现在存库书九千四百十六种，内应遵旨交武英殿者六千四百八十一种，应发还各家者二千九百十八种，军机处及内廷三馆移取者十七种，又销毁书一百四十四种，抽毁书一百八十一种，均另行存贮。”[①]因此，这些采进书应是遵旨交武英殿收藏的。后来，这些书又被移送至翰林院收藏，其交付翰林院存贮之时间应在嘉庆二十年(1815)之前。[②]

4.《方略馆书籍簿》

1册，光绪十年(1884)抄本，中国国家图书馆善本部藏。值得注意的是，《方略馆书籍簿》“汉字书籍”部分收有《钦定四库全书·书画记》《钦定四库全书·南唐书合订》《钦定四库全书·读画录》《钦定四库全书·同书》《钦

---

① 张书才主编：《纂修四库全书档案》，1930页。

② 参见杜泽逊：《四库采进本之存贮及命运考略》，载《图书馆工作与研究》，2001(2)。

定四库全书·大清一统志》《钦定四库全书·南北史合注》《钦定四库全书·国史考异》《钦定四库全书·历代不知姓名录》《钦定四库全书·闽小纪》《钦定四库全书·书影》《钦定四库全书·印人传》11种，其中《钦定四库全书·南北史合注》等6种是从《四库全书》中撤毁的，交方略馆保存。这11种书一直保存到现在。另外，“汉字书籍”部分还收有《钦定四库全书》14本。

除了上述的目录外，清代宫廷藏书目录还有《内阁大库书档旧目》《内阁大库书档旧目补》所收的多种目录。对于清代宫廷藏书目录，可以大致总结如下。

其一，数量非常多。例如，《武英殿修书处书籍法帖数目清册》应该是每年都有一种，目前存世的即有20余种。据初步估计，历史上的清代宫廷藏书目录有数百种之多。

其二，种类非常多。清代宫廷藏书目录包括的种类有：提要目录，如《四库全书总目》；善本书目，如《钦定天禄琳琅书目》《钦定天禄琳琅书目后编》；纯粹的收藏目录，如《懋勤殿书目》等；售卖目录，如《同治四年武英殿修书处存售书籍清册》《清同治光绪武英殿卖书底簿》等；陈设目录，如《毓庆宫本殿各处陈设书籍簿》《养心殿各殿设摆收存书籍总目》《景阳宫陈设书目》等；征收、移送、进呈目录，如《送内务府书草单》《各衙门交收明天启崇祯事迹》《奏议馆收贮各省督抚送来奏议文集碑文志书等项目录》等；修书各馆(临时性收藏)目录，如《清史馆库书档》《方略馆书籍簿》等；清查目录，如《懋勤殿现存书籍》《武英殿东庑凝道殿存贮书目》等；记账目录，如《古董房书目》《天穹宝殿库贮书籍档》等。

(三)藏书处所

这里所介绍的藏书处所主要是指紫禁城内(除皇史宬外)那些有相对稳定性、制度性以及藏书数量较多的处所，不包括那些临时性的藏书处所(如实录馆、会典馆等)。

1. 内阁大库

内阁大库是清代内阁存贮档案、书籍的库房，在外朝东路，位于紫禁城东南隅、内阁大堂之东，共20间。内阁大库的书档有专人掌管、核查，并编有目录。内阁大库中收藏的档案书籍，按时间分主要有三大类：明档及明以前书籍；盛京旧档；清档及有关书籍。内阁大库所储图书，后多归中国国家图书馆及故宫博物院图书馆收藏，而所储档案，除陆续流散于外者，现基本由中国第一历史档案馆收藏。

2. 国史馆

国史馆是清代常设修史机构，原在午门内熙和门西南，后移于东华门北侧宫墙内，即原实录馆与会典馆所在地。康熙二十九年(1690)设立，掌修清国史，至民国三年(1914)改称清史馆。其所藏主要有为修史收集的图书档案及修书过程中所形成的书籍档案，尤以列传纂修材料数量最多。除修国史外，国史馆还曾承修过《大清一统志》。为修《大清一统志》，国史馆征集过大量的方志。国史馆藏有1500余种方志，其中大部分是乾隆以前纂修的方志。

3. 皇史宬

皇史宬位于紫禁城东南面，南池子大街南端路东。皇史宬始建于明嘉靖十三年，为明朝廷专藏《实录》《圣训》及《永乐大典》副本之所。清沿明制，凡清代列朝《实录》《圣训》《玉牒》皆藏其中，而将旧存《明实录》移贮内阁大库，《永乐大典》副本移贮翰林院书库。嘉庆十二年(1807)，将《玉牒》移出皇史宬，存至景山寿皇殿的东西室，皇史宬则专贮《实录》《圣训》。

4. 武英殿

武英殿位于外朝西路熙和门与西华门之间，是宫内重要的编书、刻书、印书及藏书之所。武英殿的藏书主要贮于武英殿正殿、东庑凝道殿及其后殿敬思殿内，品种、数量均十分丰富，曾居紫禁城之冠。其所藏大致可分为三类：殿版书复本、殿版书版和其他一些杂书。武英殿藏书在乾嘉年间已有流失；道咸以后，失窃现象日趋严重。以后武英殿又遭受过两次较大的火灾，一在同治八年(1869)，二在光绪年间。武英殿积累的书籍及雕版大都付之一炬。民国时期点收统计的武英殿藏书，只剩很少的几种。

5. 方略馆

方略馆在武英殿之后(北)、内务府之前(南)，是清廷为编纂方略、纪略而设立的机构，隶属于军机处。康熙二十一年(1682)，为编纂《平定三逆方略》而始设方略馆。方略馆原非常设机构，乾隆十四年(1749)为纂修《钦定平定金川方略》而重开后，遂为常设，直至宣统三年(1911)四月，与军机处并裁。方略馆设有专门收藏书档的库房，称为方略馆大库。据光绪十年(1884)抄本《方略馆书籍簿》可知，方略馆的收藏包括四部分：其一是“清字书籍”；其二是“汉字书籍”；其三是“木柜存储杂项事件”，所收包括碑帖、地图、档案以及一些杂物；其四是“大库存储书籍各项事件”，包括方略、会典、方志、档案、舆地图以及笔架等杂物。这些书档主要是为修方略、纪略而收集和修书过程中形成的。

6. 昭仁殿

昭仁殿为乾清宫东侧小殿，是著名的皇家善本书籍“天禄琳琅”的收藏处所。乾隆九年(1744)，命内直诸臣检阅秘府藏书，择其善本进呈御览，于昭仁殿列架庋置，赐名曰“天禄琳琅”。乾隆四十年(1775)，于敏中等人奉敕编校成《钦定天禄琳琅书目》(前编)，共10卷，收录善本书籍共429部。嘉庆二年(1797)十月二十一日晚间，乾清宫、交泰殿失火，与之毗连的昭仁殿“天禄琳琅”善本图书遭焚毁。后来，乾清宫于1年时间内重建成，仍沿“天禄琳琅”之名，重汇善本于昭仁殿。随后，大学士彭元瑞等编定《钦定天禄琳琅书目后编》，共20卷，收录宋至明五朝善本共659部。“天禄琳琅”之书至晚清以后散失严重。其时昭仁殿除收藏古籍善本外，还藏有相当多的普通古籍(如殿本)及新书。1925年故宫博物院图书馆成立时，从昭仁殿提出的书籍共1933种，25137册，集中庋藏于寿安宫。

7. 五经萃室

五经萃室位于昭仁殿之后庑，上有乾隆御题匾额“五经萃室”。《四库全书》开馆期间，乾隆皇帝命将搜检到的南宋岳珂(浚)所校刻《相台五经》(《易》《书》《诗》《礼记》《春秋》)特辟一室庋藏[①]，赐名“五经萃室”，并亲撰《五经萃室记》一篇，以夸耀此五经为宋版之珍品。嘉庆二年(1797)，乾清宫失火，殃及昭仁殿和五经萃室，其中藏书自然亦遭焚毁。1年后，重建昭仁殿和五经萃室。室中各项陈设按原样复制，所藏的《相台五经》也是乾隆

---

① 据张政烺考证，《相台五经》并非岳珂所刻，乃是元代人岳浚所刻。参见任继愈主编：《中国藏书楼》，1235页。

四十八年(1783)命大臣按宋岳珂(浚)所刻《相台五经》重新翻刻的。

8. 摛藻堂

摛藻堂位于紫禁城北部御花园东北角，是专贮《四库全书荟要》之所。其坐北朝南，五开间，堂西为假石堆砌的秀山。早在乾隆三十八年(1773)五月，《四库全书》开馆不久，乾隆颇感《四库全书》"卷帙浩如烟海，将来庋弆宫廷，不啻连楹充栋，检玩为难"，于是便想撷取菁华之书，先编成一部小型全书，命名为《四库全书荟要》。乾隆三十八年五月一日，命于敏中、王际华专管《四库全书荟要》修纂之事。历经6年时间，抄成了2部，分别贮于故宫御花园内的摛藻堂及圆明园内的味腴书室(屋)。为便于识别，摛藻堂的一部，每册末页盖上"摛藻堂印"；味腴书室的一部，每册末页盖上"味腴书室印"。《四库全书荟要》共收书463种，总计20828卷、11178册，此外尚有分架图2册1函，《简明目录》6册1函。咸丰十年(1860)，英法联军侵入北京，圆明园被焚，味腴书室《四库全书荟要》与文源阁《四库全书》均遭焚毁。而尘封于摛藻堂内的《四库全书荟要》则成了世上仅存的孤本秘籍，于1925年被清室善后委员会在点查时发现，尚完好无损。九一八事变后，摛藻堂《四库全书荟要》被装箱南运。新中国成立前夕，《四库全书荟要》被运往台湾，现藏于台北"故宫博物院"。1988年，台北世界书局将其影印出版。

9. 养心殿

养心殿位于乾清宫西侧，为工字形殿，也是宫廷重要的藏书处所。养心殿中最重要的藏书当然要数《宛委别藏》。此套书共100函，又有目录2函，在嘉庆中叶作为"《四库全书》未收书"编成后，原藏于毓庆宫，后移藏于养心殿，于民国十六年(1927)被清室善后委员会点查时发现。九一八事变后，此书随故宫文物南迁。新中国成立前夕，《宛委别藏》与文渊阁《四库全书》、摛藻堂《四库全书荟要》等珍本秘籍一齐运往台湾，现收藏于台北"故宫博物院"。

此外，养心殿还藏有很多其他书籍，且编有多种目录存世，如《养心殿、重华宫、建福宫三处书册》，《养心殿三殿书籍目录》，《养心殿各殿设摆收存书籍总目》(一、二)，《养心殿体顺堂现存书目》，《养心殿东暖阁南北格书籍总目》(一、二)等。

10. 懋勤殿

懋勤殿位于乾清宫西庑北端，与东庑的端凝殿相对。康熙幼年曾读书于此，后为懋勤殿翰林侍直处，凡图史、翰墨之具皆有收贮，为宫廷重要的藏书处所。其早期藏书比较丰富，可参前文对《懋勤殿书目》的介绍。道光年间，《懋勤殿现存书籍》所载，因其藏书多被皇帝要去，只剩下百余种。光绪年间，其藏书又有增加，据故宫博物院藏清光绪年抄本《懋勤殿书目》著录，其藏书多达500多种，14174册。

11. 古董房

古董房为宫中库房之一，所贮有典籍及古玩器皿，位于东六宫北部、千婴门外。据光绪年抄本《古董房书目》所录可知，至光绪年间，古董房存书600余种，陈列在24个格架上。每种书至少1部，多则数十部。其藏书以清内府武英殿刊刻的敕修书居多，还有少量内府抄本，及宋、元、明刻本等。

12. 文渊阁

文渊阁作为宫廷专门的藏书机构，明代即有，位于文华殿前，明清之际毁于大火。这里所讲的文渊阁是乾隆三十九年于文华殿后(北)废地创建的，至乾隆四十一年建成，为专贮《四库全书》之所。其坐北面南，规制模仿宁波范氏天一阁，依四部门目列架分储《四库全书》。文渊阁所贮为第一份《四库全书》，共计79030卷，36000余册，分装6144函。此外，其还贮有《四库全书总目》《四库全书考证》《古今图书集成》等书。文渊阁《四库全书》在1933年前一直藏于故宫，后为避战乱，辗转迁移，新中国成立前夕运往台湾，现藏台北“故宫博物院”。1986年，台北“商务印书馆”将其影印出版。

此外，清宫中上书房、南书房、乾清宫、长春宫、重华宫等处，均有数量不等的藏书。

综上所述，我们大致可以从如下几个方面对历代朝廷藏书做简单的总结。

首先，朝廷藏书的来源主要有3种：其一，接收前朝遗书。其二，立国初期进行征书。中国古代各封建王朝开国之君大多重视朝廷藏书建设，致力于搜求遗书，以显其稽古右文的治国之道。其三，各朝代中期，因修书等原因而征书。

其次，朝廷藏书是历朝历代藏书主体之一，不仅数量多，而且质量优。

再次，历朝历代均设置相应的机构及官员对朝廷藏书进行管理，并有数量不等的专门藏书之所。朝廷藏书保存条件较好，保存时间一般也较久，往往至朝代更替才有所流散。

最后，历朝历代多重视对朝廷藏书的整理与利用。一方面，周期性地编辑藏书目录。尽管这些书目大多数已经佚亡(尤其是早期的朝廷藏书目录)，但仍然是我们了解历代朝廷藏书最重要的材料。另一方面，朝廷藏书多能为皇帝阅览、大臣编书与辅政等提供服务，在国家治理、文化传播等方面起到了重要作用。与充满个人情趣的私家藏书活动相比，朝廷藏书的相关整理活动(包括校勘、刻书、编书与编目等)体现了更多的国家意志，进而影响到整个时代的学术风尚。

总之，与变更频繁的私家藏书相比，朝廷藏书以其相对的稳定性、连续性、丰富性与权威性，对古籍的传承起到了不可替代的作用。

第三节　私家藏书

印刷术的发明与推广对书籍的生产与流播产生了革命性的影响。一般认为，唐代是雕版印刷的发明时期，但是，真正推广与普及应该是在宋代，因此，唐宋之际是书籍史的分界线。在此之前，书不易得，书主要藏于官府，尤其是宫廷与中央机构；在此之后，民间藏书多且普遍，以总量和重要性而言，民间藏书超越了官府藏书。关于这一点，朱彝尊《曝书亭集》卷六十六《池北书库记》有深刻的论述：“自唐以前，书多藏之于官……民间所藏，赐书之外无多焉尔。自雕本盛行，而书籍易得，民间镂版未贡天府者，且十之九，由是官书反不若民间之多。古之拥万卷者，自诩比南面百城。今则操一囊金，入江浙之市，万卷可立致。”因此，唐以前，私家藏书少而次要；唐以后，私家藏书多且重要。故本节所谈私家藏书，主要是就唐以后而言的。

一、私家藏书之特点

(一)兴衰变化快

正所谓富不过三代，藏书也是如此，如过眼云烟。晚明藏书家徐𤊹《徐氏笔精》卷六《文字·保守书籍》载："余见保产业之家多至六七代，而保书籍者不过一二代耳。"叶德辉《书林清话 书林余话》卷十亦载："诸人皆眷眷于其子孙，究之藏书家鲜有传及三世者。"相对于宫廷藏书而言，古代私家藏书规模往往不大，且很难持久。宫廷藏书一般能持续一个朝代，而私家藏书的传递，短者及身而散，长者不过数世。当然，私家藏书也有维持较久的，但那只是例外，如宁波范氏天一阁。另外，曲阜孔氏因其特殊的地位，也算是维持较久的藏书世家。

私家藏书兴衰变化快的原因大概有：与社会大环境有关，如战乱等；与他人的觊觎、破坏等有关，如藏书家出名了，就会有很多人盯着他的藏书，想方设法得到；与藏书家自身的经济情况、兴趣等有关，如个人精力、财力毕竟有限；与其后代的操守与兴趣有关，如有的藏书家子孙不肖，靠卖书度日；等等。

进入现代社会，古书的来源有限，封闭的、自给自足的学术文化环境下产生的藏书楼失去了它们赖以生存的基础，逐渐被公共图书馆取代。

(二)藏书目录多

以前，一般稍有名气的藏书家均有藏书目录。这些书目，有的是藏书家自己编写的，有的是请人编写的，但无论哪种情况，均能在一定程度上反映藏书家对其藏书的重视与整理要求。自编的当然是一种常态，而且也是藏书家当然的一种想法，而请人编的则往往体现出一些新变化。一方面，是藏书家本身的变化。近代以来，官宦大员、富商大贾中的藏书家比较多，他们或能力有限，或没有时间和精力，因而常常请人捉刀编目。例如，周中孚替李筠嘉编《慈云楼藏书志》，莫友芝替丁日昌编《持静斋藏书纪要》，叶昌炽替潘祖荫编《滂喜斋藏书记》，缪荃孙替张钧衡编《适园藏书志》，王国维替蒋汝藻编《密韵楼藏书志》，等等。另一方面，为藏书家编目是幕僚为幕主工作的一部分，如前述的莫友芝替其幕主丁日昌编藏书目录。有的学者甚至成为半职业化的目录专家，如缪荃孙，晚年在上海为寓公，生计颇艰，陈乃乾记载：

> 筱珊晚年以代人编藏书目录为生财之道，人亦以专家目之，造成一时风气，如今之翰林先生为丧家点主题旌然。已刊行之丁氏《善本书室藏书志》《适园藏书记》，自撰之《艺风堂藏书记》，及未刊之《积学斋藏书记》《嘉业堂藏书志》皆出其手。然筱珊对于此事，实未经心，仅规定一种格式，属子侄辈依样填写而已。余为拟其格式于下，世有藏书家欲编缪式藏书记者，请依式而为之，不烦另请专家也。
>
> ＊＊＊＊几卷
>
> ＊＊撰(撰人上有籍贯或官衔须照原书卷首钞写)，＊＊刊本(何时刊本须略具鉴别力)，每半叶＊行，行＊＊字，白(或黑)口，单(或双)边，中缝鱼尾下有＊＊＊几字，卷尾题＊＊＊＊(此记校刻人姓名或牌子)，前有＊＊几年＊＊＊序，＊＊几年＊＊＊重刻序，后有＊＊几年＊＊＊跋。＊＊字＊＊，＊＊人，＊＊几年进士，官至＊＊＊＊(撰人小传可检本书序跋或四库提要节钞)，书为门人＊＊所编集(或子侄所编或自编)，初刻于＊＊几年，此则＊＊据＊＊刻本重刻者。＊氏＊＊斋旧藏，有＊＊印。①

有的藏书家为其藏书编有多种目录，反映了其不同时期藏书的变化。例如，浙江湖州藏书家刘承干的嘉业堂藏书目录即有多种。

私家藏书目录清代最多，我们可以将其特点归纳为两点来认识。其一，体裁品种多样。其类型包括：详目、简目；善本目录、普通目录；按藏书地编的目录、按时间先后编的目录；等等。到了清代中后期，形成了普通书目(内容简单)、善本书藏书志(内容丰富)和题跋记 3 种目录并举的局面。其二，著录项目丰富。目录中包括作者、版本、卷数、提要、存佚等各项内容。下面重点谈谈清代中期新兴的藏书志与题跋记。

藏书志是目录之一种，所著录的一般是某藏书家收藏的图书，尤其是

---

① 《陈乃乾文集》上册，9 页，北京，国家图书馆出版社，2009。原文将开首“撰”字误印成“藏书家”。

善本。藏书志对藏书的著录比较规范，且重视对版本的描述，具有鉴赏的作用。比较有名的藏书志，有丁丙《善本书室藏书志》、陆心源《皕宋楼藏书志》等。藏书志可自作，也可请人作。例如，刘承干嘉业堂的《嘉业堂藏书志》(共有藏书志636篇)，就是刘承干于20世纪20年代中期先后聘请缪荃孙、吴昌绶、董康为其编纂的。

题跋记也是目录之一种。古人得一好书，喜欢在上面作题跋，有时也邀他人在上面作题跋(可以写了题跋再装到书之前后，也可以在装潢书籍时预留出余纸以供作题跋)。因此，题跋有时是为他人的藏书所写，有时是为自己的藏书而作。题与跋的区别是：题(或题记)一般是写在书前或卷、篇之前，而跋一般是写在书后或卷、篇之后。至于卷、篇之中所写，也可称题或题记。藏书家尤其喜欢在自己的藏书中留下文字，书前所题，多记书之获得；书后所跋，多记读后感。题跋原先散见于书中，其写作一般较为随意(随手记于藏书上)，这与专门为编目而写成的藏书志不同。当然，也有一些题跋是一篇篇精心构思之作。后来有人(包括藏书家本人)将这些题跋收集起来，编成题跋记出版，成为一种新的目录形式[①]，比较有名的如吴骞《拜经楼藏书题跋记》、黄丕烈《士礼居藏书题跋记》、瞿良士《铁琴铜剑楼藏书题跋集录》、傅增湘《藏园群书题记》等。

总之，藏书家的藏书虽多及身而散，但是其藏书目录则有可能传诸久远，让后人想见其藏书之大概。可以说，藏书目录的编纂与刊布使得藏书家的藏书以另外一种形式永存于世。

(三)私家藏书的普遍性

私家藏书的普遍性主要体现为藏书家数量多。藏书家是一个人数众多的群体，来自不同的社会阶层，既有上层官吏，也有下级文人；既有皇室宗亲，也有布衣百姓。不过，相对来说，藏书家一般是有较高文化修养的人，而且往往比较有钱，因此，古代的藏书家多是士大夫。至于藏书家数量多的原因，从主观方面说，是古人以藏书为荣。在古代，藏书是身份、财富、地位、学问等的标志，因此，古人热爱藏书，而且愿意让人知道自己有一定的藏书，而不是千方百计地隐藏起来。从客观方面说，宋代以后，

① 其实，在前人文集中，亦多有题跋一类文章，但因为未成专书，所以未引起重视。

经济、商业发达，印刷术的推广，纸张、墨价格的下降，推动了书业快速发展，人们收书也越来越容易。

（四）藏而不借

李贽在《藏书·世纪列传总目前论》中说："《藏书》者何？言此书但可自怡，不可示人，故名曰《藏书》也。"[①]这虽然是针对《藏书》一书而言的，但其实也反映了当时社会对藏书的普遍认识。

毫无疑问，藏而不借是私家藏书的一大特点。早在晋代，杜预就告诫其子不要借书给人，段成式《酉阳杂俎续集》卷四载："今人云，借书还书等为二痴。据杜荆州书告耽云：'知汝颇欲念学，今因还车致副书，可案录受之，当别置一宅中，勿复以借人。古谚云：有书借人为嗤，借人书送还为嗤也。'"后代藏书界流行的"借书一痴，还书一痴"即源于此。[②] 可以说，藏书家特别自私、自秘，有时甚至为得书无所不用其极。

藏书家不愿借书，有很多影响因素，如怕损坏、怕丢失、奇货可居、知识垄断等。因此，中国古代藏书发达，但是图书流通非常有限，藏书利用范围小，发挥作用有限。图书作为私产，本来并无苛求藏书家出借、流通之必要，但是，图书本身是一种文化载体，必须流通起来才能被更多的人阅读，才能充分实现其应有的价值。因此，藏书家的自秘性在历史的长河中会被不断地放大，受到更多的苛责。例如，藏而不借对流通的影响是巨大的，人们要看书，只能买，只能自己拥有。而书一入私人之手，别人就难以窥其芳容，这反过来又更增加了获书的困难。藏而不借也抬高了书价，使很多图书成了奢侈品。藏而不借还造成了有多少藏书就有多少学问的现象。学问的大小取决于藏书的多少，大学者多为大藏书家。每个文人学者都重视藏书，最重要的是拥有，其次才是阅读、利用。没有藏书，就无法获得知识、学术资源，因此，藏书是做学问的基础，这也促成了藏书之普遍。

当然，也有学者为这种藏而不借做了一定程度的辩护：在书籍分享方面，政府功能的缺失（也就是说政府没有为大众提供读书的条件），使私人

---

① （明）李贽：《藏书》，1页，北京，中华书局，1959。

② 亦有一说，此句原话为"借书一瓻，还书一瓻"，意思是借书时送人一瓻酒，还书时再送人一瓻酒作为酬谢。后来改为痴，意思完全不同。瓻（chī），陶制的酒壶。

藏书家面临更大的开放压力。单纯从道德层面来批评他们是不对的,还应从制度层面上考虑。[①] 另外,从藏书家的角度来看,书是私有品,而且特别珍贵,不对人开放,是否也是其个人的权利呢?关于这些方面,我们都可以继续讨论。

(五)藏书家的地域性强

藏书受经济、文化条件影响很大,因此,经济、文化发达的地区往往藏书之风较盛,藏书家较多,如常熟、苏州、湖州、海宁、杭州、宁波等地。

就南方与北方之比较而言,南方藏书家较多,北方藏书家较少。在南方,藏书家最多的地方是江苏环太湖地区,其次是浙江环杭州湾地区。[②] 据吴晗《两浙藏书家史略》(1932)和《江苏藏书家史略》(1933)两文,前者考得浙江历代藏书家 399 家,以地区计,杭县 105 家,海宁 38 家,鄞县、绍兴各 27 家,吴兴 24 家,海盐 20 家;以时代计,元代 15 家,明代 80 家,清代 267 家。后者考得江苏藏书家 490 家,虽未以时地统计,然大致情况与浙江类似,即藏书家多集中于文化氛围浓厚的地区,而且清代藏书家数量数倍于前代。至于最新的统计可参考范凤书《中国私家藏书史》(修订版)中的“中国藏书家省区分布统计表”,其中浙江 1139 名,江苏 998 名,位居前两名,且远超其他各省。

此外,山东、江西、福建、河南、安徽、山西、河北、广东、上海等地藏书家也较多。

到了近现代,藏书家中大官僚、大资本家较多,因而北京、上海、天津这些大城市为藏书家集中的地区。

二、藏书方法

古人说,物聚所好。书更是如此。中国古代藏书发达,并出现了一些总结性的著作,如孙从添(字庆增)《藏书纪要》、叶德辉《藏书十约》。这两部书主要谈藏书方法,非常详细。兹综合其所论,参以己意,简介古代藏书方法如下。

---

① 参见[美]周绍明:《书籍的社会史——中华帝国晚期的书籍与士人文化》,何朝晖译,131 页。

② 参见范凤书:《中国私家藏书史》,681 页。

（一）搜求

图书搜求是藏书之第一步。购书有很多乐趣，但也有很多困难，正如孙从添《藏书纪要·购求》所说的：“购求书籍，是最难事，亦最美事，最韵事，最乐事。”这是经验之谈。

首先，要了解搜求之困难。孙从添《藏书纪要》讲到求书有六难：“知有是书而无力购求，一难也；力足以求之矣，而所好不在是，二难也；知好之而求之矣，而必欲较其值之多寡大小焉，遂致坐失于一时，不能复购于异日，三难也；不能搜之于书佣，不能求之于旧家，四难也；但知近求，不能远购，五难也；不知鉴识真伪，检点卷数，辨论字纸，贸然购求，每多缺轶，终无善本，六难也。”

其次，要掌握搜求之方法与途径。古代私家藏书的收聚方法多种多样。郑樵曾提出“求书八法”：“一曰即类以求，二曰旁类以求，三曰因地以求，四曰因家以求，五曰求之公，六曰求之私，七曰因人以求，八曰因代以求，当不一于所求也。”这比较笼统。其实，图书搜求的主要方法就是购买与传抄。关于抄书，《藏书十约·传录六》有详细论述：“居今日而言收藏，可以坐致百城，琳琅满室矣。而犹有待于传录者，盖其书或仅有抄本，不能常留，过目易忘；未存副录，校刻则有不给，久假复不近情；惟有彼此借抄，可获分身之术。传录之法，多倩佣书者，以别舍处之。以工赀计，湘省最廉，善书者一日可书五千字，凡字一千不过七八十文内外。若至百文一千，则谋者蝇集矣。故抄一书，字至十万，仅费钱七八千，较之‘千金买《汉书》’、‘貂裘贿侍史’，其廉为何如耶！抄写之纸以日本、高丽细茧纸为上，其纸吸墨而滑笔，但使写手轻匀，易于增色。其次中国之洁净花胚，即官堆之高者。杭连虽白，至为不佳，墨干则笔涩，墨湿则字毛，一遇积霉，或沾鼠溺，则腐碎不可触手。此余二十年所亲历，故能言其害也。”叶氏不但指出抄书之必要，而且提示抄书要注意的问题。《藏书纪要·钞录》对此也有很详细的论述，其中提到：“钞书要明于义理者，一手书写，无脱漏错误，无破体字，用墨一色，乃为最善。若钞底本，大部书，用行书为上，草书亦可，但以不差落为主。若字好而不明文理者，仅可印钞而已。”

再次，求书要有计划，先易后难，循序渐进。《藏书十约·购置一》载：“置书先经部，次史部，次丛书。经先十三经，史先二十四史，丛书先其种类多、校刻精者。初置书时岂能四部完备，于此入手，方不至误入歧途。……俟有余力，徐求他刻丛书及单行善本、旧刻名抄。于是次第收藏，举古今四部之书，皆为我有矣。”

最后，要懂得鉴别图书，否则容易上当受骗，得不偿失。《藏书纪要·鉴别》载：“夫藏书而不知鉴别，犹瞽之辨色，聋之听音，虽其心未尝不好，而才不足以济之，徒为有识者所笑，甚无谓也。如某书系何朝何地著作，刻于何时，何人翻刻，何人钞录，何人底本，何人收藏，如何为宋元刻本，刻于南北朝何时何地，如何为宋元精旧钞本，必须眼力精熟，考究确切。”孙氏还谈到如何提高鉴别能力，并以宋刻本为例做说明：“鉴别宋刻本，须看纸色罗纹，墨气，字画行款，忌讳字，单边，末后卷数，不刻末行，随文隔行刻，又须将真本对勘乃定。”《藏书十约·鉴别二》特别谈到通过了解目录来提高鉴别能力：“四部备矣，当知鉴别。鉴别之道，必先自通知目录始。”并且提到自己的一些经验：“元抄多薄茧，明抄多棉宣。元抄多古致，明抄多俗书。此就佣书者言之。……金、元刻本，北宋胶泥活字本，均不避讳。重刻宋本多存旧讳，则以纸墨定之。”

（二）入藏

获得图书之后，就要什袭珍藏。

首先，装潢。藏书家爱书惜书，对收来之书往往会首先对其进行收拾打扮，或请专业人士重装，或自己亲自重装。装订的基本原则，《藏书纪要·装订》载：“装订书籍，不在华美饰观，而要护帙有道，款式古雅，厚薄得宜，精致端正，方为第一。”《藏书十约·装潢三》较详细地谈到装订之法：“书不装潢，则破叶断线，触手可厌。余每得一书，即付匠人装饰。今日得之，今日装之，则不至积久意懒，听其丛乱。装钉不在华丽，但取坚致整齐。面纸以细纹宣纸染古铜色，内褉以云南薄皮纸，钉时书面内衬以单宣或汀贡，汀州所造竹料厚者。或洁净官堆，或仍留原书面未损者。本宜厚，不宜薄，钉以双丝线。书内破损处，觅合色旧纸补缀。上下短者，以纸衬底一层，无书处衬两层，则书装成不至有中凸上下低之病。书背逼至钉线处者，亦衬纸如之。衬纸之处钻小孔，一孔在衬纸，一孔在原书之边，以日本薄茧纸捻条骑缝跨钉，而后外护以面纸，再加线钉。线孔占边分许，而全得力于纸捻。日久线断，而叶不散，是为保留古书之妙法。……北方书喜包角，南方殊不相宜。包角不透风，则生虫，糊气三五年尚在，则引鼠。余北来之书，悉受其害。又北方多用纸糊布匣，南方则易含潮，用夹板夹之最妥。”

其次，钤印，主要是表归属。《藏书十约·印记十》指出，藏书一定要有印记。但是，一部书中印章如果用得过多，就成“美人黥面”“佛头着粪”了，因而叶氏建议：“今为言印记之法，曰去闲文，曰寻隙处。何谓去闲文？姓名表字、楼阁堂斋，于是二三印，一印四五字足矣。……何谓寻隙处？凡书流传愈久者，其藏书印愈多。朱紫纵横，几无隙纸。是宜移于书眉卷尾，以免龃龉。亦或视各印之大小朱白，间别用之。”

最后，上架。藏书要有安身之处，这安身之处以往多称为藏书楼。关于藏书楼，下文详述，此不赘言。这里主要谈谈书架(包括书柜、书橱)的情况。《藏书纪要·收藏》载：“至于书柜，须用江西杉木，或川柏、银杏木为之。紫檀、花梨小木，易于泛潮，不可用。做一封书式，朴素精雅，兼备为妙。请名手集唐句，刻于柜门上。用白铜装角，装订不用花纹，以雅为主，可分可并，趁屋高下，置于楼上。四面窗棂，须要透风。窗小棂大，楼门坚实，锁要紧密，式要精工。锁匙上挂小方牌，或牙或香，将经史子集释道字刻于正面，字外用圆线，嵌红色，字嵌蓝色，旁刻某字号第某书柜，嵌绿色，下刻小圈，中反面写宋刻、元刻、明刻、旧钞、精钞、新钞等名色为记。”《藏书十约·陈列四》载：“编列书籍，经为一类，史为一类，子为一类，集为一类，丛书为一类，其余宋元旧刻、精校名抄别为一类。单本一二卷者，袖珍巾箱长不及五寸，大本过尺许者，以别橱庋之。单本、小本之橱，其中间以直格，宽窄不一，再间以横格，高二三寸或四五寸或不等。横格皆用活板，以便随时抽放。丛书类少者，一部占一橱，多者一部占二橱、三橱不等。由上至下，以三橱为一连。橱宽工部尺一尺八寸，高二尺。每橱列书三行，合三橱一连，高六尺，并坐架一尺二寸，共七尺二寸，取阅时不至有伸手之劳。”此外，书籍上架，要先分类，各类中又要按先后排序(如依撰人时代)，最好还要在各书柜门上贴一草目，以便检阅。

（三）校补

如果入藏之书有残缺或文字问题，一些藏书家还会千方百计地进行校补。

首先，补其缺。《藏书十约·抄补五》载："旧书往往多短卷，多缺叶，必觅同刻之本，影抄补全。或无同本，则取别本，觅佣书者录一底本，俟遇原本，徐图换抄，庶免残形之憾。若遇零编断册，尤宜留心，往往有多年短缺之卷，一旦珠还合浦，仍为一家眷属者。然此在明刻、国朝人所刻则有之，若宋元刻本，乃希遇之事。前人不得已而集百衲本，亦慰情聊胜于无耳。"

其次，校其文。如果说补缺需要等待机遇的话，那么，校书是随时都可以进行的，因此，藏书家对入藏之书做校读，是非常普遍之行为，正如《藏书十约·校勘七》所说："书不校勘，不如不读。"对于如何校勘，《藏书纪要·校雠》有详细的论述，对不同的书有不同的要求，如："至于宋刻本，校正字句虽少，而改字不可遽改书上。元板亦然。须将改正字句写在白纸条上，薄浆浮签，贴本行上，以其书之贵重也。"

（四）鉴赏

藏书家得一好书，常邀人鉴赏品题，乃至诗酒高会，绘图祭拜。以下分述之。

首先，赋诗。指藏书家或鉴赏者对藏书作诗歌以表欣赏之意。

其次，题跋。相对于诗歌，藏书家更重题跋，因为题跋一般是附书而行的。题跋有自作的，如《藏书十约·题跋八》载："凡书经校过及新得异本，必系以题跋，方为不负此书。或论其著述之指要，或考其抄刻之源流，其派别盖有数家焉。论著述之指要者，记叙撰人时代、仕履及其成书之年月，著书中之大略。……辨论一书之是非与作者之得失……"也有请他人作的。

最后，祭书。藏书家对收藏之书进行祭拜渐成风俗，甚至有将祭书之举绘图纪事者，如黄丕烈。关于祭书，下文详述，此不赘言。

（五）管理

对入藏之书，平时还要注意管理。日常藏书管理措施主要有：防水、防火、防虫、通风。《藏书纪要·收藏》载："藏书断不可用套，常开看，则不蛀。柜顶用皂角炒为末，研细，铺一层，永无鼠耗。恐有白蚁，用炭屑、石灰、锅锈铺地，则无蚁。柜内置春画、辟蠹石，可辟蠹鱼，供血经于中，以辟火。书放柜中，或架上，俱不可并，宜分开寸许，放后亦不可放足。

书要透风，则不蛀不霉。书架宜雅而精，朴素者佳，下隔要高，四柱略粗，不可太狭，亦不可太阔，约放书二百本为率。安置书架，勿于近窗并壁之处。案头之书，三日一整，方不错乱。收藏之法，惟此为善也。”《藏书十约・收藏九》载：“藏书之所，宜高楼，宜宽敞之净室，宜高墙别院，与居宅相远。室则宜近池水，引湿就下，潮不入书楼。宜四方开窗通风，兼引朝阳入室。遇东风生虫之候，闭其东窗。窗橱俱宜常开，楼居尤贵高敞。盖天雨瓦湿，其潮气更甚于室中也。列橱之法，如宁波范氏天一阁式。《四库》之文渊阁、浙江之文澜阁，即仿为之。其屋俱空楹，以书橱排列，间作坎画形，特有间壁耳。……春夏之交，宜时时清理，以防潮湿。四五月黄霉，或四时久雨不晴，则宜封闭。六七月以后至冬尽春初，又宜敞开。橱下多置雄黄石灰，可辟虫蚁。橱内多放香烈杀虫之药品，古人以芸草，今则药草多矣。肉桂、香油或嫌太贵，西洋药水药粉品多价廉，大可随时收用。食物引鼠，不可存留。灯烛字篓，引火之物，不可相近。绛云之炬，武英殿之灾，此太平时至可痛心之事也。阅过即时检收，以免日久散乱。”

除了以上这些管理措施外，还有两项管理措施是我们容易忽视的，就是曝(晒)书和编目。

曝书。曝书的历史很久远，据说汉、唐时就有曝书会。曝书的时间和次数也有讲究，如北方在每年夏天的五月十五到七月二十曝书，而南方就不一定。《藏书纪要・曝书》载：“曝书须在伏天，照柜数目挨次晒，一柜一日。晒书，用板四块，二尺阔一丈五六尺长高榄搁起，放日中，将书脑放上面，两面翻晒，不用收起，连板抬风口凉透，方可上楼。遇雨，台板连书入屋内搁起，最便。摊书板上，须要早凉，恐汗手拏书，沾有痕迹。收放入柜亦然。入柜亦须早，照柜门书单点进，不致错混。倘有该装订之书，即记出书名，以便检点收拾。曝书，秋初亦可。”《藏书十约・收藏九》载：“古人以七夕曝书，其法亦未尽善。南方七月正值炎薰，烈日曝书，一嫌过于枯燥，一恐暴雨时至，骤不及防。且朝曝夕收，其热非隔宿不退，若竟收放橱内，数日热力不消。不如八九月秋高气清，时正收敛，且有西风应节，借可杀虫。南北地气不同，是不可不辨者也。”

编目。藏书达到一定的规模后就要编目。古代藏书家非常热衷于编目，故私家藏书目录非常多。《藏书纪要・编目》指出，藏书家要编四类目录：

“大总目”，相当于总的藏书目录，著录项目要详细，而且要留余纸以备续入新收之书；“宋元刻本钞本目录”，相当于善本目录，较前著录更要详细；“分类书柜目录”，藏书柜要编字号，每柜分上中下3层，每柜每层收藏之书，据此目一索即得；“书房架上书籍目录，及未订之书，在外装订之书，钞补批阅之书，各另立一目”，即书房(非专门藏书之藏书楼)临时放置的图书，还没有装订的图书，在外装订未收回的图书，以及待抄补批阅的图书，各编成一目。上述之书若有可入藏者，即取入藏书楼中各柜，并在前3类目录内予以增补。这种编目方式既方便取阅，又利于管理，是非常先进、合理的。

(六)其他

藏书家对藏书都非常爱护。例如，有人规定，读书时不能舔手指翻书，要正襟危坐；不能折页，要用托板拿书。有人甚至在读书之前要洗手焚香。

藏书往往还会涉及借阅的问题。是否可借、如何借、借条的办理等，当然也是古代藏书家会考虑的事情，但是，有些藏书家更多考虑的是如何防范别人借阅(如有人借口没有要出借的书，特别珍贵的图书不愿对外公布等)，或者如何为借阅设置种种限制条件，正如《藏书十约·收藏九》所说的：“非有书可以互抄之友，不轻借抄。非真同志著书之人，不轻借阅。”

三、藏书楼

藏书家的藏书之所，我们一般称为藏书楼。这只是习惯的称呼而已，其实，大多数藏书楼并不是真正的楼式建筑。藏书家的藏书之所，常常也是其读书治学之所，因此，藏书楼与书斋(书室、书房)在很多情况下是合一的。

(一)命名

藏书楼的命名多种多样，主要有以下5种方式。

1. 夸藏书之富

如翁方纲“三万卷楼”、莫伯骥“五十万卷楼”、黄丕烈“百宋一廛”、吴骞“千元十驾”、陆心源“皕宋楼”等，均是为了突出其藏书之富。

2. 用典

如胡应麟“二酉山(相传秦时避乱藏书处)房”，赵用贤“脉望(藏书中的蛀虫)馆”，鲍廷博“知不足斋”(《礼记·学记》“学然后知不足”)，钱曾“述古堂”(《论语》“述而不作，信而好古”)，张金吾“爱日精庐”(《大戴礼记·曾子立事》“君子爱日以学，及时以行”)等。

3. 以藏品命名

翁方纲得宋版《施顾注苏诗》(宋施元之、顾禧注)，又得苏东坡手迹《嵩阳帖》，故名书斋为“宝苏斋”。黄丕烈因购得宋本《仪礼》2 种，《仪礼》又称《士礼》，故名书楼为“士礼居”。邓邦述因收得 2 部南宋临安府陈宅书籍铺刊印的书棚本唐李群玉《群玉诗集》、唐李中《碧云集》，故名其藏书处为“群碧楼”。傅增湘得宋本《资治通鉴》及《洪范政鉴》，故名其藏书处为“双鉴楼”。

4. 反映藏书家志趣

藏书楼的命名有时也体现了藏书家的志向、情趣。例如，明代柳佥的“清远楼”，取意于“远离红尘，清静自逸”。清代周永年有志于将藏书公之于众，设“借书园”，供士子借阅。黄丕烈有“读未见书斋”，自言“余性喜读未见书，故以之名其斋”。陆心源敬慕顾炎武，名书室为“仪顾堂”。清末满族藏书家国英称，自己所藏之书“子孙未必能读，即使能读，亦何妨与人共读”，故将其藏书楼命名为“共读楼”，且真的对外开放，并编成《共读楼书目》行世。近代藏书家章钰的藏书楼“四当斋”，则取义于宋尤袤将书籍“饥当肉，寒当裘，孤寂当朋友，幽忧当金石琴瑟”之语。此外，卢文弨的“抱经堂”、刘承干的“嘉业堂”、陈垣的“励耘书屋”、余嘉锡的“读已见书斋”、谢国桢的“瓜蒂庵”、马廉的“不登大雅之堂”、伦明的“续书楼”等，其命名均是有所寄托的。

5. 以所在地命名

宋濂的“青萝山房”，因其位于浙江金华青萝山而得名。孙星衍的“平津馆”，因他任山东督粮道时，治所在汉丞相平津侯公孙弘的故地而得名。阮元的“文选楼”，因其家居扬州旧城文楼巷，为隋唐《文选》学开创者曹宪故里，阮元遂构文选楼于家庙旁以藏书。徐树兰家居绍兴，地属古越，故其藏书楼号“古越藏书楼”。

(二)藏书楼的分布与建筑

藏书楼的地理分布与前述藏书家的分布是一致的。藏书家韦力《书楼寻踪》载，其调查所见藏书楼，浙江 13 家，常熟 9 家，扬州 3 家，镇江 1 家，苏州37家，宁波14家，南京4家，湖南7家，广东11家，山东10家，共109家。[①] 虽然总数不是很多，但在很大程度上反映了古代藏书楼的地理分布情况。

关于藏书楼建筑，兹以天一阁为典型来稍做介绍。天一阁是明代藏书家范钦创建的藏书楼，收藏明代文献较多，主要有史书、方志、科举题名录、文集、家谱等。范钦(1506—1585)，浙江鄞县(现属宁波)人，嘉靖十一年(1532)进士，官至兵部右侍郎。辞官归里后，整理宦游时搜集的各类典籍，并不断增加收藏，最后收藏典籍多达7万余卷。范钦为储其所藏，于是建了天一阁。

“水火兵虫”被古人认为是书的“四厄”，其实也是藏书楼的“四厄”。天一阁之名取自郑玄《易经注》中“天一生水，地六成之”之语，寓以水灭火之意。[②] 天一阁建筑群始建于明嘉靖四十年至四十五年(1561—1566)，故其带有明显的明代建筑特色：简洁明快，几乎没有什么装饰，墙砖非常坚厚。其室内的设计除了体现中国古色古香的文化气息外，更是考虑到了藏书的功用。此阁前面临水，上通六间为一(天一)，中以书橱间隔，下分六间(地六)，是中国古代藏书楼建筑的典范。

天一阁的外部环境也颇有特色。清乾隆年间全祖望《天一阁碑目记》载：“阁之初建也，凿一池于其下，环植竹木，然尚未署名也。及搜碑版，忽得吴道士龙虎山天一池石刻，元揭文安公所书，而有记于其阴，大喜，以为适与是阁凿池之意相合，因即移以名阁。”[③]由此可见，挖池蓄水、绿化环境在范钦建阁时就全部设计在内。“凿池”不仅使环境优雅，更可防范火患。

天一阁的建筑是如此有特色而知名，以至于乾隆专门派官员到天一阁来描下其图纸，据以仿造特藏《四库全书》的文渊阁及文澜阁。

天一阁的藏书理念也较先进。其管理措施包括：“代不分书，书不出阁”，“芸香辟蠹，曝书去湿”，“烟酒切忌登楼”等。还规定：藏书柜门的钥匙由子孙多房掌管，非各房齐集不得开锁；外姓人不得入阁，不得私自领

---

① 参见韦力：《书楼寻踪》，石家庄，河北教育出版社，2004。

② 据五行说法，天为乾，为一，代表金，金生水。地六成之是指水在地上得到了形成。

③ (清)全祖望撰：《全祖望集汇校集注·鲒埼亭集外编》卷一七，朱铸禹汇校集注，1070页，上海，上海古籍出版社，2000。

亲友入阁，不得无故入阁，不得借书与外房他姓，违反者将受到严厉的处罚。此外，还有防火、防水、防虫、防鼠、防盗等各项措施。其中“外姓人不得入阁”一条执行得很好，据说，直到清康熙十二年(1673)黄宗羲才成为第一个有幸登阁的外姓人，当时允许黄宗羲登阁的是范钦曾孙范光燮。自此以后，天一阁才进入相对开放的时代，但仍只有极少数人被允许进入天一阁，包括清代时万斯同、全祖望、袁枚，民国时赵万里、谢国桢等。

天一阁盛名之下，也有其实难副的一面。例如，天一阁所谓“芸香辟蠹，曝书去湿”即有夸大的成分。蠹即蠹鱼，也称书虫、鱼虫。以前藏书家多用烟叶、樟脑来除书虫，据说范钦受广西人常把芸香草放在衣柜里防止虫蠹衣物的启发，用其防书虫，而天一阁在众多古代藏书楼中一枝独秀，颇赖芸香草防蠹之功。民国时，赵万里据其所亲见对此提出了质疑：范氏天一阁有些柜子有虫蛀，芸草防蠹，浮石去湿，完全是神话。[①] 当然，赵万里登阁时已是天一阁的衰败期，其所见不一定能反映天一阁常态尤其是盛时的情况。

不管如何，天一阁真正打破了“君子之泽，三世而斩”的咒言。天一阁藏书历经13世，保存400余年，虽然也有过几次大的失窃，但事后范氏族人都想方设法补救，不惜重金购回。历代藏书家很多，其藏书能保存百年以上的绝少，而范氏藏书却保存至今，实为罕见。

四、藏书印

宋代以前，用印于藏书者不多。明清以后，藏书用印累累。一般藏书家均有藏书印，而且往往有三五枚，多的有数十枚。当然，我们也要注意，古书中伪造藏书印的现象较多，而且，有些书书前的一些朱色印章，很多人以为是逐页钤印上去的，其实是雕版套印的。也就是说，这些是刻书者用套印的方法刻印上去的，而不是印章主人钤印的。

（一）所钤的位置

藏书印一般钤于全书或各册正文首页，如《永乐大典》即如此，而且一

---

① 参见赵万里：《重整范氏天一阁藏书记略》，见《赵万里文集》第2卷，472页，北京，国家图书馆出版社，2012。

般钤在正文首页的下方。此外，正文最后一页下方也会用印，但相对于书前要少得多。若有多方的藏书印，也可在书内的空白处钤印，可视其位置而定，没有固定的模式，但一般不宜在书的封面上钤印，因为古代的封面就是书衣，是纯粹保护书用的。不过，这也不是绝对的。例如，四库馆征书时翰林院会在各省进呈之书的封面上钤盖印章，以便返还，但这是比较特殊的情况。

（二）印材和印形

藏书印的材料多为石质、木质，少数为铜质。其形状则多为方形，亦有圆形、菱形、椭圆形，少数为钟形、葫芦形。不管哪种印形，藏书印均不宜太大。相对而言，官印大，私印小。

（三）印文

藏书印印文的刻法分3种，即阴(白)文、阳(朱)文和阴阳文(亦称朱白文，指阴、阳文混刻于同一印)。其字体以篆书为正宗，当然也有楷书与行书。印文的顺序一般是从右向左读，也有从左向右读的(亦有回环读、横读和交错读)。印文的内容主要有以下几类。

1. 姓名字号印

这是最常见的，包括：“某某印”，如“钱谦益印”“杨绍和印”；“某某藏书”，如“李宗侗藏书”、刘之泗(号畏斋)“畏斋藏书”；“某某藏书印”，如“江阴缪荃孙藏书印”“潘祖荫藏书记”；“某某珍藏印”，如朱学勤(字修伯)“修伯珍藏图籍”、曾国藩“国藩珍藏书画之章”；等等。

2. 书斋名号印

如范钦“天一阁”印、徐乾学“传是楼印记”、刘承干“吴兴刘氏嘉业堂藏书印”、傅增湘“双鉴楼珍藏印”等。

3. 抄校鉴赏印

如翁方纲“苏斋真鉴”印，陈鳣“仲鱼手校”印，卢文弨“弓父手校”“抱经堂校本”印，缪荃孙“荃孙读过”印等。

4. 善本特藏印

如毛晋的“宋本”“元本”印，张金吾的“秘册”“元本”印，李盛铎的“木斋宋元秘籍”印，等等。

5. 仕履官衔印

如明代叶盛“巡抚燕云关防”“巡抚宣化关防”印。关防是官印之一种。又如明代王世贞“太仆寺印”、清代翁方纲“秘阁校理”印等。

6. 乡贯地望印

如宋濂“金华宋氏景濂”印、毛晋“虞山毛晋”印、卢文弨“范阳卢氏”印等。

7. 志趣寄托印

如毛晋的“毛氏藏书子孙永宝”“毛氏图史子孙永保之”“在在处处有神物护持”印，孙庆增的“得者宝之”印，崇恩(号语铃主人，清藏书家)的“语铃所藏，初印精本，得者宝之，庶传久远”印，等等。这些藏书印反映了藏书家对藏书永久保存的希望，以及某些藏书家将藏书寄托于神灵呵护的想法。

8. 诗文格言印

如徐乾学的“遗金满籯，不如一经”印、劳格的“实事求是多闻阙疑”印等。诗文、格言印文可以自创，也可以摘引前人所作。例如，宋筠的“细嚼梅花读杜诗”印，此印文就是宋氏自作之诗句。

印章的文字一般不多，常在10个字以内。但是，也有一些印章的文字较多，这些应属于比较特殊的情况，如“松江读有用书斋金山守山阁两后人韩德均钱润文夫妇之印”。至于更为特殊的，如明代毛晋有一方藏书印，其文字为：“吾家业儒，辛勤置书，以遗子孙，其志何如。后人不读，将至于鬻，颓其家声，不如禽犊。苟归他室，当念斯言，取非其有，毋宁舍旃。”此段话原是元赵孟頫写在其藏书之后的，毛氏将之刻入其藏书印中。

（四）作用

《藏书十约·印记十》载：“宋本《孔子家语》以有东坡折角玉印，其书遂价重连城。吾家明文庄公菉竹堂藏书，每抄一书，钤以历官关防，至今收藏家资以考证。”可见，印章的作用很大。以下分述之。

1. 藏书的归属

藏书印可以明确书籍的归属。有的藏书家了解藏书聚散无常的规律，故在印文中特别表明其“不求永远，但求曾经拥有”的豁达藏书观，如郁松年“曾在上海郁泰峰家”、赵宗建“曾在旧山楼”等印。

2. 鉴定版本

藏书印可用来判定版本。例如，我们可以据钤印者来判定书籍产生的年代。

3. 图书流传

藏书印也是我们考证图书流传的重要线索。一书中出自不同印章主人的藏书印多，其流传线索就多，更容易使人梳理清楚其藏书链。当然，藏书印少，也是重要的证据，要充分利用。有的藏书家不同时期用不同的藏书印，这可以帮助我们更准确地判定其收入该书的时间。

4. 美观

印章尤其是名家印章有助于提升书的价值。而且，藏书印本身就具有丰富的艺术性，如其印文体现了篆刻的诸多特点，因此，藏书印也是篆刻艺术的典型代表之一。藏书印钤在书中，与书中文字朱墨辉映，相得益彰。当然，书中如果钤印太多，也会影响美感，非徒画蛇添足，甚乃佛头着粪。

此外，我们可以通过藏书印来研究藏书家，包括其生平、志趣、藏书观等。

五、藏书观

清代学者洪亮吉曾在《北江诗话》中将藏书家分为五等：一为“推本求原，是正缺失”的考订家；二为“辨其板片，注其错讹”的校雠家；三为“搜采异本，上则补石室金匮之遗亡，下可备通人博士之浏览”的收藏家；四为“第求精本，独嗜宋刻，作者之旨意纵未尽窥，而刻书之年月最所深悉”的赏鉴家；五为“于旧家中落者贱售其所藏，富室嗜书者要求其善价，眼别真赝，心知古今”的掠贩家。① 以上五种“家”其实都是藏书家。换言之，这五种藏书家分别为：考订型的藏书家、校雠型的藏书家、收藏型的藏书家、赏鉴型的藏书家和掠贩型的藏书家。洪亮吉的概括有一定的道理，兹参考其说并试图从现代的角度谈谈以往藏书家的藏书观。

（一）立身修己

藏书是为了自己看，为自己服务，自娱自乐，既可以做学问，编著书

① 参见(清)洪亮吉：《北江诗话》卷三，46页，北京，人民文学出版社，1983。

籍，也可以陶冶性情。这可以说是最常见的一种藏书观。

一个人看书或做学问，往往会有一定的兴趣点或研究领域，因而其藏书就会有某一方面的特色，如专门收藏史书、方志、文集、诗集等。从这个角度来看，以往大多数藏书家都有一定的收藏特色。例如，钱谦益藏明初史书，法式善藏宋元诗集，陆心源藏宋代史籍、文集，邓之诚藏清初诗集，朱希祖藏南明史籍、方志等。他们收藏书籍的目的在于为自己的研究服务，这类藏书家更注重书的内容而不是书的版本。其治学和藏书相互促进，相辅相成。

从藏书史看，越到后来，收藏的专业性越强。例如，私家收藏方志是从明代开始的，最著名的是宁波范氏天一阁。但是，相对而言，方志往往在明清两代藏书家心目中处于较为次要的地位，方志的价值得不到充分认识，私家藏志并不是很普遍。而民国时期，私家藏志越来越多，且出现了一些专以收藏方志而名世的藏书家，如任凤苞、王体仁、张国淦等，这在藏书史上是一个很重要的变化。

（二）书财两宜

书可以当商品买卖。藏书家既藏书，也卖书。这里并不是要谈纯粹的书商，而是想谈谈那些有书商意识的藏书家。在这类藏书家眼里，藏书既是精神食粮，又是可以相机交易的商品。这种情况在古代有，在近代则更普遍。随着书业的发达，古籍在商业领域里成了日益活跃的流通商品，近代藏书家让售藏书成为司空见惯之事。其时藏书家与书商来往非常多，有的还结成深厚的友谊。藏书家借助书商找书，也借助书商为自己的藏书找买家。有的藏书家本身也是书商，一身两任。例如，董康，字授经，号诵芬室主人，江苏武进人(今常州人)。他酷爱藏书，自谓“积癖”。董康喜欢诗词，精通法律，家富藏书且兼治版本目录之学。他避居日本时，携古书随往，后限于生计，将部分藏书售于日本大仓氏。归国后，经缪荃孙介绍，他又将其精本售归于刘承干嘉业堂。他一生曾7次东渡日本，在日本写有《书舶庸谭》，是其在日本的访书日记。他在北京搜购了不少册《永乐大典》，然后卖到日本。另外，他也刻书来出售。又如，北京大学教授伦明，字哲如，广东东莞人，民国时期的大藏书家。他为了收书，在琉璃厂开设书店。陈乃乾，浙江海宁人，也是近现代的大藏书家，在上海开设书店来贩书、收书。当然，最著名的还应算张元济。张氏既是近代大藏书家，也是大出版家、大学者和大资本家。他广泛收书，既为商务印书馆收书，也为自己收书。他的藏书又多有交易，散归他人。他还通过商务印书馆将不少藏书家手中的善本化身千百，惠及社会大众。

以上可以说是近代藏书界的一大变化。其时藏书的信息更加公开，交易更加方便，易手更加频繁。视藏书为商品，其实是藏书观的一大进步。近代以来，公共图书馆能不断从藏书家手中获得善本，与这种进步的观念有非常密切的关系。当然，藏书家经营意识的提高，藏书商品化严重，也带来了一些负面影响，如见利忘义、造假猖獗，以及图书外流加剧(一些藏书家为了利益不惜将珍贵的图书售于外国)等。

(三)诗书传家

藏书既是精神财富，也是物质财富。作为精神财富，藏书家希望子子孙孙能够从书籍中汲取营养，光前裕后，这方面以徐乾学“传是楼”的“遗金满籝，不如一经”之藏书观为代表。作为物质财富，藏书家视藏书如金钱、珍宝，重视收藏有价值的书籍，这是绝大多数藏书家之普遍认识。其实，藏书是精神财富与物质财富的结合，不应人为地将其分开来认识，因此，藏书家同时兼有这两种认识是正常的，而且在古代也是普遍现象。他们往往特别重视藏书传诸后世，永保不失，而比较忌讳藏书的流散、外借。

(四)风雅之好

藏书是有文化、有身份、有品位的象征，因此，一些有钱有势的人热衷于收购善本。官僚中多藏书家并不奇怪，因为自古藏书家多出自士大夫，但是，清代一些大商人(如盐商)也成了藏书家，这是一大变化。这种现象在近代更为明显，一些新兴的实业家和银行家成了大藏书家，其藏书楼亦颇著盛名，如经营盐业的严遨、严谷声之贲园书库，经营地产与矿业的卢靖、卢弼兄弟之知止楼，经营纺织业、银行业的陶湘之涉园，经营盐业的张钧衡之适园和王绶珊之九峰旧庐，经营银行业的叶景葵之卷庵、刘体智之远碧楼、蒋抑卮之凡将堂和陈澄中之荀斋，经营蚕丝业的蒋汝藻之密韵楼和刘承干之嘉业堂，等等。因此，伦明尝言：“往日藏书之事，多属官僚，今则移之商家。官僚中虽不乏有力者，而忙于钻营征逐，无暇及此，亦可以觇风气之变迁也。”[①]

（五）适度分享

这里想谈谈藏书家的开放性。

清初钱谦益绛云楼失火，其藏书毁于一旦，由于钱谦益“好自矜啬，傲他氏以所不及，片楮不肯借出，尽存单行之本，烬后不复见于人间”[②]。这在藏书史上是一大教训。但是，真正能吸取教训而开放藏书的藏书家却绝少。

两宋时期，个别藏书家有一些开放意识，允许家藏书籍供他人借阅。例如，王明清《挥麈后录》卷七载：“先祖早岁登科，游宦四方，留心典籍，经营收拾。所藏书逮数万卷，皆手自校雠，贮之于乡里，汝阴士大夫多从而借传。”《却扫编》卷下亦载，著名藏书家王仲至之子王彦朝言：“先人每得一书，必以废纸草传之。又求别本参校，至无差误，乃缮写之。必以鄂州蒲圻县纸为册，以其紧慢厚薄得中也。每册不过三四十叶，恐其厚而易坏也。此本专以借人及子弟观之。又别写一本，尤精好，以绢素背之，号‘镇库书’，非己不得见也。”又朱弁《曲洧旧闻》卷四记载：“（宋次道）藏书皆校三五遍者。世之蓄书，以宋（宋次道所藏）为善本。居春明坊。昭陵时，士大夫喜读书者多居其侧，以便于借置故也。当时春明宅子比他处僦值常高一倍。”以上史料说明，当时读书人借藏书家书籍来阅读是有可能的。但是，我们不能夸大这种可能性。

清初，丁雄飞《古欢社约》给人们展示了大藏书家一定程度的开放性。参与立约的两位藏书家（丁雄飞与黄虞稷）可以互相借抄所藏，互利互惠。这种交流只能称为有限度的交流与开放。清代中期，周永年提议集众藏书家之力开设“借书园”，供人阅览，但是，似乎并没有真正付诸实施。清末，一些藏书家思想更为开放，如前面提到的国英。但是，这种开放来得太晚了，其时公共图书馆已逐渐建立起来了。

六、藏书习俗——祭书

中国古代藏书发达，形成了一些颇具特色的藏书习俗，如题咏、绘图、

---

① 伦明等：《辛亥以来藏书纪事诗》，122页，北京，北京燕山出版社，2008。

② （清）曹溶：《绛云楼书目题辞》，见（清）钱谦益：《绛云楼书目》，1～2页，北京，中华书局，1985。

祭拜等。[①] 有些内容前面已有述及，这里重点谈谈祭书。

祭书，就是对书神和藏书的祭拜。祭书一般在除夕举行。除夕时要拜祭很多神灵，书神是其中的一种。祭拜者在举行仪式时，在藏书柜前设香案，用鲜花酒醴作供，焚香礼拜。行礼时，口诵祭辞，其内容大多是请求书神保佑，以免藏书损毁之类。比较正式一些的，还会先写好一篇祭文，在行礼时诵读，如鲁迅《祭书神文》之类。

关于除夕祭书神，最早见于五代末宋初吴淑的《秘阁闲话》所载："司书鬼曰长恩。除夕呼其名而祭之，鼠不敢啮，蠹鱼不生。"此后相关的记载较多，古代诗文中也常会提到书神。明末藏书家、出版家毛晋，每当新旧岁交替之际，必在他的藏书楼"汲古阁"和"目耕楼"设坛，祭祀书神，祈祷"在在处处有神物护持"。李汝珍《镜花缘》第八十七回载，玉芝道："此鱼如此之长，若吃东西，岂不要三四天才到腹么？'一日''七日'俱叠韵，敬红红姐姐一杯，我替兰音姐姐说了。"红红道："适因'衣鱼'二字，偶然想起书集往往被他蛀坏，实为可恨。丽春姐姐最精药性，可有驱除妙方?"潘丽春道："古人言，司书之仙名'长恩'，到了除夕，呼名祭之，蠹鱼不生，鼠亦不啮。妹子每每用之有效。但遇梅雨时也要勤晒，若听其朽烂，大约这位书仙也不管了。"清代杨浚《除夕祀长恩》载："未贺参元失火书，多君呵护喜何如！频年琴剑惭奔走，此夕杯盘慰起居。入抱不曾辜万轴，感时长与惜三余。海天一笑吾何幸，徐福归舟正岁除。"[②]朱颖《秋蝉吟草》卷四《岁除祭架书》载："午鸡懒慢犹高卧，忘却今朝是岁除。检点胸中惟一事，肃将茶果祭诗书(予每逢除日，烹苦茗，陈嘉果以祭书，不忘本也)。"潘奕隽《三松堂集》续集卷一《和星桥西泠归棹之作》载："西泠归客逼残年，拟放溪头访戴船。馈岁厌循吴下俗，祭书欲结古人缘(十二月二十七日，为余礼斗斋期，陈所诵经史及所评杜韩白苏诗集，设明水香烛作祭书之举，岁以为例)。春回铜井探梅信，雪霁南园看柳烟。此是吾侪真乐事，须知天赐莫违天(用王右军语)。"[③]潘氏每年在腊月二十七祭书，但祭拜的对象似乎不是书神，而

---

① 关于藏书习俗，可参见周少川：《藏书与文化：古代私家藏书文化研究》，北京，北京师范大学出版社，1999。

② (清)杨浚：《冠悔堂诗钞》卷四，见《清代诗文集汇编》第712册。

③ (清)潘奕隽：《三松堂集》续集，见《清代诗文集汇编》第399册。

是某些书籍。

可见，除了祭书神外，还有一种是对藏书本身的祭拜，这体现了藏书家对某些书的特殊喜爱，而祭书是其表达这种喜爱的一种方式。这种祭书往往不会固定在除夕，而是根据具体的祭拜对象本身来定。例如，在苏东坡生日那天祭拜苏东坡的书，在孔子生日那天祭拜儒家经典等。祭拜者挑选出自己心爱的书陈列在案头，也用鲜花酒醴作供，焚香礼拜。主祭者常会邀请书友参与，而书友有时也携来其珍藏的图书以及水果、菜肴、茶酒等，名为助祭或助兴。大家一起玩赏、交流，饮酒赋诗。有人甚至还会把这种活动画下来，再请人在书或画中作题跋以为纪念。这是一种以书会友的方式，是藏书家或书友间的社交活动。这种社交活动的中心就是珍贵的图书。

对藏书本身的祭拜，多是源于人们对书的崇拜心理以及藏书家的佞古心态。其起源可以追溯至南北朝时期，《南齐书·高逸传·臧荣绪》记载，臧荣绪幼年孤苦，纯笃好学，为当时的高逸之士，“荣绪惇爱《五经》，谓人曰：‘昔吕尚奉丹书，武王致斋降位，李、释教诫，并有礼敬之仪。’因甄明至道，乃著《拜五经序论》。常以宣尼生庚子日，陈《五经》拜之”。也就是说臧荣绪在孔子生日那天，陈列五经来祭拜，以示对孔子和经书的崇拜。后人因之画《拜经图》，以记臧荣绪故事。古代学者号拜经者，应均与此典故有关。这种拜经之心理与祭书之心理如出一辙，拜经仅限于儒家经典，而祭书的范围则不止于此。后来，祭书甚至还可以推及于祭拜自作之文，元代辛文房《唐才子传》卷五载：“(贾岛)每至除夕，必取一岁所作置几上，焚香再拜，酹酒祝曰：‘此吾终年苦心也。’”

综上所述，祭书的产生大概有两个主要的原因：其一为拜经。对经典的崇拜后来扩展至对珍贵图书的膜拜。其二为敬神。敬的是司书之神，主要是为了保佑图书平安。相对来说，对书神的祭拜是较为普遍的，而对珍贵图书的祭拜则是较为特殊的。也许正因为特殊，这类对珍贵图书的祭拜反而更有影响，如翁方纲、黄丕烈、傅增湘的祭书。

（一）翁方纲祭书

翁方纲(1733—1818)，字正三，号覃溪，晚号苏斋，直隶大兴(今属北京)人，乾隆十七年进士，授编修，官至内阁学士。其著述颇丰，藏书甚富。乾隆三十三年(1768)，他因购得苏东坡手迹《嵩阳帖》、宋嘉定六年淮东仓曹刻本《施顾注苏诗》，遂将书楼改名为“宝苏斋”。此后在每年十二月十九日苏东坡生日这一天，他都会请很多名士到家里共同祭奠《施顾注苏诗》这部书，在书上写题记和跋语，称为“祭苏会”。据沈津《翁方纲年谱》所载，翁氏多年来一直在此日举办祭书之会。例如，乾隆三十八年十二月十九日，翁方纲以合装《苏斋图》供苏东坡像前，与同人集拜苏东坡生日。乾隆四十四年十二月十九日，因次日罗聘出都，翁氏于苏斋具蔬，焚香雅集，并请程晋芳、张埙、罗聘诸人到斋，预祝苏东坡生日，兼为罗聘饯行。这样的祭苏会，祭书只是其中的一个目的，更主要的目的是借其名以为雅集。

(二)黄丕烈祭书

距翁方纲祭书不久，南方也有黄丕烈所举之祭书会，而且，黄氏祭书可能多少也是受翁氏祭书之影响。黄丕烈诗云：“东坡生日是今朝，愧未焚香与奠椒；却羡苏斋翁学士，年年设宴话通宵。”自注：“苏斋翁学士岁例出宋刻《注东坡诗》，于今日开筵宴客，致祝髯苏，故诗及之。”[①]黄丕烈(1763—1825)，清著名藏书家，字绍武，号荛圃、绍圃，又号复翁、佞宋主人等，长洲(今江苏苏州)人。黄氏常于岁末举祭书会，以酬一年所得。黄氏祭书，广邀朋友，赋诗品书，还绘有《祭书图》《第二祭书图》以纪其盛事。徐康《前尘梦影录》卷上载：“乾嘉时，黄荛圃(丕烈号)翁每于除夕，布列家藏宋本经史子集，以花果名酒酬之。翁自号佞宋主人。”顾广圻《士礼居祭书诗》云：“归家倏忽岁将除，折简频邀共祭书。君作主人真不忝，我称同志幸非虚。仪文底用矜能创，故事还应永率初。更愿齐刊刊舍奠，每陪酹酒与羞疏。”沈士元《祭书图说》云：“黄君绍甫，家多藏书，自嘉庆辛酉至辛未，岁常祭书于读未见书斋，后颇止。丙子除夕，又祭于士礼居，前后皆为之图。夫祭之为典，巨且博矣。世传唐贾岛于岁终举一年所得诗祭之，未闻有祭书者，祭之自绍甫始。”[②]沈氏最后所说的可能是指像贾岛那样将一年所得之书以供祭拜者只有黄氏，因为祭书在当时及以前多有之。

---

① (清)黄丕烈：《士礼居藏书题跋记》，潘祖荫辑，周少川点校，232页，北京，书目文献出版社，1989。

② 叶昌炽：《藏书纪事诗》，446页，北京，北京燕山出版社，2008。

（三）傅增湘祭书

傅增湘(1872—1949)，字沅叔，别署双鉴楼主人、藏园居士、藏园老人等，著名藏书家，四川江安县人，光绪二十四年(1898)进士，选入翰林院为庶吉士。1917 年 12 月至五四运动前，曾入内阁任教育总长。傅氏举行过多次祭书之会。傅氏与苏东坡均为蜀人，对苏氏情有独钟，其书斋号“藏园”即取意苏东坡诗句“万人如海一身藏”，并曾仿翁氏之例于每年苏东坡生日那天举办“宝苏之会”，以书会友。

1918 年，傅氏于家中举祭书会，好友吴昌绶《戊午岁除沅叔集同人为祭书之会赋诗记之》云：“祭诗自慰肝膈苦，祭书非侈储藏多。校雠岁遍六百卷，丹铅郑重逾吟哦。主人政余特闲雅，家庖仍约朋僚过。胶州老史推祭酒，汾阳诗事勤搜罗。宋元明本日挂眼，旧游邓董同书魔。后来诸子各英妙，能通流别工订讹。病夫吴船倦残梦，笺题小令重摩挲。归车冲寒兀羸马，冻笔手把空卮呵。侧闻林亭擅幽胜，嫏环宝秘殊行窝。明年此夕续高会，倚镫为补藏园歌。”①

1921 年腊月二十四，傅氏于家中举祭书会，以酬该年所得宋版书多种。当时参加祭书的有董康、王叔鲁、徐星署、朱翼庵、沈无梦、张孟嘉、彦明允、张泠僧、邵幼石，宾主共 10 人。其中徐星署以宋本《陆宣公奏议》、朱翼庵以宋本《汉官仪》来佐会。他们展玩竟夕，作诗以记之。②

1935 年腊月十九苏东坡生日那天，傅氏于家中举祭书会，四川乡人同会者有 9 人。③

后来，傅增湘总结其祭书之会云：“藏园岁暮祭书之典，与会者常数十君。或发为咏歌，或题诸典籍，风流胜概，传播长安。”④

---

① 徐世昌辑：《晚晴簃诗汇》卷一八二，500～501 页，北京，中国书店，1988。

② 参见郑逸梅：《艺林散叶续编》，188 页，北京，中华书局，2005。

③ 参见王菡整理：《藏园群书校勘跋识录》，479 页，北京，中华书局，2012。

④ 傅增湘：《藏园群书题记》，876 页。

第五章　文献的整理

作为传统文献学的五大分支学科，目录学、版本学、校勘学、辨伪学和辑佚学都与文献整理有关，分别反映了文献整理某一方面的学问。以下依次介绍之。

第一节　目录学

目录学是文献学的根本，是文献学中最重要的、最有代表性的部分。也可以说，文献学是由编目而产生的，文献学源于目录学。另外，一个人懂不懂、喜欢不喜欢文献学，有一个标志，就是看其是否会读、爱读目录。把枯燥的目录读得兴趣盎然，就对文献学入门了。因此，我们要学好目录学，起码要达到以下三方面的要求：知道古代有哪些重要目录；知道用古代目录查古书；能读懂古代目录。

一、什么是目录

目是象形字，指眼睛。眼睛是复数，所以人们便用“目”来指称复数的事物，如事目、名目、条目等。例如，一书之篇名(亦称小题)，以及汇集在一起的群书之书名(亦称大题)，均为复数，故可以称为篇目和书目。录是象声字，指刻木发出的声音，引申为刻木，又引申为记录。目录就是对篇名或书名的编次与说明。一本书的书前目录(篇名汇总)与群书之目录(书名汇总)，实际上是相通的。也就是说，如果将所有的书看作一部书的话，那么各书之书名即其篇目。

“目录”一词很早就有。例如，《昭明文选》卷三十八任昉(字彦升)《为范始兴作求立太宰碑表》李善注引刘歆《七略》称：“《尚书》有青丝编目录。”班固《汉书·叙传》中亦有“爰著目录，略序洪烈，述艺文志第十”之句，可知汉代即已使用“目录”一词。不过，作为书名汇总之目录，古代常用的名称是：目、志、书目、艺文志或经籍志。

二、目录的功用

目录是治学之门径，这是古代学人的共识。不懂目录，就不了解中国传统学术。不懂目录甚至影响读书，故清人王鸣盛说：“凡读书最切要者目录之学，目录明方可读书，不明终是乱读。”①说过类似之言的古人还有一些，而且，很多学者治学都是从读目录开始的。

综合来说，古代目录的作用主要有：

(1)方便查书，查资料。这是目录最主要的功能。

(2)了解某部书的基本情况，如书名、作者、篇卷数、版本、流传情况、基本内容、学术价值等。

(3)了解古代学术思想之概貌，包括学术门类、派别、源流等信息。从这个角度来说，古代目录比较注重体现学术性、思想性。

此外，目录对我们进行文献学研究尤其有用，如要研究古代藏书、版本、校勘、辨伪、辑佚、书价等，均要利用目录。

总之，古代目录提供的信息很丰富，我们要充分加以利用。当然，我们也要注意，古代大凡藏书家都有自己的藏书目录，其中有请人作的，有自作的，而这些目录多是为藏书家自己所用的，体现了其个性，与公共图书馆目录有很大的不同。例如，不少古代目录过分强调学术性、思想性，而忽视其使用价值，以致分类标准不统一，检索不便。

三、目录与分类

目录中最基本的内容是分类，而有关分类的原则即分类法。可以说，分类是目录的基础，没有分类的目录也有，但绝少，而且一般不被认为是

---

① (清)王鸣盛：《十七史商榷》卷七，45页，上海，上海书店出版社，2005。

真正的目录，故余嘉锡说："凡目录之书，实兼学术之史，账簿式之书目，盖所不取也。"[①]其实，哪怕随便的记录也隐含记录的依据、原则，如账簿、流水账也有时间顺序。不了解分类，就不方便查目录。中国古代的目录很多也很复杂，其分类有中国特色。有的文献学教材还在目录学之外单独介绍分类法，可见分类法之重要。那么，如何理解分类法呢？

让我们来思考一下这样的问题：给大家一堆书，怎么给这堆书编个目录呢？如果能编好，目录学自然就清楚了。那么，如何编？首先想到的肯定是分类。怎么分？大家一般可能会按学科体系来分，如历史、文学、哲学、物理、化学等，因为我们从小到大所接受的教育一直遵循着这套学科体系或知识体系。

接着就是排序，也就是依时间顺序将每类书按先后排列出来。某一类书中最先出现的书是哪部，接着出现的是哪部……最后出现的是哪部。这种顺序排出来了，这门学科的起源和发展史就清楚了。

按上述的方法编排好各书，分别著录各书的相关信息，如书名、作者、篇卷数、版本、流传情况、基本内容、学术价值等，就应该是一部比较规范的目录了。

总之，编目工作简单说就是分类与排序。这就是章学诚在《校雠通义》中所说的："辨章学术，考镜源流。"所谓辨章学术，就是分辨清楚各门学术(现在叫学科)，也就是分类。这是学术框架的构建。所谓考镜源流，就是考证清楚各门学术的源和流，也就是排序。这是学术史的梳理。如此说来，目录其实也很复杂，因为我们需要通过目录来构建学术框架和梳理学术史，这也就是郑樵所说的："类例既分，学术自明。"因此，弄懂章学诚这句话，就懂得了中国古代目录，乃至现在的目录，因为它揭示了传统目录的最主要特征。

此外，还需要补充一点：分类与排序工作完成后，类与类之间的排序如何处理呢？有先后之分吗？一般来说是有的，其先后也隐含高下、重轻之分，在古代中国尤其如此。例如，经在前，集在后，这是惯例。而且，不但大类有先后之分，各小类也有先后之分。因此，目录在一定程度上也

① 余嘉锡：《目录学发微 古书通例》，9页。

确立了书的高下、贵贱和重轻。古代学者重视目录分类，这也是原因之一。

既然每一部目录都是学术框架的构建与学术史的梳理，那么，不同的目录就是对学术框架和学术史的不同阐释，而不断地编修目录(如古代私家目录)，就是对学术框架和学术史的不断重释。具体到每部书来看，我们也可以这样来认识目录：每一部书在学术史上都有自己的位置。换言之，学术史(或学科史)是由一部部书构成的。和人在社会中的情况一样，每部书在目录中都有一定的位置，如何给它找到合适的、正确的位置，这是目录学家的事。每部书在目录中的位置确定了，其在学术史上的地位也就确定了。反过来也可以说，其在学术史上的地位确定了，其在目录中的位置自然也就确定了。这些同一类中确定了位置的书，一起构成了某一学科或专题的学术史。这与我们在学术研究中探讨某一专题的学术史的方法有相通之处。因此，对古代学术史的研究有很多种方法，通过目录来研究显然也是非常重要的一种。当然，不同的目录学家对书的性质的理解可能会不一致，这也是古代学者不断编修目录的原因之一。

四、分类法的演进

“人以群分，物以类聚”，可以说，无论人或物，大凡分类，往往会有多种选择。如前所述，为一堆书编目，我们首先要有一个分类的框架，那么，这个框架从何而来呢？如果没有，怎么办呢？这就涉及最初的分类问题。

（一）最初的分类

1. 官守与分类

首先，我们要明白，其实上古无所谓书，所谓文献基本上都是档案。也可以说，档案即早期的书。其次，我们要明白，要有一定数量的文献，才有必要进行分类。符合这两项条件的，就只有官府(尤其是朝廷)藏书(档案)了。因此，档案的分类与书的分类有相通之处。

早期的朝廷藏书(档案)应是有初步分类的。例如，《周礼·春官宗伯》载：太史掌建邦之六典；小史掌邦国之志；内史掌书王命；外史掌书外令，掌四方之志，掌三皇五帝之书；御史掌赞书。六典，典即法，指政、教、礼、刑、治、事六个方面的法规。赞书，指诏书。以上这些档案，由相关官员负责修、藏与用。按档案分类，自然是以官守为标准的，某类官员负责某类档案，也就是章学诚所说的：“官守之分职，即群书之部次。”[①]因此，最初的分类与官守(职掌)有关，这是表面性的、功用性的分类。

2. 官守外的分类

早期文献大都集中在官府内，民间比较少，且很零散。后来，礼崩乐坏，私学兴起，民间著述不断出现，打破了官府对文献的垄断。因此，文献就有官守内与官守外之分。官守内的文献自然还是以官职为据来分类，而官守外的文献如何区分呢？这样，就产生了诸子百家的说法。诸子百家，其真正的含义应该是当时著述混乱、无序的反映。后来人们将这些著述分别归入各家各派，哪怕是一人也要立一家，总之是要归类。这些家派就是分类。因此，先秦有儒、墨、法等之分，《庄子·天下》又分天下道术为六类。那么，这些分类的标准是什么呢？目前来看，最初的标准并不明确，但有可能还是与官守有关系，也就是所谓“诸子出于王官论”。《汉书·艺文志》认为，道家出于史官，儒家出于司徒，法家出于理官，农家出于农官等。章学诚也认为是这样。但是，不管如何，官守外文献的分类已经与官守内文献的分类有本质的区别，即代表了内容上的、学术性的分类。也就是说，这是由功用性分类到学术性分类的转变。官守内与官守外的分类均对后来的六分法有很大的影响。

（二）六分法

如前所述，随着图书的增多，旧的官守分类不能反映实际的情况，就有了结合两者的分类，即官守外与官守内的分类。就目前所知，最早的综合性图书目录是刘向《别录》(其原拟提要均为附书而上的，单独汇编成书，故为别录)。刘向之子刘歆继编为《七略》，将书分为6类，即六艺、诸子、诗赋、兵书、术数、方技。前三者为官守外的分类，后三者为官守内的分类。这是目前我们所知最早的图书分类法。

1. 六分法的来源

六分法虽始用于刘向、刘歆，但其源于早期的图书分类应是可以推想

---

① (清)章学诚：《文史通义校注》，叶瑛校注，951页，北京，中华书局，1985。

而知的。例如，前述官守的分类，诸子百家的分类，甚至秦始皇焚书，何书焚，何书不焚，也有分类的意思。六分法应该是在以上这些分类思想的基础上产生的。《汉书·艺文志》载，成帝时，“诏光禄大夫刘向校经传、诸子、诗赋，步兵校尉任宏校兵书，太史令尹咸校数术，侍医李柱国校方技”。这说明，在校书前的分派工作中，对书已有了较明确的分类(而且就是六分)：将不同类别的书交由不同的人来负责办理。其中兵书、数术(也称术数)、方技是由相对应的官员负责的，这体现了官守内分类的特点。刘向则总负责官守外的书，也就是经传(六艺)、诸子、诗赋三类书。刘向通经术，善属文，淹贯百家，故负责此三类书。

2. 从《七略》到《汉书·艺文志》

《七略》现已不存，但其主要内容(包括分类)被《汉书·艺文志》吸收和继承。《汉书·艺文志》是现存最早的图书目录，共著录图书38种，596家，13269卷。其将图书分为六艺、诸子、诗赋、兵书、术数、方技六大类，大类下又有小类(38种)。其分类可被视为当时最有代表性的、最权威的分类，并对后来的分类法有着重大影响。我们要了解汉以前图书的基本情况，最主要的依据就是《汉书·艺文志》。

3. 如何理解六分法

刘歆为何采用六分法？《隋书·经籍志》载：“汉时刘向《别录》、刘歆《七略》，剖析条流，各有其部，推寻事迹，疑则古之制也。”六分法有一定的历史渊源(如前述汉成帝分派任务时已经是六分了)，这是可以肯定的，但是，其最主要是受哪一点影响呢？这有多种猜测，其中章学诚认为：“昔者向、歆父子之条别，其《周官》之遗法乎？”[①]这种观点有一定的依据，包括：其一，为何是六分？《周官》将官分为天、地、春、夏、秋、冬六官。刘歆与《周官》有关系，而且今文经学认为此书是刘歆伪造的。其二，《周官》六官与《七略》六分的一致性。例如，数量上的相配；大类下有小类；上下统摄的关系；《七略》强调诸子出于王官论；《七略》小序突出书籍的资治性。

由此我们可以进一步推想，《七略》有一个整体思想框架，与《周官》的

---

① (清)章学诚：《校雠通义通解》，王重民通解，2页，上海，上海古籍出版社，2009。

六官思想是一脉相承的。

（三）四分法

1. 四分法的出现与确立

六分法之后，又经历了一些其他的分类法，到西晋荀勖的《中经新簿》(已佚)，最早开始使用四分法。[①] 其将书籍分为甲(相当于经部)、乙(相当于子部)、丙(相当于史部)、丁(相当于集部)四类。

东晋李充编《晋元帝四部书目》对荀勖的四分法做了些修改，其中乙、丙二部顺序互换。丙部之书提前，主要是因为：史部书数量增加和对史学的重视。这样一换，后来基本再也没变过来，成为目录书中史前子后的固定顺序。

到了唐贞观年间，朝廷修《隋书·经籍志》，继续采用四分法，并以经、史、子、集代四部之名。四部之下又分子目(40 个)。这样，四分法最终得以确立。

此后，四分法一直相沿，尤其是官修目录及史志目录，甚至我们现在编古籍目录(包括大多数图书馆馆藏古籍目录)也沿用四分法。因此，尽管四分法远不是一统天下的分类法，但却是中国古代影响最大的分类法。

2. 四分法详解

四分法中的经部，从内容看实际上是子部儒家类的书，但为了突出其地位，故提至四部之首。从这个角度来看，四分法实则只有 3 类，即史、子、集。

经部，为四部之首。经书为群书之首，最重要，体现了正统、正宗。其主要包括儒家经典(指十三经)及相关的典籍，如相关的注释、考证、讲解等书，以及因读经的需要而发展起来的小学之书。

史部，次于经部。自古经史相配，犹衣之表里。史部下分正史、编年、杂史等小类，所收都是史学著作。但是，其中有的书，可能有人认为其并不是史书，如目录、金石、方志等类书。其实，这些书都是传统史书中的一部分，当然也属于史部(关于这点，下文讨论小类时还会谈到)。

---

① 荀书是据魏郑默《中经》而撰的，《中经》是否已有四分法呢？因该书已佚，目前仍存疑。另有一种意见认为，荀勖并没有编《中经新簿》，只是在郑默《中经》中加入了汲冢书部分。参见董恩林主编：《中国传统文献学概论》，229 页，武汉，华中师范大学出版社，2008。

子部，次于经、史。子书主要是经之余（诸子）[①]，内容比较庞杂。其包括儒家等诸子百家著作，也包括类书（近于杂家）、野史、小说（小说家）等书。这里需要注意的是，儒家经典及其注释等书是收在经部的，而后代儒家发挥义理之作及其相关的著作，如《朱子语类》等，则是收在子部儒家类的。子部收书的最大特点是庞杂。这种特点不但体现在对既往之书的包容性上，也体现在对后世之书的开放性上。例如，不好归类的书往往都会归入子部；为了满足不断出现的新书及新的种类的需要，子部也可以通过新增小类来将这些书收纳进来。因此，我们编目时，如果觉得一书不知归何类，那么就将其归入子部，大致是没错的。我们查书时也可以据此照方抓药。因此，余嘉锡曾说："于一切古无今有、无部可归之书，悉举而纳之子部"，并戏言可以"并九流于一家，易子部为杂部"。[②]

集部，为四部之末。集部书主要是史之余。具体而言，文是史之余，诗是文之余，词是诗之余，曲是词之余[③]，都是等而下之的文献，故排在最末。集部分楚辞、总集、别集（包括诗集、文集和诗文合集）、诗文评、词曲类（包括戏剧）。其分类少，而且比较稳定，历代基本相沿不替。

总之，四部是按书的高下、贵贱、重轻而进行先后排列的。就书籍的数量而言，大致是集部最多，子部、史部其次，经部最少。

3. 对四分法的思考

关于四分法，还需要注意以下一些方面。

其一，尽管经、史、子、集四分法已经为大家所熟知，但是后代有的文人也会用甲、乙、丙、丁来代称经、史、子、集，如古文中提到某人专攻乙部之书，乙部指的就是史部。

其二，尽管四分法影响很大，但是古代还有其他很多分类法，四分法

---

① 《汉书·艺文志》云，诸子为"六经之支与流裔"。《隋书·经籍志》云："诸子为经籍之鼓吹，文章乃政化之黼黻，皆为治之具也。"《四库全书总目》"子部总序"曰："自六经以外立说者皆子书也。"刘家和先生《关于子学研究的几点思考》认为，诸子皆有道术之一体，而各取道之一偏以为说。晁福林先生《诸子·王官·学统：诸子起源再认识》认为，从诸子学说的内容和特质看，子学皆滥觞于经学。以上两文均载《史学月刊》，2014(10)。

② 余嘉锡：《目录学发微 古书通例》，168、79页。

③ 黄宗羲《胡子藏院本序》云："诗降而为词，词降而为曲。"吴光整理：《黄宗羲南雷杂著稿真迹》，265页，杭州，浙江古籍出版社，1987。

并没有一统天下。而且，古代从来就没有过一统天下的分类法。

其三，唐代以后的分类法多受四分法的影响，包括：经在前、集在后的顺序；不但大类有高下、重轻之分，小类也是如此。这种排序也在一定程度上影响着古人的立言追求，如注经的盛行等。

其四，从实际来看，四分法确实是比较合适的分类法，包括对中国传统文化的概括、顺序的安排、包容性等。这也是目前编纂古籍目录还在使用四分法的重要原因。但是，四分法也有局限。例如，丛书兼收众书，难入四部中的任何一部，原来勉强将其归入子部杂纂类，也只是权宜之计。因此，四分法必须改造，即在四部之外另加上丛书部。有人称这种改造后的四分法为“破四法”。我国目前使用的古籍分类法就是改造后的四分法。除了增加丛书部外，有的新编古籍目录还增加新学部(主要收近代有关西学之书)。

其五，四分法可以视为中国古代目录的终极分类法。一般来说，书目分类中往下的分类可不断延展，但往上的归类是有尽头的。从中国古代分类思想看，分类的最终目的不是如何细化，而是如何概括。从这个意义上说，四分法的概括性是最强的。也就是说，从大类来看，四分已经是到头了，不太可能再进行笼统的归并了。诸如章学诚所说的凡天下著作可分为撰述与记注两类，那也并不是就目录分类而言的。

当然，我们也不要太过拘泥于古代的分类，在应用时要灵活变通，因为有些书的定性古今人的认识不同，而且有的书确实也不好定性。例如，一些野史，既可入史部杂史类，又可入子部杂家或小说家类。

（四）关于小类

以上谈的主要是大的分类，也就是一级分类。除了大类外，目录中一般还有小类(二级分类)，甚至还有三、四级分类。不过，古代目录主要是二级分类，也就是大类和小类。各种目录书中同一大类中的小类会有不同，兹以《四库全书总目》的史部为例，谈谈其中的小类。《四库全书总目》史部分 15 小类，依次为：

正史，大纲也，主要指二十四史，即乾隆钦定的二十四部纪传体史书。“正史体尊，义与经配”(本小节引文均见《四库全书总目》各相关小类叙)，如《史记》。其相关的考校、订补等书，附于各书之后(以下类此)，如《史记索隐》附于《史记》之后等。

编年，编年体的史书，如《资治通鉴》。其仅次于正史，体例亦较尊贵。

纪事本末，纪事本末体的史书，如《通鉴纪事本末》。其与正史、编年是相配套的。凡一书备诸事之本末，或一书具一事之本末者，均可收入此类。

别史，不能入上述各类，但又与正史相辅而行的各种史书，所谓“上不至于正史，下不至于杂史”，如郑樵《通志》。

杂史，可备读史者参考的各种史书。其体例不一，内容庞杂，如《战国策》。

诏令奏议，这些文献均为有关政事者，当入史部，而不入集部，所谓“抑居词赋，于理为亵”。其可与纪传体史书相互参考，如《历代名臣奏议》。

传记，记人物生平的史书，如《孔子编年》。

史钞，抄撮众史，博陈约存，如《元史节要》。

载记，述偏方僭乱遗迹者，包括有关地方割据政权或少数民族政权之史书，如《华阳国志》。该小类近似于以往书目中的伪史、霸史类。

时令，记岁时节令之书，如《四时宜忌》。

地理，载方域、山川、风俗、物产等，如《水经注》。此类书中主要为方志，故收书较多。

职官，包括官制、官箴，其中主要是官制，如《钦定历代职官表》。

政书，述历代典章制度等，如《文献通考》。此类书的内容涉及国家制度方方面面，如赋役、黄册、行政事务等，与上述专述官制者不同。

目录，书籍目录，如《文渊阁书目》。该类附有“金石类”，如《隶释》。

史评，历史评论、史学评论之类，如《史通》。

以上有的小类所收的书我们可能认为其并不是史书，如目录、地理等类，为何都入史部呢？这需要我们稍加分析：正史是最正宗的、最尊贵的史书，是大纲，以下即以此为参照来收的史书。编年是稍次于正史的传统史书，代表纪传体中的纪。纪事本末是上述编年史之改编，也是相当重要的史书。别史往往是指那些够不上正史的纪传体史书。杂史是一些仅备参考之史书，是史书之末流。诏令奏议是正史纪传中的内容。传记是正史纪传中的一部分(传)。史钞是正史之改编、节选。载记是正史中纪传之一部分(如《匈奴列传》《西南夷列传》之类)。以上从编年到载记共 8 类，按《四库全书总目》的说法，“皆参考纪传者也”。此后时令、地理、职官、政书、目录5类，均为正史中志、书之一部分，如目录即正史中的艺文志或经籍志。以上5类，按《四库全书总目》的说法，“皆参考诸志者也”。最后一类为史评，即正史中的篇末评论。按《四库全书总目》的说法，为“参考论赞者也”。可以说，以上15类，或是正史，或是正史之改编，或是正史之一部分，都与正史有关，当然都应该是史部之书。

如前所述，大类的顺序有高下之分，小类亦是如此。以上15类也是基本按照高下顺序来排列的，如正史—杂史—正史之一部分。上文提到的“上不至于正史，下不至于杂史”，“抑居词赋，于理为亵”，均说明大、小类间有高下之别。

五、关于新分类

为了更好地认识旧分类，我们还有必要了解一下新分类。除了中文古籍之外，现在图书馆使用的都是新分类法。这些新分类法最初是从西方传过来的。

随着真正意义公共图书馆的建立，20世纪初，我国引进了美国图书馆学家麦尔威·杜威(Melvil Dewey)的“十进分类法”。此法以阿拉伯数字作为类目的标记，把图书分为十部：000为总类，100哲学，200宗教，300社会科学，400语言，500自然科学，600应用科学，700艺术，800文学，900历史。十部之下又各分十类，每类之下又各分十目，目之下仍可分为十类。这样，百位代部，十位代类，个位代目。以下隔以小数点，代表分项小科目。这种分类法便于检索，在民国时被广泛应用。现存民国时的图书编目，乃至新中国成立初的图书分类，多仿此分类(在“十进分类法”基础上的改造，有多种分类法，但大同小异)。

现在国内应用最普遍的为中国图书馆分类法(简称“中图法”)。用A—Z中22个字母(缺L、M、W、Y)，分别代表不同的大类，以下用阿拉伯数字再不断分出各小类。其大类如下：

A. 马克思主义、列宁主义、毛泽东思想、邓小平理论；B. 哲学、宗教；C. 社会科学总论；D. 政治、法律；E. 军事；F. 经济；G. 文化、科学、教育、体育；H. 语言、文字；I. 文学；J. 艺术；K. 历史、地理；N. 自然科学总论；O. 数理科学和化学；P. 天文学、地球科学；Q. 生物科学；R. 医学、卫生；S. 农业科学；T. 工业技术；U. 交通运输；V. 航空、航天；X. 环境科学、安全科学；Z. 综合性图书。

此外，国内较著名的分类法还有中科院图书馆图书分类法，以00—99代表大类，共25大类(如历史、历史学类为21)，以下再细分；人大图书馆图书分类法，分17大类(如历史类为11)。目前，国内没有统一的分类法，但中图法最普及。中图法也在不断改进，现在已是第五版了。

其实，世界上也没有统一的分类法，只不过使用较多的是美国国会图书馆图书分类法(主要在美国)和世界图书分类法(主要在欧洲)。

以上这些新的分类法与中国传统分类法相比有其先进性：体现的学科分类更细致、更准确；既能照顾已有的学科，也有前瞻性，如大的分类有保留的字母，小的分类则可以无限地扩展下去等。

六、目录的种类与内容

（一）种类

根据归类的标准不同，目录可以分为很多种类，如《北京图书馆普通古籍总目·目录门》就将目录分为5大类数十小类。这种分类显然太复杂了。为方便介绍，我将目录大致划分为3大类：综合目录、专科目录和特种目录。

1. 综合目录

综合目录是指包括各学科图书之目录，又可分为官修目录、私修目录和史志目录。

其一，官修目录，主要包括官藏目录。比较著名的有：汉代刘歆《七略》，西晋荀勖《中经新簿》，东晋李充《晋元帝四部书目》，唐元行冲等《群书四部录》、毋煚《古今书录》，北宋王尧臣、欧阳修等《崇文总目》，南宋陈骙《中兴馆阁书目》、张攀《中兴馆阁续书目》，明杨士奇等《文渊阁书目》、张萱等《内阁藏书目录》，清纪昀等《四库全书总目》、于敏中等《钦定天禄琳琅书目》及彭元瑞《钦定天禄琳琅书目后编》等。这些书目多反映了朝廷藏书的情况，质量较高，影响较大，但数量不多。

其二，私修目录，主要包括私藏目录。比较著名的有：宋晁公武《郡斋读书志》、尤袤《遂初堂书目》、陈振孙《直斋书录解题》，明高儒《百川书志》、徐𤊹《红雨楼书目》、晁瑮《晁氏宝文堂书目》、赵琦美《脉望馆书目》、祁承㸁《澹生堂书目》、黄虞稷《千顷堂书目》等，清钱曾《读书敏求记》和《述古堂书目》、徐乾学《传是楼书目》、孙星衍《孙氏祠堂书目》等。这些书目数量巨大，而且越到后来越多。但是，其质量参差不齐。有的书目影响很大，如钱曾的《读书敏求记》；有的书目则只是以稿本形式存在，几乎不为外人所知。书目的影响与编纂者、编纂的质量(包括体例、内容等)有密切关系，而与所收的书反而关系不大。前人说，书以人传，其实书目也是以人传的。这其实是不太正常的现象。

其三，史志目录，较为特殊，既有官修，也有私修。官修中，包括一些正史的艺文志或经籍志，如《隋书·经籍志》。《旧唐书》《新唐书》《宋史》《明史》乃至《清史稿》中均有艺文志或经籍志。此外，还有大量的方志艺文志。私修目录中，较著名的如宋郑樵《通志·艺文略》、元马端临《文献通考·经籍考》等，以及大量的补史艺文志或经籍志，如钱大昕《补元史艺文志》等。这些史志目录影响也很大。其中数量庞大的方志艺文志，我们对其的关注和利用还远远不够。

2. 专科目录

专科目录是指某一学科或专题的图书目录。这类目录出现较早，如东汉郑玄编的《三礼目录》等。后世这类目录也不少，如唐释智升《开元释教录》，宋高似孙《史略》和《子略》，明殷仲春《医藏书目》，清朱彝尊《经义考》、章学诚《史籍考》、谢启昆《小学考》等，这些都是较著名的。到了近现代，这类书目就更多了，如谢国桢《晚明史籍考》、朱士嘉《中国地方志综录》、孙楷第《中国通俗小说书目》、张舜徽《清人文集别录》、袁行云《清人诗集叙录》、容媛《金石书录目》等。

3. 特种目录

特种目录是指因特定需要而编制的目录。这种目录也很多，其中较常遇到的有：

营业书目。清末、民国书店或出版机构多编有销售目录，如琉璃厂来薰阁的《来薰阁书目》等。周振鹤编《晚清营业书目》、徐蜀和宋安莉编《中国近代古籍出版发行史料丛刊》较集中收载了此类书目。

推荐书目，如《一个最低限度的国学书目》《书目答问》《拟印四库全书珍本目录》等。

禁毁书目，如姚觐元《清代禁毁书目四种》等。

征集书目，如吴慰祖《四库采进书目》等。

征引书目，如《太平御览》书前所附《太平御览经史图书纲目》、朱彝尊《日下旧闻抄撮群书目录》及朱昆田《日下旧闻续采书目》等。

征刻书目，如黄虞稷、周在浚《征刻唐宋秘本书目》等。

待访书目，如周在浚《访求中州先贤诗文集目》等。

知见书目，如莫友芝《郘亭知见传本书目》等。与此相类的还有经眼书目，如傅增湘《藏园群书经眼录》等。前者包括经眼的和未经眼但知道的书，后者只包括经眼之书。①

（二）内容

目录中最主要著录的项目是：题名、作者、卷数和版本。

目录中的内容有简单和复杂之分。一般来说，简单的目录中著录的各项内容在复杂的目录中都有，因此，下面以复杂的目录为例来说明目录可能包括的内容。

(1)凡例，指著述的体例，对于目录书而言，主要是指其分类、编排的依据。

(2)总序，指全书之序，如《汉书・艺文志序》《隋书・经籍志序》《红雨楼书目序》等，主要谈编目之缘起、经过以及目录之大旨等。

(3)大序，指大类之序，如《四库全书总目》经部总叙，主要为辨章学术。可在前，也可在后。

(4)小序，指小类之序，如《四库全书总目》经部下的诗、书等类小叙，主要为考镜源流。可在前，也可在后。其论本类书的源流、师承授受关系、宗旨特点、利弊得失，让人了解这一类都包括什么样的书。

(5)题名，也称书名、大题，包括书的别名、全称与简称等。

(6)作者，一般指姓名，亦可包括字号、生卒、籍贯、官衔等。

(7)卷数、册数或篇数。主要著录卷数，而著录册数较少，著录篇数则更少。有一些目录还著录函套数。一般的古书皆分卷，如果不分卷，大致

---

① 知见书目，包括所知(所闻)书目和所见(经眼)书目。可参考《缪荃孙全集・笔记》(85页)所述：“李南涧(文藻)欲作《书目》一编，所藏者曰《所藏书目》，所见于人家者曰《所见书目》，皆详其卷数，录其序跋并镂版年月。而近年人家书目所有而未得见者曰《所闻书目》。”

可以这样著录：其一，2 册以上之书，若不分卷，则著录为“不分卷”；其二，一册之书，若只有 50 叶左右或更少的篇幅，则可著录为“一卷”，若 50 叶以上，则可著录为“不分卷”。也就是说，如果篇幅少，可著录为一卷；如果篇幅多，该分卷而未分卷，则著录为不分卷。

(8)版本，如明刻本、清抄本等，著录越详细越好。

(9)解题，也可称提要、书录或叙录，是中国古典目录中最有特色的一部分内容。完整的提要除了包括书的基本特征如书名、作者、卷数、版本等外，还应包括全书之基本内容、作者的生平、书名的歧异、篇卷的全缺、字句的脱误、版本的流传、学术评价，以及相关的考证等。我们可以通过一篇《四库全书总目》提要来了解其基本写法：

> 《义门读书记》五十八卷，江苏巡抚采进本。国朝蒋维钧编，皆其师何焯校正诸书之文也。焯字屺瞻，长洲人。康熙四十一年用直隶巡抚李光地荐，以拔贡生入直内廷，寻特赐进士出身，改庶吉士，授编修。后坐事褫职，仍校书武英殿。康熙六十一年复原官，赠侍读学士。焯文章负盛名，而无所著作传于世。没后其从子堂裒其点校诸书之语为六卷。维钧益为蒐辑，编为此书。凡《四书》六卷，《诗》二卷，《左传》二卷，《公羊》《穀梁》各一卷，《史记》二卷，《汉书》六卷，《后汉书》五卷，《三国志》二卷，《五代史》一卷，《韩愈集》五卷，《柳宗元集》三卷，《欧阳修集》二卷，《曾巩集》五卷，萧统《文选》五卷，《陶潜诗》一卷，《杜甫集》六卷，《李商隐集》二卷，考证皆极精密。其两《汉书》及《三国志》，乾隆五年礼部侍郎方苞校刊经史，颇采其说云。

七、目录举要

本教材“文献的收藏”一章中介绍了几部重要的明清宫廷藏书目录，“《四库全书》”一章也介绍了《四库全书总目》，大家都可以参考。这里再介绍几部重要的目录。

（一）《隋书·经籍志》

《隋书·经籍志》为史志目录，共 4 卷，收录在《隋书》卷三十二至卷三十五。《隋书》共85卷，唐魏徵等奉敕撰，由帝纪、列传和志组成。志共10篇，主要记载了梁、陈、齐、周、隋五代的典章制度，且以隋代最详。《经籍志》是十志之一。

《经籍志》分经、史、子、集四部40类，其中经部有易、诗、书、礼、乐、春秋、孝经、论语、谶纬、小学10类；史部有正史、古史、杂史、霸史、起居注、旧事、职官、仪注、刑法、杂传、地理、谱系、簿录13类；子部有儒、道、法、名、墨、纵横、杂、农、小说、兵、天文、历数、五行、医方14类；集部有楚辞、别集、总集3类。《经籍志》附道录、佛录，分别著录道教、佛教文献。每书著录书名、卷数，多有简要注释，注明作者、时代、爵衔，有的还会涉及图书内容真伪及缺佚情况等，如“《尔雅图》十卷，郭璞撰。梁有《尔雅图赞》二卷，郭璞撰，亡”。其中对图书存佚的注释，反映了六朝时期图书的变化情况。其共收录四部图书3127部，36708卷；注释中附载六朝尚存至隋已佚的图书1064部，12759卷。以上总计著录四部图书4191部，49467卷。如果再加上附录的道、佛经2329部，7414卷，则共有6520部，56881卷。

《经籍志》前有总序，叙述了我国此前各朝史官的设置及其职掌，自汉迄隋图书之存亡聚散，以及整理编录之经过，详细叙述了图书分类法的源流和变革。每部后有大序，每类后有小序，分别叙述该部类设置缘由、学术特征及源流。

《经籍志》反映了我国唐代以前图书流传状况，其确立的经史子集四分法对后世影响深远。清代以来，对此书做考证者颇多，较著名的有章宗源《隋书经籍考证》13卷、姚振宗《隋书经籍志考证》52卷。

（二）《崇文总目》

《崇文总目》共66卷，是北宋最大的官修书目，著录了东京（今河南开封）崇文院内（包括昭文、史馆、集贤三馆及秘阁）的藏书。王尧臣、王洙、欧阳修等奉宋仁宗赵祯之命编制此目，自景祐元年（1034）始至庆历元年（1041）完成。《崇文总目》按四部分45类，其中经部8卷9类即易类、书类、诗类、礼类、乐类、春秋类、孝经类、论语类、小学类；史部15卷13类即正史类、编年类、实录类、杂史类、伪史类、职官类、仪注类、刑法类、地理类、氏族类、岁时类、传记类、目录类；子部33卷20类即儒家类、道家类、法家类、名家类、墨家类、纵横家类、杂家类、农家类、小说类、兵家类、类书类、算术类、艺术类、医书类、卜筮类、天文占书类、历数类、五行类、道书类、释书类;集部10卷3类即总集类、别集类、文史类。全目共著录北宋前期崇文院图书3445部,计30669卷。《崇文总目》有总序,每类书前有叙释(类序)[①],叙学术起源与传承流变等;每书下有提要,述作者生平、成书经过、主要内容、流传存佚及评价等。

《崇文总目》流传至清代已只有简本(已失去类序、提要等)。乾隆年间编纂《四库全书》,曾以《永乐大典》等书所收之内容校补过,虽已不能复其全貌,但搜辑排比尚可得其十之三四。又依其原目卷次,以类补入,分为12卷,原66卷之序次仍注于各类之下。嘉庆年间,钱东垣、钱侗兄弟撰《崇文总目辑释》5卷、《补遗》1卷、《附录》1卷,对四库本做了补正。

《崇文总目》体例完备,收书繁富,对后世有重要影响。《四库全书总目》提要对其评价说:"今观其书,载籍浩繁,牴牾诚所难保。然数千年著作之目,总汇于斯。百世而下,借以验存佚、辨真赝、核同异,固不失为册府之骊渊、艺林之玉圃也。"

(三)《读书敏求记》

《读书敏求记》共4卷,清代钱曾撰,初名《述古堂藏书目录题词》,为善本解题目录。钱曾是清初大藏书家,字遵王,自号也是翁,常熟人。其继承父钱裔肃的藏书,并得到族叔祖钱谦益藏书之精华,又多方搜集传抄,故家富图籍。他曾编成《也是园藏书目》和《述古堂书目》两种。此目所收为其藏书中之精粹,其中经部分礼乐、字学、韵书、书、数、小学6类;史部分时令、器用、食经、种艺、豢养、传记、谱牒、科第、地理舆图、别志10类;子部分杂家、农家、兵家、天文、五行、六壬、太乙、奇门、历法、卜筮、星命、相法、宅经、葬书、医家、针灸、本草方书、伤寒、摄生、艺术、类家21类;集部分诗集、总集、诗文评、词4类。总计著录图书634种。

其著录各书皆有解题,或述著作之源流,或究缮刻之同异,或记版本之优劣,或做考证评论,或叙逸事典故,文字详略不一。例如,卷一"京氏

---

① 《欧阳修全集》(中华书局,2001)卷一百二十四收有"《崇文总目》叙释",包括经部8类各一则(缺孝经类叙释),史部除目录类外每类一则,子部儒家类至兵家类每类一则。这些叙释有可能是欧阳修负责撰写或修订的。需要注意的是,目前还没有发现《崇文总目》有经史子集四部的大序。

易传三卷”条云：“《京氏易传》，陆绩注。予藏旧抄本四种，其一书法甚佳。”该目实开清代藏书题跋记之先河。

（四）《明史·艺文志》

《明史·艺文志》也是一部重要的史志目录，共4卷。《明史》，清张廷玉等撰，为二十四史中最后一部，也是编修时间最长的一部，前后凡3次开馆，历时95年，参与撰修的有二三百人。《明史·艺文志》先由尤侗、黄虞稷分别纂有初稿，后经倪灿、王鸿绪、张廷玉等审定。

《明史·艺文志》采用的是我国传统的四部分类法，分为4大部类，35个小类，共著录明人著述4633种，105970卷。其主要特点有：

(1)只记明一代著述。《明史·艺文志》原来是计划参照以前的正史艺文志记一代藏书之盛的，但明代宫廷藏书目录仅有《文渊阁书目》(仅收明初之藏书)及《内阁藏书目》(收书太少)这两部目录，无法反映一代藏书之盛，因此，就只好录一代著述之盛。原稿其实还收录了南宋(补《宋史》之缺)、辽、金、元代的著述，但经删削后只保留了明代的著述。受《明史·艺文志》的影响，《清史稿·艺文志》也只著录清一代的著述。

(2)是知见目录。其参考了许多公私藏书目录。

(3)采用四部分类，但小类上有其特点。例如，正史类中收编年、纪事本末类史书，名、法、墨、纵横等家入杂家类，总集类中收制举之书等。不过，《四库全书总目》提要对最后一点有批评，说此类书人皆能作，所收既不多，也不值得收。

当然，《明史·艺文志》有不少错误，主要的问题是遗漏较多(有的是删节造成的，有的是原稿本身造成的)。官修的《明史·艺文志》不便校补，也不便批评，因而学者(如杭世骏、卢文弨、吴骞等)纷纷对与《明史·艺文志》有渊源关系的黄虞稷所纂《千顷堂书目》做校补。在收书数量上，《千顷堂书目》要远超《明史·艺文志》，不但兼收宋、辽、金、元的著述，而且所收明人著述有约15000种。

（五）《钦定天禄琳琅书目》及《钦定天禄琳琅书目后编》[①]

《钦定天禄琳琅书目》，于敏中等纂修，是清代著名的宫廷善本书目。

---

① 参见刘蔷：《天禄琳琅研究》，北京，北京大学出版社，2012；《天禄琳琅知见书录》，北京，北京大学出版社，2017。

乾隆九年(1744)，为了更好地管理及利用宫中善本书籍，乾隆帝敕内直诸臣检阅内府藏书，择宋、元、明善本进呈御览，阅毕即于乾清宫昭仁殿列架庋置，亲笔为昭仁殿题匾额曰“天禄琳琅”，悬挂于室内，成为内府善本书库。乾隆四十年(1775)，内臣奉命将“天禄琳琅”藏书重加鉴定整理，并仿前代旧制，将内府图书编成书目，以资查验鉴赏。大学士于敏中等人奉敕编校成《钦定天禄琳琅书目》，共10卷，收书429部。这是在目录学、版本学史上具有重要意义的首部官方善本书目。参与编修者还有尚书王际华，侍郎梁国治、王杰、彭元瑞、董诰，翰林曹文埴、沈初、金士松和陈孝泳。

《钦定天禄琳琅书目》为提要式的古籍版本目录。所收书以版本时代为纲，分为宋版、金版、宋钞、元明版等类；同时代者再依经、史、子、集分类序列。同一书的不同版本、同一版本的不同印本皆分别列目。

每书的著录项目包括书名、函、册，并有提要。提要内容有一定体例：“首举篇目，次详考证，次订鉴藏，次胪阙补。”[①]若此书曾经乾隆帝阅览并有其题识印章，则录于鉴藏之首。《钦定天禄琳琅书目》尤其注重叙述版刻年月，以及历代收藏者的时代、爵里、印记、授受源流和版本缺佚情况。《钦定天禄琳琅书目》考证版本时，广引前人序跋，对藏书印的文字种类、形状、印色和位置各项，皆标示得清清楚楚。印文皆用真书(楷书)摹写填入，以资考证。这种收载藏书印的做法，在以前书目中从未出现过，堪称书目编纂体例中的一大创举。

嘉庆二年(1797)十月二十一日晚间，乾清宫、交泰殿失火，火势甚猛，与之毗连的昭仁殿“天禄琳琅”善本图书亦遭焚毁。随后，乾清宫(包括昭仁殿)开始重建，并于1年内建成。

乾清宫复建后，昭仁殿仍为藏书之所，保留了“天禄琳琅”之名，重汇善本于其中。彭元瑞等据新入藏之书编成了《钦定天禄琳琅书目后编》，共20卷，收录宋至明五朝善本共663部，多于《钦定天禄琳琅书目》的收书数。

在著录体例上，《钦定天禄琳琅书目后编》悉依《钦定天禄琳琅书目》。彭元瑞《天禄琳琅书目后编识语》载：“体例纪载，一依前帙……而其规模有

---

① (清)于敏中等：《凡例》，见《天禄琳琅书目》，7页，北京，中华书局，1995。

拓而愈大，析而弥精者。如……《前编》书四百部，《后编》则六百六十三部，万有二千二百五十八册，视《四库全书》逾三之一。《前编》宋元明外仅金刻一种，《后编》则宋辽金元明五朝俱全。凡皆宛委琅函，嫏嬛宝简，前人评跋，名家印记，确有可证，绝无翻雕赝刻，为坊肆书贾及好事家所伪托者。”①

不过，《钦定天禄琳琅书目后编》在版本著录上也有不确之处。叶德辉在“《天禄琳琅》宋元刻本之伪”中指出：“《天禄琳琅后编》所载宋版书，不如《前编》之可据。”②例如，《史记集解索隐正义》《重广补注黄帝内经素问》系书商以明版书作伪，《太玄经》是明仿宋刊本，《增刊校正王状元集注分类东坡先生诗》为元刻本等。另外，施廷镛也曾据“天禄琳琅”存书对之做过考订。例如，《钦定天禄琳琅书目后编》卷七宋版集部著录的《六家文选》60卷，经取明刻《文选》相对，其实是明嘉靖十四年吴郡袁褧嘉趣堂仿宋陆放翁守新定时郡斋刻本；《春秋经传集解》一书，《钦定天禄琳琅书目后编》卷三列举了4条理由定其为宋监本，然根据版式、行格、刻工等条件，其应为宋抚州刻本。③

第二节 版本学

很多人谈古书版本，都会不自觉地将其神秘化，这主要是因为不了解什么是版本，以及以往对版本鉴定过分强调其神秘化的一面，如所谓“望气而知”等。其实，版本学主要还是书皮之学，这说明版本学更多地关注书籍的外在特征。也可以说，版本著录，主要是把书籍的外在特征描述清楚。当然，我们也不能因此把版本学简单化。

版本就如同书的身份证，只要看书，就会涉及版本。可见，版本与我们日常生活、学习密切相关。例如，我们经常接触到的书都有版本，我们的教材也有版本。我们学习了版本学，就要有版本意识。

文献学界对版本一向都比较重视，因而版本学的参考书很多，其中早

---

① （清）彭元瑞等：《天禄琳琅书目后编》，462页，北京，中华书局，1995。

② 叶德辉：《书林清话 书林余话》，219页。

③ 参见任继愈主编：《中国藏书楼》，1228页。

先较重要的是叶德辉的《书林清话》，现在较重要的有黄永年《古籍版本学》、戴南海《版本学概论》、曹之《中国古籍版本学》、李致忠《古书版本学概论》等。除此之外，我们还要多看古书。如果看古书的机会不多，那么我们可以看图录、书影。现在影印的古籍很多，也为我们了解古书版本提供了更多的途径。另外，我们要多看古籍目录，以了解古书版本源流。

一、版本与版本学

（一）什么是版本

版本，或写作“板本”。版指木片、木板，即用来刻书的板片；本指书本。两者合起来原指雕版印刷的书，后泛指所有的书籍。

书称版(板)，其源虽可追溯至木牍，但一般是指印本。至于书何以称本，其说不一。例如，叶德辉认为，本是木之根，古代“本子”称呼是据书根而来的。[①] 张舜徽认为，版的名称源于简牍，本的名称源于缣帛。缣帛用木轴卷成卷子，这样由木轴而引申出本。[②] 相对而言，余嘉锡的观点比较合理：文字抄写在竹简上，改正好之后，再上素(写在绢布上)，那竹简上的文稿即原本。这就是本子、根本之意。[③]

不管哪种说法，我们大致可以认为，早先，一般的书多称本或本子；后来，有雕版印刷了，称印本为版本或版，而称抄本为本，以示区别。也可以说，早期的抄本书，确多称本；印刷术出现后，印本书特称版。单称本，一般指抄本书；单称版，一般指印本书。称版本，在早期也指印本书。再后来，以版本涵盖所有书，这个时候，版本是版与本的合称。

总之，版本作为专有名词，是雕版印刷术发明以后才出现的。在宋代，人们普遍用版本指雕版印刷的书。但是，这一概念出现并被大家接受后，其含义有所延伸，包括印本、抄本、稿本、电子文本、缩微胶片文本等所有书籍的形态。因此，若对言之，版和本有区别；若散言之，版即本。但是，我们如果仔细分析会发现，本可以包括版，但版不能包括本。例如，抄本一般不能称抄版或写版，这可能还是受本子初义的影响。

① 参见叶德辉：《书林清话 书林余话》，11～13页。

② 参见张舜徽：《中国文献学》，54页。

③ 参见余嘉锡：《目录学发微 古书通例》，75页。

至于文献学上所说的版本，其实并非泛指所有的书籍，而是专指文献的形态，而且，一般是指书籍的形态。同一种书在生产和流传过程中会形成不同的形态，人们为了区分不同形态的同一种书，就将其分别标识为不同的版本，如清刻本、明抄本、稿本等。书籍的不同形态也可称为版本特征，其主要体现在外形差异(如卷册、精装平装、纸张差异等)，版式差异(如行款、字体、墨色、版框、书口差异等)和内容差异(如增删、修改、校注、题识差异等)等方面。因此，版本类似于书籍的身份证，版本特征亦类似于其身份特征。从这个意义上看，我认为，其一，版本的外延是开放性的，随着时代的发展和书籍形态的变化，还会出现新的版本，如向前包括抄本等，向后包括电子文本等。其二，书籍出现后，其实就有了所谓版本。书籍之所以成为书籍，是因为其都有外在表现形态。

为了明确书籍的版本，版本著录往往会很琐碎，因而涉及的专有名词比较多。由于书籍外形在“文献的生产”一章中已谈过，因此这里主要谈谈书籍的版式等。

（二）版本学

版本学主要研究书籍形态与版本鉴定，包括3个方面的内容：

(1)书籍的基本形态，主要指装帧形式和版式，以及版本系统。

(2)版本鉴定，指版本鉴定的方法、途径和需要注意的问题。

(3)版本学史，指版本产生和发展的历史，以及相关版本学理论。

尽管有书籍即有版本存在，但版本意识的出现应是较晚的。一般认为，刘向校书，搜求异本，持异本相雠校，就是早期版本意识的体现。此后，如《颜氏家训》卷六“书证”中列举河北本、江南本、俗本等，也是一种版本意识的体现。不过，版本学的正式出现，应该是在宋代，其时出现了著录版本的目录——尤袤《遂初堂书目》(著录版本不多，并不是每书都记其版本)。清代是版本学发展的兴盛时期。版本学的发展还使得一些学者过分追求初印本、古本，唯古为善，其结果便产生一种“佞宋”之风(认为宋本字好、内容好，如黄丕烈自称“佞宋主人”)。究其原因，是宋代才真正开始有大规模的图书印刷，清代能看到的最古之书基本上是宋代的，而宋以前的本子，绝少流传下来。好古、崇古是版本学本身所决定的。

（三）学习版本学的作用

首先，了解古代图书的发展历史及其形态。

其次，便于利用古籍，为学术研究服务。例如，读书、治学要求善本，否则，就会有诸多不便，有时还会闹笑话。例如，《石林燕语》卷八记载，宋代有一位教官，出题考学生：“乾为金，坤亦为金，何也?”参加考试的学生不明白此句话是什么意思。原来，教官出题所据的是福建本(有可能是指麻沙本)《周易》，“釜”字脱了上面两点，变为“金”字，原文应为“坤为釜”。

最后，提高我们的鉴赏能力，对以后研究古文献及做古籍整理工作，均有很大好处。例如，现在古籍市场多有假货，我们可以利用所学的版本知识来做出一定的分辨。

二、版本术语

(一)以一册线装书为例

以一册线装书为例，其中的版本术语如下所述(图 5.1)。

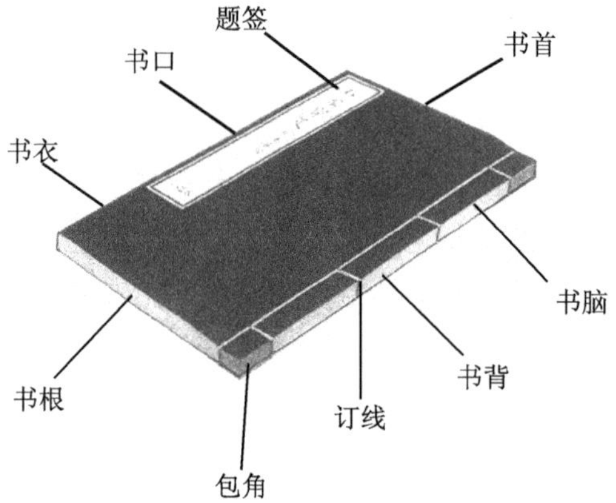

图 5.1　线装书的各部位名称

书衣：书皮、封皮，即书的前后封面。书衣有布、纸两种，最常见的当然是纸的。书衣原先纯粹是保护书用的，后来则多在其上题书名：或直接写在书衣上，或写在一书签(题签)上然后贴在书衣左上方。书衣在后代演进为封面。

封面：在封皮内第 1 页，我们现在叫内封。也有在第 2 页的，如果其前面有护页的话。常见的封面四周有边框，刻 3 行字，中间一行是书名，右一行刻编著、选辑者名，左行刻藏版或梓行者名，如有的标“本衙藏版”等。

需要注意的是，藏版与梓行者有时是一致的，有时也不一致。封面是鉴定版本的重要依据，如同后代的版权页。

牌记：一些书还有牌记，与封面的作用类似。牌记又名木记、书牌，也有版权页的意思。其一般印在书的卷末或序文目录的后边，或封面的后边，内容可以包括书名、作者、镌版人、藏版人、刊刻年代、刊版地点等。例如，明沈氏野竹斋刊本《诗外传》，序文后刻有牌记：吴郡沈辨之野竹斋校雕。

书口：书左侧的横截面，是所有版心中折线形成的，能显示出黑白，所以有黑口、白口之分。书都是一面书口，三面切口。需要注意的是，无论是黑口白口，刻本书口上往往会有上下版框的印记，由于版框高低不能划一，在书口上形成的印记就会参差不齐。为了显得美观，在装订时，一般就取齐下不齐上的方法来折中。如果要上下线都取齐，则比较麻烦："刻字之板，材有老稚，干久之后，边匡长短不能画一，故自来书籍止齐下线，惟殿中进呈之书，并齐上线。临时或烘板使短，或煮板使长，终有参差，仍用描界取齐。"[①]进呈之书比较讲究，所以也只好不厌其烦。此外，有的书口还有绘画，很好看，但这是非常特殊的情况。书口很窄，要作画，就要斜着展开，才有足够的空间。因此，欣赏书口绘画时，也要斜着展开才能饱览无遗。

书脑：指一本书钻孔订线右侧的空白处。装订的时候，这个地方里面用糨糊较多，容易长虫，所以古人晒书时讲究要"曝其脑"。

书背：指订线处的右端顶头(后代的书脊)。古代也偶有在书背上题写书名的情况。

书根：指一本书最下端的横截面。古书在早期是平放的，为方便取阅，书根处往往会写书名、卷次或册次。

书首：指书册上端的横截面。

包角：书背的上下两端容易破损，有时会用韧性的纸张或其他材料(如绸布)包住上下两角，使书籍既美观又耐用。

金镶玉：顾名思义，就是在金器上镶嵌各种美玉，后借用在古籍修复

---

① (清)方苞：《奏重刻十三经廿一史事宜札子》，见《方望溪全集》，281页，北京，中国书店，1991。

上。很多古籍由于年代久远，正文书页受损，或天头地脚过小，就在书页里面衬上白纸，使书页的三边都镶衬出白色的衬纸，再将衬纸与书页重新装订。由于原书页因陈旧而呈黄色，而装裱的一层衬纸为白色，故名“金镶玉”。这种修复手法，不仅可以使原书页不易再受损，而且还是可逆修复的。还有一种金镶玉，是指书商加衬纸增厚，将 1 册书分作 2 册的伎俩。

（二）以一页书的版式为例

雕版印刷的一页书的版式，其中的版本术语如下所述(图 5.2)。

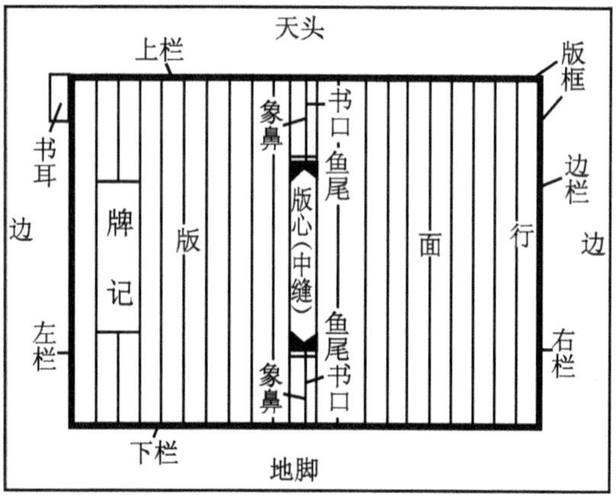

图 5.2　雕版印刷文献版式示意图

页：原称叶，页与叶同音，是借用来表示叶的。叶(葉)，初指单枚的简札，也可称为枼、篥、牒，后指单张的纸。古书中的一页(叶)，往往指一筒子页(叶)，即 1 张纸对折而成的 2 个半页(叶)。

版框：又称界栏、边栏或栏线，是指书版四周最外围的线条。栏线有上下左右之分，又有单双栏之分。若是双栏，一般是外栏粗，内栏细，称文武栏。此外，有的栏线还有颜色、花纹、图案等点缀。

版心：又称书口(与 1 册书的书口既相同又不同，是个别与整体的关系)、版口(因其对折朝外)。有中折线的为黑口，否则为白口。据中折线的分布，有上、下黑口之分。又据中折线的粗细，有大、小黑口之分。书口多刻有书名、卷数、页次、刻工名等，甚至有时还有本叶的字数，一般用苏州字码表示，以便刻工算工钱。书口上的信息丰富，而且外露，方便读者查阅。读者在不用完全打开书的情况下，就能很快找到自己要找的卷、页。因此，尽管中国古书没有总页数，目录上也不标页次，甚至有的书还没有目录，但是，中国古书注重分册，1 册的篇幅也不多(一般为 2 卷)，而且每卷均标本卷页次，只要我们会充分利用书口的信息，还是能比较方便地查阅的。

鱼尾：为版心中用以对折的鱼尾型标记。有上下、黑白、单双之分，又有顺、对、多鱼尾之分，最多的能达六鱼尾。此外，还有花鱼尾，但较少见。

象鼻：有鱼尾的黑口(中折线)，形似。

天头：也叫书眉，指版框上栏以外的空白处。古书天、地(地脚)均较宽，但相对而言，一般是天大地小，即天头所占空间大，以方便做批注。因此，古人习惯在书眉上做批注，称为眉批。

地脚：指版框下栏以外的空白处，又称下脚。至于版框左右栏之外的空白处，则可称边。

行：亦称行格，唐代称边准，指版框内的分行直线。其应源自古代编排好的一根根竹简。行线一般为黑色，也有红色的，至于绿色、蓝色的则绝少。黑色的称为乌丝栏，红色的称为朱丝栏。我们知道，印本书的行格一般是写样时已制好的，与文字一起印成，而抄本书的行格，则有先印制好的，也有手工临时画制的。后一类抄纸的制作方法大致有两种：其一，岛田翰《汉籍善本考》载，工匠用绳墨，丝端以一小针固定住，牵至尽头，两指弹丝，以为行画，谓之拼。其二，利用笔床画制。笔床是古代搁放毛笔的专用器物。古代用毛笔不便画直线，因而需要笔床辅助。将毛笔笔尖蘸墨，放在笔床上贴紧，笔尖露出笔床一点，笔床靠在尺板边上，笔尖对准要画线的位置，慢慢将笔床连笔一起移动，即可画线。[①]

行款：版本鉴定上所称行款，一般是指半叶(相当于现在的一面)的多少行、每行多少字，如“半叶九行二十二字”或径称“九行二十二字”。行指行格，款指文字。那么，古书半叶一般是多少行，每行多少字呢？这也只能大致而言：古书半叶多为 10 行左右，以 9、10、11 行为多。古人所谓“一目十行”即与此有关。一目十行也就是看书看得快，快到一眼看半叶(一面)。至于每行的字数，也不太统一，但多为 20 字左右。

---

① 参见杜伟生：《中国古籍修复与装裱技术图解》，134 页。

书耳：又称耳格、耳子，指版框左栏或右栏外上端长方形小格，里面题刻篇名。其主要见于宋代蝴蝶装版面上。

墨丁：也称墨钉、墨等，是指书中用以代替缺疑文字之黑方块(■)。凡缺一字，则以相当于一字大小的黑方块表示。一般说来，墨丁在留存于世的初印本、试印本中出现较多。

三、版本类型

每部书都有版本，即每部书的身份证。一般来说，版本的著录越来越详细、规范，但是也存在很多版本著录不够规范的现象。例如，我们著录宋版，是否应该著录何地的宋版，或者何人、何家所刻的宋版，是初印还是重印，似乎这些均没有一个统一的规定。因此，我们只能希望版本著录越详细越好。但事实上，版本著录一般并不会太详细。例如，对于宋版，我们当然希望知道其是南宋或北宋，初期、中期或晚期，甚至是哪一年的，但是，除非专门的研究，一般的著录并没有这么具体。所以，版本著录具体到哪一步也需要讨论。另外，善本、珍本、稀见本、孤本、俗本、旧本、新本、残本、全本、足本、采进本、御览本等名词，有些不太好区分，如何使用也需要规范。相对来说，我认为董恩林《中国传统文献学概论》中对版本类型的划分比较科学，因此，本小节参考其内容，稍做修改，将版本类型分为手写本(可简称为写本)和印本两大类。写本可分为稿本、抄本和影写本，印本可分为雕印本(刻本)、活字印本和石印本。兹分述如下。

(一)写本

1. 稿本

稿本包括手稿本和清稿本。手稿本是指作者写作过程中形成的初稿和修改稿，清稿本是指作者定稿后请人或自己誊清的文稿。

2. 抄本

抄本是指按原书或原稿抄写的本子。所谓写本，主要是指这类抄本。目前存世的写本或抄本古籍，也主要是这类抄本。

抄本中有一类较为特殊，前人多称其为写本。这类写本是狭义的写本，与前述广义的写本不一样。前人大凡称写本，均有重视之意(也可视为写与抄的区别)[①]，具体可分为4种情况：其一，为宋以前的传抄本，时代较早。其二，出自名家之手的抄本。其三，涉及佛经、道经等宗教文献的抄本，表敬重(指用心来写)。这些文献的抄写者是为还愿或做功德来抄写的，怀有对宗教的虔诚，故其抄写经书称为写经，而不能说抄经。由此推之，即便是那些写经生大量抄写的经卷复本也是为善男信女还愿用的，故称写经。其四，一些重要的抄本也称写本，如《四库全书》《永乐大典》等。

3. 影写本

影写本也可称为影抄本。影也可写作景。古人为保存珍稀图书之原貌，雇请抄手，用优良纸墨，照原样影摹下来，版式、字体往往与原本相差无几，这样的写本称为影写本。

（二）印本

1. 雕印本

雕印本也就是一般所说的刻本。现存古籍中的印本，大多数是指这类刻本。据不同的划分标准，刻本可分为多种类型。

(1)刊刻时代。据刊刻时代可划分为宋刻本、元刻本、明刻本、清刻本等。

(2)刊刻者。根据刊刻者可划分为：

其一，官刻本。其中比较重要的有监本(国子监本)、内府刻本(包括经厂本、武英殿本等)、官书局本(如直隶书局本)。此外，中央其他部门、地方官府(包括官学)也有刻书，如明代礼部、兵部等衙门均刻书。关于这方面的情况，可参见明周弘祖的《古今书刻》。

其二，家刻本。其也称家塾刻本或塾刻本，指私家刻印的书籍。家刻本一般不是为了售卖而刻印的。王雨《王子霖古籍版本学文集·古籍版本学》说，不以卖书为业而好书者的私人刻书叫作“家塾本”或“家刻本”。[②]

其三，坊刻本。其指书坊刻印的书籍。坊刻是纯粹的商业行为，与家刻有本质的区别。一般来说，坊刻质量较差。例如，为降低成本，坊刻本

---

① 关于写本的概念，可参见翁连溪：《明清内府写本的鉴定——以故宫收藏为例》，载《紫禁城》，2008(5)。

② 参见王雨：《王子霖古籍版本学文集》第1册，15页，上海，上海古籍出版社，2006。

字小、纸劣，甚至随意删减篇幅等。不过，有的坊刻本兼具家刻的特点。也就是说，他们刻的书，有的是为了售卖，有的也不一定售卖，如毛氏汲古阁，刻书很多、很杂，非常有名。这种情况在明末比较多。另外，有的私家堂号、室名与坊名相同，也容易混淆家刻与坊刻。

(3)刊刻地。以刊刻地来分，有浙本、建本、蜀本等。古代刻书业发达的地方还是相对集中的。例如，宋代，主要是浙江、福建和四川，如杭州(武林)刻本、蜀刻本、眉山本、建阳刻本等。元代，江浙和福建的刻书业比较发达，北方则有平阳刻书。明清时期，江南、福建刻书业发达，此外，安徽、江西刻书也较多。具体到小的地方而言，杭州、苏州、南京、金溪、徽州、福建北部地区的刻书业都比较发达。例如，福建北部的建安(今属建瓯市)、建阳(今属南平市建阳区)等地刻书业发达，其中麻沙本(麻沙镇属建阳)就很出名，行销天下。

以上主要是就坊刻而言的，至于家刻，一般比较分散，但也相对集中于文化发达的地区。例如，士大夫之家多有刻书之举，尤其是刻自家的著述。江南士大夫多，当然刻书也多。

此外，外国所刻汉籍也需注意，比较有名的有高丽本(朝鲜本)、东洋本(日本本、和刻本)、安南本(越南本)，其中明清时人对高丽本还是颇推崇的。

(4)用墨。一般的印本都用黑墨，但也有用朱墨和蓝墨的。朱、蓝印本多指初印本、试印本。试印用朱、蓝色是为便于修改。此外，朱印也用于御览本。

至于绿印本，则绝少，李希圣《雁影斋题跋》卷三《黄四如集四卷(元本)》载："……用绿色印行，于古今人名皆旁加匡廓，为从来椠本中所仅见。"

套印本是指同一版面用两种或两种以上颜色印刷的本子，多用于画像、图、小说、经注等，其需要突出各部分的区别。套印本最初在同一版分别涂上不同颜色来印刷，后来则改为分版、分色印刷，即将一个印版根据颜色不同分成好几块，分别雕刻、上色。这是印刷的一大进步。在这种套印方法基础上后来又出现了饾版印刷。所谓饾版印刷，即明万历年间安徽民间流行的一种多色叠印的彩色印刷方法。其主要应用于图画的印刷，方法如下：将彩色画稿按不同颜色分别勾摹下来，每色刻成一块小木版，然后逐色由浅入深依次套印。因其形似饾饤，故称饾版。此外，还有拱花印刷，是中国古代一种不着墨的刻版印刷方法。用凸凹两版嵌合，使版面拱起花纹，与现代印刷术中的凹凸印刷相似。其以凸出的线条来表现花纹，衬托画中的行云流水、花卉虫鱼，使画面更有立体感。

(5)开本。① 一些特殊的开本如：

袖珍本，可以放置于袖中便于携带的小开本书籍。

巾箱本，也有人称之为袖珍本。其开本很小，可藏于巾箱之中。古代考场夹带的多为这类书。

(6)版式。根据版式来划分：有大、小字本；有插图、绣像本，多为小说；有两节版、三节版本，指书页横分为二、三栏，俗称两层楼、三层楼，这种版式多为书坊刻书所采用，主要为了节约成本。

(7)刻印方式和先后。据此可做以下分类：

重印本(后印本)，指原版重印本。现在新书也多有重印，往往会在版权页中标示清楚，如第几次印刷，但古书在版本著录方面，对此不够重视。以往版本著录，多重刻版时间，不重刷印时间。例如，元代的刻版，到明代重新刷印，应为元刻明印本。重印如果距初刻较久，原版会有断裂的现象，这是重印本中经常会遇到的。

重刻本，重新刊刻的本子，不用遵循原来的版式。

翻刻本，依原书版式重刻的本子。

影(景)刻本，用薄纸覆盖原书，将原书字体、书版等影描下来，再上版刻印的本子。其与原书几乎完全相同，较翻刻更严格。

覆刻本，将原书底本拆成散叶，作为写样直接上版刻印的本子。②

重修本，指对原版片做修补后的印本。但是，方志或家谱等书名前若冠以重修，则是指重新修纂之意。

递修本，指一书版片经过两次及两次以上修补而重新刷印的本子。书版的修和补也有区别：就原版做局部的挖改修补，称为修版；另外补刻整

① 以往多将书帕本视为开本较小的一种版本类型，但实际上书帕本是就功用而言的(送礼)，并不能算作一类版本。

② 参见姚伯岳：《论覆刻本》，见周生春、何朝晖编：《“印刷与市场”国际学术研讨会论文集》；李清志：《古书版本鉴定研究》，14页，台北，文史哲出版社，1986。

张书版，替换下残损严重或毁失的版片，称为补版。

增修本，指在原版片基础上增刻了新的内容的本子。

写刻本，指由撰者或名家手写上版以刻印的本子。其字体往往较精美，有个性特色。写刻本是就全书写刻而言的，单是序跋部分的写刻(这种情况较多)，不能称为写刻本。

此外，据纸张来分，有白棉纸本、竹纸本、连史纸本、开化纸本等。据内容来分，有增订本、节本、足本、批点本等。

2. 活字印本

用胶泥、木、铜、铁、铅、锡等制成方块单字，然后排版印刷的图书，称为活字本。活字本起源很早，北宋时已发明泥活字印刷，此后又发明了木活字、铜活字等印刷，但除木活字印刷外，其他活字印刷并未得到推广。即便是木活字印刷，也未能够取代雕版印刷而成为中国古代印刷之主流。

铜活字印本中，最著名的是清代的《古今图书集成》。木活字印本中，最著名的是乾隆时的《武英殿聚珍版丛书》。乾隆时开四库馆，对应刊之书采用木活字来印刷，但乾隆认为活字不雅，故改称为聚珍。关于木活字印刷的技术与程式，可以参考金简所撰的《武英殿聚珍版程式》。后来，聚珍本的概念推而广之，可以用来指称所有的活字印本，如近代铅活字印本初兴时，人们也称这种铅印本为聚珍本或仿聚珍本。

活字本当然也可以据不同的划分标准分为不同的种类，这一点类似于上述的刻本，兹不赘述。

3. 石印本

石印本，指用石印方法印刷的本子。晚清时期，西方石版印刷方法传入我国。其方法是：采用药墨写原稿于特制纸上，覆于石版，揭去药纸，用水拂拭石版，再上油墨，有字处粘墨，无字处不粘墨，然后铺纸压之，即成一页。其主要是利用了水油相斥的原理。

摄影技术发明以后，又产生了照相石印法，即将书稿摄制成照相底片，随需要可大可小地在石版上晒版，进行印刷。这种方法可放大或缩小影印古书，且字画清晰，毫厘不差。晚清民国时期，这种石印本曾风行一时。

四、版本系统

有的书只有一个版本，有的书有多个版本。版本多，就会形成一个版本系统，如同一棵树一样，不断抽出新枝，不断长大。从根到枝条，就是版本的源和流。这样所形成的版本家族，我把它称为版本系统或版本网络。版本系统和藏书史中的藏书链有很多相似之处，借用章学诚评人物传与家谱的话来说就是，藏书链是一书(人)之史，而版本系统是一家之史。

有的版本系统相对简单，有的版本系统则相当复杂，一个网络套着另一个网络，要搞清楚很不容易，而我们学习版本学就是希望能搞清楚这些版本系统。这里举两个比较简单的版本系统：

1. 大典本《春秋会义》的版本系统

大典本初辑底本
- 孔氏抄校本—《碧琳琅馆丛书》本
- 《四库全书》写定本—孙氏校刻本

2.《文渊阁书目》的版本系统

《文渊阁书目》原本
- 家塾本 } 《读画斋丛书》本
- 明文渊阁本—《四库全书》本 } 《读画斋丛书》本
- 《秘阁书目》
- 《内阁书目》
- 宋氏漫堂抄本

我们学习文献学，应多做版本系统和藏书链的练习。

版本系统中有一些专门术语是我们经常会遇到的，如祖本是指一种书最初的刻印本，即后来刻印诸本作为依据的本子。但是有时最初的印本不一定存在，或者弄不清楚，我们就把某一版本系统中最早的本子称为祖本。

不同的版本之间往往会有差异，可以互校，这就是校勘学中的对校法。例如，《四库全书》馆中图书在当时多经人录副，这些录副本在社会上经过不断地传抄、校补、刊印，又形成了一套自己的版本系统。它们与《四库全书》阁本、《四库荟要》本、武英殿聚珍本及《四库全书》底本颇有异同，可以互相参证、校勘。因此，多了解版本系统对文献校勘非常有帮助。

五、版本鉴定

判断版本要从实际出发，不能光听所谓经验之谈。经验之谈会让版本鉴定神秘化，将其演变成只可意会不可言传的玄学。例如，叶德辉说："多见古本书之人，可以望气而定"，"南宋末年刻印之书，转瞬入元，其气味便有清浊之异，宋清而元浊，究亦不解其所以然”，“种种无形之流露，可以神悟得之。吾沉溺于此者三十余年，所见所藏，颇有考验”。[①] 从某种程度上说，经验之谈只是垄断知识的借口，正如钱基博《版本通义·余记第四》所指出的：“版本之学，其始以精校雠，其蔽流为骨董。”

一般来说，图书馆的版本早有人鉴定过，我们首先要学会利用。但是，当前版本著录仍有不少问题，我们也需注意。版本鉴定涉及的知识颇多，如纸张、用墨、字体、印刷、书法、古书形制、历史知识、印章、目录等，而且还需综合分析的能力，所以，版本鉴定不易，即使老眼也有犯错的时候。不过，我们也不要把版本鉴定神秘化了，也不一定要所有的知识都掌握了才能做版本鉴定，我们完全可以从自己的知识出发来进行合理推定。例如，有些前辈学者比较重视从纸张、用墨、字体等方面来判定版本，而我们可以从图书内容方面来判定版本。还有，版本鉴定和文物鉴定有很多相通之处。

（一）需要注意以下几点

其一，一般不要凭孤证，要综合多方面因素来考虑。

其二，要多看古籍，包括书影等。

其三，多了解书籍流传史。书籍的流传应有合理的解释，所谓“流传有绪”“流传有自”，否则多可疑。也就是说，要考察递藏关系。

其四，多了解前人的相关著录。

其五，流传较广的书往往有复杂的版本系统，有多个分支，要厘清相互的关系。

（二）版本鉴定的依据

其一，从封面或牌记来看。这是最直截了当的方法。封面与牌记就相当于现代图书的版权页。明以前的书多用牌记，明以后的书多用封面。我们拿到古书，就可以直接从书前找封面，或从书前、书后找牌记，看看是何人、何时所刻。当然，利用封面或牌记也要注意，因为有人会假刻或剜改封面或牌记，有人会在翻刻时照刻原封面或牌记。

其二，从序文来看。这也是很常见的方法，尤其是在没有找到封面和

① 叶德辉：《书林清话 书林余话》，222～223 页。

牌记的情况下。一般来说，序文所署最晚时间即出版的时间。但是，我们也要注意，序文多有窜改、冒名、代作的情况；不同的重印本选用的序文不一样；后刻的集子往往将前期的序文收进去；即便是为同一刻本所作的序文其时间相差也较远(有刻好书再请人作序的，也有请人作序后再刻的)；有时序文中说刻某书而未必能刻成；等等。

其三，从版式、行款来看。例如，明末清初之刻书多采用白口双边，上黑鱼尾；宋代书棚本唐人诗集，行款皆 10 行 18 字；等等。但这只能用来参考，不能太过拘泥。

其四，从内容上看。这一方法虽然费时间，但往往有决定性的作用。例如，以往比较多利用避讳字来鉴定版本。此外，我们也可利用书中其他方面的信息。例如，《石云居文集》，陈名夏撰，15 卷，《中国古籍善本书目・集部・清别集类》著录为"清顺治三年刻本"，所据即书前陈名夏"自叙"所署的"顺治三年三月陈名夏书于五云堂"。然细检此书(现藏中科院图书馆善本部)，其内容多有涉顺治三年后之事者，且其中提到成克巩升任吏部尚书，而成氏任此职在顺治十年四月，因此，此书肯定为顺治十年四月后的增刻本。

其五，从文字(字体)来看。一个时代往往有一个时代较为流行的刻书字体。例如，明中期以后多用宋体字；明末清初刻书多用奇字，这是当时社会追求奇异的一种风气使然；等等。

此外，我们还可以利用相关的著录、印章、用墨、纸张、刻工名等来鉴定版本。

（三）鉴定抄本

一般谈版本鉴定，主要对象是刻本，至于抄本鉴定，虽然可以借用刻本鉴定的一些方法，但也要注意其独特之处。抄本鉴定可以重点考虑以下 4 种方法。①

其一，分清各时代的书法风尚。

其二，分清各时代的纸墨种类和质量。

其三，熟悉各时代重要藏书家、文人学者之室名、别名、图章及手迹字体。

---

① 参见魏隐儒、王金雨编著：《古籍版本鉴定丛谈》，132 页，北京，印刷工业出版社，1984。

其四，熟悉各家抄书用纸。有的抄书者用纸确实很讲究，自家印制，刻有自家书斋名号，专为抄书之用，如刘喜海、鲍廷博等。

(四)关于古籍版本鉴定之错误

版本鉴定不容易，偶尔出现错误是在所难免的。但是，图书馆著录的古籍版本如果有差错，容易误导广大的读者，因此应该尽量避免。造成目前图书馆馆藏古籍版本著录错误的原因可能较多，但我认为应该注意以下3个方面。

首先，版本著录往往依据旧藏原有的记录而来，陈陈相因。前人版本鉴定的错误相当多，已不断被人指出。前人鉴定版本更多地从外在特征来判断，主要依据序跋的最晚署年，以及字体、版式、用墨、纸张、刻工等版刻特征，而忽视对内容的查考。事实上，有的书单从版刻特征是不能正确断定其版本的，需要查考其内容。例如，王铎《拟山园选集》81卷，此书有王鑨作于顺治十年之序文，从该书的外在特征来看，也发现不了有非顺治十年刻本的因素，因而《中国古籍善本书目·集部·清别集类》著录为："顺治十年王镛、王鑨刻本。"事实上，该书应为顺治十五年王无咎增刻本，主要证据如下：其一，该书卷七十六"王氏谱"载王无咎子"之鹤"，而王之鹤出生在顺治十四年；其二，同卷"王鑨"传文中提到其子"无忝，丁酉举人"，丁酉，即顺治十四年。

其次，对学界的新成果不够重视。图书馆工作人员不可能对馆藏每部古籍进行精读以判定版本，但是，图书馆中的每一部古籍都有可能被某些专门研究者精读过，而且，这些研究者在研读自己感兴趣的古籍时，往往更广泛地搜求异本来比对，从而提出对某一版本的看法。因此，其意见可能比某些版本专家的意见更有价值。

最后，图书馆从自己的利益出发，有时会拒绝或消极对待版本著录的更改。例如，图书馆均希望自己所藏的是更珍稀的版本，倘若有人对其珍稀版本做否定或贬低性评价，图书馆往往不太愿意接受。

六、善本

版本鉴定很大程度上是为了区分善本与普通本。善本，简单来说，就是好的本子。但是，好的标准不好把握，善本的标准也不好把握。正因如此，善本的标准往往会因时因地而异。例如，过去的普通本，现在有可能是善本；这家图书馆的普通本，在另一家图书馆有可能被定为善本。

藏书家都特别重善本，对善本的要求也较高，且各有各的标准。例如，缪荃孙曾确定善本与非善本之界限：刻于明末以前者为善本，清代及民国刻本皆非善本；抄本不论新旧皆为善本；批校本或有题跋者皆为善本；日本及高丽重刻的中国古书，不论新旧，皆为善本。[①] 周叔弢将善本(刻本)总结为“五好”的标准：版刻好，不能是邋遢本，这好比先天体格强健；纸张好，印刷好，这好比后天营养好；题跋好，这好比此人富有才华，有学问；收藏印章好，这好比美人淡妆；装潢好，这好比衣冠整齐。[②] 相对来说，目前比较普遍采用的是李致忠提出的“善本的标准”，也就是所谓“善本三性”[③]。

其一，历史文物性。可简称为“旧”或“古”，包括两个方面：一是指古书刻印、抄写的时代较早而具有历史文物价值；二是指古书可作为历史人物、历史事件的文献实物见证而具有某种纪念意义。此条最重要，即只要时代久远，就多定为善本，而不管其他。黄丕烈说：“书旧一日，佳处必有。”[④]因此，佞宋癖元是明清以来藏书家之常情。不过对年代的规定也不统一，如《中国古籍善本书目》定的标准是所收刻本截至明末，但实际上也收有不少明末之后的刻本。事实上，对于刻本、抄本、稿本等，执行统一的时限标准也是不科学的。

其二，学术资料性。可简称为“用”，指精校、差错少、内容好的书。不过，对学术价值的认识会有较大的主观性。

其三，艺术代表性。可简称为“美”，指字体、用纸、用墨、版式、装帧等均较好。这主要从艺术角度来评判，也就是所谓品相好。

在判定善本时，三性其实是有重轻之分的，其顺序应该是旧、美、用。一般来说，旧比较好把握，后两者则较主观。

由于“三性”不太好把握，后又扩展为“九条”，即第一，元代及元代以

---

① 参见《陈乃乾文集》上册，10页。

② 参见《冀淑英文集》，389页，北京，北京图书馆出版社，2004。

③ 李致忠：《“善本”浅论》，载《文物》，1978(12)。以下介绍只是参考其大意。

④ (清)黄丕烈：《士礼居藏书题跋记》，潘祖荫辑，周少川点校，211页。叶启勋、叶启发的《二叶书录》(116页，上海，上海古籍出版社，2014)引作：“书旧一日好一日。”是取黄氏之大意。

前刻印或抄写的图书；第二，明代刻印或抄写的图书(版本模糊、流传较多的除外)；第三，清代乾隆以前流传较少的刻本、抄本；第四，太平天国及历代农民革命政权所刊行的图书；第五，辛亥革命前，在学术研究上有独到见解或有学派特点，或集众说较有系统的稿本，以及流传很少的刻本、抄本；第六，辛亥革命前，反映某一时期、某一领域或某一事件资料方面的稿本，以及流传很少的刻本、抄本；第七，辛亥革命前名人学者的批校、题跋，或过录前人批校而有参考价值的印本、抄本；第八，在印刷上能反映我国印刷技术发展，代表一定时期印刷水平的各种活字印本、套印本，或有较精版画、插图的刻本；第九，明代印谱，清代集古印谱、名家篆刻印谱的钤印本，有特色或有亲笔题记的。凡符合上述9条中任何一条者，可称为善本书。[①]

第三节　校勘学

我们读古书时，遇到读不通或不明白的地方，往往首先想到的是自己理解的问题。这当然很有道理。但是，我们学了文献学尤其是校勘学之后，就多了一种思路，就要想想是否会涉及校勘的问题，也就是书本身是否会有错误。校勘是因差错而产生的，没有差错，就没有校勘。那么，古书为什么会有差错？我们如何才能发现这些差错？这些差错是否要改？如何改？这些都是校勘学涉及的问题。

一、校勘与校勘学

(一)校勘

校勘，即校对原书，勘正错误，一般是指对某一书籍，用不同版本或有关资料加以比较核对，考订其文字异同和正误的工作。校，《说文解字》载，木囚也，从木，交声。校即枷，由两片大致相当的木版组合而成，以

① 参见韦力：《古籍善本》，25页，福州，福建美术出版社，2007。

便套牢锁定。因此，校(枷)有比较之意。[①] 勘，指核对。校、勘意思相同，可单独使用，如校书、勘误。校、勘均可指通过比较来发现和改正文献中的错误。实际上，校勘一直强调要通过比较，尤其是版本的比较来修正错误。没有比较的校勘，不是规范的校勘，是纯粹的改错。

1. 校勘与校雠

校雠一词出现较早，西汉刘向校书时即已产生。雠，对也，指两两相对。因此，校勘与校雠其实是一样的意思。但是，一般来说，校勘专指校正文字，而刘向校雠除校正文字外，还包括搜罗版本、撰写叙录、编排目录等工作，以至于后来演变成可包括文献学所有内容的校雠。因此，校雠或校雠学就相当于文献学，包括辨伪、目录、辑佚、版本、校勘等。诸如郑樵《通志·校雠略》，章学诚《校雠通义》，张舜徽《广校雠略》，程千帆、徐有富《校雠广义》等，其中的校雠均有文献学之意。[②]

2. 校勘与校对

校对其实也包括在广义的校勘中，可以视为校勘的简单方式。不过，校勘一般是针对古书而言的，不以新书为例，而校对更多是针对新书而言的。此外，规范的校勘一般还要出校记，提供校改依据，而校对则没有这些内容。

3. 校勘与改错

从一般意义上讲，没有错就没有学问。校勘主要是给书籍挑毛病的学问。不断地对文献本身进行质疑，就产生了校勘学。校勘，简单来说就是纠错。但是，已发现的文献中的差错，改或不改，这是校勘学常纠结的地方。校勘与一般改错的本质区别主要有：

其一，改错，一般可以径改。校勘，一般会指出问题，但是不轻改。即使改，也要附上原文。

其二，改错，一般不需要出注及列出理由。校勘，凡有改动，一般要

---

① 校，有人认为源自“斠”或“挍”(均读 jiào)。斠，指量谷物时用器具使谷物与斗斛平齐，亦指刮平斗斛的器具，相当于“概”，又可引申为主持公平、修正，如斠若画一(公平持正和整齐划一)、斠然一概(持平一致)、斠补、斠订、斠改、斠理、斠士、斠准等。目前还常用斠勘一词。

② 张舜徽说：“我国古代，无所谓文献学，而有从事于研究、整理历史文献的学者，在过去称之为校雠学家。所以校雠学无异成了文献学的别名。”张舜徽：《中国文献学》，4 页。

出校勘记。

其三，改错，只要是错，都要涉及。校勘，主要是针对流传中的错，至于原稿及作者的错，则一般不涉及。

其四，改错中的错，是真正的错；而校勘中的差错，有时并不好判定，有时是差，有时是错。如果是差，则要存异；如果是错，则要改。所以，改错改的是错，校勘校的是差(异)和错。

校勘，从其原初意义上说，是有参照物进行比较的，如母(底)本与校本。没有参照的校勘，就会流变成一般的修改。因此，古人总是强调，校勘的第一步是广搜异本。总之，没有比较的改，是改错；有比较的改，是校勘。

古人对校勘的认识有一定的局限性，即错误都是流传中产生的，原稿不会有错，校勘是以恢复原貌为目的的。但是，原稿不可能绝对没有错，那么改还是不改呢？这也有不同的意见(关于这一点，下文还会讨论)。校勘最终还是要面对文献中的一切错误。由于绝大多数文献不可能有真正的底本或原貌存世，因此对原貌的认识只能通过校勘者的想象来弥补。从这个角度来看，即使是原稿的错误，我们也可以通过想象的原貌来加以改正。这并不违背通过比较来改错的校勘原则。校勘中的理校，其实遵循的也是这样一个思路，即以想象的正确的本子来对校。

4. 校勘与版本

比较视角下的校勘，归根结底还是版本的校勘。因此，校勘必须有版本依据：一方面，校勘要广搜异本进行比较；另一方面，所校之本又将成为本文献的一种新版本。可以说，校勘学推动版本学，版本学也推动校勘学。从古到今，真正严格的校勘，应该都是指有版本依据的校勘。古人从事校勘，一般都指版本的比对，很少有只拿一本书来做校勘的。从这个角度来看，陈垣的校勘四法中对校法是基础，其他三法均只能算是补充，不能算是一种独立的校勘法。也就是说，其他三法都是配合对校法来使用的，不应该独立使用，而且，只能是在对校法解决不了问题时才使用。

5. 校勘与注释

二者可合称为校注。校勘与注释关系密切，校勘中有注释，注释中也有校勘。文献要先校后注，否则就是瞎注、曲解。有的校勘带有注释的性质，包含了校者对文献的理解。校勘的成果也多被注释吸收。校勘的目的是恢复原貌，提供文献的好版本，而注释的目的是让读者准确地理解文献，两者侧重点不同。

（二）校勘学

校勘学是对校勘历史、方法、原则等进行系统研究的一门科学。校勘学不同于校雠学，因为校雠学有广、狭义之分，广义的校雠学相当于文献学，而狭义的校雠学才相当于本节所讲的校勘学。

二、校勘的作用

叶德辉在《藏书十约》中对校勘的功用做了很生动的概括，可供我们参考："校勘之功，厥善有八：习静养心，除烦断欲，独居无俚，万虑俱消，一善也；有功古人，津逮后学，奇文独赏，疑窦忽开，二善也；日日翻检，不生潮霉，蠹鱼蛀虫，应手拂去，三善也；校成一书，传之后世，我之名字，附骥以行，四善也；中年善忘，恒苦搜索，一经手校，可阅数年，五善也；典制名物，记问日增，类事撰文，俯拾即是，六善也；长夏破睡，严冬御寒，废寝忘餐，难境易过，七善也；校书日多，源流益习，出门采访，如马识途，八善也。"

叶氏这里所讲仅限于对个人之用，其实，校勘还有更广泛的作用，因为读书使人受益，校书使书受益；读书受益唯一人，校书受益千万人。校书是辛苦一人而惠及千万人的事情。可以说，我们现在都在享受前人的校勘成果。我们看古书时，只知道著者，不知道校者，是不对的。另外，校勘也是治学手段，能使人了解文献学方面的知识。

由于古人特别强调校勘的作用，因而形成了下述这样一些较普遍的认识。

1. 书不校，不如不读

古人云："书非校不能读。"这种认识在古代较普遍存在，说明：一方面，文献流传过程中失真越来越严重（书经手多，附着的东西也多）；另一方面，人们的理解、认识在不断变化。也就是说，对文献中出现的错讹问题的追索可以不断地探讨下去。

2. 看重校过的书

清人孙从添在《藏书纪要·校雠》中说:“书籍不论钞刻好歹,凡有校过之书,皆为至宝。”这说明校过之书可信性加强,错误较少。

3. 尤重名家所校之书

名家所校之书,公信度高,错误更少。那些经名家精校之本往往还成为新的善本,即所谓校勘性善本。

三、校勘的起源与发展

(一)校勘的起源

文献出现后,校勘应该很快就出现了,因为抄写、记录中发生错误是难免的。古代龟甲、简牍的涂(削)改痕迹即可证明这一点。孔子整理六经也可能会涉及校勘。例如,《春秋公羊传·昭公十二年》载:“(昭公)十有二年,春,齐高偃帅师,纳北燕伯于阳。伯于阳者何?公子阳生也。子曰:‘我乃知之矣。’在侧者曰:‘子苟知之,何以不革?’曰:‘如尔所不知何?’”孔子据其以前看到的《鲁春秋》认为,“伯于阳”三字当为“公子阳(生)”,《春秋公羊传》所引的经文(“齐高偃帅师,纳北燕伯于阳”)应该有误。身边的人问为何不改,孔子说,你们不太清楚书中的原委,不便改。可见,孔子是明白文献流传会产生错误的。

将校勘作为一项文献整理活动加以有意识地开展是从刘向开始的。刘向当时的校勘就是校雠。据载,刘向等人在校雠时,一人读书,校其上下,得其谬误,为校;一人持本,一人读书,若冤家相对,为雠。有人认为,前者实同于后世的本校,后者则同于后世的对校。其实,一人读书也有可能是据异本相校的。此后,校勘工作不断发展,如东汉的郑玄等,他们对经书的注释包含了不少校勘成果。

如前所述,没有错误就没有校勘,那么,文献中的错误是如何产生的呢?

1. 文献为什么会有错误

首先,文献在流传、传写过程中产生错讹。例如,有人擅自以己意对文献妄自修改,即易产生错误。我们常用“鲁鱼帝虎”这个成语来形容文献在流传过程中产生的错误,而非常有意思的是,“鲁鱼帝虎”这个词的流传过程，本身就充满了鲁鱼帝虎的意味。鲁鱼帝虎最早可以追溯至晋朝葛洪《抱朴子》的记载：“谚曰：书三写，鱼成鲁，虚成虎。”到唐朝马总《意林》则引成：“谚曰：书三写，鱼成鲁，帝成虎。”再到宋朝《太平御览》又引成：“书三写，以鲁为胄，以帝为虎。”

类似的例子还有不少，如谢国桢在他的著作中曾引清初人熊文举的诗句“何人当国怜孤掌，有客还山畏老拳”来描写清初党争之残酷。后来，不少论述清初南北党争之文献，亦反复引用此句诗。事实上，此句诗最初应该是熊文举《雪堂文集》中《耻庐近集》卷一丁酉诗《用简斋韵书赠芝麓》所载：“何人秉国愁孤掌，此子投林辟老拳。”之后，龚鼎孳《定山堂诗集》卷十一有：“归舟过章江，雪堂先生谢病山居，轻帆出晤，并诵见怀诗，有‘何人当国愁孤掌，有客还山避老拳’之句。”可见，此句诗有可能是从熊氏到龚氏再到谢氏，越引越错了。

流传中的错误，主要有：传抄者写错(包括漏、衍等，下同)；字匠写样时写错；刻工粗疏刻错；版刻模糊造成的误读；等等。可以说，每一次传抄或翻刻都可能给文献带来新的错误。因此，古书流传越久远，传抄、翻刻次数越多，错讹也可能越多。

其次，原稿的错误。错误是原作者造成的，包括无意的笔误，以及一些有意的误述、误说。例如，《永乐大典》卷二万二千七百六十一，傅增湘《藏园群书经眼录》(中华书局 1983 年版)第 846 页著录为卷二万二千六十一，应是笔误。又如，清初贰臣陈名夏与遗民阎尔梅在入清后仍多有来往，但陈名夏为避嫌疑，故意说与阎尔梅早已绝交。这是有意的误述。

一般来说，校勘校的是第一类错误，也就是流传中产生的错误。第二类错误中的笔误也应该是校勘的范围。

2. 错误的种类

也就是校勘的内容，主要有错讹、衍文、脱文、倒置。

(1)错讹，包括形讹、音讹、意讹。例如，古书中已、己、巳不分，日、曰相混，“万万生灵”误写成“方二生灵”(第一个万误写作方，第二个万用两点表示)①，就是形讹。又如，《淮南子·道应训》载：“将军与军吏谋

① 参见《陈乃乾文集》上册，23 页。

曰：‘今日不去，楚君恐取吾头。’乃还师而去。”“楚君”是“楚军”之误，这是音讹。又如，张岱将《永乐大典》二支韵写成四支韵，这是意讹。《永乐大典》用的是《洪武正韵》，支韵是排在平声第二韵的，而在明清时期，社会上最通行的是平水韵，平水韵中的支韵是排在平声第四韵的。张岱在记录《永乐大典》支韵时，按习惯的称法将其错记为四支韵。

(2)衍文，亦作羡文，指在文中羼入不该有的文字，如“郢书燕说”，误书“举烛”。又如，《四库全书考证》卷三《叶八白易传》(明叶山撰)载：“(卷九)明夷卦。传，浊世不可以富贵也。原本贵下衍乐字，据《文选》删。”

(3)脱文，又称脱简、夺(文字有脱漏)，指该有的文字没有。例如，《四库全书考证》卷四《书传》(宋苏轼撰)载：“(卷五)雷夏既泽。传，雷泽在济阴城阳县西北。原本脱阳字，据孔疏增。”

(4)倒置，又称错简，指文字顺序颠倒，包括抄写或写样时抄错行，如现在的排版错误等。例如，《礼记·月令》载：“制有小大，度有长短。”“长短”是“短长”互倒。

(5)其他，包括正文与注文相混，两字合为一字，一字析为两字等。例如，“不见”，误为“覔”(俗书为上“不”下“见”)；“触龙言”，误为“触讋”；“愻”，误为“孙心”。

(二)校勘发展史

汉代以后，校勘活动不断开展。唐代，较有代表性的校勘成果是陆德明的《经典释文》。该书共30卷(另有序录1卷)，是陆氏对《周易》等14部经典所作的释文，其中包含对各家传本文字异同的校勘。

宋代，校勘成为专学。这与版本学的出现有直接的联系，戴南海说：“校勘和版本是一对孪生的姊妹，是随着版本学的建立才逐渐发展成为一门有理论、有方法的学问。”①校勘学随版本学而兴起，其原因主要有：其一，书一经刻印，即成定本，所以宋代刻书(尤其是官刻的定本)前，强调精校。后代刻书前请名家校勘，亦即如此。其二，宋代印刷书多，一书有不同版本，有歧异，故需校。刻书多，校书也多。

宋代盛行官方校勘，中央专设校书机构，由校书郎校理图书，校勘成

---

① 戴南海：《校勘学概论》，9页，西安，陕西人民出版社，1986。

果非常多，对后代影响很大。[①] 其时还出现了校勘条例，即南宋馆阁颁布的《校雠式》。陈骙《南宋馆阁录》卷三“校雠式”载：“诸字有误者，以雌黄涂讫，别书。或多字，以雌黄圈之；少者，于字侧添入。或字侧不容注者，即用朱圈，仍于本行上下空纸上标写。倒置，于两字间书乙字。诸点语断处，以侧为正。其有人名、地名、物名等合细分者，即于中间细点。诸点发字，本处注释有音者，即以朱抹出，仍点发。其无音而别经传子史音同有可参照者，亦行点发。或字有分明，如传记之传，为邮传之传，又为传习之传……之类，虽本处无音，亦便行点发。点有差误，却行改正，即以雌黄盖朱点，应黄点处并不为点。点校讫，每册末各书‘臣某校正’。所校书，每校一部了毕，即旋申尚书省。”点发，指一字有数音，于字旁用点或圈以示其变化，如平声左下、上声左上、去声右上、入声右下。《校雠式》对校书的方法做了具体的规定，是校勘学发展史上一个重要的标志，说明校勘的规范化。后来，方崧卿撰《韩集举正》，创立了 4 种校勘符号：

(1)某：误字当刊(改)。用红笔书写出正字，原误字不保留，已看不出原误字。

(2)○：衍字当削。字在○中，表该字当删。

(3)口：脱逸当增。字在口中，表该字当增入。

(4)∽：淆次当乙。两字间加一红∽，表顺序颠倒，需乙正。

宋代较著名的校勘学成果有：郑樵《通志・校雠略》，张淳《仪礼识误》3 卷，方崧卿《韩集举正》10 卷，彭叔夏《文苑英华辨证》10 卷，岳浚《刊正九经三传沿革例》1 卷等。

校勘学中经元、明的发展，至清代达到鼎盛。清代学者、藏书家抄书手校，长盛不衰。可以说，清人得一书，随手而校，是非常普遍、自觉的行为，故经手之书多留校痕。梁启超说“(在清代)校勘遂成一专门学”，即指清代校勘之兴盛。

清人校勘之表现，大致可以用“无书不校、无人不校”来概括。具体来说，包括：治学(学术研究)时校勘；刻书时校勘；藏书时校勘；读书时校勘(学者多随读随校，一般录在书页天头上)；抄书时校勘，随抄随校；无

---

① 参见汝企和：《中华传统文化探幽》，“校勘篇”，北京，商务印书馆，2008。

事时校勘。其时学者间形成了为校勘而校勘的风气，为校正一两字，耗费很多心血，这样的例子不少。因此，清代考据学之成就，很大程度体现在校书上。

清代学者、藏书家刻书时多做精校。例如，叶德辉《书林清话 书林余话》卷九提到：“阮文达元《文选楼丛书》，则兼收藏、考订、校雠之长者也。顾修《读画斋》，李锡龄《惜阴轩》，张海鹏《学津讨源》……多者数百种，少者数十种，皆校勘家也。”鲍廷博刻《知不足斋丛书》，不但自己校，还请不少名学者助校。

有的学者专以校书为业，或为藏书家，或为刻书家，或为官员等校书，比较著名的如许瀚、丁杰等。清代校勘学大家很多，有惠栋、卢文弨、顾广圻、戴震、王念孙、段玉裁、阮元、孙星衍等，其中卢文弨、顾广圻可以说是代表性的人物。卢文弨是清代著名的校勘学家，史载其“翻阅点勘，朱墨并作”，“家藏图籍数万卷，皆手自校勘”，“凡经披览，无不丹黄”。顾广圻被誉为清代校勘第一人，其书斋号为“思适”，典出《北齐书·邢邵传》中邢氏之语：“误书思之，更是一适。”意思是指读书遇到错误，我用我的思考去推究误处，是一件快乐而有趣味的事。顾氏常年受雇于人，为人校书，如代阮元纂《十三经注疏校勘记》。他奉行“不校校之”的校勘原则(“出校不改”，通过校记指出问题，但不改动原文)。冯桂芬说：“藏书家得异本必就先生相质……遂以善校雠名。书经先生付刊者，艺林辄宝之。”①

清人孙从添《藏书纪要·校雠》说：“校书非数名士相好，聚于名园读书处，讲究讨论，寻绎旧文，方可有成，否则终有不到之处。”这是指集体校书。集体校书，可以数人校一种书(如大部之书，每人负责其中一部分)，也可以数人分先后校一种书(如现在一书的二校、三校)。清代大规模的官方校书——四库馆校书就包含了这两种情况。四库馆中有分校、复校、总校多人，并制定了校勘条例，规定：若校出原书错误，有奖励；若未校出错误，有相应的惩罚。

清人专注于校书，还体现在以校书争胜上。其时不但遍校群书，经、史、子、集中均有不少书被人校过，而且一书屡经多人手校，尤其是一些

① (清)冯桂芬：《显志堂稿》卷二，见《清代诗文集汇编》第632册。

重要而富有挑战性(指校勘难度大)的典籍前后或同时经多位名家校勘。例如，当时校勘《水经注》的学者就有多位，由此还曾引出相互剽窃之争。

清人留下了很多优秀的校勘成果，有的是专书性的，如《四库全书考证》、阮元《十三经注疏校勘记》、卢文弨《群书拾补》、俞樾《古书疑义举例》等。其中《古书疑义举例》汇集了俞氏一生校书中所抽选的公例，如古书中的错、脱、衍等，是带有总结性质的校勘学专著。有的是附于书后的，如殿本《十三经》、殿本《廿四史》、写本《四库全书》所附之考证。有的是其他著作中所涉及的校勘成果，如何焯《义门读书记》58 卷、顾广圻《顾千里集》、王念孙《读书杂志》82 卷、王引之《经义述闻》32 卷、俞樾《群经平议》35 卷与《诸子平议》35 卷等。

总之，校勘学成就是清代传统学术中主要的成就。

（三）对校勘发展史的反思

通过对校勘史的考察，我们会发现古代尤其是清代存在过度校勘的现象，其主要表现为：

其一，古代学者为校勘而校勘，花费太多的精力、时间来校勘，虽然取得很多成绩，但是有时为夸耀学问，纠缠于小问题，就不是很合适了。

其二，过分夸大校勘的作用(有的是为刻书宣传的需要)，进而放大了古书错误的影响，这容易误导读者，使读者无所适从。古人常说，书非校不能读。难道我们看书时，都要先校一下再看吗？这对于一般人而言是不可能的。实际上，对于一般人的阅读而言，应该首先是找好的本子，找人家精校过的本子，而不是首先要自己校。

其三，过度校书必然造成更多的妄改，本身也造成新的问题。大家往往用“校书如扫落叶”“校书如扫尘”这样的话来描述校勘的复杂性，其实这些话后面还有半句——“旋扫旋生”。这些话本身就包含两层含义：原来的错很难全部清除，而校书又会产生新的错。因此，段玉裁说：“古书之坏于不校者固多，坏于校者尤多。”①以校勘的名义删改图书，以《四库全书》修书最为典型。校勘本为恢复原貌，但有时却更多地改变了原貌及造成了更多的混乱。

---

① (清)段玉裁：《经韵楼集》，191 页，上海，上海古籍出版社，2008。

四、校勘方法、校勘记与校勘原则

(一)校勘方法

有人将清代校勘方法分为对校法和理校法，也就是叶德辉所提出的“死校法”(对校法)、“活校法”(理校法)。对校法，主张排列异文，不定是非。理校法，主张既勘同异，又定是非。两者各有优劣，最好能结合运用。

对古代校勘方法的总结，最有代表性且最著名的是陈垣的四校法。陈垣出于讲授校勘学的需要，从《元典章校补》所录的1.2万条谬误中择出1/10作为典型校例，并归纳出若干校勘理论和方法，编成《元典章校补释例》(后改名为《校勘学释例》)，于1931年由北京大学国学研究所印行。该书将校勘方法归纳为“校勘四例”，也就是后来所说的校勘四法或四校法。这是目前为止对校勘方法最好的概括。四校法的基本意思如下：

(1)对校法。以同书祖本与别本对校，其作用是可校各本的异同。这一方法后来发展为选取一善本为底本，以他本做参对。他本较多，则一般要选出通校本与参校本。底本往往是错误少的本子，而通校本往往是祖本。对校法是最重要的、最基本的校勘方法，体现了校勘要广搜异本的根本要求。

(2)本校法。以本书前后内容互证，比较差异，发现问题。此法可在未获得其他校勘资料的情况下运用。

(3)他校法。凡著书均有采录前代文献或为后人所引用的现象，故可用他书校本书，这也是证明书有讹误的良法。例如，类书引文较多，可以用类书所引书之内容做校(但要注意类书引文多不规范)。

(4)理校法。凡遇无古本可据或数本互异而无所适从时，则应断以情理、常识，故名“理校”。此法也可简单视为“依理断定”。其实，依理而断的“理”，也可以视为校勘者想象的原本。因此，理校法也是在比较基础上的校正，只不过其用以比较的材料是想象的、虚拟的，而不是真实存在的。因此，这种方法在使用时尤其要谨慎，是没有办法的办法。

以上四法，以对校法为主，其他三法为辅。而且，四校法在实践中往往不是孤立地来运用，而是综合运用的。①

---

① 关于四校法更详细的介绍及如何运用，可参见杨燕起、高国抗主编：《中国历史文献学》，304～314页，北京，北京图书馆出版社，2003。

（二）校勘记

校勘记，又名校记、考异、考证，是校勘成果的具体体现。一般来说，就文献整理而言，凡有改动，一定要出校勘记。前述的方崧卿《韩集举正》、彭叔夏《文苑英华辨证》、阮元《十三经注疏校勘记》、卢文弨《群书拾补》等，均是历史上著名的校勘记。

校勘记可分为简式与详式，简式一般是附书而行的，包括：

(1)凡文字有误，可写为“某字，某本作某，是”，或“某字，当依某本作某”。

(2)凡文字有脱，可写为“某本某下有某字，当据补”。

(3)凡文字有衍，可写为“某本无某字，当系衍文”，或“某字衍”。

(4)凡文字有倒，可通的，可写为“某本某某二字互乙”；不可通的，可写为“某某二字原误倒，当从某本作某某”。

(5)凡文字有疑误，可写为“某当作某”。凡不能定其误的，写为“某疑当作某”。

详式校勘记，有附书而行的，也有专书性的，一般包括校、证、断3个层次的内容。校就是比对异文，提出问题。证也可称为“按”，是对问题进行分析。断就是得出结论。[①] 例如，《四库全书》本《灊山集》卷一末附“考证”云：“第六页前八行，櫑具，原本讹作礧具，按：櫑具乃剑首之饰，出《汉书·隽不疑传》，今考正。”如果只是校、证，不做结论，就是“按而不断”。

（三）校勘原则

以往论及的校勘原则，如不妄改、不轻改，实事求是、多闻阙疑，求真复原，勘同异、定是非等，这些是总的原则。其中最重要的是实事求是、多闻阙疑，但其含义较模糊，不好把握。又如，有人认为存真、校异、订讹是校勘的3项原则。存真又分两种，一为求古本之真，二为求事实之真。求古本之真，即把古本中的文字异同，以及书的行款、版式、字体差异、纸质，甚至圈点、收藏图章等，都要一一记录下来。求事实之真，就是“断其立说之是非”，即对原作者讹误进行校正。校异，只是罗列众本异同，校

① 参见郭英德、于雪棠编著：《中国古典文献学的理论与方法》，225页。

者不做是非判断。订讹，即根据不同的本子或别的方法订正讹误。[1] 这些论述虽然具体，但太烦琐，且所谓求古本之真，并不能说是真正的校勘。因此，我在前人总结的基础上做了一些归纳、简化的工作，将校勘原则概括为：

1. 发现问题，分清差错

首先，要尽可能找出古书文字中所有的问题，然后，分清其中哪些是差，哪些是错。所谓差，包括异和疑，指文字有疑问，但我们没有足够理由和办法给予改正的问题；所谓错，包括误、衍、脱、倒等，就是我们有足够的理由(当然没有绝对的)认定的错误。

2. 差则存之

亦可称为“存异阙疑”。这主要是针对上述第一类问题而言的，相当于前人所说的校异原则，即将几种本子的不同之处罗列出来，不做判断，存以备考。校改一定要有足够的依据，倘若只凭个人理解来校改就很危险，因为文义讲得通的表述往往会有多种。前人总结过几种不要轻改的情况，是我们应该注意的，如：

(1)避讳字的回改。

(2)古人引文多不规范，不要据所引原文改动。

(3)古今字、异体字、通假字。

3. 错则改之

亦可称为“存真求善”，即改错，主要是针对上述第二类问题而言的。存真，指保留原文(误)。求善，即改正原文，通过校勘记列举证据。这与前人所说的存真复原的原则是相近的，但更强调当断则断。

总之，我认为，校勘的总原则应该是：发现问题，分清差错；差则存之；错则改之。也就是说，所有的问题都应该指出，应改则改，不应改则不要改，但均要保留原文(无论是误或疑误)。

(四)对校勘原则的一些思考

1. 关于求真、求善的问题

校勘是为了恢复文献原貌吗？仅仅是为了恢复原貌吗？这是校勘学常遇到的问题。

---

① 参见戴南海：《校勘学概论》，33～37页。

古人以求真为目的的校勘居多，这有一定的局限性。真，一般来说指的是古本。因此，古人校勘的目的是恢复原貌，改正流传中的错误。但是，古本就没有错吗？这样，我们又必然会追溯至原稿。原稿是否会有错？显然，原稿也有可能有错。对于古人而言，认识古本有错已是相当困难的事，认识原稿有错，则更困难。

事实上，我们几乎很难找到文献的原稿，因此，我们校勘时用以比对、检验的真，往往只是校勘者想象的真(善)。那么，对校勘的追索必然会回到“古本—底本—作者原稿—想象的真”这样一个思路上，而由求真转变为求善(求是)，由改正流传中的错误转变为改正一切错误(当然也包括作者原稿的错误)。段玉裁《经韵楼集》卷十一《答顾千里书》云：“夫校经者，将以求其是也，审知经字有讹则改之，此汉人法也。汉人求诸义而当则改之，不必其有左证。”光绪年间，许增在为校刻《唐文粹》所作的《缀言》中说：“校雠之学二涂：一曰求古，一曰求是。求古者取宋元旧本，一一覆写，期于豪(毫)发无遗，并旧本显然谬误及俗书国圣之类，亦必沿袭，以存其真。求是者，寻求原本，搜采群籍，舍短从长，拾遗补阙，必正未刻以前写官之误，既刻以后，椠工之失，求心所安，以公同好。今刊此本，略依求是之例，知不免为求古者所讥，不遑恤也。”[①]求善(求是)是在求真基础上的进一步要求。所谓理校，其实就是求善，也是据想象的真来做校的。[②] 因此，求真与求善是相通的。

2. 关于改和不改的问题

如前所述，如果发现问题，改或不改，这也是校勘者常纠结的地方。例如，阮元在校刻《十三经注疏》时规定：“凡有明知宋版之误字而亦不使轻改，但加圈于误字之旁而别撰校勘记，择其说附载于每卷之末。”后人还据校勘者对待改或不改的态度，将清代校勘分为不同的派别。

我认为，既然我们要尽可能地指出文献中的所有文字问题，那么，对于能够有确切把握证明其为错的就应该改，当断则断；对于没有把握或把握不足的问题就存以备考。对于上述两种情况，都要保留原文。如果将作

---

① (宋)姚铉编：《唐文粹》卷首《文粹缀言》，许增校，杭州，浙江人民出版社，1986。

② 理校所遵循的原则其实是凡是真的(原本)都是善的(合理的)，故善的必然是真的。

者原稿的错都改了，不是替古人改文章了吗？古人的错恰恰反映古人的真实水平，我们都改了，不就抬高古人了吗？另外，如果是古人故意的错呢？如果是我们理解的局限呢？因此，我们在改动时一定要慎重。

总之，只要我们遵循保留原文、指出问题之原则，即可既不诬古人，又不误今人。

3. 关于差错的认定问题

校勘主要针对哪些差错？差错分为流传中产生的差错与原稿中的差错。流传中产生的差错，主要是文字的差错，好处理；原稿中的差错，有文字差错，还有事实差错，甚至还有观点的差错，不好处理。对于原稿中的差错，我们应该这样来处理：文字、事实方面的差错，应参考上述求真与求善相结合的原则，或改正，或指出问题，存异待考；观点方面的差错，则不必做校。

总之，求真与求善应该结合、统一，要尊重原貌，也要指出问题。我们应该用发展的眼光看待校勘，而古代的校勘实践其实也证明了：并无绝对的校异(不改错)，也没有绝对的改错(不存异)。从求真到求善，应是校勘发展的必然结果。

第四节　辨伪学

辨伪学研究没有目录学、版本学与校勘学研究成就、影响那么大，但是仍有一些成果值得注意：一方面是据考古发现对古书辨伪的再检讨；另一方面是一些辨伪学专著的出版，如杨绪敏《中国辨伪学史》(天津人民出版社 1999 年版)、司马朝军《文献辨伪学研究》(武汉大学出版社 2008 年版)、佟大群《清代文献辨伪学研究》(人民出版社 2012 版)和《民国文献辨伪学研究》(中国社会科学出版社 2018 年版)。我们学习辨伪学，要关注和利用这些成果。

一、辨伪与辨伪学

(一)辨伪

辨伪有广义、狭义之分。广义的辨伪是指对凡有真伪问题的事和物进行分辨。例如，辨伪可以针对伪科学，也可以针对假冒伪劣产品等。狭义的辨伪是指对文献真伪的分辨，其中最主要的是辨伪书(就本教材而言，主要指古籍)，当然也会包括一部分辨伪文、辨伪诗等(其实也可看作辨伪书的一部分)。书画的辨伪，其方法与辨伪书的方法有很大不同，不包括在本教材讨论的范围内。

辨伪与文献学各个分支学科之间具有内在的紧密联系。

辨伪与版本。鉴别伪造的版本也是一种辨伪工作，但属版本学的内容。也就是说，版本造伪，不能称为伪书。

辨伪与校勘。辨伪是校勘的扩展工作。换言之，在文献整理中，有意识的错归入辨伪，无意识的错归入校勘。

辨伪与辑佚。辑佚时要注意所辑是否为伪书；辑书所收内容不准确，甚至辑有伪说、伪事，体例、编排不规范，往往会被认为是伪书；有人认为，伪书是辑佚的远源。

（二）辨伪的意义

辨伪应用广吗？为什么要学习辨伪呢？与目录、版本、校勘诸学相比，辨伪应用并不广，因为所有书都会涉及目录、版本，古代很多书也都经过校勘或需校勘。那么，我们看书时是否也要先辨一下书是否伪呢？显然，这是不必要的。尽管如此，辨伪的意义还有很多，且很重要，值得我们重视。

其一，得古书之真相。通过辨伪，我们可以分清古书之真伪，了解古书之真相。辨伪可以分为证伪与求真两方面：一些真书我们证其为伪；一些伪书我们证其为真。这些都是了解古书真相之工作。例如，阮元《文选楼藏书记》，其实是晚清民国时有人以修《四库全书》时浙江的《进呈书目》初稿伪造的。[①] 我们以前一直没有注意此点，因而对阮元《文选楼藏书记》有一些错误的认识。

其二，为学术研究提供可靠的资料。真书自有真书之价值，伪书虽也有价值，但是其终究无法与真书相提并论。分清了古书之真伪，可以为学术研究提供有力的支持。

---

① 参见杨洪升：《〈文选楼藏书记〉考实》，载《文献》，2011(4)。

其三，可以对文献学其他分支学科提供支持，相互促进。例如，校勘要注意利用辨伪的方法与成果；辑佚之先，要搞清楚所辑的是否为伪书，以免事倍功半；等等。

其四，我们可以借鉴古代的辨伪方法研究新书的造伪现象。辨伪不只是针对古书的，近代以来的伪书，我们也要辨。例如，近些年书商为了牟利，颇有造伪书之举，包括伪造外国书、名人书等。随着技术的发展，造伪越来越高明，花样也不断翻新。①

此外，以往的伪书前人多已考辨过，我们要充分利用其辨伪成果。至于一些单篇诗、文等伪作，前人不可能都考辨过，还需要我们进一步辨伪。例如，《郎园学行记》一文即可作为伪作考辨之一例。郎园为叶德辉之号。此文原署杨树达、杨树穀记。他们兄弟二人均为叶氏之受业弟子。此文之流布于社会约在1923年。其时叶氏年届六十，还在世。作为弟子，杨树达兄弟写此文以表彰之，应是可以理解的。文内也有提及其兄弟处，以其口气来行文。但是，杨树达在后来却矢口否认此文为其所作，主要是因为其中有不少批评时人的话，怕惹麻烦。杨树达说是叶氏弟子所作，拟其兄弟之名。但是，当时叶氏名声并不坏，无须避忌叶氏之名，若是其他弟子所拟，何必借用其兄弟之名，而且在文内以其兄弟之口气行文呢？另外，杨氏兄弟为叶氏之得意弟子，且杨树达为叶氏之大弟子，出头拟此文也是合理的。杨树达之辩，并不在当时，而是后来叶氏之名已坏之后。因此，该文应是杨氏兄弟所作。②

（三）辨伪学

辨伪学也有广义、狭义之分。广义的辨伪学是指对辨伪理论、辨伪方法、辨伪历史、辨伪成果等进行系统研究的一门学科。狭义的辨伪学主要是指对伪书(文献)产生及辨伪书的历史、方法等进行系统研究的一门学科。这里讲的是狭义的辨伪学。

---

① 参见刘重来：《中国文献辨伪学新思考——从传统文化角度审视》，见中国历史文献研究会编：《历史文献研究》总第33辑，上海，华东师范大学出版社，2014；林庆彰：《伪书与禁书》，台北，华艺学术出版社，2012。

② 参见《崔建英版本目录学文集》，555～556页，南京，凤凰出版社，2012。

（四）辨伪学史

随着伪书或疑似伪书的出现，辨伪很快就产生了。杨绪敏《中国辨伪学史》对中国辨伪学的历史做了全面而系统的论述。该书将中国辨伪学划分为4个时期：疑古思想的萌芽及辨伪学初起时期——先秦汉魏南北朝；辨伪学的发展时期——唐宋；辨伪学的成熟时期——明清近代；辨伪学的再发展时期——现当代。这种分期我们可以参考。

先秦已有辨伪意识，如孟子说过“尽信书，则不如无书”。到了汉代，司马迁对文献做过辨伪；刘向父子校书，也进行辨伪。班固在《汉书・艺文志》中所加之小注，多有这样的辨伪之语：“其语浅薄，似依托也。”又如，杂家，《大禹》37篇“传言禹所作，其文似后世语”；农家，《神农》20篇“六国时，诸子疾时怠于农业，道耕农事，托之神农”。王充作《论衡》，其中《书虚》《儒增》《艺增》《刺孟》等，都可视为辨伪的篇章。不过，此时学者的辨伪更多地停留在怀疑阶段，对伪书的认识还很模糊。

从唐代开始，辨伪之作渐多，如刘知幾《史通》之《疑古》《惑经》篇。在《疑古》篇中，刘知幾对《尚书》《春秋》《论语》等书提出十疑，指出孔子删定的《春秋》“未谕者有十二”，“虚美者有五焉”，是因袭旧文。柳宗元对诸子书之真伪做过比较多的考辨，写有《辨列子》《辨文子》《辨鬼谷子》《辨晏子春秋》《辨亢仓子》《辨鹖冠子》《论语辨》等。

宋代辨伪学有很大发展，顾颉刚说：“宋代辨伪之风非常盛行，北宋有司马光，欧阳修，苏轼，王安石等，南宋有郑樵，程大昌，朱熹，叶适，洪迈，唐仲友，赵汝谈，高似孙，晁公武，黄震等。”[①]欧阳修是开宋代辨伪之风的人物，其对《易传》《诗序》等的辨伪颇受后人重视。吴棫首疑《古文尚书》之伪，郑樵曾作《诗辨妄》，影响也很大。朱熹对近60种典籍进行了辨伪，主要见诸其《朱子语类》中。其总结了两种辨伪方法：“一则以其义理之当否而知之，一则以其左验之异同而质之。”[②]前者即内证(本证)法，后者即外证(他证)法。此外，高似孙的《子略》也对一些子书做了考辨。

明代，宋濂《诸子辨》对先秦以来44种子部书的真伪等问题做了考辨。胡应麟《四部正讹》3卷是一部辨伪学专著，将辨伪的范围由子部扩大到四

① 顾颉刚：《序》，见(明)宋濂：《诸子辨》，3页，北京，朴社出版社，1926。

② (明)丘濬编：《朱子学的》，53页，北京，中华书局，1985。

部，考辨伪书104种。该书还对伪书类型做了区分，并总结出考辨伪书的8条方法。梅鷟作《古文尚书考异》，对后代考证《古文尚书》之伪影响很大。

清代，清前期姚际恒的《古今伪书考》1卷考辨之书有经类19种、史类13种、子类30种。姚氏认为集部之书人们不好作伪，所以不考。该书将很多先秦、秦汉之书列为伪书，颇有振聋发聩之功。阎若璩穷20余年写成的《尚书古文疏证》，共8卷，列举了128条证据，将孔安国传《古文尚书》判定为东晋梅赜所造的伪书。该书被认为是《古文尚书》伪书案的定谳之作。《考信录》为崔述代表作，包括《考古提要》《夏考信录》《商考信录》《丰镐考信录》《洙泗考信录》《孟子事实录》等，共46卷，对战国秦汉以后关于上古史的各种说法加以考辨，主要是考古史，其中也有一些辨伪成果，对后来的疑古思潮有很大的影响。康有为《新学伪经考》，又名《伪经考》，14卷。该书将历代封建统治者所尊崇的古文经典，如《周礼》《逸礼》《古文尚书》《左传》《毛诗》等，都认定为西汉末年刘歆伪造的，都是伪经。

现当代，辨伪成果很丰富，代表作有：梁启超《古书真伪及其年代》，顾颉刚等《古史辨》，黄云眉《古今伪书考补证》，张心澂《伪书通考》，郑良树《续伪书通考》，邓瑞全、王冠英主编《中国伪书综考》。上述诸书可以为我们检索伪书提供方便，但它们对伪书的界定比较宽泛，涉及的很多“伪书”并不是真正的伪书。其中有些书的真伪问题，我们还需参考最新的辨伪成果来进一步了解。

辨伪学真正构建成一门学科是20世纪的事，其主要标志是在辨伪理论上，由过去传统的、较为零散的归纳总结，逐渐形成科学的、系统的、较为完整的理论体系；在辨伪方法上，由过去主要是乾嘉考据辨伪方法，逐渐加入了现代科学方法，如二重证据法。

辨伪学理论的奠基人是梁启超，他于20世纪20年代撰写了《中国历史研究法》(1921)、《中国近三百年学术史》(1924)、《古书真伪及其年代》(1927)等著作。这些著作不仅构建了新史学理论，也以求实求真的理性眼光，运用近代科学演绎、归纳等方法，构建了辨伪学理论。在这3部书中，他对伪书的种类、作伪的原因、辨伪的意义、辨伪的方法、伪书的价值等做了系统的阐述，进行了理论总结。

20世纪二三十年代，中国学术界掀起了一股辨伪浪潮，不仅出现了古史辨派，而且产生了大量辨伪成果，从而推动了辨伪学的发展。在五四运动和新文化运动影响下，一批精于国学，又受西方近代学术思想影响的学者如胡适、钱玄同、顾颉刚等人，以“疑古”“求真”相标榜，主张“严格的不信任一切没有充分根据的东西”[①]，冲破了“经书即信史”的传统观念，对儒家经典，对古书、古史都抱持怀疑态度和重新认识、考辨的决心。其中最突出的是以顾颉刚为首的古史辨派的崛起。顾颉刚于1923年提出了“层累地造成的中国古史”的著名论断：时代越后，传说的古史期越长；时代越后，传说中的古史中心人物材料越多，形象越大。这样作成的古史自然包含了大量虚假的成分，必须考辨其真伪。顾颉刚等人还将20世纪二三十年代史学界研究中国古代史、考辨古代史料的文章汇印成《古史辨》，共7册（9本），对辨伪学产生了深远的影响。

在此之后，张心澂《伪书通考》、余嘉锡《古书通例》等著作，进一步推动了辨伪学的发展。余氏据传世文献对古书的真相做了深刻的揭示，其主要观点可归纳为：古书不题撰人；古书多无大题，而以种类名、氏名及篇数、字数称之；古书多以单篇流行，篇题本身就是书题；篇数较多的古书多带有丛编性质；古书往往分合无定；古书多经后人整理；古书多经后人附益和增饰；古人著书之义强调“意”胜于“言”，“言”胜于“笔”。[②] 余氏之观点对后世产生了巨大的影响，在最近一些年更得到了诸多古文献研究者的赞赏与回应。

在出土文献的支撑下，一些学者重新反思古书，给予余嘉锡的观点以极大的支持，其中以李学勤、李零为代表。例如，李学勤的《走出疑古时代》对以往疑古太重做了纠正，认为：“辨伪有时会过了头，每每是由于对古书的形成传流没有足够的理解。在印刷术发明以前，我国的书都是用简帛抄写甚至依靠口传的，经过若干世代的流传，编次的变化，文句的更改，后世词语的羼入，都是可能的，或者是不可避免的。不能由于发现了这一类现象，就斥为伪书。”[③]

总之，参考余氏据古书发展史所做的合理推论，再验之以出土文献，

---

① 胡适：《五十年来之世界哲学》，见《胡适文存》二集卷二，237页，北京，外文出版社，2013。

② 这是参考李零的《出土发现与古书年代的再认识》（见《李零自选集》）所做的归纳。

③ 《李学勤集——追溯·考据·古文明》，24页，哈尔滨，黑龙江教育出版社，1989。

我们可以发现，很多先秦古书其实并不是伪书。也可以说，真伪的概念不能适用于先秦时期的书。通过考察辨伪学史，我们还可以发现，辨伪对象的范围曾逐渐扩大，到 20 世纪二三十年代达到鼎盛，而现在又慢慢纠正，缩小了怀疑对象的范围。传统的辨伪学主要是建立在对先秦文献的考辨上的，如果我们之前认定的很多先秦伪书并不存在真伪问题，那么传统的辨伪学是否需要推倒重建呢？无论如何，我们的讨论都应该首先从伪书的定义开始。

二、伪书

（一）伪书的定义

伪，会意兼形声字，从人，从为，为亦声。其本义为人为之，非天真也。也就是说，伪不是自然的，是人故意做出来的。因此，伪书是指由人为故意借名编造而成的书。与伪相对的字是真，因此，伪都是相对于真而言的，没有真，就没有伪。那么，伪书也是相对于真书而言的，没有真书，就没有伪书。具体而言，伪书必须符合以下 4 种情况。

其一，是书的伪，或者是伪的书。这有两方面的含义，一方面，书的伪是指虽然是伪，但确实是书，而不能没有书。没有书的伪，就是假书。例如，某人没有写某书，却声称其写了某书，这种子虚乌有的书，其实是假书，不是伪书。可见，伪书应该是真真切切的书。也就是说，从实际存在的角度看，伪书就是“真书”。另一方面，伪的书是指伪造的是书，而不是书中的论说、记载，也就是所谓伪说、伪事。在流传下来的古书中，除伪书外，在一些古书中还掺杂着伪史、伪说，因而有学者主张中国古代辨伪历史是“分两条线交错发展的：一条是关于书籍的名称、作者、年代真伪的考辨，一条是关于书籍内容诸如事实、论说真伪的考辨”[①]。在《中国历史研究法》一书中，梁启超提出了辨伪书的 12 条标准(公例)，其中就有一些是证伪事的标准。但是，郑良树《古籍辨伪学》认为，古籍的辨伪不应该包括辨伪史、伪说。[②] 我也认为，包含伪史、伪说的书不能称为伪书，因为伪史、

---

① 孙钦善：《古代辨伪学概述(上)》，载《文献》，1982(4)。

② 参见郑良树：《古籍辨伪学》，台北，学生书局，1986。

伪说与伪书、伪文不同，这些文字是作者自己的文字，并不是冒用他人之文。

其二，是人为故意编造的，是主观造假，有意识造伪。伪是主观的，只有主观的造假行为，才能算伪，否则不是伪。我们可以据此来重新审查先秦所谓伪书。李零在《出土发现与古书年代的再认识》中说："传统辨伪学所定判别真伪的标准大多不能成立。过去，疑古派曾以战国秦汉人头脑迷信，推定他们必然特别喜欢作伪，当时的气氛也特别适于作伪。但现在我们的看法却毋宁相反。在我们看来，既然古代并没有如同后世一样的明确著作权，当时人很少想到借著书而自名，加上书籍传播的不易，则他们不仅应比后世更少作伪之动机，而且应比后世更少作伪之可能。"①也就是说，先秦很少有主观造伪之动机，也就很少有所谓伪书。

其三，是借名，即以假充真。伪都是相对于真而言的，没有真，就无所谓伪。而且，只有以假充真的伪，才是真正的伪。不充真，不算作伪，如仿古之作、仿品等。刘向、刘歆等人整理图书，初步确立了书的基本要素，即题名、作者②、篇卷数，从这个时候开始，书才真正成为书，而之前的书其实不能算是真书(没有明确的题名、作者、篇卷数)。因此，先秦时并无所谓真书，也就无所谓伪书。我们拿后世真书的概念来看先秦之书，会发现先秦之书多不合规范，因而多是伪书。其实，这样一种认识是犯了以今律古的错误，正如李零在《出土发现与古书年代的再认识》中所指出的，真伪的判别，"根据的却是汉魏以后的著作体例，放之先秦，则大谬不然"③。

其四，所有的伪都是作者伪。以往伪书分为全部伪、部分伪、人名伪、书名伪等，但无论哪种伪，其实最根本的是作者伪。也可以说，伪书中的以假充真，都可归结为作者伪，也就是书名义上的作者并不是其真正的作者。真正的伪书都是作者伪。只有作者伪，才是真伪。真正的伪书，作者与书的对应关系不能成立。例如，佚名，其实也是借名，有的伪书作者虽题佚名，但仍可定其为伪书。作者是佚名的书，我们判断其是否为伪书会比较困难，但这恰恰说明作者在判断伪书上的重要性。至于笔名，虽也是

---

① 《李零自选集》，31页。

② 当然，刘向、刘歆乃至班固(《汉书·艺文志》)所理解的作者与我们现在所说的作者并不完全一样。

③ 《李零自选集》，23页。

借名，但是，其名义上的作者(笔名)还是真正的作者，笔名不是他人的，而是作者本人的，因此不能只据笔名来定伪书。例如，《金瓶梅》的作者是兰陵笑笑生，虽然我们不知道谁是真正的作者，但是，我们知道兰陵笑笑生就是真正作者的笔名，因而此书不是伪书。宋代刘过有《龙洲集》，苏过(苏轼之子)有《斜川集》，但失传，后来书商以刘书假代苏书，即以《龙洲集》冒题《斜川集》以流传求利，此《斜川集》就是伪书。

(二)哪些书不能算为伪书

非有意作伪的书，都不能算为伪书。以往学者多认为，误题也算伪书。其实，如果误题也是伪书，那么古书中的无意写错字，辑佚中的误辑，也都是造伪了？那么，什么错不是造伪呢？校勘与辨伪的工作有何区别呢？

1. 全书误题或妄题作者

(1)因篇中有某人名而误题。例如，《素问》，今称《黄帝素问》。

(2)因书中多述某人行事和言论而得名。例如，《孝经》，旧题曾子或孔子撰。

(3)不得作者名而臆断妄题。例如，《郑成功传》，旧题黄宗羲纂。又如《颐斋文稿》，作者实为陆锡熊，而中国国家图书馆误著录为陆费墀著，但不能称其为伪书。《稻香楼集》，作者实为龚鼎孚，首都图书馆误著录为龚鼎孳著，也不能算是伪书。《孔子编年》，旧题宋胡舜陟撰，实为其子胡仔撰，也不能算是伪书。这样的例子还有很多。民间文献的作者、题名多不严格，甚至多不署名，我们不能随意定其为伪书。此外，《国立南京图书馆善本书目》一书，“国立南京图书馆”之名只在中华人民共和国成立之初使用过，但该书内容却是民国时期的，因而该书应是中华人民共和国成立之初抄的民国书目，而误题此名，但该书也不能算是伪书。

(4)本有作者名，不察而妄题。例如，《越绝书》，作者旧题为子贡，实为袁康、吴平。

对于以上这些误题之书，我们指出其问题所在即可，不应该定其为伪书，因为伪书的性质较严重，会影响我们对古书的信任。例如，《内经》，不是黄帝作，我们知道此点，不影响对其阅读。

2. 误编入或附入部分内容

(1)混合之书误作专书。例如，《管子》，非管子所作，以混入管子《弟子职》而误以为管子所作。

(2)注解与正文同列而混入正文。《洛阳伽蓝记》原书有正文与子注，宋以后在传抄过程中两者相混，而将部分注释混入正文。

(3)后人续作。例如，《史记》，有后人续写之内容，与原作相混，但不能认定其为伪书。隋代类书《编珠》，原有4卷，至清代缺佚了后2卷，高士奇据原目补2卷，并作了2卷续编，但不能认为高氏所补、续之《编珠》为伪书。《艺文类聚》，《四库全书总目》该书提要载："叶大庆《考古质疑》论其正月十五日有苏味道夜游诗，洛水门有李峤游洛诗，寒食门有沈佺期、宋之问诗，四子皆后人，欧阳安得预编之？则传写又有所窜乱，非尽询等之旧也。"我们不能据此而定《艺文类聚》(欧阳询主编)为伪书。

(4)编辑者无识贪多，误把一些文字收入，非有意为之。大典本宋代《镇江志》、大典本宋代《河南志》，均有元代的内容，不合常理，元代的内容是辑佚者误辑入的，但不能就此定其为伪书。后人编前人文集，往往求全求备，误入他人作品之事所在多有，尤其是附录部分所收多有争议，但我们不能据此而定这些文集为伪书。

此外，我们还要注意造伪与剽窃、抄袭的区别。剽窃而成的书，算不算伪书？这是很复杂的问题，有的可能算，有的可能不算。其实，古人并不那么重视著作权，编书、著书时抄别人的东西很多，所谓"述而不作"；前后修书，后者用前稿而不注明；等等。例如，王鸿绪《明史稿》窃万斯同的《明史稿》，谷应泰《明史纪事本末》据说原为张岱所撰，是其用五百金购得，这些我们不能一概视为伪书。还有，古人多有请人代笔的习惯，如主人请幕宾捉刀，相传李雯替多尔衮作《致史可法书》，缪荃孙替张之洞撰《书目答问》，这类也不能算为伪文、伪书，因为其中并没有以假充真的主观动机。

倘若按照以上的标准看，我们以前认为的伪书，多不是真正的伪书。

（三）反思

其一，以往疑心过重。

古代伪书多吗？从辨伪学史来看，伪书的范围太宽泛，没有明确的、严格的限定，造成辨伪的过度化，疑古太重，疑心太重，勇于疑古。明代胡应麟在《四部正讹》中曾感叹："余读秦汉诸古书，核其伪几十七焉。"清末张之洞在《辅轩语》中亦云:“一分真伪,而古书去其半。”但是,据张心澂1957年版《伪书通考》正、续篇统计,有真伪问题且经历代学者讨论过的古书只有1104种。据邓瑞全等《中国伪书综考》统计,伪书也只有1200种(包括近代伪书)。因此,近代以前伪书也就1000余种,更何况这些伪书中有很多并不是真伪,有的只是部分伪、疑似伪而已。可见,前人疑心过重,对伪书的估计有些危言耸听。现在许多人认为古代伪书很多,大概都是受这些言论的影响。

其二,对先秦古书真伪的认定要重新思考。

以往认为伪书多,其实主要是指先秦伪书多,其中经部、子部伪书尤多。古代辨伪多集中于汉以前的著作,对晚近著作则不重视。但是,我认为,恰恰也就是先秦伪书的认定存在最大的问题。

如果按照现在的图书标准来看,先秦的书多是伪书。但是,如前所述,先秦并无所谓真书,也就无所谓伪书。谈先秦时期的伪书,本身就是一个伪问题。也可以说,先秦之书,伪而不伪。王燕玉曾指出,先秦时期伪书多。其实,大抵孔子以前,本无有意著书的事。著述例不自署姓名,竹帛流传未知作者,后人欲知作者不得,则往往揣测某名人,拟为伏羲、神农、黄帝、文王、周公、孔子等。此所谓三代以上唯恐好名,先秦书不伪而作者伪。战国末年,秦相吕不韦,令门客著书而自署名,为著书署名始,所谓三代以下唯恐不好名。[①] 这与余嘉锡的观点是颇为一致的。

事实上,先秦的所谓伪书也不断被考古发现得以证真。例如,《鹖冠子》,是战国杂家(亦有认为是道家)之书,唐代柳宗元认为是伪书,《四库全书总目》认为是真书,并有乾隆御题。后来据出土文献,可证此书实为真书。又如,《孔子家语》,以往多认为是王肃为学术争胜而伪造的。但是,1973年河北定县(今定州)八角廊西汉墓出土的竹简《儒家者言》,内容与今本《孔子家语》有关;1977年,安徽阜阳双古堆西汉墓也出土了篇题与《儒家者言》相应的简牍,内容同样和《孔子家语》有关。这些考古发现说明,今本《孔子家语》是有来历的,并不能遽断为伪书,更不能直接说成是王肃伪造的。

其三,伪书研究重心应后移。

---

① 参见王燕玉:《中国文献学综说》,268~269页,贵阳,贵州人民出版社,1997。

以往对伪书的研究主要集中于唐以前伪书，重古轻今。除了前面提到的先秦之书未正式定型之原因外，文献生产和复制方式也影响着书的定型。唐代以前书籍传播靠抄写，容易产生错误，书籍难称完全定型，故变数较多，问题较多，易被勇于疑古之学者定为伪书。事实上，关于明清、民国时期的伪书，还有大量的工作要做，而不能只是研究唐以前的伪书。例如，明末编书多，造伪的也多，书商造假成风，我们应该多研究这时期的伪书。当时名人如李贽、陈继儒、陈仁锡等，社会上有大量假托其名编纂之书。这些现象也可与现代书商造伪之风相比较来研究。

其四，以前所谓伪书往往是指有问题的书。

很多学者将伪书的种类定为全部伪、部分伪(如《文选》)、作者伪、时代伪、误题撰人(不是故意的)、疑似伪等。其实，这些并不都是真正的伪书。例如，部分伪的伪书，到底其中有多少内容是伪的才是伪书呢？这就涉及伪书的相对性问题。袁行云《许瀚年谱》载："王筠《正字略》改定底本(山东博物馆藏)，有咸丰二年手记，略云：'壬辰重刊之后，琉璃厂书肆多翻本。己亥秋，何子贞太史典试七闽未返，余于友人案头见一本，序署子贞名，其词似与余不相识，刻之者同仁堂也。他日见印林谓其作伪，印林笑曰："伪则伪矣，亦不得谓之非真也。"'"①也就是说，此书的序文作者是伪的，但书是真的。这就是真中有伪，伪中有真。

由于疑心过重的影响，我们往往把那些搞不清楚的书称为伪书。其实，那些书的情况相当复杂，不能一概而论。例如，古代书籍、诗文作者常有不清楚的情况，或误题，或故意佚名，但不要轻易定为伪作，因为伪的性质较严重，容易引起误解。若定为伪书，则会以为是主观造伪，与流传中的误题并不相符。因此，我们以往认定的很多伪书(有问题的书)，其实可以再考。

总之，以往的辨伪要不就是方法简单，要不就是伪书定义宽泛，我们需要重新检讨。

三、伪书的价值

伪书当然也有价值，而且很大。梁启超在《古书真伪及其年代》第五章

---

① 袁行云：《许瀚年谱》，105页，济南，齐鲁书社，1983。

中将伪书的价值归纳为四点：保存古书；保存古代神话；保存古代制度；保存古代思想。

显然，其对伪书价值的认识还是有些狭隘，我们应该从更广的角度来认识伪书的价值。

首先，伪书是书。所有的伪书都是书，都是“真书”(真正的一部书)。作为书，自有其价值。

其次，要搞清楚伪书如何伪，恢复其真貌，即可利用此伪书，其价值与真书并无二致。伪书中的伪是相对的。当我们说一部书伪的时候，这个伪指的是什么呢？往往指的是伪的表象。也就是说，只要我们揭开其伪的外表，它就恢复为真书，当然有其作为真书的价值。陈寅恪说：“然真伪者，不过相对问题，而最要在能审定伪材料之时代及作者，而利用之。盖伪材料亦有时与真材料同一可贵。如某种伪材料，若径认为其所依托之时代及作者之真产物，固不可也。但能考出其作伪时代及作者，即据以说明此时代及作者之思想，则变为一真材料矣。”[①]例如，伪《古文尚书》是魏晋时人作的，冒称为先秦之书，自然是伪书，但在确定其为魏晋时人所作的事实后，其书就能提供许多有价值的资料。《文选》中的李陵《答苏武书》、苏李唱和诗也是伪的，但自有其价值，反映了当时人的愿望、寄托，在后世亦多被称引。总之，对于论定为伪书者，不能置之不顾，而应当把它当作研究伪作者那个时代的宝贵资料来对待。

既然要恢复伪书之真面貌，就要谈谈求真的问题。关于求真，可以这样来理解，如某部伪书，我们考证其为伪作，指出作者是伪的，那么，真正的作者是谁呢？是不是要进一步研究呢？这一工作就是求真。这种求真也是属于辨伪学的范畴吗？以往辨伪学一般很少谈这方面。显然，辨伪只是证伪，没有求真，只是做了一半工作。这容易让人觉得辨伪只有破坏性，没有建设性。因此，我们要在辨伪的基础上求真。辨伪中的求真，与校勘学上所说的求真不同。校勘上的真是指原貌，而这里的真是指真伪的真。

四、伪书产生的原因

伪书产生的原因很多，也很复杂，但最根本的原因是伪作者希望通过

① 陈寅恪：《金明馆丛稿二编》，280页，北京，生活·读书·新知三联书店，2001。

伪书来达到一定的目的，获取一定的好处。兹参考前人的看法，将其中主要的原因归纳为以下5点。

1. 借重

包括尊古、托古。《淮南子·修务训》曰："世俗之人，多尊古而贱今，故为道者必托之于神农、黄帝而后能入说。乱世暗主，高远其所从来，因而贵之。为学者蔽于论而尊其所闻，相与危坐而称之，正领而诵之。"先秦以前，受迷信古人、圣贤心态的影响，一些人为了宣扬自己的学说，便采用托古的方法，诸如《神农本草》托名神农，《黄帝内经》托名黄帝，大概就是如此。但是，也不排除其中有后人误题的情况，并不是作者有意造伪。李零即认为此类情况是依托，不是造伪。[①] 后代与此类似的造伪心态是借重，即借用名家或古人的声望来提高书的价值。例如，宋代王铚撰《龙城录》而托名柳宗元、佚名撰《杜诗故事》而托名苏东坡，明代王逢年撰《天禄阁外史》而托名汉代黄宪，等等。这与下文所提的书商借名不同，这些作伪者应该并没有明显的挣钱目的。

2. 射利

包括邀赏。古代朝廷征书比较普遍，并有诸多奖励措施，这会引起一些投机取巧者冒险造伪，如汉代张霸伪造《古文尚书》。书商作伪也多是出于射利。将一书改头换面，托名更早之人或更有名望之人，如《群贤梅苑》为书商截取宋代黄大舆《梅苑》一书而成，托名朱鹤龄；《多能鄙事》托名刘基；《蕉窗九录》托名项元汴；等等。明末书业多有此种情况，像李贽、陈继儒、陈仁锡等，坊间多托其名编书，如《疑耀》托名李贽，《宝颜堂秘笈》托名陈继儒，《子品金函》托名陈仁锡等。

3. 嫁祸

包括诬善、诽谤。有人为了泄私愤，却又不敢署己名，即假托他人之名，或以无名氏的方式作伪。例如，唐代牛李党争时，李德裕的门人韦瓘用牛僧孺的姓名伪撰《周秦行纪》来诽谤牛氏，因为其中有些对君王不敬的言语。此外，《牛羊日历》也是当时李党攻击、诬陷牛党之伪作，托名刘轲，实为痛恨牛党之皇甫松撰。又如，宋代魏泰托名张师正撰《志怪集》《括异

---

① 参见《李零自选集》，30页。

志》《倦游录》，以个人的爱恶诬蔑前人；明末有人撰《幸存录》以骂阉党，兼骂东林党，而托名夏允彝。

4. 求名

包括炫名、自耻。例如，南朝何法盛窃郗绍《晋中兴书》，宋代齐邱窃谭峭《化书》为己作而序之等，均出于求名。唐代和凝年少时撰《香奁集》，内容涉及风流香艳，后来做了高官，认为有失庄重，怕人耻笑，就嫁名韩偓。这是出于自耻。此外，清代四库馆征书时，因当时有不收生人著作之规定，有馆臣及其他献书人就将自著书当其先人之书进献。例如，纪昀即曾将自己的著作冒充其父的著作而送入四库馆，并被收进《四库全书》，也可视为出于求名。

5. 好事

包括那些无聊、自娱之造伪，也包括那些造伪目的不是很明确的情况。有的造伪可能是出于一时之兴，如宋代有不得志者托名辛弃疾撰《南渡录》《窃愤录》，以泄愤逞快。又如，明代丰坊善于写篆书，造《子贡诗说》《申培诗说》二书，先用篆书写就，附以楷书作音注，以抒发自己的才学而后快。明代杨慎伪造汉代佚名之《杂事秘辛》，也可能是其遣兴之作。

五、辨伪方法

前人在研究辨伪时，特别注重对辨伪方法的总结，这与校勘学的情况完全不同，因此，关于辨伪方法的讨论比较多，也很值得参考。

（一）胡应麟的辨伪方法

明代胡应麟总结前代辨伪的成果和经验，把历来指出的伪书和认为著者有疑问的书都摘录下来，编成一部《四部正讹》。其内容从诸子扩大到经、史、子、集四部，论及的书有104种，比宋濂《诸子辨》所辨的要多出1倍。他把伪书分为20类，并对辨伪的必要性、伪书的来历进行了系统阐述，提出审核伪书的8条具体方法，即“凡核伪书之道，核之《七略》以观其源，核之群志以观其绪，核之并世之言以观其称，核之异世之言以观其述，核之文以观其体，核之事以观其时，核之撰者以观其托，核之传者以观其人。核兹八者，而古今赝籍亡隐情矣”①。这8条方法归纳得全面、精辟，至今

① （明）胡应麟：《少室山房笔丛》，322页。

仍为学者重视和采用。

此外，他还对四部书中伪书多寡的情况进行了全面分析，指出："凡四部书之伪者，子为盛，经次之，史又次之，集差寡。凡经之伪，《易》为盛，纬候次之。凡史之伪，杂传记为盛，琐说次之。凡子之伪，道为盛，兵及诸家次之。凡集，全伪者寡，而单篇列什借名窜匿甚众。"[①]其总结切中肯綮。顾颉刚说其书是以辨伪为正业的。辨伪学成为一门专门学问，应该是从胡氏此书开始的。

（二）梁启超的辨伪方法

梁启超在《中国近三百年学术史》一书中专设"辨伪书"一节，对"中国伪书何以如此其多呢?""伪书种类和作伪动机，到底有多少种呢?"[②]等问题逐一做了详细阐述。他把古今伪书依其性质分为 10 类，每类都附例证说明。另外，他在总结清儒辨伪方法的基础上，提出了"从著录传授上""从本书所载事迹、制度或所引书上""从文体及文句上""从思想渊源上""从作伪家所凭借的原料上""从原书佚文佚说的反证上"[③]6 种方法来检查古书真伪。

此外，梁启超还曾将辨伪方法归纳为 12 条公例：

(1)其书前代从未著录，或绝无人征引而忽然出现者，十有九皆伪。

(2)其书虽前代有著录，然久经散佚，乃忽有一异本突出，篇数及内容等与旧本完全不同者，十有九皆伪。

(3)其书不问有无旧本，但今本来历不明者，即不可轻信。

(4)其书流传之绪，从他方面可以考见，而因以证明今本题某人旧撰为不确者。

(5)真书原本经前人称引，确有佐证，而今本与之歧异者，则今本必伪。

(6)其书题某人撰，而书中所载事迹在本人后者，则其书或全伪，或一部分伪。

(7)其书虽真，然一部分经后人窜乱之迹既确凿有据，则对于其书之全体，须慎加鉴别。

(8)书中所言，确与事实相反者，则其书必伪。

---

① （明）胡应麟：《少室山房笔丛》，322 页。

② 梁启超：《中国近三百年学术史》，244 页，上海，上海古籍出版社，2013。

③ 梁启超：《中国近三百年学术史》，246～248 页。

(9)两书同载一事绝对矛盾者，则必有一伪或两俱伪。

(10)各时代之文体，盖有天然界画，多读书者自能知之，故后人伪作之书，有不必从字句求枝叶之反证，但一望文体，即能断其伪者。

(11)各时代之社会状态，吾侪据各方面之资料，总可推见其崖略，若某书中所言其时代之状态与情理相去悬绝者，即可断为伪。

(12)各时代之思想，其进化阶段自有一定，若某书中所表现之思想与其时代不相衔接者，即可断为伪。①

不过，这12条公例的基本思路与前述的6种方法大同小异。

（三）王国维的“二重证据法”

20世纪初辨伪方法的一大突破，就是王国维创立了著名的“二重证据法”。1925年，王国维提出：“吾辈生于今日，幸于纸上之材料外更得地下之新材料。由此种材料，我辈固得据以补正纸上之材料，亦得证明古书之某部分全为实录，即百家不雅驯之言亦不无表示一面之事实。此二重证据法惟在今日始得为之。”②“二重证据法”把近代的实证主义方法同传统的乾嘉考据方法结合起来，强调运用传世的“纸上材料”与出土的文献、文物相互印证来考辨古书、古史的真伪。当然，此方法也有一定的局限性。③

（四）对传统辨伪方法的检讨

尽管前辈学者总结的辨伪方法很多，但是有一些并不科学，有必要再检讨。瑞典汉学家高本汉在《左传真伪考及其他》第一章“中国古书的真伪”中，对中国古代辨伪方法做了总结，分为十项标准，并加以评价。尽管其主要是针对汉以前的书而言的，但是其对中国古代辨伪方法的评价(尤其是批评)还是非常有参考价值的。兹参考高氏之论述，简述如下。

其一，根据书中的史料可以决定一个不在某时以前的界限。

按：书中有与作者年代不符之史事，则此书之一部或全部必为伪作。如果这种情况只有一处，则有可能是后人增入的，不能证明全书为伪。倘

---

① 参见梁启超：《中国历史研究法》，116～120页，上海，华东师范大学出版社，1995。

② 裘锡圭：《前言》，见王国维：《古史新证——王国维最后的讲义》，3页，北京，清华大学出版社，1994。

③ 关于“二重证据法”，可参考李锐：《“二重证据法”的界定及规则探析》，载《历史研究》，2012(4)。

若不符之处较多，则可能为伪书。

其二，古书(如汉代和六朝的书)所引周代的书，如为今本所无，那么这今本是伪的。

按：书籍有部分亡佚之可能，古书所引佚文或正为今本亡佚之部分，则不能据以断定。

其三，书的内容是浅陋的，所以这书定是伪的！

按：这种主观的推断显然不太合理，以古人为完人，但以往学者在辨伪中用此法较多。例如，《鹖冠子》3卷，战国时书，作者已不详。柳宗元以其语言浅陋而定为伪书，而后来据出土文献证明，此书确为真书。

其四，书的文体并不给我们一个古奥的印象，所以书是伪的。

按：此法凭个人之印象推断，也不可靠。

其五，后代编者或注者所述作者事迹被证明为假的，那么这书就是伪作！

按：考证关于作者之记述错误与考证本书有一定的差距。

其六，从各处集来的关于书籍传授的史料，在时代上留出许多接不起头的空当来，这就使人猜疑它是晚出的伪书。

按：这一方法固然不错，但是，历代书目著录有遗漏的情况也不少，故使用此法也需谨慎。

其七，篇数或卷数在各种古代记载里尤其在书目里是不同的，那么这书一定被窜乱过、增加过，甚或重制过。

按：此法也不是很可靠，因为篇、卷数本身的转换不一定对等，而且篇、卷的割裂、分合也是常有之事。至于后世的重刻本、递修本，版本不同，各家著录的卷数也会不同。

其八，所考证的书若引用一个已经证明为伪的书，那么这书本身也是伪的。

按：此法不可靠。作者见识不同，引伪书不足证本书之真伪。

其九，一部书若有几段同见于他书，那么这一定是较晚的作品，即用这几段再加些假材料做成的。

按：此法要谨慎使用。明人辑书往往如是，即辑他书之内容，复加己见。古人编书多，并不以抄袭他书为必禁。而且，古人在引用材料上也多不规范，有时只是用其大意，有时只是摘引，有时则在所引文字基础上稍做修改等。

其十，一部书(所用语言)的文法系统有某种特点，这特点赋予它以独有的性质，而绝非后代伪造者所能想象或模仿的，那么这部书是可信的。

按：这一标准不好把握。

高本汉最后说："中国优秀的学者现在应该把所有讨论周、秦、汉书(这是辨伪学史的主要研究对象)的真伪的著作，统统聚集起来。于是他应该进一步的把所有根据三四五种标准的判断除去，而且用七八九种标准也仅仅限于极少数有把握的地方，不要像从前常见的那么武断；至于一二六种标准则尽量应用，但论断时不要超越前提；而且在可能的时候，加上第十种标准。这样，他便能给我们一个新的《古今伪书考》了。"①高氏认为，第三、第四、第五项标准不好，第七、第八、第九项标准有很大的局限性，第一、第二、第六项标准还可以，第十项标准可作为补充。以上高氏的看法，我们可以参考。

第五节　辑佚学

辑佚是使文献起死回生的工作。

一、辑佚与辑佚学

(一)辑佚

辑是指搜集、编辑，佚是散佚、亡佚。简单地说，辑佚就是将佚书(或佚文、佚诗)现存的材料加以搜集、整理，最大限度地恢复佚书(或佚文、佚诗)原貌的文献整理活动和方法。我们的文献学强调文献是有生命的，要研究文献从生到死的过程，从这个角度来看，辑佚就是使文献起死回生的工作。

辑佚的定义必须符合3个条件：其一是原来就有一个模式(独立的文献

① [瑞典]高本汉：《左传真伪考及其他》，陆侃如译，25页，上海，商务印书馆，1936。

单位)，其二是这个模式现在不存在了或有缺陷，其三是客观上存在可辑的内容或资料。也就是说，辑佚中的佚是相对的佚，即郑樵所说的“名亡而实不亡”：(1)相对于原文献的佚；(2)非绝对的佚，绝对的佚则无法辑。综合而言之，辑佚必须具备还原性与可辑性。所谓“还原性”，就是力求全面、真实地对原有模式进行恢复，而不是主观地创造出一种新模式。这是辑佚最关键的地方。

辑佚文、辑佚诗的数量都比较少，一般文献学上的辑佚都指辑佚书。因此，本节所谈的辑佚一般都是指辑佚书。

为了更好地理解辑佚的定义，我们有必要将其与辑录、拾遗区别开来。

辑录是指后人把某一时期、某一方面或某人散见于群书的资料辑录成册，为研究者提供方便。辑录与辑佚的明显区别是，辑录之作前人本未成书，不存在亡佚问题，亦不存在还原问题，而辑佚就是要还原。例如，《全唐诗》《全唐文》《全元文》等都属于辑录。

辑佚与拾遗也不是一回事。拾遗亦可称为拾补、补遗等，就是在整理某一方面或某人著作时发现有失收的材料，于是补加进去。例如，某人文集后面常附有“辑佚文”，其实这些“辑佚文”就是拾遗文，不是辑佚文，因为这些“辑佚文”本就不是原书固有的内容，无散失可言。换言之，这些“辑佚文”既不是真正的佚，也不是相对的佚，因为它们本身就不是该文献中的一部分。因此，辑入这些“辑佚文”只能说是补遗，而不能说是还原。

（二）辑佚学

辑佚学是总结辑佚活动基本规律，研究辑佚历史、原则、方法及相关问题的一门学科。

最早提出“辑佚学”的大概要数清人皮锡瑞，他在《经学历史》中提到：“国朝经师有功于后学者有三事，一曰辑佚书……至国朝而此学极盛。”①但是，这是指一专门学术，并不是说其已独立成学。

近代以来，在文献学、校勘学(如古书校读法)等相关著作中，辑佚学逐渐从校勘学的附庸地位中独立出来，成为与校勘学并列的文献学分支学科，其内容也由简单介绍，变为独立的一小节或一章。王玉德《辑佚学稿》

---

① (清)皮锡瑞：《经学历史》，330页，北京，中华书局，1959。

(共分12章38小节)是第一部辑佚学理论专著，对辑佚学的学科体系做了较为全面的论述，是当代辑佚学研究走向成熟的重要一步。[1] 1998年出版的曹书杰《中国古籍辑佚学论稿》一书，是新时期辑佚学得到进一步发展的主要代表。目前，辑佚之成学以及其作为文献学的主要分支学科已成为学界的共识。

辑佚学在文献学中还是一门比较薄弱的分支学科，一方面，一些史料价值很高的散佚文献等待着人们去辑佚；另一方面，前人辑佚之作尚需进一步整理。更为重要的是，辑佚学的理论研究还有待进一步深化。迄今人们还是停留在从所辑佚书的序言、凡例和内容来了解辑佚学，专门研究辑佚学的论文很少，至于辑佚学专著更是屈指可数。因此，加强辑佚学的理论研究是当务之急。

辑佚学是文献学的五大分支学科之一。一方面，辑佚学从属于文献学。辑佚学是文献学的分支，是文献学下的辑佚学，不能超越了文献学来谈辑佚学。辑佚学服务于文献学，文献学的一般理论对辑佚学有指导意义。另一方面，辑佚学与文献学其他分支学科一起构成整体的文献学，它们之间既有密切的联系又有严格的区别。例如，辑佚与辨伪的关系：伪书是辑佚书的远源；所辑内容不规范，往往被认为是伪书。

二、古籍的散佚与保存

有散才有佚，有存才可能辑。因此，有了书籍的散佚与保存，才有辑佚的出现。所谓辑，就是在现存文献的基础上搜集散佚的材料，因而辑佚的产生是与中国历史上书籍大量亡佚的情况密切相关的，而中国古代文献的丰富性与连续性则为辑佚提供了必要的资料保障。

(一)古籍的散佚

古籍在流传过程中已佚失很多。古籍散佚的原因是多方面的，其中以天灾人祸为主要原因。此外，自然淘汰等原因也会造成古籍的散佚。天灾主要指火灾、水灾，人祸主要指统治者出于政治目的禁毁图书和战乱。自秦始皇焚书、禁书开始，历代时有禁书之举，至清代最为严重。清代中叶，

---

① 参见曹书杰：《中国辑佚学研究百年》，载《东南学术》，2001(5)。

乾隆下令编纂《四库全书》，在全国范围内征集图书，凡是不利于统治的书籍，多遭焚禁。陆锡熊《进销毁违碍书札子》载："凡明季狂吠之词，肆意罔悖，俱为臣子者所当发竖眦裂。其有身入国朝，为食毛践土之人，而敢于逞弄笔端，意含愤激者，尤天理所不容。自当凛遵训谕，务令净尽根株，不得使有只字流传，以贻人心风俗之害。"[①]据统计，这个时期朝廷禁毁书有3000余种，销毁总数在10万部左右。

战乱也是古籍大量被毁的重要原因。西汉刘向、刘歆父子整理西汉皇家图籍，刘歆编成《七略》，著录图书13219卷。王莽末年，这些书多毁于战祸。东汉前期，统治者很重视搜集图书，以致"石室、兰台，弥以充积"[②]。值东汉末董卓攻入洛阳，"图书缣帛，军人皆取为帷囊"[③]。后来董卓将大部分图书运到长安，又毁于战火。因此，到西晋时，皇家图书仅有20935卷。西晋末年经历"八王之乱"和"永嘉之乱"，皇家图书再遭洗劫，史称"渠阁文籍，靡有孑遗"。东晋建国初期，只保存3014卷。从东晋至南朝萧梁，国家都很重视搜集图书典籍，学者著述之风又盛，虽经"侯景之乱"，在江陵仍保存了7万余卷图书。不幸西魏攻克江陵，藏书又毁于一旦。在北方，北魏也重视典籍的搜集整理，但经"尔朱荣之乱"，亦多被毁。所以，南北朝时，战争频繁，藏书损失严重。至隋南北统一，经过搜集整理，藏书不过15000卷，相当于《七略》著录之数。隋大业末年，皇家图书数量有所增加，但经隋末战火，特别是唐灭王世充后，将洛阳图书经水路运往长安时多被淹没，十不存一二。在以后的年代里，凡战乱波及都城，皇家图书的损失量都比较大，如"安史之乱"、李自成焚毁北京紫禁城等。

晚清，英法联军入侵北京和庚子事变也造成大量文献亡佚。1860年，第二次鸦片战争爆发，英法联军火烧圆明园，焚毁了其中文源阁所藏的《四库全书》。光绪二十六年(1900)庚子事变，翰林院所藏图书(包括《永乐大典》残本)、书版遭劫掠、偷盗和焚毁，损失严重。

民国时期，日本侵略我国，给我国图书事业造成极大破坏。例如，1932年一·二八事变后，日寇炸毁了东方图书馆，馆内51.8万余册图书，

---

① (清)陆锡熊：《宝奎堂集》卷四，见《清代诗文集汇编》第383册，123页。

② 《隋书·经籍志》。

③ 《隋书·经籍志》。

一夜之间化为灰烬。此外，日寇明偷暗抢，也掠走了我国许多珍贵藏书。

此外，太平天国期间，因战乱而焚毁之书极多；在“文化大革命”的10年中，文献典籍也遭受巨大损失。

从以上书籍散佚的情况可以看出，造成书籍散佚的最主要原因显然是人祸。隋代牛弘有“五厄说”：秦始皇下令焚书，先王坟籍，扫地皆尽，此为第一厄；王莽末年，长安兵起，宫室图书，并从焚烬，此为第二厄；汉献帝移都时，吏民扰乱，图书缣帛，皆取为帷囊，此为第三厄；刘曜、石勒覆灭京华，朝章国典，从而失坠，此为第四厄；周(西魏)师入郢，梁萧绎悉焚典籍于外城，此为第五厄。[①] 明代胡应麟有“十厄说”(在前五厄的基础上又增加了五厄)：“隋开皇之盛极矣，未几皆烬于广陵；唐开元之盛极矣，俄顷悉灰于安、史。肃、代二宗洊加鸠集，黄巢之乱复致荡然。宋世图史一盛于庆历，再盛于宣和，而女真之祸成矣；三盛于淳熙，四盛于嘉定，而蒙古之师至矣。”[②]均是就人祸而言的。

总结古籍流散史，我们还应注意以下几点。

其一，散并不意味着亡。有人把古籍佚亡的主要原因总结为水、火、兵、虫。以上这些原因中，影响最大的当然是火。可以说，火是图书的最大敌人。由此我们要注意到，图书一般来说不会自己消亡，必须有外力作用、影响才会亡佚。例如，管理不善、战乱本身并不是图书消亡的直接原因，偷盗和流散也不会直接引起图书消亡，只有火、水和人为的撕毁等外力作用，才会造成图书的消亡。因此，笼统地说改朝换代、国破家亡造成图书如何散亡是没有多大意义的，因为散则散矣，亡则未必。

其二，不能只关注朝廷藏书的流散。牛弘的“五厄说”、胡应麟的“十厄说”基本上都是关注朝廷藏书的流散，而不是民间藏书的流散。朝廷藏书肯定不是世上存书的全部。应该说，印刷术发明以前，朝廷藏书占世上存书的比重较大，其流散对书籍存亡有重大影响。印刷术发明后，私家藏书与日俱增，越往后越多，朝廷藏书从总体数量上来说不如私家。因此，谈古籍的流散不能只关注朝廷方面。

---

① 参见《隋书·牛弘传》。

② (明)胡应麟：《少室山房笔丛》，6页。

其三，不能据单一因素或偶然事例来推断书籍的亡佚。印刷术发明以前，书籍以抄写(简牍、绢帛、纸)流传，不可能复写太多，也就是说复本很少，这样，书籍的散亡容易为一些单一的因素所左右。而印刷术发明后，印本书籍复本较多(数十部以上是很正常的)，书籍散亡的原因就不是那么简单了，应综合来分析。例如，《四库全书》禁毁书有3000余种，但目前存世的仍不少(约一半)。书籍不是朝廷功令所能完全禁毁消亡的，因为文化的传承有顽强的生命力(甚至秦始皇焚书也未能彻底扼杀禁书之流传)，而且清代书籍的传播渠道比较广泛，因此，我们不能说什么书一遭禁毁就消亡了。事实上，清乾隆时未遭禁毁的书未能流传下来的也相当多。

其四，自然淘汰可能但不会必然造成书籍的亡佚。例如，《旧五代史》被《新五代史》取代后，逐渐被淘汰，慢慢就失传了。自然淘汰有多种原因：质量的原因，如内容不好，印刷差等；新旧的替代，如方志、家谱，新修之书取代旧书；收藏的选择性，不被收藏的书，流失的可能性就大。例如，古代的手稿、年历、民间文书等，本来有很多，但是，这些东西古人不收藏，所以散亡严重。不过，我们也要注意自然淘汰的局限性：印刷术推广以前可以理解为一般是好的书才会传抄，印刷术推广以后则不一定。今天留下来的书质量差的不少，而历史上公认的好书却有很多未能流传下来。因此，自然淘汰只是意味着书在社会上不那么流行了，并不意味着它灭亡了。

总之，正所谓“纸寿千年”，书籍并不那么容易消亡，尤其是自然消亡。书籍的亡佚一定有外力的作用，如人为撕毁、水火之灾等，否则消亡是很难的。

（二）古籍的保存

尽管数量繁多的古代典籍因各种原因散佚了，但是还有相当多被保存了下来，体现了中国典籍的丰富性与连续性。而且，更为重要的是，其中一部分散佚文献还零篇断简地或比较完整地保存在其他典籍之中，从而体现出文献保存的特殊形式。也就是说，一种著述通过被别的著述所引用而得以保存下来。正因为以上两种古籍保存形式的存在，为辑佚的广泛开展提供了可能。一般意义上的保存，“文献的收藏”一章已有介绍，这里主要介绍一下特殊形式的保存(以下几点也包含了辑佚主要的资料来源)。

1. 类书的编修

类书尤其是大型类书是辑佚最主要的资料来源，如《北堂书钞》《艺文类聚》《初学记》《太平御览》《册府元龟》《永乐大典》《古今图书集成》等。类书兴起于魏晋南北朝时期。隋唐以后，大量官私类书相继出现。类书的特点是把群书记载的内容按条目汇集在一起，或按内容分门别类编次。类书辑录的文献资料多注明出处。因此，类书不仅内容丰富，引用文献众多，而且所保存的散佚文献的佚文数量也较多。

2. 编书，抄辑古籍

古代学者习惯抄书，顾炎武即主张“著书不如抄书”。明清时期很多所谓读书笔记，多为抄书而成。其他很多著作其实也是抄成的。可以说，摘抄他人的书，然后加些意见，这是古代常见的著述形式。至于古代许多大型的图书，更是抄辑他书而成的，如顾炎武《天下郡国利病书》就抄了大量的方志。有相当一部分散佚的方志可从此书中辑出，如今人就从中辑出过《西宁卫志》。

3. 注书的盛行

古人喜欢通过给前人之书作批注来展现自己的思想观点。汉代，出现了为前人著作特别是儒家经典作注之风。此后，作注之风代代相因，流行不衰。到了清代，随着考据学的兴盛，为经、史、子、集作注之风达到了高峰，其特点是著述多、部头大、汇集性著作大量出现，如阮元《十三经注疏》、王先谦《汉书补注》和《后汉书集解》等。历代学者作注时，往往翻检群书，引经据典，或补充原书记载的不足，或解释音义，或正其讹误，或考辨其异同，且多注明其引用材料的出处。这样，在注文中便保存了大量文献的零篇断简和片言只语，内容极为繁富。这些被引述的文献至今有相当多已亡佚，如裴松之《三国志注》，引用魏晋人著述达200余种，但唐修《隋书》时，著录于《隋书·经籍志》中的已经不到3/4，唐宋以后就十不存一了。

另外，中国方志编修保持着非常高的连续性，后代的方志往往比较完整地保留下前代方志的文字，因此前代散佚的方志，就可以通过后来新修的方志辑出。方志中也收有大量的诗文，可以作为辑佚重要的资料来源。还有，一些文集、总集、史书以及训诂考据、金石考古等方面的著述，也保存了一些亡佚文献的佚文。小学类书籍，如字书，多引以前的注释，尽管比较零碎，但残圭断璧，亦足珍视。

中国古籍的完整性与连续性，是与古代学者普遍存在的崇古、述而不作的倾向有密切关系的。这样一种倾向对著述的影响，借用顾炎武的话来说，就是“著书不如注书，注书不如抄书”。因此，东汉以来的许多文献，即使后来已散佚，但在古注、类书和其他一些著述中仍可看到它们的零篇断简，甚至有的还比较完整地保存在群书之中，客观上为后代辑佚提供了便利条件。可以说，许多古籍是以一种“散而不佚”(郑樵所谓“名亡而实不亡”)的形式存在的。古籍亡佚很多，后世学者出于考史、稽古等方面的需要，以看不到古籍为憾，于是致力于从群书中辑出一些有价值的文献佚文，力图恢复佚书原貌，这样就产生了辑佚。

三、辑佚的产生与发展

一般认为辑佚起源于宋代，但是，从总体来看，明以前的辑佚都不成规模，辑佚的意识不强，到了清代，辑佚才真正兴盛起来。

（一）辑佚的起源

关于辑佚的起源问题，目前争论还较大，其中主要观点有两种。

1. 起源于宋代说

据各种文献学著作来看，“起源于宋代说”影响最大。“起源于宋代说”亦有5种不同的观点：

其一，认为起源于北宋陈景元辑《相鹤经》。陈景元曾从《意林》《文选注》等书中辑出佚书《相鹤经》。北宋黄伯思在《东观余论》之《跋慎汉公所藏〈相鹤经〉后》一文中说：“《隋书·经籍志》《唐书·艺文志》，《相鹤经》皆一卷。今完书逸矣，特自马总《意林》及李善《文选注》中鲍照《舞鹤赋》中抄出大略，今真静陈尊师所书即此也。而流俗误录著故相国舒王集中，且多舛午，今此本既精善，又笔势婉雅，有昔贤风貌，殊可珍也。”“陈尊师”即陈景元，北宋著名道家学者，字太初，一作太虚，自称玄虚子。其辑《相鹤经》当在英宗治平元年(1064)至神宗元丰八年(1085)。此书被认为是宋代最早的辑佚书。

其二，认为起源于南北宋之际尤袤辑《文选》中的李善注。尤袤曾从《文选》六臣注中抄出李善注，可看作辑佚之作。于大成在《辑佚书问题》中说：

“书虽亡，尚可就故书之所引辑其佚文者……当始于南北宋之际的尤袤。唐初，李善并其子邕有《文选注》。唐明皇时，又有所谓五臣注。后人又将李善与五臣之注合而为一，成《六臣注》。苏东坡已不能见真李注。至尤袤，乃自六臣本中将李注抄出单刻，即所谓尤刻本。”①

其三，认为起源于南宋高似孙辑《世本》。高氏在其所撰《史略》卷六“世本”条的按语中说：“《世本》叙历代君臣世系，是书不复见……予阅诸经疏，惟《春秋左氏传》疏所引《世本》者不一，因采掇汇次为一书，题曰《古世本》。周益公在西府，闻予有此，面借再三，因录本与之。益公一见曰：‘天下奇书，学者隽工也。’”

其四，认为起源于南宋王应麟辑《易》《书》郑注等。王应麟(1223—1296)，鄞县(今属浙江)人，字伯厚，号厚斋，自号深宁居士。他熟悉掌故制度，精于史地考证，撰有《困学纪闻》《深宁集》《汉书艺文志考证》《诗地理考》《玉海》等，尤以《困学纪闻》影响最大，为后世所推崇。他辑成《三家诗考》《周易郑康成注》《郑氏尚书注》及《论语郑康成注》，大多流传至今。

其五，认为起源于宋人辑唐人小说及唐以前人文集。民国时期，四川学者刘咸炘对辑佚有较深入的研究，其在《目录学·存佚》中认为，宋代流传下来的唐人小说及唐以前人文集，凡与原卷数不合者，多为宋人辑佚而成，只是皆不明言为辑佚而已。

南宋史家郑樵则提出“书有名亡而实不亡”论，认为古代散佚了的书可从现存的其他书中找到被称引的佚文，加以辑录成帙，便可窥见佚书原貌。这为后来学者指出了辑佚的门径。

2. 起源于魏晋南北朝时期的推测

吴枫在《中国古典文献学》中说：“中国古籍散失惊人，今存五代以前的集部书籍大多是辑佚本子。早在晋代，梅赜就辑过伪《古文尚书》。”②他认为最早的辑佚书为东晋梅赜所献的伪《古文尚书》(共58篇，其中33篇为真，25篇为假)。这说明伪书中有很多辑佚的成分。将伪《古文尚书》看作辑佚之作是有一定道理的：其一，其资料的搜集与辑佚相似，清代惠栋作《古文尚

---

① 于大成：《辑佚书问题》，载《木铎》，1972(1)。

② 吴枫：《中国古典文献学》，145页，济南，齐鲁书社，2005。

书考》就曾逐一校核其作伪的资料来源；其二，其与原书的内容有一定的联系，即有原书的部分文字掺杂其中。因此，伪《古文尚书》确实有一定的辑佚性质。但是，它还不能说是真正意义上的辑佚书，因为辑佚与造伪在根本上是不同的，前者是忠实地还原，后者是虚假地还原。

此外，关于辑佚起源的其他说法还有：汉代说，如张霸造《尚书》百两篇、刘歆伪书、孔安国献书，其中均有辑佚成分；孔子说，如孔子编定六经，亦有辑佚工作。不过，这些说法都比较牵强。

（二）明代辑佚

其中成就比较突出的是胡应麟与孙毂。胡应麟(1551—1602)，字元瑞，晚更字明瑞，自号少室山人，浙江兰溪人，曾辑过古佚小说《百家异苑》、干宝《搜神记》、张耒《柯山集》等，此外还辑过一些零散篇章，见诸其《少室山房笔丛·二酉缀遗中》。胡应麟在辑佚理论上也有一些贡献，如关于佚书的考辨、对佚文搜辑的途径、关于时人辑佚现象的总结、对类书在辑佚中的作用等的论述，代表了明代辑佚理论的发展水平。孙毂，字子双，明末湖南华容人，曾杂采旧文，辑为《微书》(又称《古微书》)，共分为4部：一为《阙微》，征三代之前传说七十二代之古文；二为《焚微》，辑秦以前逸书；三为《线微》，辑汉晋间笺疏；四为《删微》，专辑纬书。前3部已佚，今存只有《删微》(《四库全书》将其以《古微书》之名收载)。纬书自隋以后多失传。孙氏广泛搜集汉唐古籍中称引纬书之佚文，辑为《删微》，凡10纬94种，36卷。是书为比较纯粹的辑佚书(但是不标明佚文出处)，开后世辑佚专类文献的先河。

此外，明代的辑佚成就还有：范钦辑《竹书纪年》、薛应旂辑《六朝诗集》、陆楫辑《古今说海》、梅鼎祚辑《历代文纪》、姚士粦辑《陆氏易解》、屠乔孙辑《十六国春秋》等。

明代的辑佚尽管还不够发达，但在辑佚实践与理论上均取得了一定的进展，且体现出较鲜明的时代特征。其一，明代的辑佚与学者治学结合得很紧密。辑佚多是考据学家所为，他们在考据、整理典籍过程中，对某一方面佚文进行搜辑，作为自己治学上的取资，如杨慎辑《风雅逸篇》、焦竑辑《古逸经》、姚士粦辑《陆氏易解》等。其二，明代的辑佚体现了明人好奇、好异的治学风气。明代中后期社会好奇、好异之风甚盛，人们对散佚古书有浓厚的兴趣。出版商专门搜辑出版奇书、异书(其中就有一些佚书)，以迎合读者心理，这在一定程度上刺激了辑佚的兴起，如范钦辑《范氏奇书》、孙瑴辑《古微书》等。其三，明人辑书不够规范。辑佚者除将群书保存下来的散佚文献的佚文搜辑出来外，还吸收其他书记载的有关内容，编辑成册，仍署原书撰者之名，既不说明辑佚体例，亦不注明材料出处。这样就导致宋元已亡佚的文献，到明代又突兀地出现了。清代学者称明人好作伪书，其中也包括这类辑佚之作。其实这种辑佚之作并不全伪，大凡取材皆多有凭借，并非杜撰，但辑佚时为了上下文的连贯和内容的完整性，大量吸收了其他书的有关内容，致使面目全非。例如，今流传本《十六国春秋》，仍署北魏崔鸿撰，正文 100 卷，与《魏书・崔鸿传》记载相合，唯缺《序例》1卷、《年表》1 卷。但《宋史・艺文志》及宋代目录学著作已不著录《十六国春秋》，说明其在宋代已亡佚，因此清代学者视其为伪书。实际上，今流传本《十六国春秋》是明代万历年间屠乔孙等辑佚而成的。从内容上看，全书主要以《晋书》之《载记》《张轨传》《李玄盛传》等为基础，补缀了《北堂书钞》《艺文类聚》《初学记》《太平御览》等类书中的《十六国春秋》佚文，并吸收了《通典》《资治通鉴》《魏书》等有关内容，重新进行编次而成。大凡十六国史事，不加考订，一概收入。这种辑佚方法显然是不科学的，也是不足取的。可以说，终明一代，辑佚还处于初期发展阶段，辑书体例还不够规范。

(三)现代辑佚[①]

民国以来，辑佚出现相对的低潮，大规模的辑佚之作不多，其中比较有影响的辑佚成果有鲁迅辑《会稽郡故书杂集》8 种 10 卷、《古小说钩沉》36 种 36 卷。张国淦《中国古方志考》，收秦汉至元代古方志 2000 余种，绝大多数为佚志。是书于每种佚志详考其作者、流传、异名等，而且间引佚文，又注明佚文尚有何书保存，为今人研究、辑佚古佚志提供了极大便利。此外，陶栋曾辑有《辑佚丛刊》，收书 10 种，但取材较窄，价值不大。金毓黻辑《元一统志》、赵万里辑《元一统志》和《析津志》、郭绍虞辑《宋诗话辑佚》、王叔武辑《云南古佚书钞》、朱祖延辑《北魏佚书考》、周天游辑《八家后汉书辑注》、李裕民辑《山西古方志辑佚》、刘纬毅辑《汉唐方志辑佚》、马蓉等辑

① 清代辑佚下文详述，此处略。

《永乐大典方志辑佚》等，也是值得关注的辑佚成果。

与辑佚之作的低潮相反，民国以来的辑佚理论却有较大的发展。例如，梁启超在《中国近三百年学术史》中专门辟有一节“辑佚书”，总结评述了清代辑佚的成绩，提出辑佚“所凭之重要资料”“鉴定辑佚书优劣之标准”等辑佚理论。刘咸炘在其《目录学·辑佚书纠缪》一文中对清代辑佚存在的问题做了精辟的概括。顾颉刚亦有志于编《清代辑佚书目》，但未完成。王重民写了一系列关于清代辑佚的研究论文。民国以来，文献学、校勘学(包括古书校读法)等相关著作，均对辑佚、辑佚学有较多论述。正是这些理论使辑佚逐渐科学化，成为文献学的一个分支学科。1998 年出版的曹书杰《中国古籍辑佚学论稿》是目前最为重要的辑佚学专著，对辑佚学的历史与理论做了深入的梳理与探讨。此外，辑佚史专著或与辑佚相关的著作还有：顾力仁《永乐大典及其辑佚书研究》、郭国庆《清代辑佚研究》、喻春龙《清代辑佚研究》、史广超《〈永乐大典〉辑佚述稿》、张升《〈永乐大典〉流传与辑佚研究》、孙启治与陈建华《中国古佚书辑本目录解题》等。随着古籍数据化的推进，佚书、佚文的搜检会变得越来越容易，在这样的条件下，辑佚学如何应对与发展，还需要我们继续讨论。

四、清代辑佚

（一）清代辑佚兴盛的原因

辑佚是在清代文献学发达的大背景下兴盛起来的，与文献学其他分支学科的兴起有共同的背景，也有自己的原因。例如，同样是回归原典，同样是考据求真，辑佚来得更直截了当(提供更多的真文献)。就文献整理而言，辑佚也更有冲击效果。以书类人，校勘是治病(对小毛病的修修补补)，辨伪是审明正身，辑佚则是起死回生。

1. 学术发展的需要

清代中期汉学兴起，所谓“凡汉必真，凡汉必好”。要把尽量多的汉注恢复起来，就要进行辑佚，故梁启超指出：“辑佚之举，本起于汉学家之治经。”[①]此外，辑佚对学者治学、学术竞争均有很大的帮助，搜辑到有用的佚

---

① 梁启超：《中国近三百年学术史》，256 页。

文、佚书，就意味着在学术研究上占有优势。现存的古书不够古，还要搜求更古的，甚至要搜求以前佚亡的古书；材料搜集越多越好，越新越好，甚至要搜求前人多未见过的材料(佚书)。这正如梁启超所说的：“《易》注，排斥王弼，宗郑玄、虞翻等。……《尚书》注，排斥伪孔传，推崇马融、郑玄。”①因此，清代辑佚之初兴，学者大多为治学而辑佚，所辑佚之书也大多与其治学有关，如惠栋辑《易汉学》和《九经古义》、姚之骃辑《后汉书补逸》等。还有，清初学风转变，经世致用之学兴起，学者重实学，注重史、地的研究，考据学随之兴起，而新材料的重新发现是对考据最有力的支持。从这个角度来看，辑佚对象的扩大与当时考据学的兴盛有密切的联系。清代学者比较多地集中搜集某一类书(如经注、重要的史书等)，也说明了其受当时学风之影响。

2. 辑佚史发展的需要

前代辑佚存在的缺陷(如不注明出处、妄增妄删、体例不够规范等)在清人整理古书、研究汉学过程中越来越明显地体现出来，因而清人自觉有必要对之加以修正或重辑。清代新的辑佚资源(如《永乐大典》)的出现，为学者广泛辑佚提供了可能。

3. 辑佚比较容易操作

辑佚相对更借助于勤力，也就是说，辑佚在很大程度上依靠勤抄勤读。只要有足够的书，加上个人勤奋，即可从事辑佚。一般学者为了出人头地，选择辑佚无疑是一条捷径。正如当时人所说的：“今之儒者，得唐以前片言只字，不问其理道如何，而皆宝而录之，讨求而纂述之……唐以前书，今存者不多。升高而呼，建瓴而泻水，曰：‘我所学者，古也。’致功既易，又足以动人。”②当然，优秀的辑佚成果需要辑佚者有相当扎实的文献学知识，但一般的辑佚完全可以作为个人治学训练的一种手段。古人把抄书、辑佚作为初学者的训练，即由于此。

4. 馆辑(官辑)的影响

在清代辑佚运动的形成过程中，馆辑的出现无疑起到了重要的推动作

① 梁启超：《中国近三百年学术史》，258～259页。

② (清)程晋芳：《正学论四》，见《勉行堂诗文集》，694页，合肥，黄山书社，2012。

用。可以说，馆辑是直接导致辑佚兴盛的最重要因素。乾隆三十八年，清廷为修《四库全书》，组织专家学者从《永乐大典》中搜辑佚书，其规模之大，辑书数量之多，均前所未有。这种文献整理活动在社会上造成了很大的影响，使民间许多学者意识到辑佚的重要而纷纷从事辑佚。此外，从事馆辑的学者把考据学的经验应用到辑佚实践中来，提高了辑书质量，为私辑的兴盛和完善打下了基础。

（二）清代辑佚史

清代辑佚最繁荣，经历了下面 4 个阶段：其一，康熙中叶至乾隆四库馆开馆。这个时期主要是一些学者为了治学的方便、需要而从事辑佚，可称为“学者的辑佚”时期。其二，四库馆开馆期间(1773—1785)。这个时期主要是四库馆臣从《永乐大典》中辑录佚书，可称为“馆臣的辑佚”时期，或简称为馆辑时期。其三，馆辑之后至 19 世纪中叶。这个时期是辑佚的繁荣阶段。这个时期的辑佚以几位大辑佚家的辑佚之作为标志，因此可称为“辑佚家的辑佚”时期。其四，19 世纪中叶至清末。这个时期主要是一些学者对前人的辑佚进行拾遗补漏的补辑、重辑工作，可称为“补遗的辑佚”时期。以下分述之。

1.“学者的辑佚”时期

本阶段的辑佚学者及其成果主要有：姚之骃辑《后汉书补逸》21 卷，臧琳辑《六艺论》，李绂与全祖望从《永乐大典》中辑出王安石《周官新义》等佚书 10 余种，惠栋辑《九经古义》22 卷，余肖客辑《古经解钩沉》31 卷。这些学者都不是以辑佚名家的，而是在学术上各有专长，如姚之骃精于考史；臧琳精训诂之学；全祖望精史学、地理；惠栋、余肖客是汉学大师，精经书的校勘、考据。他们的辑佚之作大都与自己的治学方向有关，为治学需要而辑。因此，辑佚范围较窄，如单一辑某类书，以经部、史部书为主，尤其是主要辑汉经注；辑佚的数量也很有限；辑佚体例欠完善。

2.“馆臣的辑佚”时期

乾隆三十七年，诏令各地督抚访求遗籍进呈朝廷。该年十一月，安徽学政朱筠上奏疏提出访书校书的 4 条建议，其中提到翰林院所藏的《永乐大典》中收有不少当时民间已失传的珍贵典籍，请求派专人进行辑录。军机大臣等查核《永乐大典》后，发现确如朱筠所言，并禀报乾隆皇帝。乾隆皇帝遂于三十八年二月派人从《永乐大典》中辑校珍稀典籍，并决定将从全国各地广泛征集来的采进本、从内廷藏书中挑选出来的内府本，再加上从《永乐大典》中辑出来的大典本等，汇编成一部大丛书，即《四库全书》。

因为是官辑，又直接在皇帝的监督下进行，所以当时的辑佚工作比较认真、负责，有严格的程序。其一，召集了当时的专家学者数十人充校勘《永乐大典》纂修兼分校官，其中邵晋涵、戴震、周永年等都是当时在辑佚上贡献颇大的学者。其二，发凡起例，确立辑佚范围：后世流传已少者；足资启牖后学，广益多闻者。① 其三，纂修官依据辑佚范围签写佚书单，即把应辑之书名标出。其四，将佚书单发给誊录，由誊录抄写佚文。其五，纂修官对所辑录出之佚文进行校勘、考证，按原书体例进行编排，交四库馆缮书处誊录成册。其六，经纂修、总纂、总裁校正后，誊录成正本，辑佚始大功告成。

学者们的专门致力和官府予以较充分的支持，使得这次馆辑取得了引人注目的成绩。《四库全书》收录的大典本有385种，计经部66种，史部41种，子部103种，集部175种，总卷数达4946卷。

馆辑取得很大的成就，但也有不少缺陷。馆辑的主要问题是：首先，馆辑一味追求成绩，规定的时间又比较紧，使辑佚留下了不少遗憾之处，如漏辑、校勘不精、体例不允、重复辑录等；其次，受乾隆谕旨的影响，所辑大都要有关于典要、宏旨大义者，因而造成抄辑范围过于狭窄，使得很多颇有价值之书未能及时辑出而随着《永乐大典》的散佚消亡了；最后，馆辑的取资比较单一，绝大多数馆臣只按规定从《永乐大典》各韵目下搜辑、抄录佚文，而《永乐大典》是类书，收书颇不完备，只据《永乐大典》而辑疏漏固多，所以后来一些大典本辑佚书还需补辑。此外，馆辑亦不注明出处。

3.“辑佚家的辑佚”时期

这个时期辑佚大家辈出，主要有章宗源、严可均、孔广森、任大椿、马国翰、黄奭、茅泮林、洪颐煊、汪文台、陈寿祺、王谟、张澍、臧庸、王绍兰等，其中比较著名的当数章宗源、严可均、马国翰、黄奭、王谟五

① 参见《谕内阁〈永乐大典〉体例未协著添派王际华裘曰修为总裁官详定条例分晰校核》，见张书才主编：《纂修四库全书档案》，57～58页。

家。章宗源主要辑隋以前佚书，以便其作《隋书经籍志考证》。但是，其辑佚成果后皆流散：一部分归孙星衍，一部分归章学诚，一部分散佚。至于传说其辑书为马国翰所窃取，已为王重民所辨明。[①] 严可均《全上古三代秦汉三国六朝文》中多有辑佚之作。此外，严可均还辑有《陆贾新语》《四民月令》等48种佚书，共104卷。马国翰《玉函山房辑佚书》收580余种，共600卷，平均一种书1卷多，佚文量不大，包括经、史、子三部，所辑皆为唐以前书。几乎每部辑佚书前都有序录，有的还附有作者传记。每条佚文均标明出处，并有考证之类的按语。遇有引文相异时，则并录以资参考。黄奭辑《汉学堂丛书》(又名《黄氏逸书考》)，辑佚书285种，所录佚文后常加考证按语。王谟辑《汉魏遗书钞》，收经部108种(原计划收四部书，后只刻成经部)，每种前有序录，且多附有考辨按语。王谟另辑有《汉唐地理书钞》50种。

这个时期辑佚的主要特征体现在以下4个方面。

其一，辑佚数量多。前述的马国翰、黄奭、王谟等，辑书均多至百种甚至数百种。此外，如洪颐煊《经典集林》辑佚书30余种，茅泮林辑《十种古佚书》，孙冯翼《问经堂丛书》辑佚书14种，数量也相当可观。

其二，辑佚范围扩大。辑佚范围遍及经、史、子、集各部，史书、地理书辑佚尤多，子部书辑佚数量有很大增加，如方技、小说类书均得到了辑佚。

其三，专项辑佚的广泛开展。当时有专辑一人著作的，如孔广森《通德遗书所见录》72卷、袁钧《郑玄佚书》76卷等专辑郑玄的著作。有专辑一类书的，如王谟《汉唐地理书钞》专辑地理书，孙堂《汉魏二十一家易注》专辑《易》注。有专辑一地书的，如陈运溶《两湖古地志》专辑江西地理书。

其四，辑书体例越趋规范化。每部辑书前一般有序录，说明书籍源流、内容、辑佚资料来源以及辑佚中的一些校勘问题等。各条佚文均标明出处，有的还附有简单注释或考证性按语。

这个时期辑佚理论方面也有一定的发展。章学诚对郑樵辑佚理论曾提出批评，认为其发言太易。章氏还认为辑佚起源于王应麟，并对辑佚资料

---

① 参见王重民：《中国目录学史论丛》，284～287页，北京，中华书局，1984。

来源也有探讨。[①] 焦循认为，辑佚为著书之一种。王谟提出，书的有用与无用是相对的，应扩大辑佚范围。章宗源认为，辑佚只是一种治学手段，其从事辑佚的目的是撰写《隋书经籍志考证》。

4.“补遗的辑佚”时期

所谓补遗的辑佚，主要有两方面的体现：补前人辑书的遗漏；补辑前人未辑的佚书。这个时期的辑佚以汤球与王仁俊二人比较著名。他们的辑佚主要是在前辈辑佚成果的基础上进行拾遗补缺。汤球辑有《九家晋纪》《九家旧晋书》《汉晋春秋》《南燕书》《十六国春秋辑补》等东西晋十六国的史书共47部，这些书前人大多已辑过。王仁俊辑有《玉函山房辑佚书续编》269种、《玉函山房辑佚书补编》138种、《经籍佚文》116种、《十三经续注》40种，也是多为续补前人之辑书(如马国翰的《玉函山房辑佚书》)的。正因为如此，王仁俊辑书种数虽多，但佚文量却很少，绝大多数辑佚书所收佚文不过数条或10余条。王仁俊所辑之书编排较零乱，错讹也较多。此外，乔松年、龚自珍、文廷式、王先谦、缪荃孙等，也做过一些辑佚，但比较零散，种数亦不多，且大多是为了治学的需要或因对前人辑书不满而有意补苴修正。

其时辑佚理论方面的成就主要体现为对清代辑佚之风的评价，其中赞扬者有蒋式瑆、叶德辉、皮锡瑞等，批评者有陈澧等。批评者主要批评当时的辑佚太零碎、泛滥，并非对辑佚进行全盘否定。叶德辉、皮锡瑞对辑佚起源问题也有自己的分析。

（三）对清代辑佚的总体认识

1. 主要特点

随着考据学的兴盛和四库馆开馆对《永乐大典》的辑佚，清代辑佚得以广泛开展，辑佚成果累累，功绩卓著。总体而言，清代辑佚主要表现为以下4个特点。

其一，与前代相较，终清一代辑佚出的文献数量最多。

其二，涌现出一批著名的辑佚学者，如章宗源、严可均、王谟、汪文台、黄奭、张澍、汤球等，更有被称为私人辑佚工作中成绩最显著的马国翰。

其三，辑佚的门类广泛。从内容上看，经、史、子、集四部无所不包，

---

① 参见(清)章学诚:《文史通义校注》，叶瑛校注，978～979页。

其中有综合性的，有专辑经、史、子、集中一部的，有专辑一人之书、一朝之书或一地之书的。

其四，辑佚体例越来越规范，内容越来越完整。

2. 普遍原则

清代辑佚经历了上述 4 个阶段，各个阶段的学者对辑佚之认识各有不同，他们的辑佚方法、所辑对象、辑佚范围等亦都不尽相同。但是，通过分析研究清人的辑佚实践不难发现，他们的辑佚始终贯彻着某种指导思想，遵循着某种普遍原则。这种指导思想，既是对清人辑佚经验的总体认识，也是用来衡量清代辑书质量的标准。其包括四个方面。

其一，求用。清代辑佚书序文中充满着诸如“存此残佚，少而弥珍已”“吉光片羽，益以罕而珍已”“古学已绝，聊存一线”“断简残璧，沾溉无穷”等表明辑书价值的言辞，可以充分说明辑佚者求用心切。求用之用一开始所指是比较狭窄的，专指做学问，即求用等同于为学。例如，惠栋辑《九经古义》对于治汉学，姚之骃辑诸家《后汉书》对于治史学等。由全祖望、李绂导源，馆辑把这种个人之用扩展为社会之用，即包括有关宏旨大义、治世教化等的经世致用。总之，求用的取向，由个人而社会逐步得到深化和提高。

其二，求古。从清人的辑书范围可看出，他们所辑绝大多数是唐以前的佚书，尤以汉代最多。造成这种辑佚上的求古倾向的原因是：越古的书，散亡越严重，因此辑佚自然以古为主；学术界普遍认为越古的文献价值越大，也就越珍贵，因而更应辑佚；越古的佚书一般来说越难搜辑，热衷争强好胜、搜隐探赜的辑佚家更倾心于此，以此出人头地，见其学识之深，正如前述的“唐以前书，今存者不多，升高而呼，建瓴而泻水，曰：‘我所学者，古也。’致功既易，又足以动人”。

其三，求全。求全有两方面的含义。一是就每部辑佚书而言的，这也有两重意思：自己所辑的书要千方百计求全，亦即尽可能地提高对原书全貌的恢复程度；对前人所辑书进行补漏，希冀通过自己的努力来补全。这方面的工作清人进行得很深入，他们对清代以前辑过的佚书基本上都重辑过，并且有的还不止一两次。二是辑佚者尽可能多地辑佚书。馆辑之后出现了一些大辑佚家，他们所辑之书多则数百种，少则数十种，辑书范围由原来只重经、史扩展到四部。这种在辑书数量、范围方面求全的思想，体现了清代学者最大限度地恢复古文献原貌的决心和努力。

其四，求善。求善也有两方面的含义：一是就佚书而言的还原性，即在体例上尽量依原书来编排，每条佚文都要考证、校勘清楚，以确定其为原书之内容，避免误辑；二是就辑书的规范性而言，即各书前应有序录，说明书籍源流、辑佚的资料来源等，而且各条佚文都应附有出处，必要的时候还要加以注释、考订。

3. 反思

清代辑佚运动开展得轰轰烈烈，但实际上，其影响却无法与文献学其他分支学科相提并论，究其原因，主要是因为清人对辑佚的学问性有普遍的怀疑倾向。

首先，辑佚难以获得学者普遍认同。相对于文献学其他分支学科而言，从事辑佚的学者还是不太多，尤其是一些大学者较少从事辑佚。

其次，辑佚不是学者治学的最终归宿和追求，而只是其治学手段和训练，甚至可以说，辑佚不是学问，而只是功力。例如，章宗源是一位辑佚大家，但是他对辑佚的观点却是：辑书虽不由性灵，而学问日以进，久之可以为古文骈体文；自言欲撰《隋书经籍志考证》，书成后此皆糟粕可鬻之。[①] 从以上引述可以看出，他并不把辑佚当作学问本身，他辑书的目的是撰写《隋书经籍志考证》。此书成书后，那些辑得的佚文均可弃之如敝屣。章学诚的思想更有代表性。章学诚说："风尚所趋，但知聚铜，不解铸釜；其下焉者，则沙砾粪土，亦曰聚之而已。"[②]此外，章氏还用"功力与学问""纂辑"与"著述""秫黍与酒"等对比来表明其对包括辑佚在内的征实之学的轻视。章学诚甚至说："幸而生后世也，如生秦火未毁以前，典籍具存，无事补辑，彼将无所用其学矣。"[③]这种认识在清代学者中有一定的普遍性，如凌廷堪、焦循、陈澧、姚振宗等，甚至影响到近现代学者，如梁启超、萧一山等。梁启超在《中国近三百年学术史》中说："清儒所做辑佚事业甚勤苦，其成绩可供后此专家研究资料者亦不少，然毕竟一抄书匠之能事耳。

① 参见(清)孙星衍：《孙渊如先生全集·五松园文稿》卷一，见《清代诗文集汇编》第436册。

② (清)章学诚：《文史通义新编新注》，仓修良编注，677页，杭州，浙江古籍出版社，2005。

③ (清)章学诚：《文史通义新编新注》，仓修良编注，118页。

末流以此相矜尚，治经者现成的三礼郑注不读，而专讲些什么《尚书》、《论语》郑注……若此之徒，真未可本末倒置，大惑不解。”[①]萧一山在《清代通史》中说：“惠书（指惠栋《易汉学》）之贡献，不过搜讨之勤，能使久坠之汉儒学说，复活于吾人面前耳，谓其有功于《易》道，则未必也。”[②]

① 梁启超：《中国近三百年学术史》，264页。

② 萧一山编：《清代通史》第2册，460页，上海，华东师范大学出版社，2006。

下　编

第六章　方志

方志是古籍文献中相当重要的一类文献，因为方志不但具有很高的史料价值，而且在现存古籍中所占的比例很高，大约能达1/20(就种数而言)。除家谱、别集外，大概没有哪类典籍在现存古籍中占有这么高的比例。我们要考察古文献的发展史，要对古文献开展整理与研究，很难绕开方志。20 世纪 80 年代以来，随着思想观念的不断开放，以及新时期方志编修的广泛开展，方志研究得到快速发展，出版了不少教材和专著，如来新夏《方志学概论》、仓修良《方志学通论》、黄苇等《方志学》、吕志毅《方志学史》、巴兆祥《方志学新论》等，都是其中比较有代表性的成果。

第一节　方志与方志学

一、方志

方志是地方志的简称，是以一定的体例记载一个地方古今综合情况的典籍。顾名思义，方指地方，志(誌、识)指记载。也就是说，方志是关于某一地方的记载。不过，这不是一般意义上所说的记载，因为经过长期的发展演变，方志已经形成了一种独特的体裁——“志书体”，其主要特征是将一个地方古往今来的内容按分门别类的方式载入志书中。[①]

---

① 方志的体例主要有平目体与纲目体。古往今来的志书基本上都是以这两种体例进行编修的，至于方志中的纪传体、编年体等也都是在此基础上的变体。

志书结构一般包括序、图、目录、凡例、星野、疆域、建置、城池、治署、山川、古迹、田赋、户口、里镇、风俗、坛庙、学校、官师、宦绩、科第、乡贤、孝义、文苑、列女、祥异、外记等，涉及所述地方的古今政治、地理、经济、军事、文化、教育、科技、体育、民情、风俗、名胜、古迹、宗教、方言、遗闻、逸事、文献等。志书各类目间基本上是并列的关系，并无一个绝对的中心。

方志中的方，可大可小，可今可古，在古代主要是指省、府、州、县、乡、镇、里、村等，在当代主要是指省、市、县、镇、乡、村等。方是相对于全国而言的，因此，以全国为记载对象的志书，就不能称为方志，而应叫总志。那么，方志记载一方的什么内容呢？方志应是一方方方面面的内容，是关于一方的综合性记载。因此，方志也可称为一方的百科全书。至于只记载一方某一专题内容的志书，如山水志、寺庙志、植物志、土壤志、气候志等，则一般称为专志，而不是方志，因为它们只相当于方志的一部分。

总之，真正的方志应主要从以下 3 个方面来认定：一定的体例(分门别类地记录)、一定的地理区域、古今综合情况(方方面面的内容)。方志与总志、专志不能混为一谈。

二、方志学

研究方志及其相关问题的学科为方志学，其研究范围包括方志的历史(起源与发展阶段)，理论(如定义、性质等)，内容，作用等。

(一) 关于方志历史的研究

主要包括方志的起源和发展史。

1. 方志的起源

方志起源于何时，目前学界还有很多争论，大致包括以下几种主要观点：起源于《周官》；起源于《禹贡》；起源于《山海经》；起源于诸侯国史；起源于《越绝书》《吴越春秋》《华阳国志》；方志多源说；起源于两汉地记；起源于图经。在以上诸种观点中，我认为方志来源于图经的观点是比较可信的，因为这是通过上溯的方法所能找到的最直接的来源。相对来说，通过上溯的方法来寻找事物起源更合理、更科学，也更能说明问题。至于图经来源于何者？大概应该是地图。因此，我认为，方志的发展轨迹应为：地图—图经—方志。明确方志来源于图经，有多方面的意义：首先，有助于我们了解后世方志的内容、体例都是由图经奠定的，而不是由地记或别的著作奠定的；其次，有助于我们理解早期人们将方志视为地理书的普遍性；再次，有助于我们加深对方志定型、转变过程的认识；最后，有助于我们明确方志的范围。也就是说，方志应包括早期的图经，而不应包括地记。

2. 方志发展史

隋唐时期大量编修的图经应该就是方志的雏形。宋代是方志的定型时期，因为真正的方志是从宋代开始确立和奠定的。元代是方志的发展时期，尤其是出现了省志。明代是方志的兴盛时期，方志数量多，种类也多，包括比较特殊的都司志、卫所志等。清代是方志发展的高峰，数量最多，种类齐全，包括大量的乡镇志与乡土志。民国是方志的持续发展时期，尽管当时社会比较动荡，但是仍然编修出了大量的方志。此外，前人常说“盛世修志”，这在一定程度上反映了方志发展史上的一个规律。

（二）关于方志理论的研究

其包括：方志的定义、方志的性质与特点、方志学家、方志流派、方志体例、方志学与相关学科的关系等。例如，方志到底是什么性质的典籍，历来有很多争议，有人认为是地理书，有人认为是史书，有人认为是资料汇编，有人认为是政书，有人认为是百科全书，有人认为是史地两性兼而有之，等等。现在一般倾向于将方志归入史书中的地方史一类。当然，这一归类是否合理，还值得讨论。

（三）整理方志遗产

其一，编制方志目录，如中外所藏中国方志联合目录、各地区的方志目录、各收藏单位所藏方志目录、佚志目录、善本方志目录、分类方志目录等。我们现在最常用的方志目录，应是北京天文台所编的《中国地方志联合目录》。其二，编著方志提要。现在已经有相当好的成果，如《中国地方志总目提要》。当然，我们还可以在此基础上进行补充。其三，影印或校点整理历代方志。其四，汇编专题方志资料，包括经济资料汇编、矿产资料汇编、自然灾害资料汇编等，如已出版的《中国地方志民俗资料汇编》《地方志人物传记资料丛刊》等。其五，编制分类索引，包括地名索引、人物索引、艺文经籍志书目索引等，如已出版的朱士嘉《宋元方志传记索引》等。此外，对于一些重要的佚志，我们也可以进行辑佚，如一些学者利用《永乐大典》辑佚方志。

此外，关于方志的利用价值，下文详述。

三、方志的价值

有人认为，正史、方志、家谱是历史研究的三大支柱。早在民国时期，顾颉刚就明确指出：而今我国史学领域有尚待开发的两个“大金矿”，即方志和家谱。[1] 但是，黄宗羲则说过：天下最不可信之书为方志、家谱。[2] 毛奇龄也说过：天下不可信者有三，其一为方志。[3] 方志之不可信，有苛求过甚之嫌。事实上，从历来我们对方志之利用实践即可证明，方志资料之可靠性要远胜于其不可信性。

从传统的角度来看，方志有资治、教化、存史之功用。

1. 资治

也可称为资政。资就是帮助、辅助，治就是治理，资治是指方志有助于治理一方，包括政治、经济、军事、科技、文化等各个方面的治理。例如，古人有“入门问禁，入乡问俗，下车问志(古人为官到任的第一件事)”的传统；谚语中也说“县太爷下轿读方志”。从史书中我们可以发现，不少新到任的地方官都会想方设法找当地旧志来阅读。

2. 教化

“爱国之道，始自一乡。”[4]阅读方志，可以加强一个人的乡土意识，增进其热爱家乡的感情，从而培养其爱国情操。深厚的乡土意识，炽热的桑梓之情，这是爱国主义的有机组成部分，是爱国主义的坚实基础，正如苏

---

① 参见顾颉刚：《〈中国地方志综录〉序》，见李泽主编：《朱士嘉方志文集》，15 页。

② 黄宗羲《南雷文定三集》卷一《淮安戴氏家谱序》云：“以余观之，天下之书，最不可信者有二：郡县之志也，氏族之谱也。”《清代诗文集汇编》第 33 册，227 页。

③ 毛奇龄《西河文集》序二十九《湖州府志序》说，天下不可信者三，一是道经，二是谈人休咎的书，三便是天下志书。参见《清代诗文集汇编》第 87 册，413 页。

④ 国家图书馆地方志和家谱文献中心编：《赞皇县乡土志》，见《乡土志抄稿本选编》第 2 册，305 页，北京，线装书局，2002。

联著名教育家加里宁所说的："爱国主义是从深入认识自己家乡开始的。"清末王永江在《辽阳州乡土志序二》中亦说："人有爱乡心而后有爱国心……乡且不爱，何有于国？"①清末内忧外患交困下的清政府曾下令各地编修乡土志作为新式小学堂的教材，其主要目的之一就是要利用这些教材培养少儿的爱国主义情感。

3. 存史

是指方志内容丰富，可以为我们的相关研究提供各方面的资料。美国汉学家费正清曾说过，研究最近几个世纪的中国史最大的资料来源之一是方志。不过，到目前为止，我们对方志的利用还很有限。方志号称百科全书，对一个地方各个方面的内容都有记载，其史料价值是多方面的，这里主要谈谈其与历史研究关系密切的几个方面的价值。

(1)研究社会史的资料。方志重视对本地民风习俗的记载，几乎每部方志都有风俗类目，记载诸如民歌、民谣、岁时风俗习惯、婚丧嫁娶等内容。另外，诸如有关家族、人口迁移、庙会、方言等方面的研究，方志中也有丰富的材料。

(2)研究历史地理的资料。方志是地理书，每部方志都有建置沿革(或区域沿革)、山川形胜等地理方面的记载，其中许多材料往往是正史地理志中所没有的。尤其应该重视的是，方志中还有大量的地图。

(3)研究经济史的资料。例如，关于历代耕地面积的研究，关于区域经济、江南集镇等的研究，都需要依赖方志材料(如乡镇志)。

(4)研究自然灾害的资料。很多方志设有灾祥一门，记录该地区的自然灾害情况，如水旱、地震、冰雹、霜冻、蝗灾、瘟疫等，包括发生的时间、地点、受灾情况等。例如，陈正祥利用3000多种方志，对各地蝗神庙(八腊庙)开展研究，描绘出非常清晰的全国蝗神庙分布图，从而为蝗灾研究提供了富有建设性的研究思路。②

(5)研究教育史的资料。方志中普遍设有学校一门，记载各地各级教育制度。而且，越是基层的教育，方志中记载得越清楚，如社学、县学、书

---

① 柳成栋、宋抵编：《东北方志序跋辑录》，221页，哈尔滨，哈尔滨工业大学出版社，1993。

② 参见陈正祥：《中国文化地理》，50～58页，北京，生活·读书·新知三联书店，1983。

塾、书院等。方志中往往还收有建学记一类文字，以记载学校建置始末及规模、学田、捐钱、学生的情况等。此外，许多方志还记载各地方官学藏书情况以及朝廷颁赐的官书，使后人得以了解当时学生之必读书单。

(6)研究历史人物的资料。很多历史人物，由于正史中无传或记载很简略，因此我们需要通过查阅各种方志来了解。

总之，中国方志数量多，编修连续性强，我们在利用时一定要注意发挥其在这方面的优势。

第二节　方志的编修

这里所谈的方志编修，主要是针对县志而言的，因为县志是最普遍的、最基本的一种方志，而府志、省志均是在此基础上编修的。

一、缘起

县志编修的起因，大致有以下3类。

其一，由上而下命令。例如，中央政府要修《一统志》，则要求各省先修通志呈上，而各省在修通志之前，必然要求各府修志，然后各府再要求各州、县修志。因此，清代两江总督于成龙总结说："夫修志之役，必始于县，县志成乃上之府，府萃集之为府志，府志成上之督抚，督抚萃集之为通志。通志归之礼部，然后辑为《一统志》。"①

其二，现任地方官提议。这种情况较普遍，因为自宋代方志定型以来，编修方志成为地方官的自觉责任，即所谓"邑志之阙，令之责也"。除此之外，地方官提议修志一般还有这样的背景：(1)查旧志，发现以前从来没有修过；(2)虽有旧志，但已经很长时间未续修，或者旧志修得不好，或者旧志残缺不全。此外，旧志未修完而地方官离任的情况也很多，继任者往往会接着修。当然，地方官提议修志也会有私人目的，即要为自己树碑立传。总

① 凤凰出版社编：《乾隆江南通志(一)》，见《中国地方志集成·省志辑·江南》，23页，南京、上海、成都，凤凰出版社、上海书店、巴蜀书社，2011。

之，正如丘濬所说的："世有千载不刊之书，无百年不葺之志。"[①]传统方志能保持很好的连续性，地方官无疑起到了重要的推动作用。

其三，当地士绅提议。地方士绅提议修志的情况也很多。例如，崇祯《嘉兴县志》就是士绅首先提出修志请求的——"邑绅衮意其可与商文事也，而以竣志之说进"[②]，并呈上了一篇正式的修志申请《续修志呈》。除了冠冕堂皇的宣传地方、保存地方文化等理由外，地方士绅提议修志其实包含更多的私人目的。参修人员的安排、方志内容的选择与分配，尤其是传文的书写，往往会为某些家族所左右或垄断。可以说，方志编修在很多情况下成为地方有势力的士绅与地方官开展合作的典型模式。

明清时期，地方官或地方士绅提议修志，往往要遵循申详呈报的程序来运作：士绅向县官提交请求修志的呈文，县官向上级部门(府、道、按、布政使司等)提出修志申文，上级官员一一批示允许，县官将此结果公示，然后开始编修。[③] 这充分体现出方志编修官方性的一面。

二、设局

古代官方修志的办事处所，一般称为志局，如同现在各地的方志办公室。宋代地方即有修志局。民国时期，省有通志馆、局，县有志局。志局是临时性的修志机构，书成即撤。清代章学诚还曾提出地方设立志科，以作为地方修志的常设机构，平时主要负责搜集修志资料。不过，这一建议并未被当时官方采用。

志局一般附设于官衙公所，或者设于文庙、学校、书院等文化机构，如《(同治)湖州府志》的志局就设于当地的爱山书院。民国时期，广东通志馆设于中山大学，而各地县志局往往附设于教育局，亦是循古之例。

三、人选

县志的主修者一般是当地最高行政长官，而主纂者则主要有以下 3 类。

---

① 凤凰出版社编：《康熙永平府志》，见《中国地方志集成·善本方志辑·第一编》第 12 册，147 页，南京、上海、成都，凤凰出版社、上海书店、巴蜀书社，2014。

② (清)石中玉等纂：《(光绪)嘉兴县志》卷末，清光绪三十四年刻本。

③ 参见巴兆祥：《论明代方志的数量与修志制度》，载《中国地方志》，2004(4)；王晓岩：《方志演变概论》，196～198 页，沈阳，辽沈书社，1992。

1. 本地有名望的士绅

民国时，名人学者主持修志者很多，如余绍宋、王重民、傅振伦、黎锦熙等。广东新会县曾请陈垣主持修志，但是，陈垣没答应，只是表示支持修志。

2. 外地有名望的学者

例如，清代著名学者章学诚、戴震等均曾主纂方志，其中章学诚曾编纂过10余种方志。这些学者能获聘修志，往往是因为其在学术上(尤其是方志学上)有一定的名望，或者有他人推荐。当然，他们纂修方志也能获得一定的报酬，《郑孝胥日记》载："(光绪十八年七月)十二日……洪义符来，谈其叔祖洪嘉木……阮芸台尝招修《通志》，久延不至。阮与书曰：'足下寒士，此行可得二千金，胡不速驾!'先生怒，直署后还其书曰：'吾行岂金所能买哉。'竟不赴。"[①]此外，有一些学者本来就是当地行政长官聘请之幕僚，修志则是其作为幕僚之本职。

以上两类主纂者，哪类更好呢？地方士绅熟悉地方，但纂修时容易偏私；外地学者纂修时可能会较客观，但又不熟悉地方情况。因此，也是各有优劣。

3. 当地学官

明清时期，府学官为教授，州学官为学正，县学官为教谕，许多府、州、县志就分别由以上的学官负责纂修。这样一种修志模式也较为普遍，相当于明清官学的校长率领着官学的学生来修当地志书。

除了上述的主修者、主纂者之外，方志参修与挂名的官员、郡人往往还有不少。例如，有时会包括上一级的行政长官(如监修、允修)，以及具体的撰写与调查者(如分纂、校对、绘图、采访等)。不过，总的来看，参修者还是以当地的士绅为主。因此，方志的编修情况从一定程度上反映出地方士绅对地方社会、地方话语权的控制与影响。

四、经费来源

修志的经费一般由主事官员筹措。例如，隆庆五年(1571)，潮阳县修

---

① 劳祖德整理：《郑孝胥日记》第1册，318页，北京，中华书局，1993。

志，知县黄一龙就说："若不及时收辑，恐益散逸无传……其敦请乡士夫礼币，并合用生儒书写人役及各项笔札、工匠等费，俱拟于本职自理词讼赃罚动支。"[①]经费的具体来源大致有以下 3 类。

1. 公费

例如，从本县公款中拨付。但是，公款中一般并没有这项固定开支，因此，各地只能便宜行事，上述潮阳县知县从罚款中支用即如此。又如，李圭修《(民国)海宁州志稿》书前恽福钧序云："余惟修志为时政之一，早奉明令，他县有请于粮漕下带征若干金以为修费者。"《(万历)新修南昌府志》卷首《修志文移·南昌府为纂修郡志事》云："其合用供应纸张等费，或于提学道府属学租量助一二，或仍乞转请两院许于府县库中备查堪动银两凑用。"[②]

2. 官员捐俸资助

有不少方志主修官都提到自己捐俸修志的情况。

3. 地方士绅赞助

这种情况应该比较普遍。有时，方志会将出资者名字刻入其中，以为酬答。例如，《(同治)金溪县志》卷末附刻有"领志姓名"，并注明："每领志一部者助刻资钱五千文。"[③]在 200 余领志者中，包括个人以及家族。

此外，有学者提到有摊派经费的情况。[④] 这种筹款方式在一些清代方志编修中确实存在，但因为所受阻力较大，其应用范围及实际效果仍需进一步研究。

由于修志经费不易筹集，因此修志较多的地区往往也是较为富裕的地区，如江浙一带。在经济条件较好的地区，人员聘用、图书资料搜集、经费筹措等均较为方便。例如，在编修《(同治)湖州府志》过程中，陆心源提供了自家所藏的大量图书，而蒋海珊则力筹经费。又如，同治年间徐时栋修《鄞县志》，甚至把志局设于自家中；徐乾学主持修《大清一统志》时，也

---

① (明)林大春纂：《重修潮阳县志移文》，见《(隆庆)潮阳县志》，《天一阁藏明代方志选刊》本。

② (明)范涞修、(明)章潢纂：《(万历)新修南昌府志》，20 页，北京，书目文献出版社，1985。

③ (清)程芳等修：《同治金溪县志》，见《中国地方志集成·江西府县志辑》第 50 册，南京、上海、成都，凤凰出版社、上海书店、巴蜀书社，2013。

④ 参见刘正刚、李贝贝：《清代广东志书编纂经费来源研究》，载《中国地方志》，2011(9)。

在皇帝允许之下将志局设于自己在苏州的家中。当然，因为没钱而未能修成，或者修成而未能印行，这样的志书在古代也是很多的。

五、资料来源

方志的资料来源主要有以下 3 类。

1. 旧志

方志的特点之一是连续性，要保持和突出连续性，最简单的方法就是利用旧志。有些方志会标资料出处，只要我们注意一下，就会发现其中很多材料是直接来源于旧志的(或直接标旧志，或标某某志)。

2. 征集来的其他资料

包括地方文献、当地人的著作、家谱、档案，以及传状、碑铭等。方志修编之始，官府往往会发布征集材料公告，而地方士绅为能在志书中占有一席之地，会乐于提供相关资料(如著作、家谱、传状等)。

3. 采访调查所得的资料

散落的碑刻、民间传说故事、地理位置(为绘图之用)等材料的获取，均要借助于采访调查。这项工作往往有专人负责，如叶昌炽在其日记中记载了其为当地修志在各处查访的经过。为采访调查之便，志局还会制定统一的采访册，《重修常州府志条例·修志办法》载："常州府志，自以府城为总汇处，现择一处为公所，归一人主收发。各县友人先来公所领采访格式及纸簿，分属采访，收齐送公所，再送各分纂。另延一友专管银钱及纸张之类。"①有些方志会在某些正文后标明其资料出自采访调查。不过，采访调查工作在古代多流于形式，否则，章学诚不会极力呼吁修志者要重视采访调查。

六、编写

宋代方志定型之后，方志的体例和内容就基本固定下来。有时，官方为了使体例和内容更规范，还会颁发修志凡例，令各地修志遵照施行。

永乐十六年(1418)，朝廷颁降《纂修志书凡例》21 条，具体内容如下：

---

① 缪荃孙：《艺风堂文续集》，见《清代诗文集汇编》第 756 册，679 页。

一、建置沿革。历叙郡县建置之由，自《禹贡》、周职方氏所属某州，并历代分合废置，与夫僭伪所据，逮国朝平定属某府所管。

一、分野。属某州，天文某宿分野之次。

一、疆域。在郡之上下左右四方，所抵界分若干里，广若干，袤若干。四至，叙邻县界府地名，若干里。八到，叙到邻近府州县治若干里。陆路、水路皆叙其至本府若干、布政司若干、南京若干、北京若干。陆路言几里，水路言几驿。

一、城池。所建何时，续后增筑何人。有碑文者收录，及城楼、垛堞、吊桥之类悉录之。

一、山川。叙境内山岭、江河、溪涧之类所从来者。旧有事迹及名山大川有碑文者皆录。其余虽小山小水，有名者亦录。

一、坊郭、镇市。其坊厢、乡都、里分、镇市，录其见(现)在者。如古有其名而今废者，于古迹下收之。

一、土产、贡赋、田地、税粮、课程、税钞。自前代至本朝洪武二十四年并永乐十年之数，并悉录之。

一、风俗。叙前代至今习俗异同。形势。论其山川雄险，如诸葛亮论钟山龙蟠、石城虎踞之类。

一、户口。自前代至本朝洪武二十四年、永乐十年版籍所载，并详其数目。

一、学校。叙其建置之由，续修理者何人。廨舍、堂斋、书籍、碑记并收录。学官、科贡人才并详收录。有碑记者亦录之。

一、军卫。叙置建何代，衙门、廨舍、教场、屯田、去处、田亩、岁纳子粒之数、武臣功迹，并采录之。碑记之类亦收。

一、郡县廨舍。自前代建置以至本朝见(现)在者详叙之。古时所建不在此，及废者，于古迹下收之。所属衙门如馆驿、镇所、仓场、库务、申明旌善亭、坛场、铺舍，并详收录。有碑文者，亦录之。

一、寺观。叙其创建何时，续修若何，及有碑文者，并录之。如废，收古迹下。

一、祠庙。如文庙，详录其创建，祭器、乐器、碑记，悉录无遗。其他祠庙，亦叙创建，因何而立。封敕、制诰、碑记之类，并收录之。

一、桥梁。叙创建之由,在于何处,继后何人修建。有碑记者亦收录之。

一、古迹。凡前代城垒、公廨、驿铺、山寨、仓场、库务,古有而今无或改移他处者,基址亦收录之。陵墓,前代帝王、名臣、贤士者,并收录之。亭馆、台榭、楼阁、书院之类,或存或废,有碑记者,亦备录于后。津渡,见(现)在某处,路通何方。岩洞、井泉之有名者,亦收录。龙湫,亦载何处,或有灵异可验者。前代园池,何由而建。本朝桑枣,备载各都某处。陂堰、圩塘之类,见何代开渠。如无考者,止书见(现)存某处,废者亦见因何而废。寺观、庵庙,虽废亦录。墟巷之类,凡废者俱收录之。

一、宦迹。自前代开创政绩相传者、有题名者,备录之。至本朝某人有政绩,悉录之。见(现)任者,止书事迹,不可谀颂。

一、人物。俱自前代至今。本朝贤人、烈士、忠臣、名将、仕宦、孝子、顺孙、义夫、节妇、隐逸、儒士、方技及有能保障乡闾者,并录。

一、仙释。自前代至今,有名有灵迹者,收录之。

一、杂志。记其本处古今事迹难入前项条目,如人事风俗可为劝戒,草木虫兽之妖祥,水火荒旱幽怪之类,可收者录之,以备观考。

一、诗文。先以圣朝制诰别汇一卷,所以尊崇也。其次,古今名公诗篇记序之类,其有关于政教风俗、题咏山川者,并收录之。浮文不醇正者,勿录。①

康熙二十九年(1690),河南巡抚阎兴邦向所属府州县颁发《修志信牌》,并开列“凡例”23则:

一、总图:须精详。

一、沿革:须照诸史考证,毋得混入,不必过多。

一、天文:略摘切要者,勿用混载,以分野所躔者广也。

一、四至:疆域要考正。

---

① (明)吴宗器纂:《(正德)莘县志》卷首,《天一阁藏明代方志选刊》本。

一、建置：城池须载明几时建，某人修，一一查明。学校止载起建、修葺，不必载闲文，其新定乐舞等宜增入。

一、河防：宜先叙前代，而以今近所开、所淤，备细入之。

一、乡村、集镇：止载方隅里数，有古事者注之。

一、公署：止载创建始末。

一、桥梁：亦载建造始末。

一、仓库、社学：止载方隅、建造日月。

一、街巷、坊第：须注明何处。以上凡有事实者，当详考而载之。祀典及书院，考正载之，勿遗。

一、山川：须考果系封内者方载入，不可遗漏。河道，要将近日所开浚、淤塞、变迁等造明。其间事实备细详查注明，不可以小说搀入，如《宜阳志》之可笑也。

一、古迹：须考明某代某人，将事实注明，不得遗漏。不可以小说搀入，如《宜阳志》之全载野史也。

一、风俗：略载之，而自加论断。

一、土产：非地所出及平常草木可不必载，须载其特产者。

一、陵墓：须注明某代某人，有碑碣与否。

一、寺观：必奉敕建，或建置已久有可考者载之，余删。

一、赋税：止载旧额若干，新增、新减若干，不用一一细注，有关系者全载之。

一、职官：须载其爵里、时代、年月，有可纪者略书之，实系名宦则立一小传于后，须考正。

一、人物：圣贤、忠贞并入。其科贡等，必载其家世、时代、年月、字某、号某，分别某科、某项。若系乡贤，为立一小传于后。

一、流寓、孝义、列女、隐逸、方技：各考实详核以载，其节烈务在阐发幽光，勿专载世家而遗寒素。

一、艺文：须择佳者或关邑乘者载之。八景不可录，录必录其佳者。

一、灾祥、杂志：仿古为之。[①]

---

① （清）杨汝楫修：《（康熙）固始县志》卷首，清康熙三十二年刻本。

如同正史一样，方志中分量最重的是传记，所谓“地以人贵”“自古史志半人物”。明清人物传大概能占到方志内容的1/3，以至于方志“名为舆图(方志)，实则家传”。什么人物能在方志中入传？传记如何书写？这是修志者颇为费心的地方。如前所述，方志编修中的徇私现象、县官与地方士绅的合作、某些有权势的家族对传记的垄断等，都可以通过传记的书写来实现。

方志中的艺文志也是比较重要的内容，大致有3种写作模式：收书目、收诗文、收书目与诗文。一般来说，文化较发达、著述较多的地区，会采取第一、第三种模式，而其他地区则多采取第二种模式。诗文的选取往往也是修志者颇费心的事情。例如，生人之著述一般不予收录，但是，因受人情、贿赂、请托等因素的影响，生人的著述有时也会收入，尤其是会收入一些在任官员的诗文。

七、审稿

据有关记载，方志修成后还要呈送上级主管部门(如礼部或各省学政)审批，才得以刊行。例如，《永乐大典》载：“洪武初元，海内混一，礼部符下各郡纂辑志书……明年(指洪武十二年)郡以成稿会式礼部。礼官见，谓得纂辑体，郡遂命工锓版。”①可见，明初礼部令各地编修方志，成稿后还要送至礼部检查合格，才可刊行。不过，明清时期大多数情况下审稿既未衍为成规，也未被严格执行。针对府州县志编修较为随意，甚至时有错讹的情况，乾隆三十一年(1766)浙江巡抚熊学鹏上疏请求：“其地方府州县官有因旧志漫漶欲行改造重录，或旧无志书欲行添造者，悉令预为详报，仍将所修之书申送学臣，会同督抚核明具奏，俟旨发回，然后准其刊布。”②这里提到各府州县所修志书，要报送各省学政及督抚审查，奏请皇帝允准后才可以刊行。不过，熊学鹏也只是建议而已，实际上未必这样施行。

八、刊行

由于经费不固定，且受主修官离任的影响，很多方志修而未竟，或修

① (明)姚广孝等修：《杭州府五十二》，见《永乐大典》卷七六〇三，北京，中华书局，1986。

② (清)郑钟祥等修：《光绪重修常昭合志稿》，见《中国地方志集成·江苏府县志辑》第22册，南京、上海、成都，凤凰出版社、上海书店、巴蜀书社，2013。

成而未能付印。《许瀚日记》载："(甲辰二月)十六日……《(济宁)州志》修讫存库，另日捐资再刻。"[①]《翁同龢日记》载："(光绪二十七年四月)十五日……前晤杨劬孙借邑志稿，今日从新会杨炳震送来，凡三十八本，大约至同治末年止，犹未备也。另一分在庞絅堂处，絅堂秉笔而秘不示人，何也?"[②]这些都说的是清代方志稿本的情况。民国时期，很多方志因经费缺乏或时局动荡，也只修成稿本，后来遂多失传。由于经费不多，方志的印数一般都很少。除了主持修纂的官绅有保存外，朝廷礼部、相关书馆或上级政府因主管或修书征集的关系也有可能保存一部分方志。刻印方志所用的板片一般藏于官衙、官学或书院，以备续修，亦可供人刷印，但多保存不善。历史上，方志编得极多，但流传下来的只是很小一部分。例如，据《文渊阁书目》著录，明初文渊阁藏志不少，但基本未流传下来。稿本未刊、印数不多、不重视收藏，这些都是造成方志散佚的重要原因。

此外，方志的读者面很窄，这是方志的官书性质决定的。在古代，方志更多是为资治、存史服务的(如地方官为政之用，上级部门修史志之用)，并不是为普通人编的。而且，方志也不是普及读物，一般人也阅读不了，再加上方志的印数非常有限。因此，方志平时不会轻易示人，只供必要时查阅之用。可以说，除了士绅与官员外，一般人很少关注和阅读方志。

第三节　方志的类别[③]

方志的类别主要有：

一、通志

通志即省志，或称大志、全志、省图经、省会要等，是以一省为记述范围的方志。最早的省志出现于元代，如云南行省有《云南志略》，辽阳行

① (清)许瀚：《许瀚日记》，195～196页，石家庄，河北教育出版社，2001。后来，济宁知州迁任福建，将《济宁州志》带到福建任内刊刻。

② 陈义杰整理：《翁同龢日记》第5册，3329页，北京，中华书局，1997。

③ 此节参考黄苇等：《方志学》，22～29页，上海，复旦大学出版社，1993。

省有《辽阳图志》，山东行省有《齐乘》，但数量极少。至明中叶，各省已莫不有志，通志之名即起于明代。明代省志一般称为通志，如明薛应旂《浙江通志》、黄佐《广西通志》、郭棐《广东通志》等，但也有称总志的，如明成化间编的河南省志称为《河南总志》，嘉靖、万历间编的湖广省(包括今湖南、湖北两省)志称为《湖广总志》。它们与全国性的总志不同。清代的省志则通称为通志，民国也是，如清代贾汉复《河南通志》、谢启昆《广西通志》、阮元《广东通志》、陶澍《安徽通志》、俞正燮《湖广通志》、曾国荃《山西通志》、黄彭年《畿辅通志》，民国孙葆田《山东通志》、王树楠等《奉天通志》等。明清通志一般由各省行政长官(如布政使、总督、巡抚)主修，学政等总纂。正如清章学诚所说的："贵乎通志者，为能合府、州、县志所不能合。"①通志的编写大致有两种模式：一为先分门类(如沿革、山川、物产、田赋等)，再以府、州、县之相应内容分置其下，如谢启昆《广西通志》；二为先分府、州、县，再在其下分述各门类，如明陈沂《(嘉靖)南畿志》。相对来说，第一种模式较为合理一些，采用的也较多。

二、府志

府志是以一府为记述范围的方志。府是次于省一级的行政区划，始设于唐，民国时废。唐代《沙州都督府图经》，宋代潜说友《临安志》、施宿《(嘉泰)会稽志》、卢宪《(嘉定)镇江志》等，都相当于府志。明、清时各府基本都修有府志，较著名者如明代顾清《松江府志》、张钦《大同府志》、崔铣《彰德府志》，清代戴震《汾州府志》、孙星衍《松江府志》、杭世骏《西宁府志》、姚鼐《庐州府志》、洪亮吉《宁国府志》、章学诚《彰德府志》、焦循《扬州府志》、邹汉勋《贵阳府志》、郑珍《遵义府志》等。府志多由府一级的行政长官(如知府)主修。

三、州志

州志是以一州为记述范围的方志。州作为行政区划始于汉代，宋代州属于路，元代州属于府或路。明、清时大州与府平级，小州与县平级。隶

① (清)章学诚：《方志辨体》，见《章学诚遗书》卷一四，121页，北京，文物出版社，1985。

府不辖县者为散州，隶省辖县者为直隶州。民国废州为县。明清时期州志较多，如明代杨辅《重修邳州志》、李廷宝《耀州志》、李可久《华州志》、沈明臣《通州志》，清代王昶《太仓州志》、孙星衍《直隶邠州志》、姚鼐《六安州志》、章学诚《亳州志》、许瀚《济宁州志》、鲁一同《邳州志》、邓显鹤《武冈州志》、缪荃孙《昌平州志》等。直隶州的州志通常会加上“直隶”二字，如清代唐仲冕《海州直隶州志》、孙星衍《直隶邠州志》、屠用谦《直隶绵州志》、李培谦《直隶霍州志》、王闿运《桂阳直隶州志》等。州志多由州行政长官知州主持修纂。

四、厅志

厅志是以一厅为记述范围的方志。清在新开发的地区设置厅，其长官为同知或通判。厅亦有散厅和直隶厅之别。散厅不辖县，与县和散州平级。直隶厅与府、直隶州平级，辖县。清代厅志也不少，如常毓坤《孝义厅志》、蒋湘南《留坝厅志》、俞樾《川沙厅志》、黄云衢《江北厅志》、马俊显《兴京厅志》、杨绍宗《盘山厅志》、薛德履《辉南厅志》等。厅志一般由同知或通判主修。

五、县志

县志是以一县为记述范围的方志。县是古代最基层、最稳定的行政单位，其设置可追溯至春秋时期。宋、元隶路、州，明、清隶府、州、厅，民国直隶于省、特别区。县志在方志中数量最多，大约占现存方志的70%。因此，一般所说的方志多指县志。明清时期，县志众多，如明代康海《武功县志》、韩邦靖《朝邑志》、吕楠《高陵县志》、沈朝宣《仁和县志》、侯一元《乐清县志》，清代陆陇其《灵寿县志》、李文藻《历城县志》、钱大昕《鄞县志》、戴震《汾阳县志》、孙星衍《三水县志》、武亿《偃师县志》、杭世骏《乌程县志》、洪亮吉《泾县志》、章学诚《永清县志》、段玉裁《富顺县志》、李兆洛《凤台县志》、陆心源《归安县志》、郭松焘《湘阴县图志》等，均较知名。县志多由知县主修。此外，清代还有分县建置。分县附治于大县，一般由大县县丞兼管。分县志也属县志，由县丞主修，如《宝山江东分县志》《陇西分县武阳志》《打拉池县丞志》等。还有，地域相邻的两县或三县，因风土民情相近、土地相连、历史渊源（曾分合过）等而合修一志，如清代汪士铎《上江西县志》(上元、江宁县)，张鸿《昆新合志》(昆山、新阳县)，言如泗《常昭合志》(常熟、昭文县)等。这些合志也属县志。

六、军志

军志是以一军为记述范围的方志。唐在置兵戍守之地设军。宋正式设军作为行政区划，一般设在冲要之地。军辖县，相当于府、直隶州，隶于路。不辖县之军，犹县、散州，隶于州、府。军志出现于宋代。其时方志仍多称图经，因此，军志也多以图经为名，如《大安军图经》《江阴军图经》《遵义军图经》等。不过，这些军志均已佚亡。军志由军长官知军主修。

七、路志

路志是以一路为记述范围的方志。宋初加强中央集权，仿唐道制设路，后为金、元沿用，明废。宋、金时的路，相当于明清的省；元时的路，相当于明清的府。路志始修于宋，而盛于元，如宋《荆湖南路图经》《广东路图经》《广西路图经》，元《建康路志》《金陵路续志》《处州路志》等。明《文渊阁书目》旧志类中收有不少前代的路志。明、清时一些方志也以路为名，如清康熙《宣镇下北路志》《宣镇西路志》等，这些路是就方位而言的，并非真正的行政区划，因此，这些方志并非路志，而应为镇志。路志由路行政长官(如转运使等)主修。

八、道志

道志是以一道为记述范围的方志。道制始于汉。汉在少数民族聚居地区设县，称道。唐贞观间，划全国为 10 道，后改为 15 道，为监察区划。安史之乱后，道由监察区完全变成了行政区。宋初有 13 道，淳化五年废。元时，道为监察区，置于省下。明、清时，道有分守道、分巡道、兵备道之别。分守道专管所辖府州政务，分巡道监察所辖府州司法等方面的事务，兵备道专管所辖府州军事、武备。其长官都称道员。道志出自分守道、分巡道，其体例与府、州志相类；出于兵备道，则主军事武备。道志现存者极少，较著名的有清乾隆三年由分守道鲁之裕主修的湖北《下荆南道志》(襄阳、郧阳、安陆府)28 卷。

九、都司志

都司志是以一都司或行都司为记述范围的方志。都司即都指挥使司之简称，为明代分掌一省军事之机构。除此之外，边疆地区还设有具有实土性质的都司和行都司，兼理军政。这些都司和行都司所修的方志即都司志。例如，《陕西行都司志》12卷，分地理、建置、官师、兵防、岁计、人物6门。明初还有《大宁都司志》《辽东都司志》。现存的都司志只有明中期的《辽东志》。

十、卫所志

卫所志是以一卫、一所为记述范围的方志。明代地方常规军事建制为都司—卫—所，但卫、所往往兼具地理单位性质，在边疆没有设行政机构的地区尤其如此，卫相当于府，所相当于州、县。卫所志为明代首创，至清代仍有续修，其体例、内容与府、州、县志无异，而以军事为主，如明周粟《观海卫志》、徐待聘《临山卫志》、童昶《大田所志》，清高必大《天津卫志》、杨端本《潼关卫志》、杨显德《永定卫志》、倪启辰《蒲岐所志》、李大祥《碾伯所志》、谢体仁《威远所志》等。卫所志一般由卫指挥、所千户或百户主修。

十一、都邑志

都邑志是以一个城市为记述范围的方志。都、邑均可泛指城市。古代没有专门的城市建制，因此，都邑志不多，较著名的有宋代宋敏求《长安志》、临安三志(乾道、淳祐、咸淳《临安志》)、《景定建康志》，元代《至正金陵新志》等。民国时期，城市志较多，如柳诒徵《首都志》、柳亚子《上海通志稿》、吴廷燮《天津市志稿》、杨逸《上海市自治志》等。

十二、关镇志

关镇志即关志、镇志，是以一关、一镇(总兵驻防之地)为记述范围的方志。明代北方边患严重，沿边多设有关、镇以驻守。为“尽知天下厄塞，士马虚实强弱之数”[①]，故有关镇志之编纂。其内容以军事、武备为主，兼

---

① (清)龙文彬：《职官四》，见《明会要》卷三二，539页，北京，中华书局，1998。

及物产、人物、古迹、文献、风俗等。著名的关镇志有明詹荣《山海关志》、孙世芳《宣府镇志》、尹耕《两镇三关通志》、王士翘《西关志》、刘效祖《四镇三关志》等。此外，内地也有一些关志，如《浒墅关志》等，其内容侧重于关税征收。

十三、土司志

土司志是以少数民族地区土司管辖区为记述范围的方志。元、明、清于西北、西南等少数民族地区实行土司制度，由各族首领(土司)充当宣慰使、安抚使、招讨使、土知府、土知州、土知县等职进行管理，允其世袭。土司志由土司主修，体例、内容与府、州、县志相类，唯重土司世系。土司志多见于明、清两代，如明《天全六番招讨司志》《永定长官司志》《永顺正长官司志》《永顺副长官司志》《车里军民宣慰使司志》《腾冲司志》，清王言纪《白山司志》等。

十四、盐井志

盐井志是以一盐井区为记述范围的方志，仅见云南一省。明、清时于盐井区设提举司，兼管刑民讼务。其长官称提举，职如知州。盐井志由提举主修，始于清康熙。其体例、内容除突出盐政外，与府、州、县志差异不大。较著名的盐井志有沈懋《黑盐井志》、郭存庄《白盐井志》、沈鼐《琅盐井志》等。此外，宋代曾于产盐、坑冶、铸铁之地置监，与府、州同级，隶于路，其志书有《大宁监图经》《陵井监图经》等，与盐井志相类。

十五、乡镇志

这里所谈的是广义的乡镇志，即以一乡、一镇、一村、一里、一场等县以下地方单位(区域)为记述范围的方志，包括乡志、镇志、村志、里志、场志、巷志等。乡镇志始于宋常棠《澉水志》和沈平《乌青志》，元代基本沉寂，明、清恢复发展，并呈现兴盛局面。乡镇志主要分布在南方江苏、浙江等经济、文化发达地区，北方则很少(清代山东有《颜神镇志》《张秋志》)。著名的乡镇志有宋常棠《澉水志》，明陈霆《新市镇志》、董谷《续澉水志》，清汪日桢《南浔镇志》、董世宁《乌青镇志》、焦循《北湖小志》、吴荣光《佛山忠义乡志》、周之桢《同里志》、王同光《唐栖志》、孙志熊《菱湖镇志》、董醇《甘棠小志》、宋景关《乍浦志》、徐达源《黎里志》、汪永安《紫隄村志》等。乡镇志一般是私修的，但也有个别大镇是由县佐贰官管理的，而这些佐贰官有时会主修镇志。

十六、乡土志

乡土志是作为初级教材而编写的方志简本，出现于晚清，持续至民国初年。乡土志不同于乡镇志，乡土是就内容而言的，指这种教材的地方史性质，而乡镇是就地理单位而言的。光绪三十一年，清政府推行新政，罢科举，兴办新式学堂，并令学务大臣迅速着人编新式教科书以供新学堂教育之用。京师编书局监督黄绍箕于光绪三十一年撰成《乡土志例目》，并于同年获准颁行全国，要求各地参照原有地方志书，编写乡土教材，作为学校儿童启蒙之用。《乡土志例目》颁布后，编纂乡土志之风遍及全国，出现了大量的乡土志。自光绪三十一年至宣统三年，短短7年间，便成书450余种。乡土志内容简单，仅涉及历史、地理、格致三大部分。其主旨是宣扬爱乡、爱国思想，文字通俗易懂，体例灵活多样，有的径用问答形式。乡土志与一般的方志一样，均有一定的记述地理范围，大到一省(如《山西乡土志》《黑龙江乡土志》《湖南乡土地理教科书》《江苏乡土志》等)，小到一乡、一镇，均可编乡土志，但最主要的乡土志还是县乡土志，如新疆《轮台县乡土志》和《若羌县乡土志》、辽宁《广宁县乡土志》等。现存的乡土志还有不少，大家可参考国家图书馆出版社编印的《乡土志抄稿本选编》。

第四节 方志的特点

方志的特点是方志的内在属性，是其与其他著述相区别的主要标志，是我们正确认识和理解方志的关键。关于方志的特点，自古迄今，诸说并出，极不一致。其中或提法不准确、不科学，或概括的特点太多(如十点说，特点太多，反而特点就不突出了)。因此，这里对前人之观点做一些归纳、甄选，将方志特点总结如下(每一特点均从两方面加以说明)。

一、地方性

所谓地方性，包括：其一，指方志主要记载与某一地有关的人、事、物，记载范围有一定的区域限制；其二，指内容上有鲜明突出的地方特色。

没有地方性，就不能称为真正的方志。我国现存1万种左右的旧志，如通志、府志、州志、县志、厅志、乡镇志等，都是以一定区域为记载范围的。其所述之山川、建置、人物、风土、政绩、古迹等，无不以此特定区域为依据，基本不涉及本区域以外的人、事、物。例如，通志只记一省之事，府志只记一府之事，县志只记一县之事，其他依此类推。方志有“越境不书”的传统，“越境而书”向来被认为是方志编修之大忌。方志中虽也有记述本地之外的人、事者，但这些外人、外事必须与本地发生关系，才可以入志，如外人为官或流寓于本地等。即便如此，也要仔细甄别，以免滥收，以招“借才异地”之批评。

方志的地方性也要求编写方志时要突出地方特色。我国国土辽阔，各地的地理环境、历史变迁、建置沿革、资源物产、风土民情、方言、经济生产等，均具有鲜明的区域性，真实、客观地记述本地人、事、物的志书自然也带有明显的地方特色。例如，苏州以园林闻名，自宋范成大《吴郡志》后的历代苏州府志自然会详载其园亭、楼台。又如，北边边患、江南沿海倭寇、黄河沿岸的河患等，各个地区的方志中均会有适当的记载。

二、连续性

连续性也包括两个方面：其一，时间上的连续性；其二，内容上的连续性。

方志的编纂代代相传，连绵不断，具有明显的连续性。这也是它和别的著述不同的地方。我国正史编修基本上是一朝一史，“隔代撰史”(国史也有当代修的，如明万历间修国史等，这里指官修正史)；而方志是一朝多志，而且是“当代修志”。由于方志编纂的连续性，可以说，方志总是作为未定稿存在，很多方志书名就直接称为续志、新志、新修、重修等。

为何方志编修能保持时间上的连续性呢？首先，中央政府对方志编修比较重视。宋代以后，历朝历代统治者在政局稳定之后，多诏令各地修志，即所谓盛世修志，如明洪武十一年令天下修图志，永乐十六年诏修天下郡县志书，颁降《纂修志书凡例》；清康、雍、乾诸朝皆多次敕令各省、府、州、县修志。其次，政府有相应的续修制度。例如，北宋沿袭唐3年一造图经的制度，各地修造图经送兵部职方司。清政府曾下令各地志书60年一修。民国时期，中央政府规定省志30年一修，市县志15年一修。最后，绝大多数地方形成了相沿修志的传统，许多地方官和当地的有识之士也自觉地维护这一传统。例如，有的地方官刚到任，发现当地很久未修志，或之前的志书修得不好，就要重修。地方官多重视修志，常将之视为自己在任的一件大事，既能给自己留名，又能依自己的意见来修，从中获益。当地士绅愿意修志，也能从中获益。有清一代，江苏常熟县曾13次修志，平均每20年编修一次。明清两代，上海县也曾13次修志，约40年续修一次。

内容上的连续性，一般通过这样的方式来实现：(1)在原来方志的基础上简单增入后来的内容。例如，《孟津县志》康熙增补本，只是在顺治本各相应类目后附加一些内容。(2)重修。将旧方志的内容和新增的内容进行重新组合编排，包括重新归类、校正、叙述、增删等。重修时还要大量参考旧志。那么，这两种方式何者为优呢？章学诚在《记与戴东原论修志》一文中也提到这个问题，认为：旧志质量好，就简单续补；旧志质量不好，就要重新发凡起例。[1] 因此，不能一概而论。不过，相对来说，第二种方式应该更合理一些，而古代续修志书也大多采用第二种方式。

三、综合性

方志素有“博物之书”“一方之全书”“地方百科全书”等说法，这是由方志的定义所决定的。方志是对一个地区自然、社会、人文诸方面的历史和现状的综合记录，因此，虽然历代所编方志文字繁简不一，详略各异，但其所载门类、内容涉及面往往是比较广泛的。可以说，综合性是方志的共性。

方志的综合性也包括两个方面。其一，从横的方面看，指其门类齐全、内容全面，举凡疆域、沿革、城镇、乡村、山川、田地、名胜、古迹、人

---

① 参见(清)章学诚：《文史通义新编新注》，仓修良编注，885页。

口、民族、政治、军事、宗教、经济、文化、教育、社会生活、风土民俗、方言土语、历史事迹、人物、诗文著作等，无所不包，诚如顾颉刚《〈中国地方志综录〉序》所云："纪地理则有沿革，疆域，面积，分野；纪政治则有建置，职官，兵备，大事记；纪经济则有户口，田赋，物产，关税；纪社会则有风俗，方言，寺观，祥异；纪文献则有人物，艺文，金石，古迹。"[①]其二，从纵的方面看，方志不仅追叙历史，而且重视记述现状，所谓"详今略古"，贯通古今。

四、资料性

资料性包括两个方面：其一，方志是资料汇编；其二，其资料是相对可靠的。

方志是分门别类地记载一地之古今综合情况的，这里要注意其是记载(或称记录)，而不是论述。方志与史书寓论断、是非于记述之中不同，一般不轻易发议论(当然，有的方志也有议论，一般是附于一节或一章之后，形式上类似于史书)。方志是经众多参修人员在丰富资料基础上编成的，其编纂的重心不在于论述，而在于编辑、剪裁。正因为方志资料多翔实具体，编者也多如实记录(有很多资料就是直录档案或诗文)，较少笔削润色，这样自然就保存下大量的原始资料，体现出方志资料性的特征。例如，明天启《海盐县图经》载，浙江海盐县"地产木棉花甚少，而纺之为纱，织之为布者，家户习为恒业。不止乡落，虽城中亦然。往往商贾从旁郡贩棉花列肆吾土，小民以纺织所成，或纱或布，侵晨入市易棉花以归，仍治而纺织之，明旦复持以易，无顷刻间……衣食全赖此"[②]。这段材料说明了江南地区农业与手工业、原材料产地与加工地相互分离的情况，十分珍贵。

作为资料的方志，其内容的可靠性也是比较高的(当然，方志也有不少记载错讹之处，应一分为二地看)。首先，我国方志的编纂一般是严谨的，不仅有官府、地方乡贤参与，而且也有不少著名学者主持。历代方志编纂者均追求志书真实可靠，选材精当，反对虚妄怪诞。例如，明《(嘉靖)曲沃

---

① 顾颉刚：《〈中国地方志综录〉序》，见李泽主编：《朱士嘉方志文集》，17页。

② 凤凰出版社编：《天启海盐县图经》，见《中国地方志集成·善本方志辑·第一编》第73册，89页。

县志》的主修者刘鲁生认为，方志“其载欲悉，其事欲核，其书欲直”①。清章学诚强调“志属信史”，要简、严、核、雅。其次，方志资料来源是可靠的：一是来自政府案牍、地方文献、金石碑刻、谱牒家传、文集、信札、笔记等第一手资料；二是通过实地调查、采访、测绘得来真实资料。这些资料多是原始资料，真实可靠程度是比较高的。最后，修志者往往对这些原始资料进行必要的审核，经过去伪存真、去粗取精，编入志书，这又进一步保证了志书记载的真实性。

顺便一提的是，以往许多学者推崇方志中的简志，其实是不对的，因为简志内容太少，修志者的个人色彩太浓，资料性不够突出，与方志的资料性特点是相矛盾的，所以不宜提倡及过高评价。事实上，历史上的简志很少，这本身就说明，尽管不少人认为简志好，但它并不具有普遍的意义，不被修志者所普遍接受。

① (明)刘鲁生修：《(嘉靖)曲沃县志》，246页，上海，上海书店出版社，1990。

第七章　家谱

家谱与方志关系密切，均为地方文献，而且数量相当庞大，又有重要的研究价值(如研究地方社会、家族、人物等)。有人甚至说，家谱与正史、方志一起，是构成中华民族史学大厦的三大支柱，是中华民族悠久历史文化的重要组成部分。与许多史料(包括方志)藏于公共图书馆不同，家谱现在还大量散藏于民间，如同档案一样，还没有被很好地利用。民国时期，顾颉刚就曾指出：而今我国史学领域有尚待开发的两个“大金矿”，即方志和家谱。[①] 目前，方志已开发较多，但家谱的开发还比较滞后，虽然它们自身的价值已获得人们的公认。除了独立成书的家谱之外，古人文集中多有谱序，偶尔还会收载简谱或世系表，我们也要注意加以搜集和研究。

第一节　家谱概述[②]

一、定义与题名

家谱是指以记载某一父系家族的世系和主要人物为中心的典籍。当然，家谱一般还会记载家族的来源、迁徙的轨迹、生息繁衍、婚姻、文化、族规、家约等方方面面的内容，相当于家族的百科全书。有关家谱的研究称为谱牒学。梁启超、仓修良认为谱牒学应包括年谱，而且，梁启超《中国近

① 参见顾颉刚：《〈中国地方志综录〉序》，见李泽主编：《朱士嘉方志文集》，15页。

② 本节内容参考徐建华：《中国的家谱》，天津，百花文艺出版社，2010。

三百年学术史》“谱牒学”一节主要讲的就是年谱。但是，这一观点并不被学界普遍认可。

家谱名称繁多，大致有宗谱、世谱、族谱、家乘、会通谱、统宗谱、支谱、房谱、族姓昭穆记、星源集庆、维城录、家世渊源录、清芬志、传芳集、先德传、续香集等称法。

在不同的时代，家谱所载侧重点不同。一般认为家谱定型于宋代，意思是指：以往的家谱较重郡望、家世、官爵、家族成员的婚配等情况，主要是为选官、婚姻、社会交往服务的，也就是对外服务；而宋以后的家谱，记录重点为祖先、世系、恩荣、祠堂、居所、田产、坟墓等，主要是为了尊祖、敬宗、睦族(收族)，也就是对内服务。不过，也有人认为明代中期是家谱的定型时期。我认为，宋代家谱体现出转化与定型(基本上奠定了后代家谱的模式)，到明代其体例获得进一步的完善。这种发展历程与方志近似。家谱的编纂也逐渐由官方垄断走向民间私修。

家谱的题名通常包括以下几项内容：姓氏、地名、堂号、郡望、几修等。前3项是最重要的，尤其是姓氏。例如，《黄山王氏承志堂支谱》包括郡名、姓氏、堂号，《湘乡陈氏三修支谱》包括地名、姓氏、几修，《清河郡张氏宗谱》包括郡望、姓氏。需要注意的是，题名中的地名常用古称，且古称也不尽一致，如江苏宜兴就有“阳羡”“荆溪”“义兴”等数称，湖州也有“吴兴”“乌程”“归安”等数称。此外，题名中的郡望、堂号比较难理解，以下分述之。

(一)郡望

在同姓中，为了区别各支派的不同，往往标举姓氏所出之地名，即郡望或地望。郡望，即世居本郡，为当地所仰望。郡，一般是指秦汉之郡。以郡名标举出身，与汉、魏时开始重视各地著姓望族有关。当时受选举制度的影响，豪门大姓所出之地十分重要，是区别于其他同姓的重要标志。这所出之地就是郡望，包括发祥之郡、望出之郡。所谓发祥之郡，是豪门大姓最初兴起之地，如太原(王)、陇西(李)、河东(柳)等；所谓望出之郡，是从发祥地迁移到他郡，经繁衍成新的望族，如琅琊(王)、弘农(刘)等。

后人为不忘本，将这些郡望之名题于本族祠堂之上，即堂号。因为各族姓基本上都是以郡名作为自己家族堂号的，所以就有了若干姓氏同一个堂号的现象，如张、王、胡姓的堂号都是“清河堂”。

（二）堂号

明清以来，祠堂成了宗族祭祀先祖、议决大事的重要场所。大凡每个祠堂都有自己的堂号。从某种意义上讲，堂号就是宗族的标志。

一般来说，早期的堂号多取自郡望，这些堂号属于各族姓的“总堂号”。随着宗族的繁衍迁移，郡望作为堂号不能十分清楚地区分各个支派，而且，同姓郡望多重复，如李姓多陇西，张姓多清河，于是又需重新创立堂号。这些新创的堂号主要取义于两方面：其一，取吉祥、训诫等名称以立堂号，如“世德堂”“崇本堂”“敦本堂”等。这种情况最多。这类堂号很多宗族都使用，如“世德堂”，丁、王、李、吴、何、沈、邵、周、胡、秦、徐、陆、陈、孙、黄、曹、许、张等数十个姓氏都有此堂号。其二，根据祖先德望操守、嘉言懿行来命名堂号，如杨氏“四知堂”、陶氏“五柳堂”、王氏“三槐堂”、赵氏“半部堂”等。

此外，皇室家谱称为玉牒，与一般的家谱不同。明皇室就有《玉牒》，但只存残本。清代《玉牒》是唯一系统保存下来的皇族家谱，其规制非同一般：页张规格 90 厘米×45 厘米，每册厚度在 50 厘米至 80 厘米。至清末，最厚者达 140 厘米，重 200 余千克，可称为纸质书中的世界之最。《玉牒》封面分为黄、红两种颜色，黄封皮者为“宗室玉牒”，记载清太祖努尔哈赤父亲显祖塔克世的子孙；红封皮者为“觉罗玉牒”，记载清太祖努尔哈赤伯叔的子孙。清代《玉牒》除前期的少数只用满文书写外，后来，基本上都是修格式、内容完全一致的满、汉文各一部。这样，每修一次《玉牒》都要有几十册之多。

清制，《玉牒》每 10 年纂修一次(较一般家谱频繁)。顺治十三年(1656)题准，《玉牒》修成后缮写 3 份，分贮皇史宬、宗人府、礼部。乾隆二十五年(1760)，改为缮写 2 份，一份贮于皇史宬，另一份送盛京(现沈阳)皇宫贮藏。每次《玉牒》送贮皇史宬，都要举行隆重的恭贮仪式。

顺便一提的是，除清室《玉牒》外，清代满族修的家谱也有不少。

二、体例与内容

就旧谱(宋以后至 1949 年)的一般情况而言，其前后排序有时会有变化，而且，家谱也并不一定都包括以下内容，有的家谱则不止含有以下各项内容。

1. 谱序

谱序包括自序与他序，主要介绍修谱原因、经过、人员、家族概况等。有的由家谱编纂者亲自撰写，有的由族中名人撰写，有的请外族名人撰写，有的则转引旧谱序。明清文集中就有大量的谱序，这反映了当时修谱之多，及名人作序之普遍。当然，有一些谱序是伪造名人作的，我们可以通过该名人文集来查证。《清代文字狱档》"王锡侯供词"讲到一个比较典型的例子："我是庚午科中式举人，此科江西正主考是钱陈群，副主考是史贻谟，我丙戌年会试下第后，于九月内携了所著的《经史镜》及选的《唐人试帖详解》稿到嘉兴座师钱陈群家就正，求他做序，那时适值钱陈群的夫人俞氏病故治丧，没有给我做，后来就自己做了刻上他的名字，是实。那《王氏家谱》上刻的史贻直序文，是我从前会试到京求了座师史贻谟转求大学士史贻直做序，以为族谱光彩，史贻直没有给我做，也是我自己做了写他名字的。"①此外，钱汝诚也提到其父文集内没有收给王氏写的这两篇序。② 尽管在审查中，审查官怀疑王氏是故意揽罪，但是其实这种伪序的行为在当时是相当普遍的。最有可能是，钱、史确实没有亲自作序，但是，王氏冒其名来作序应该是得到他们默许的。

2. 凡例

凡例也称谱例，介绍本谱的修纂原则、体例、记述范围等。

3. 图

图包括祖庙、祖茔、祠堂、住宅(祖居)等图。有人专门研究方志中的图，其实，家谱中的图也可集中研究一下。有的家谱还有祖先图像，并配上赞语，四字一句，称为像赞。祠堂是供奉先人的地方，也是家族聚会之所，所以家谱一般会收载其建筑图。此外，墓图有时在家谱中所占的分量也相当大。墓图除了描画其形状外，还会重点标明其地理方位、朝向以及四周情况等，这与古人重视风水有关。

---

① 上海书店出版社编：《清代文字狱档》，675页，上海，上海书店出版社，2011。

② 参见上海书店出版社编：《清代文字狱档》，677页。

4. 考

考指考证族源、始祖、支派、迁居等。

5. 宗规、家训

笼统而言，宗规也是家训，二者是一样的。但严格来说，宗规与家训有区别，有的家谱就将宗规与家训分开来表述。宗规，也称家规、族规，主要是教人不要做什么的，如规酗酒等；家训，也称祖训，主要是教人要做什么的，如敦孝悌等。宗规、家训的内容一般不会很多，文字简约，都是关于治家的大道理，体现了传统家族的治家理念，因而各家家谱所列多大同小异。宗规、家训有的是自拟的，有的是抄自名人的治家格言，因为社会上流行的名人家训著作(如《颜氏家训》《朱子治家格言》等)比较多，影响也较大。家谱中较为常见的宗规、家训大致包括以下内容：奉祖先、孝父母、和兄弟、睦宗族、结乡邻、教弟子、遵法度等。

6. 世系表

世系表是关于家族成员血缘关系的示意图。它以表的形式开列，清楚具体，信息量大，是家谱中最重要的、分量最大的部分。世系表主要有3种模式：欧式、苏式和宝塔式。

欧式是北宋欧阳修创立的，出自其《文忠集》卷七十一“欧阳氏谱图”。欧式的特点是世代分列，由右向左横行，五世一图(表)，图尽另起。每个世代人名下没有简介，但标明生子几人，较方便查找。

苏式是北宋苏洵创立的，出自其《嘉祐集》卷十四“苏氏族谱”。苏式的特点是世代直行下垂，由右向左顺序排列，人名下均标明子某某，个别人名边上注上仕履，但很简单。苏式只有一图(表)，包括6世或7世，若往下，则不好排，但其基本层次关系还是清楚的。

宝塔式将世代人名像宝塔一样由上向下排列。宝塔式采用横竖线连接法，竖线永远处在横线的中间。这对人多的大家族来说，人名众多不可能排在同一页纸上，兄弟之间长幼关系不清，会为编谱、看谱带来很多不便。

世系表最重要的是要易看易懂、层序分明，因此，后来的家谱多采用改进后的欧式或苏式，也就是欧式、苏式的结合，简称欧苏式。此式的特点是5世一图(表)，图尽另起；图中有个别人物简介，又标明生子几人。

需要注意的是，有的家谱没有世系表，而有世系录。所谓世系录，即以文字叙述的方式来罗列家族世系及人物，如一世，某某；二世，某某……依次往下介绍。其中重点人物有较详细的传记说明。当然，有的家谱既有世系表，也有世系录，如山东《蓬莱张氏族谱》(张康泉等修，嘉庆二十年刻本)。

7. 家传

家传即族中人物传记。除编谱者所写的传记外，还会收录墓志铭、行状、寿序、年谱、像赞等传记资料。如果想了解宗族中的名人，就要查阅这部分内容。

8. 文献

文献又称艺文志、辟源集、文征集等，是族人之诗文汇编或著述目录。

9. 字辈

字辈也称行辈、行第、班辈、字派、班派、派语等，指表示家族辈分的字。有的家谱会将字辈列于全书之最后。字辈的字往往取的是寓意较好的字，起码是没有什么贬义的字。一般认为，字辈起源于宋代，宋太祖赵匡胤立了13个赵氏“范字”——德惟从世令子伯师希与孟由宜，加上“匡”共14个字。以前绝大多数人是严格按家谱中的字辈来取名字的。例如，毛泽东的名字就是如此，《毛氏族谱》所载字辈为：“立显荣朝士，文方运济祥，祖恩贻泽远，世代永承昌。孝友传家本，忠良振国光，起元敦圣学，风雅列明章。”“泽”是第14代字辈，“东”是其名。

为方便记忆，字辈往往拟成四言、五言或七言的数句口诀。这些文字有的是先辈拟定的，有的是族人商定的，有的是请名人代拟的。以前的字辈快用完了，家族会按这样的方式进行续拟。历史上有个别家族的字辈是由皇帝赐封的。例如，孔氏家族字辈就是明、清两朝皇帝赐定的，而孟、曾、颜三家也一体遵用。明太祖朱元璋赐孔子后代行辈十字：“希言公彦承，宏闻贞尚衍。”清乾隆皇帝又赐孔氏行辈十字：“兴毓传继广，照宪庆繁祥。”道光皇帝再赐孔氏行辈十字。可以说，这是当今全国各姓中统一得最好的字辈，真正有天下同姓为一家的感觉。以前，字辈不轻易说与外人，主要是怕冒宗。家谱不外传，也有这方面的原因。此外，家谱多用活字印刷，除了因为其不太讲究用字、成本较低、续修频繁、印数不多外，还可能有活字印刷不存板，因而内容不易外传的原因。①

说到家谱的活字印刷，李致忠《昌平集》卷二《浙江义乌木活字排印宋本〈骆宾王集〉序》有较详细的记载："义乌、浦江、永康、东阳一带，明代隆庆以后用木活字排印书籍，尤其是印制家谱，则是很普遍的现象。那时常有集刻字、排版、调墨、印刷、装订于一身的工匠，肩挑一担，满装刀、笔、墨、砚、活字、字盘、纸张等，走街串巷，为各家印制家谱，时称谱匠。"②谱匠在修谱较盛的江南地区比较多。

10. 领谱字号

家谱修好后，印刷一定的数量，每部编以字号(如月字第一号等)，发给各房，记录下领谱人姓名，以便监管、核对。

此外，一些家谱最后还会开列修谱支出账目表，这是研究古代图书出版、流通的重要材料。与方志这样的官书不同，家谱是私修的，主要依靠族人交份子钱来编修。因此，家谱修成后，编修者要对大家所交的钱有交代，就编制修谱支出账目表。

三、起源与发展

关于家谱的起源，如同方志的起源一样，有多种说法。有人甚至认为氏族徽号、部落名称即后世堂号。关于家谱起源比较有代表性的观点有宋代说、汉代说、周代说、商代说。比较而言，甲骨文中虽有关于世系的记录，但很简单，因此周代应该是家谱开始形成的时代。

周代实行的是宗法封建制度："宗者，尊也。为先祖主者，宗人之所尊也。"③天子既是君主，又是宗主。这样就有别亲疏、明统系的必要。《周礼·春官宗伯》载："小史掌邦国之志，奠系世，辨昭穆。"郑康成注云："系世，谓《帝系》《世本》之属是也，小史主定之"，"辨昭穆者，《帝系》《世本》之中，皆自有昭穆亲疏，故须辨之"。周代的《世本》之类就是在这样的背景

---

① 明天启二年《孔氏族谱》书前孔弘颙"谱系引"云："不揣庸陋，辄取而增修之，刊印成帙，散布诸宗……复恐存其梓木，便于复印，未能尽杜转售之弊，乃通计合用共若干帙，印造既完，即毁厥木，以示不可复得。"转引自唐桂艳：《清代山东刻书史》上册，25页，济南，齐鲁书社，2016。可见，为防止外传，即便雕印的也要毁板。

② 李致忠：《昌平集》，149页，上海，上海古籍出版社，2012。

③ (清)陈立：《白虎通疏证》卷八《宗族》，清光绪元年淮南书局刻本。

下产生的。《世本》所载为黄帝至春秋时期帝王公侯卿大夫的家系，类似的书应还有一些，李零认为："古代贵族教育，有一门课程叫'世'，是专讲姓氏所出和世系分衍的。这类材料与后世的姓氏书和谱牒类似，也是用来'寻根'。司马迁作《史记》，大框架是参照《世本》和《帝系》。这是古人作史的心法。其'本纪'就是'本'，相当《世本》的《帝王世本》，'世家'和'列传'就是'世'，相当《世本》的《诸侯世家》和《卿大夫世家》。'本'是根本。'世'是枝叶(世字，古与叶通)，实际上是一种'宗法树谱'。"①《世本》应该就是后世家谱的早期形式了。

汉代，私修家谱开始出现。汉代，周代旧的宗法体系崩坏，世族兴起，君统与宗统开始分离，出现了为世族服务的私修家谱，即谱牒或牒记。司马迁修《史记》时就参考过不少当时的牒记。

魏晋至唐代是家谱的兴盛时期。其时家谱主要为官修，有专官管理。魏晋南北朝时，门阀制度盛行，"上品无寒门，下品无势族"②，选官品人，婚姻嫁娶，士庶分明，尊卑严格，"官之选举，必由簿状；家之婚姻，必由谱系"③，因而维系门阀制度的家谱特别兴盛。

宋代是家谱变革时期，也可称为定型时期。五代以后，门阀制度废绝，官修家谱失去实际意义，而江南庶族地主势力抬头，社会经济发展，城镇商业繁荣，印刷术得到普遍推广，私修家谱兴盛。因此，家谱由官修变为私修，其政治功能转向社会功能、教化功能，其内容更加广泛丰富，体例更加完善。

明清为家谱发展的最高峰。其时家谱内容更加丰富，体例更加完善，家谱成为家族的百科全书。需要注意的是，明清时联宗合谱现象比较严重，清初党争、乾隆时禁谱，均与此有一定的关系。

总之，家谱的发展线索可归纳为帝王谱系—士族(贵族、官僚)家谱—各阶层人的家谱，其内容随之越来越丰富。

---

① 《李零自选集》，50页。

② 《晋书·刘毅传》。

③ 《通志·氏族略》。

四、家谱的价值

梁启超在《中国近三百年学术史》中指出:“欲考族制组织法，欲考各时代、各地方婚姻平均年龄、平均寿数，欲考父母两系遗传，欲考男女产生比例，欲考出生率与死亡率比较等等无数问题，恐除族谱家谱外，更无他途可以得资料。”[①]家谱数量众多，有些材料是不可替代的，对研究古代历史、民俗、社会等均有重要价值。例如，关于徽商研究，一些学者比较重视从徽商家谱中寻找材料。不过，梁启超所说的两性比例问题，利用家谱时要注意，因为妇女一般是不入谱的。

第一，人物研究。家谱对研究古代人物有相当权威的资料价值。例如，明末清初一些著名人物如冯铨、刘正宗、王崇简、宋权等，均有家谱存世，可以利用家谱对他们进行较深入的研究。

第二，人口史研究。家谱中生与死的记录、人口数量、人口结构、婚姻等材料，均很重要。例如，家谱中登入的男性信息还是比较全和准确的，可加以利用进行统计分析。

第三，宗族制度研究。家谱是宗族百科全书，关于传统宗族的各个方面情况，大都可以从家谱中找到相应材料，如祠堂的建筑与职能，祠产的类型、数量，族学的规模，家训、族规，各种祭祀、婚丧仪式等。

第四，移民研究。家谱一般会记载家族史，说明其来源、迁徙及分支情况。例如，明代卫所移民、清初的迁海、明清东南亚华人移民等，我们均可以利用家谱来发掘一些新材料。

第五，民俗学研究。家谱中记载的礼仪风俗材料很多，也可以利用。

以上主要是谈家谱的研究价值，其实家谱还有和亲睦族、结邻爱乡、联结全球华人等现实价值。

当然，因编纂者水平有限，或攀附显贵、为尊者讳等心理影响，家谱中有一些记载是不可靠的，如黄宗羲在《淮安戴氏家谱序》中所指出的:“然以余观之，天下之书，最不可信者有二:郡县之志也，氏族之谱也。郡县之志，狐貉口中之姓氏，子孙必欲探而出之，始以贿赂，继之恫喝，董狐、

① 梁启超:《中国近三百年学术史》，322页。

南史之笔，岂忍弹雀。氏族之谱，无论高门悬簿，各有遗书，大抵子孙粗读书者为之。掇拾讹传，不知考究，牴牾正史，徒诒嗤笑。”①

第二节 现存家谱概况②

旧家谱数量巨大，且有不少散在民间，图书馆以往不重视收藏，因此，尽管最近一些年陆续出版过一些目录，但要给出一个确切的统计数，还是很困难的。目前，有些图书馆所藏的家谱还是比较多的，既有古籍原本(主要是明以后的版本)，也有不少缩微胶片，可供我们检索和利用。

一、公藏家谱简介

(一)中国大陆(内地)

中国大陆(内地)地区的家谱收藏，以上海图书馆最多，其次为中国国家图书馆。

1. 上海图书馆

上海图书馆(简称“上图”)共收藏有3万余种、30余万册中国家谱，是国内外收藏中国家谱(原件)数量最多的单位。其中1949年前家谱11700种，近10万册。这些家谱中有相当多是前馆长顾廷龙于“文化大革命”期间带人从纸厂捡回的。上图收藏的家谱涉及22个省市，其中以浙江、安徽最多。浙江的家谱集中于金华、余姚、上虞、慈溪一带，安徽的家谱则以徽州地区最为集中。家谱涵盖的姓氏有335个，其中张姓、陈姓、王姓、李姓、刘姓、吴姓均在500种以上，而周、朱、徐、黄、杨、胡等姓也达数百种之多，冷僻姓氏有90余种。家谱多为清代、民国期间木活字本和刊本，但也不乏珍稀版本，最早者为宋内府写本《仙源类谱》(残页)，明刊本、明抄本有近300部，稿本及纂修底本也不少。此外，还有相当一部分上海开埠后外地来沪

① 沈善洪主编：《黄宗羲全集》第10册，71页。

② 本节参考王鹤鸣：《中国家谱知多少——关于中国家谱的收藏与统计》，见上海图书馆编：《中华谱牒研究——迈入新世纪中国族谱国际学术研讨会论文集》，上海，上海科学技术文献出版社，2000。

发展人士的家谱，如《镇海东管乡沈郎桥叶氏家谱》等，对于研究上海近代史有重要的史料价值。上图开设专门的家谱阅览室，并编有《上海图书馆馆藏家谱提要》，最近又制作了“家谱数据库”，便于人们检索和阅读家谱。

2. 中国国家图书馆

中国国家图书馆(简称“国图”)收藏家谱起步较早，1928 年其曾致函社会各界，广为征求家谱。到 2012 年 12 月，其家谱收藏已达 7678 种，其中善本家谱 458 种，普通线装家谱 4680 种，新修家谱 2540 种，总共 5 万多册。家谱原件的收藏总量仅次于上图。其收藏的家谱包含姓氏上百种，分布地区约 20 个省市。国图收藏的家谱以南方家谱为多，因为北方家谱编得相对要少很多，搜集也不易。其收藏特色主要是：有不少少数民族家谱，包括用汉文撰写的少数民族家谱，计有八旗谱 19 种，蒙谱 2 种，皇室谱多种；用少数民族文字撰写的家谱，计满文谱 21 种，蒙、彝、藏文谱 11 种。一些北方家族的家谱也十分珍贵，如《涿州冯氏家谱》《商丘宋氏家谱》《宛平王氏家谱》《安丘刘氏家谱》等。国图设有“地方志家谱阅览室”，提供家谱阅览服务。2011 年，国图开通了“中华寻根网”，提供所藏 2392 种家谱的在线浏览，以及国内外所藏 3 万余条家谱书目数据检索。

3. 湖南图书馆

湖南是历史上修谱之风颇盛的地区，所修家谱众多，流传下来的也不少。湖南图书馆有家谱收藏中心，藏有家谱已近 7 万册，6000 余部，其中有《周元公世系遗芳集》《孔氏祖庭广记》《丰城李氏族谱》《重刻蒙潭康氏族谱》等 6 种列入《中国古籍善本书目》。此外，湖南图书馆还收藏了不少湖南近现代名人的家谱，包括曾国藩、胡林翼、毛泽东、刘少奇、彭德怀、黄公略、胡耀邦等。

4. 浙江图书馆

浙江图书馆收藏家谱有 2000 余种，其中以浙江本省的家谱为主。浙江图书馆开发了“家谱全文数据库”，可以实现人名查询、谱籍书目检索、站内数据全文检索。

5. 天一阁博物院

天一阁博物院收藏家谱近 550 种，涉及 100 多个姓氏，其中《皇明恩命录》4 卷(明嘉靖九年刻本)、《崇孝录》(明隆庆三年刻本)、《庐陵曾氏家乘》

(明嘉靖刻本)等11种被收入《中国古籍善本书目》。

6. 安徽省图书馆

安徽省图书馆收藏家谱400余种，3200册，以徽州地区家谱居多。其中《王谢世家》(30卷)、《新安名族志》(2卷)、《汪氏渊源录》(10卷)等31种家谱被收入《中国古籍善本书目》。该馆收藏了不少地方名人家谱，如包拯家族《合肥包氏支谱》、李鸿章家族《合肥李氏宗谱》、龚氏所修《合肥龚氏宗谱》等。

7. 吉林大学图书馆

吉林大学图书馆收藏了800余种家谱，是中国大陆(内地)地区收藏家谱数量最多的大学图书馆。其中，《古歙方氏宗谱》(6卷)、《重修济阳江氏族谱》(8卷)、《李氏族谱》(3卷)、《锡山周氏宗谱》(4卷)等12种被收入《中国古籍善本书目》。其中还有一些重要的稿抄本，如《(吉林永吉)满洲正黄旗修乌雅氏本支谱》(光绪抄本，3册)、《(浙江慈溪)慈水秦氏本支宗谱》(清稿本，6册)等。①

8. 中国社会科学院历史研究所图书馆

中国社会科学院历史研究所图书馆共收藏家谱980种。另据该馆《缩微胶卷总目录》谱系卷统计，该馆收藏缩微家谱共2000余种，主要是明、清、民国时代的家谱。

(二)中国台湾、香港地区

台湾地区旧谱的收藏不是很多，以台北“国家图书馆”为例，线装古籍家谱只有27种，其中25种属于善本，包括《石浦卫族考》(系明天顺间著者手定底稿本)、《黄氏会通谱》、《张氏会修统宗世谱》、《泽富王氏宗谱》、《休宁率口程氏续编本宗谱》、《高邮奉西陈氏家谱》、《戴氏族谱》等。此外，台北“中央研究院”历史语言研究所、民族学研究所也收藏了相当数量的家谱原件和胶卷。

1. 台北“故宫博物院”图书文献馆

1996年3月，台北联合报文化基金会下辖的国学文献馆将其馆藏家谱

① 参见董润丽、朱永慧:《吉林大学图书馆馆藏抄稿本家谱叙录》，载《古籍整理研究学刊》，2004(5)。

全部捐献给台北“故宫博物院”图书文献馆，共有缩微家谱资料 3132 卷，分中国家谱与韩国、琉球家谱两部分，前者计 9970 种，后者计 192 种，共 10162 种。

2. 香港大学图书馆

香港大学图书馆，特别是其中冯平山图书馆是香港地区收藏家谱最多的单位。据香港大学冯平山图书馆参考咨询组 1997 年 6 月编印的《中文族谱目录》统计，香港大学图书馆共收藏家谱 374 种，其中近 300 种收藏在冯平山图书馆。这些家谱约1/4是清代、民国时期撰修的，1949 年以后修的占了约3/4。较珍贵的有：明万历三十五年(1607)作序的《新界大埔坑口下蒲村林氏族谱》，明万历四十四年(1616)邱作圣、邱仑泰纂修的《河南堂邱氏族谱》。上述二谱内地公藏单位没有保存，仅美国有保存；康熙二十七年(1688)蒲松龄修的《蒲氏族谱》，内地公藏单位也没有保存，仅日本有保存。此外，香港大学图书馆还收藏缩微家谱 300 余种。顺便一提的是，香港大学教授罗香林所著《中国族谱研究》(1971 年出版)，是关于中国家谱研究方面非常有影响的著作。

(三)外国

1. 日本

自古中日文化交流很多，日本藏汉籍也很多，但是，中国家谱是如何流传到日本的，并不是很清楚。《舶载书目》很少记载家谱，因此，日藏中国家谱有可能是日本近代以来陆续收得的。

(1)东洋文库。其收藏 800 多种中国家谱原件、500 万拍家谱缩微资料，是日本收藏中国家谱原件、缩微件最多的单位。其中明刻《新安程氏统谱》等，质量较高。

(2)日本国立国会图书馆。该馆收藏中国家谱 403 种，大多为清代、民国时期版本。乾隆以前的刻、抄本共 15 种，其中明刻本 3 种，即《武口王氏统宗世谱》(隆庆四年刊本)、《涑水司马氏源流集略》(万历刊本)、《休宁西门汪氏族谱》(嘉靖刊本)，有较高价值。

(3)东京大学东洋文化研究所。其收藏的中国家谱有 344 种(原件有 270 余种)，大多为清代、民国时期编修的，其中《吴兴德孝里潘氏世谱》等 9 种为明代刊、抄本，较为珍贵。

2. 美国

(1)哥伦比亚大学东亚图书馆。美国收藏中国家谱原件最多的是哥伦比亚大学东亚图书馆。方志与家谱为该馆的收藏特色。抗日战争时期，哥伦比亚大学派人到北京、上海等地大力采购家谱，四年内购得900余种。目前，该馆所藏中国旧家谱有1000多种，此外还有不少世界各地华人捐赠的新修家谱。该馆所藏善本家谱多为明代版本，如《藤溪陈氏族谱》等。

(2)哈佛大学燕京图书馆。该馆是美国收藏中国古籍的重镇，但其收藏的家谱并不多。其收集中国家谱始于20世纪30年代，当时哈佛校友在北京采集收购到大量的家谱，不过其中绝大部分由哥伦比亚大学东亚图书馆收藏，少数留存在哈佛大学燕京图书馆，有200余种。这些家谱大多为清代、民国的木活字本，另还有10余种抄本、稿本，明刻本仅1种，为明代程典纂修的休宁《程氏族谱》。

(3)美国国会图书馆。美国国会图书馆收藏了大量的中国古籍，其中《永乐大典》和方志颇为重要。其收藏的中国旧家谱不算太多，有500余种，且大部分已为美国犹他家谱学会所拍摄。

(4)美国犹他家谱学会图书馆。美国犹他家谱学会图书馆位于美国盐湖城，为美国摩门教(全称为耶稣基督末世圣徒教会)下属文化机构。摩门教教义十分重视家庭组织，宣扬永恒婚姻。为满足广大教徒寻根问祖、安抚亡灵的需要，该教遂于1894年成立家谱图书馆，以搜集和保存各国死亡者的资料为宗旨，于1938年开始雇100余人到世界各地采用缩微技术拍摄死亡者的档案资料。至今，该馆已收藏27.4万册图书、200多万卷缩微复制件，涉及3亿多姓氏，成为一个专门收集各国死亡者档案资料的图书馆。1974年以后，美国犹他家谱学会派人到中国台湾地区，与台北“中华学术院谱学系研究所”等机构合作，先后共计拍摄台湾地区家谱1万种。与此同时，美国犹他家谱学会还派人到中国大陆，与各地图书、档案部门联系，共拍摄大陆地区中国家谱数千种。截至1998年，美国犹他家谱学会图书馆共收藏中国家谱17099种(只有300余册图书为原件，其余均为缩微复制件)，其中有很多是1949年之后的家谱，如台湾家谱。除家谱外，该馆还收藏方志5043种、东北地区户口册4375册、清代科举资料1293册等。以上资料绝大部分为缩微复制件。

二、家谱目录

1.《中国家谱综合目录》

该目录由国家档案局二处、南开大学历史系、中国社会科学院历史所图书馆合编，中华书局1997年出版，共收录1949年以前的中国家谱14719种。该目录对每种家谱按姓氏笔画依次编列顺序号，著录书名与卷数、纂修朝代与纂修人、纂修时间、出版时间、版本、册数、藏书单位以及备注等项目，书后附有“地区索引”和“报送目录单位名单”。这是反映中国家谱收藏现状较为重要的一部书，集中展示了全国400多家图书、档案、博物、文化等单位的家谱收藏概况。其缺点是收集不全，尤其是没包括上海图书馆收藏的家谱。

2.《台湾区族谱目录》

该目录由陈美桂编，1987年由台湾区姓谱研究社发行，收10613种家谱，且多为新编的家谱。其实，这是一本美国犹他家谱学会出资，在台湾拍摄的缩微影卷家谱目录。美国犹他家谱学会从1974年开始至1985年，完成了台湾的家谱采访工作，共计拍摄缩微胶卷800余卷。每种家谱均列出姓氏、地名、书名、卷册数、编者、编印年代、版别、编号、散居地、始祖以及备注等项目，书后附有“姓氏索引”和“区域分布索引”。

3.《美国家谱学会中国族谱目录》

该目录1983年由台北成文出版有限公司出版，主要收录了美国犹他家谱学会收藏的家谱缩微胶卷的目录。全书按姓氏笔画编排顺序，著录姓氏、地别、书名、卷册数、编者、编印年代、版别、编号、散居地、始祖以及备考等项目，共收3140种中国家谱缩微件。书后附“区域分布姓氏索引”和“谱名索引”。其中1949年以后的台湾家谱所占比重较大。

4.《上海图书馆馆藏家谱提要》

该书2000年由上海古籍出版社出版。上海图书馆是收藏中国家谱原件最多的单位，有1万余种。但是，由于早年家谱分藏几处，没有及时进行编目整理，因此当1984年国家档案局向全国各地发出协助编好《中国家谱综合目录》通知时，上海图书馆未能参与，遂使《中国家谱综合目录》缺了一大块。1995年上海图书馆与上海科技情报研究所合并后，加大了历史文献的整理开发力度。1997年年底，谱牒研究中心成立，专事家谱的整理与研究工作，并且聘请有关专家，按统一体例，费时2年，终于编纂成《上海图书馆馆藏家谱提要》。与上述3种书显著不同的是，《上海图书馆馆藏家谱提要》不仅是一部家谱书目，而且是一部家谱提要著作。著录项目不仅包括姓氏、书名、编纂者、出版时代、始祖等项目，而且就名人题跋、名人事迹等内容逐一作了提要，这在中国家谱整理史上具有开创性。该书共计收录家谱11700种，近10万册。书后附有“名人”“地名”“堂号”等索引，便于读者检索。

5.《中国家谱总目》

该书由王鹤鸣主编，上海古籍出版社2008年出版。全书1200多万字，共10册，收录了中国家谱52401种，包含608个姓氏，是迄今为止收录中国家谱最多、著录内容最为丰富的一部专题性联合目录，较完整地揭示了海内外各地区收藏的中国58个民族姓氏家谱的基本情况和存世的中国家谱姓氏状况。每部家谱均著录来源，包括海内外614家谱牒文献收藏单位及5000余位家谱私人收藏者。其收录家谱下限为2003年(包括近几十年来海内外新修的家谱)，不仅著录了家谱的谱名、责任者、版本年代、册数等，而且还记述了该家族的始祖、始迁祖、迁徙路线、历代名人等，以及该谱的特色、谱中有价值的资料等。

此外，家谱目录还有山西省社会科学院编《中国家谱目录》(山西人民出版社1992年版，收录家谱缩微胶卷2565种)、中国人民大学图书馆编《中国人民大学图书馆家谱目录》(1985年油印本，收1949年以前130余姓家谱近400种)、梁洪生《江西公藏谱牒目录提要》(江西教育出版社2002年版，收家谱727部)等。需要注意的是，以上这些家谱目录所收多有重复。

现在网上家谱资源也不少，我们可以通过一些家谱网、族姓网、寻根网查阅到不少家谱，其中比较有名的如中国国家图书馆的“中华寻根网”、上海图书馆家谱数据库。台湾地区对家谱数字资源的开发更早，其中台北“国家图书馆”开发了“台湾地区家谱联合目录数据库”，台北“故宫博物院”图书文献馆开发了“家族谱牒文献数据库”，这些资源都可以帮助我们在线检索到不少家谱。

北京爱如生数字化技术研究中心开发的“中国谱牒库”也是较为重要的

家谱数据库。该数据库分为家谱编(含宗谱、族谱、世谱、家谱、家乘等),年谱编(含年谱、年表、纪年、行实、自述等),仕谱编(含题名录、同年录、搢绅录、百官录等),日谱编(含日记、日录、日谱、日札等),共收录宋、元、明、清历代家谱38000余部,年谱2000余部,仕谱9000余部,日谱500余部,合计约5万部。“中国谱牒库”可全文检索、编辑、下载和打印。目前已推出的“中国谱牒库初集”共收录宋、元、明、清历代家谱、年谱、仕谱、日谱2000部,其中家谱有300部。

第三节　方志与家谱之比较

方志与家谱,我们经常并称,或进行比较,因为这两类文献有不少共同点。例如,顾颉刚说:“今之学者莫不知史书之不足以尽史,故毕力搜求地下遗物,官署档案,私人书牍,以资实证。然而即在史书之中,故尚有未辟之山林,未发之金锡在:家谱与方志是已。向日我国社会之单位为家族,而家谱记之;我国行政之区域为省府县,而方志详之。此二者,材料至丰富,且甚详实也。……家谱印本少,秘于各家,非一时所可遍识。……每地修志,主要标的在于补行政官吏之鉴览,以订其发施政令之方针。”[①]又说:而今我国史学领域有尚待开发的两个“大金矿”,即方志和家谱。[②] 前文所引黄宗羲对家谱的评价,也是方志与家谱并举。

方志与家谱在古籍中均占有相当大的分量,据估计,现存古籍有20余万种,而旧方志即有万余种,旧家谱则有4万种以上。方志与家谱是中国传统典籍之一大特色,它们的编修充分体现了中国传统社会的家族观、乡土观,两者互为补充,构筑起庞大的传统社会研究资料库。作为地方文献的代表,方志与家谱有很多共同的地方。

一、方志、家谱皆可称史

方志可称为志乘(史),家谱可称为家乘(史)。我们可以用史书的标准

① 顾颉刚:《〈中国地方志综录〉序》,见李泽主编:《朱士嘉方志文集》,15～16页。

② 参见顾颉刚:《〈中国地方志综录〉序》,见李泽主编:《朱士嘉方志文集》,15页。

来看方志、家谱，包括体例、内容、目的、评价等。

把方志视为史书，这是方志界的传统观点，如明清方志序跋中经常会出现“夫志，一方之史也”“夫志，史乘之流也”“志也者，邑之史也”“夫志，史之翼也”等说法。宋郑兴裔于《广陵志序》中提出：“郡之有志，犹国之有史，所以察民风，验土俗，使前有所稽，后有所鉴，甚重典也。”[①]元杨敬德云：“郡乘古侯国之史也。”[②]杨维桢于《至正昆山志序》中称：“金匮之编，一国之史也；图经一郡之史也。”[③]明清时期，这一观点更为流行，其代表人物是章学诚。章氏认为，“有天下之史，有一国之史，有一家之史，有一人之史。传状志述，一人之史也；家乘谱牒，一家之史也；部府县志，一国之史也；综纪一朝，天下之史也”，“志乃史体”，“志乃史裁”[④]，“方志乃一方全史也”[⑤]等，集中地反映了章氏的方志观，以至于有不少学者认为章氏属于方志学中的史学派。从清末到民国，学者基本上祖述章氏观点，如梁启超说“史之缩本，则地志也”[⑥]，“最古之史，实为方志”[⑦]。甘鹏云认为：“一省通志，即一省之历史也。一县志、乘，即一县之历史也。”[⑧]袁同礼说：“方志者，地方之史也。”[⑨]即便有的学者承认方志与史书不一样，但如果一定要将其归类，也倾向于归入史部。现在的中国图书馆分类法就将方志列入地方史志类。

将家谱视为史书也是古代非常普遍的一种观点，这在古代家谱的序跋中经常可以看到。例如，罗钦顺《重修罗氏宗谱序》云：“史为国谱，谱为家史，

---

① (宋)郑兴裔：《郑忠肃奏议遗集》，217页，台北，“商务印书馆”，1986。

② (元)杨敬德：《赤城元统志序》，见(宋)林表民、(明)谢铎辑：《赤城集 赤城后集》，719页，北京，中国文史出版社，2007。

③ 王晓岩编：《分类选注历代名人论方志》，56页，沈阳，辽宁大学出版社，1986。

④ (清)章学诚：《文史通义新编新注》，仓修良编注，836、841、1066页。

⑤ (清)章学诚：《丁巳岁暮书怀投赠宾谷转运因以志别》，见《章学诚遗书》卷二八，317页。

⑥ 梁启超：《清代学术概论》，52页，长沙，岳麓书社，2010。

⑦ 梁启超：《中国近三百年学术史》，289页。

⑧ 甘鹏云：《修志答问》，见黎锦熙、甘鹏云：《方志学两种》，177页，长沙，岳麓书社，1984。

⑨ 袁同礼：《序》，见《国立北平图书馆方志目录》第1册，1页，民国二十二年五月国立北平图书馆印行。

谱史之相为重。”[①]章学诚说：“家有谱，州县有志，国有史，其义一也。”[②]梁启超说，二十四史实为帝王之家谱。[③]

综上所述，方志、家谱都是史书，前者相当于地方史，而后者相当于家史(这是类比，并不完全一样)。因此，我们可以说，治国以史为鉴，治地方以方志为鉴，治家以谱牒为鉴。

二、盛世修志、修谱

宋代以后的各朝代在政局稳定之后，大都会诏令各地修志，即所谓盛世修志。例如，明代的嘉靖、万历年间，清代的康熙、乾隆年间，修志都较多。

古代谱牒之大修(指私修)时期，往往也是朝代之盛时。例如，明中叶的升平之世，促进了家谱的续修，罗钦顺《邓塘张氏重修族谱序》载：“迨兹累世隆平，文教洋溢，不惟朝廷之上遗文坠典一皆讨论修饬，以成焕乎之治。至凡民间族谱家乘可以昭先德垂后规者……亦往往旁收博采，灿然成编，锓之于梓，而公之于其族矣。”[④]

三、方志与家谱互为资料来源

方志和家谱的编写必须依靠较丰富的资料，并且常常互相取资。

一方面，方志的编写以家谱为资料。家谱修成后往往很少外传，但修志时多征家谱，促进了家谱的流通，这在官府的文书中有反映。方志中的乡贤事迹、家世，多采自家谱。有的方志还立“望族”一门，摘录大族家谱。章学诚说：“家谱有征，则县志取焉。”[⑤]梁启超《〈龙游县志〉序》说：“如氏族考，调集数百家谱牒，经极详慎之去取别择，而得其经纬脉络。”[⑥]县志中的

---

① 转引自常建华：《罗钦顺的谱论与族论——以江西泰和及吉安为中心》，见上海图书馆编：《中华谱牒研究——迈入新世纪中国族谱国际学术研讨会论文集》，87页。

② (清)章学诚：《文史通义新编新注》，仓修良编注，1041页。

③ 梁启超曰：“二十四史非史也，二十四姓之家谱而已。”梁启超：《中国之旧史学》，见《梁启超文集》，107页，北京，线装书局，2009。

④ 转引自常建华：《罗钦顺的谱论与族论——以江西泰和及吉安为中心》，见上海图书馆编：《中华谱牒研究——迈入新世纪中国族谱国际学术研讨会论文集》，87页。

⑤ (清)章学诚：《文史通义新编新注》，仓修良编注，1041页。

⑥ 梁启超：《〈龙游县志〉序》，见《梁启超全集》第7册，4335页，北京，北京出版社，1999。

姓氏、人口篇，亦多依赖家谱。家谱关于人物传的记载很详细，也常为方志所取资。家谱还有大量的历史文化资料，可供方志之用，如摩崖、碑碣、牌坊、楼阁、亭榭、桥梁等，帝王给当地官宦、节妇、孝女的敕令，当地名人的诗文，等等。总之，正如唐力行指出的：乡镇志与家谱的关系密切，有的人物传本身就是从家谱直接拿来的；某些乡镇志的人物传也可看作地方名门家谱的汇编；有的乡镇志就是用编谱的规范来操作的。①

另一方面，家谱的编写也以方志为资料。方志中对宗族活动的记录可以补家谱之遗，《新安苏氏族谱凡例》载："新安之苏，自宋参政公长子寿为吾郡太守，遂居焉，迄今子孙二十世。来徽一节，旧谱无载，看者疑之。今考郡志史传诸家，作《参政公苏易简来新安考》，以补旧谱之缺。"②至于在方志、国史中搜集先贤的事迹，载入家谱，这种情况则更多，尤其是时代较远之族人，无文献可征，只能参考方志与国史，因而有的家谱甚至直接从府志、县志中抄录族人的传记。

方志与家谱之关系是如此密切，有时其作者往往是同一人，因为这两种著述多由当地有名有势的士绅编纂。例如，北宋文人朱长文(吴县人)既撰《吴郡图经续记》，又撰《朱氏世谱》。至于村镇志，这种情况可能更突出，这也造成一些村镇志被修成少数地方精英的家谱。我们在利用它们时，应注意将方志与家谱结合起来参看。

四、内容与体例

方志号称地方百科全书，家谱号称家族百科全书，说明两者所载的内容极为丰富。

方志和家谱都是参考史书体例来修的，所以其体例充分体现了史书的特点，往往包括表、图、传、艺文等。方志定型于宋代，家谱其实也可说是定型于宋代。我们从方志和家谱的定型可以更好地认识其内容和体例的变化情况。

---

① 参见唐力行：《新安商人在江南的迁徙与定居活动探微》，见上海图书馆编：《中华谱牒研究——迈入新世纪中国族谱国际学术研讨会论文集》，175页。

② 陈建华、王鹤鸣主编：《中国家谱资料选编》凡例卷，5～6页，上海，上海古籍出版社，2013。

方志定型的原因比较复杂，但主要可以从以下一些方面来认识：在编修时间上，由闰年之制变为不定期；众多学者参与和重视修志，提高了方志质量；总志编纂对方志的影响；宋代开始以修史的方法(史法、史例)修方志；修志的目的由原来图经纯粹的资治作用扩大为资治、教化、存史三方面的作用(这其实也是与史书的目的相一致的)。

家谱定型的原因与方志相似，主要包括以下几个方面：其一，学者的参与，其中尤以欧阳修和苏洵的影响最大，“欧苏谱例”成为后代家谱世系表的典范；其二，私修家谱的兴起，家谱的民间化，使家谱编修体现出更多的自由与创造性；其三，宋以后，家谱作为官吏铨选和巨姓望族婚姻门第参考依据的作用已逐渐丧失，编修家谱的主要目的变为详世系、序长幼、辨亲疏、尊祖敬宗、睦族收族。家谱由官方走向民间，其功能亦由政治功能转变为教化功能。

五、连续性

连续性是方志的特性，也是家谱的特性。

方志的编纂代代相传，连绵不断，具有明显的连续性。

家谱的编修并没有政府统一规定的期限，但各家族修谱时，往往会自行拟定一个大致续修的期限，其中较多主张30年一修，即一世一修，因为古人所谓一世、一代即30年。以明代为例，短则三五年一修，长则30年或50年一修，如崇祯年间江苏赵氏宗族修谱时提出：“愿我子孙豫蓄公需，或三十年一修，或五十年一修，庶不至视一族为途人也。”①也有人主张三世一修。孔氏修全国性通谱，曾规定30年一小修，60年一大修，但实际上并未做到。至于清代玉牒，皇帝规定每10年续修一次。总之，家谱编修的连续性是很强的，故冯尔康在《清代人物传记史料研究》中说：清人笃信三世不修谱便是不孝的信条。②

---

① 转引自冯尔康、常建华、朱凤瀚等：《中国宗族社会》，237页，杭州，浙江人民出版社，1994。

② 参见冯尔康：《清代人物传记史料研究》，234页，天津，天津教育出版社，2005。

六、书善不书恶

方志中的人物传往往多誉词，其中有乡情、亲情的影响，有利益的影响，也有撰修者美化乡邦的用意。例如，冯铨为明末清初涿州的大人物，在几修《涿县志》中都载其在明末“以忤珰挂冠归”，但其实他是因涉阉党而被罢官的。傅振伦对于新修方志的内容也建议：“不要太偏重反面、阴暗面。主要谈我们光明的一面，有成就的一面。”[①]有的学者认为，个别方志也记录地方恶人，如《(嘉靖)鄢城县志》人物传中就有“宦者”一类。查《(嘉靖)鄢城县志》可知，其人物传最后确实附有“宦者”一类，但只收载一人，即唐衡，而且传文也较少涉及其恶行。

家谱同样是书善不书恶的。明洪銮纂修的《洪氏家乘·谱例》载：“谱记一家之事，善者书而恶者削，虽所以严删次之法，实亦为亲者讳也。”明(安徽歙县)《率东程氏重修家谱·凡例》载：“谱则载善不载恶，为亲讳也。”家谱中人物入传的标准与方志一致，即隐恶扬善，如节女、烈女等。家族中的恶人不能入谱，而已入谱的恶人则要从谱中削去。也可以说，不入谱是家族对族中恶人的一种惩罚措施。

七、攀缘附会

方志与家谱均普遍存在攀缘附会的现象。家谱中攀缘历史名人为始祖的现象较多，也有一些少数民族家谱追溯其汉族始祖，这都反映了一种文化认同心态。例如，欧阳修在其家谱中将远祖推到夏禹。苏洵也以颛顼为始祖。同样的道理，方志中也多有攀缘名人之举(尤其是其中的流寓传)，以致产生一些借才异地的记载。

八、印行与收藏

家谱修成后，编号派发，分藏各房，每年检查，多秘不示人。方志印数也很有限，其流向不外乎当地衙门、当地有名士绅、上级政府。即使有

① 傅振伦：《谈编修新方志的几个具体问题》，见《中国史志论丛》，130页，杭州，浙江人民出版社，1986。

收藏，也不容易出借，如陈楠《重印〈南翔镇志〉序》所说的：“询诸里人，佥曰：‘吾镇藏有《南翔镇志》者，如李君缉芙、朱君枚卿、李君子宣、王君毅生、姚君子檪、周君晋笙、吴君承三诸家，均可鸱借。’乃从而商之，一无存是书者，皆以友人携去及书簏纠纷无从检理为辞。又闻甘君雨苍有《南翔镇志》两部，遂向乞借其一，则渠又谓咸被借失，终未璧还。甚矣是书之宝贵也，几为希世之珍矣。”[①]此外，顾颉刚《购求中国图书计划书》一文指出：家谱，新的修成，旧的会毁弃，故不易流传。[②] 方志同样也是如此。傅振伦说：“新志甫行，前书销毁。且新志未必皆优，而旧书未必尽劣，只以旧之所有，新书必载，旧之所无，新书必增，于是新编告成，旧志覆瓿，犹寒暑之易冠衣，传舍之留过客，欲求存录，戛乎其难。则志书之亡于冥冥中者，更不知凡几！”[③]家谱和方志的编修具有很强的连续性，新的家谱和方志往往可以在内容上完全取代旧的家谱和方志，因而旧的家谱和方志就容易被舍弃。因此，尽管历史上修成的家谱和方志很多，但绝大多数并未流传下来，而印数不多、喜新厌旧、不重视收藏应该是造成这种现象的主要原因。

通过以上分析，我们可以得到以下启示：

其一，在历史上，方志编修热往往带来家谱的编修热。修方志时要征家谱，会促进家谱的编修，而家谱的编修往往也大量地参考旧志。方志编修较多的地方，往往家谱编修也多，如江苏、浙江、安徽、福建、湖南、江西等。

其二，从方志、家谱编修可考察地方士绅对地方社会的控制与影响，分析地方社会治理与家族势力之间密不可分的联系。例如，提议修撰者、参修者，往往以当地士绅为主；越是有名、有势力的家族越热衷于修志和修谱。在方志编修中，地方官与地方士绅可以展开互利互惠的合作。

其三，国史、方志、家谱均为史书，而且是分别代表不同层级的史书。它们之间的一致性既体现在内容和体例上，也体现在中国传统社会中国家、地方、宗族三者之关系上。因此，我们可以说，治国以史为鉴，治地方以

---

① (清)张承先：《(民国)南翔镇志》卷首，1924年铅印本。

② 参见顾颉刚：《购求中国图书计划书》，载《文献》，1981(2)。

③ 傅振伦：《中国方志学通论》，79页，上海，商务印书馆，1935。

方志为鉴，治家以谱牒为鉴。

其四，方志与家谱的共性也在当下得到了延续和加强。例如，提倡修志者多强调家谱对方志的作用，进而搜集家谱，支持修谱，参与修谱；家谱编修普遍借鉴方志编修方法，出现志与谱的混合体，以村志代家谱。[①]

① 参见梁洪生：《新谱与新志的对接——方志界对谱牒的认识和一种理想设计的考察》，见上海图书馆编：《中国谱牒研究——全国谱牒开发与利用学术研讨会论文集》，上海，上海古籍出版社，1999；袁逸：《关于新修宗谱》，见上海图书馆编：《中华谱牒研究——迈入新世纪中国族谱国际学术研讨会论文集》。

第八章　类书

阮元在《抱经堂校刻书总叙》中说："书无刊本以前，聚于类书；书有刊本以后，聚于丛刻。"①丛刻，即丛书。阮元此话的意思是：雕版印刷发明以前，书多聚于类书；以后，书多聚于丛书。他说得有道理吗？这一章先谈谈类书，下面还有一章专谈丛书。大家学习时可以先有这样一个比较的意识。

第一节　类书概述

一、什么是类书

关于类书，长期以来有不同的认识。例如，《四库全书》中小说家、杂家类中均有所谓类书。另外，资料汇编是否算类书？《明经世文编》《文选》等诗文总集是否算类书？有人认为，《太平广记》是类书，但《四库全书》却将其归入小说家。《文献通考》《通典》这些政书，也有人认为是类书。一些姓氏书，如《元和姓纂》等，《四库全书》也将其归入类书。那么，到底什么是类书呢？

（一）定义

类书是我国一种传统的工具书，是抄集群书词、句、段、篇甚至整部，分类编纂，以供寻检、征引的典籍。类书一般应符合这样几项条件：分类

---

① （清）阮元：《抱经堂校刻书总叙》，见（清）卢文弨编：《抱经堂丛书》卷首，清嘉庆年间刻本。

(也有分韵的，但较特殊)；一般是从现成文献中摘抄材料；篇幅较大；便于检索。为了大家更好地理解类书的概念，以下从3个方面做进一步解释。

其一，所谓摘抄，并不是绝对一字不改地照抄原文。抄录原文时做某些改动是古人抄书的一个习惯。也可以说，对引文做改动的抄录是古代抄录的常态。清代类书《人镜集》“凡例”说：“类书援引史传，往往点窜旧文，增损字句。”因此，类书在引用材料时，有时做增补，有时做节抄，并重新编排；有时还会改写其中的内容，以意引文。例如，即使是很多人认为一字不改地引书的《永乐大典》，其实其中的改动也是不少的。

其二，在类书中，编者还会添加一些自著的文字。《北堂书钞》是现存最早的较为完整的类书，一些条目后有编者虞世南所加的按语。例如，卷四十“政术部十四”载：“皇皇者华，君遣使臣也(《毛诗》‘四牡’篇序云：四牡，劳使臣之来，有功而见知则悦。谨案：此是文王为西伯，使臣往来之众，固知其勤苦而劳来也)。”可见，类书加按语是很有历史的。又如，《永乐大典》中偶尔也会插入一些按语。《天中记》卷十“湖”之“掷湖”条，后面附有作者考证辨析的按语。这种情况在日用类书中较多，因为其比较注重为一般人提供方便阅读的注释。例如，清代类书《云林别墅新辑酬世锦囊书启合编初集》(邹景扬辑，清乾隆间刻本)中有不少编者关于文字的注释及用典的解释，如卷一第二叶上栏内载“弹指十载”，下注“弹指，犹屈指而算也”，“涉冬”下注“涉，犹至也”。不过，类书中的按语、注释毕竟不能等同于正文，或者不能被视为类书的主体内容，因此，类书中编者自著的文字只是类书的例外或特殊情况，只是类书的辅助形式或附属物。

其三，所谓现成文献，既包括古书，也包括当代文献，甚至还包括当时写的一些文献，如征集而来的时人手稿等。例如，清代类书《叩钵斋增补应酬全书行厨集》卷二“婚姻启”中所收当时人写的启文多篇，有可能就是征集来的。而且，该卷中还收有编者自己的启文。因此，现成文献可以指已有的所有文献，是相对于临时创作而言的。那么，类书是否收入临时创作的东西呢？也是有的，如前述编者所加的按语、注释。又如，通俗类书中很多内容都没有标明出处，其中有转相抄录的，也有的可能是作者自编、自创的。因此，类书主要是摘抄现成材料而成的，但也不是绝对的。不过，我们也要注意，自编、自创的内容肯定不是类书的主流，而且所占的分量不会很多。即使是通俗类书中没有标明出处的内容，其实也多是有现成文献做依据的，在大多数情况下应该不是作者临时撰著的。例如，宋刘达可辑《璧水群英待问会元》90卷，所收材料没有标明出处，但都应是其摘抄来的，并不是自拟的。

总之，类书是据现成文献抄录而成的，除此之外的内容，要么是辅助性的，要么所占比例很小，可以视为正统类书之例外情况。

类书的内容一般是按类(主题)进行编排的，以便需要时能快速地查到。而且，其大类之下，往往会再分若干子目。因为其主要是按类编排的，所以被称为“类书”。对这些类目进行比较分析，我们可以发现，大多数的类书都遵循这样一种分类原则，即据天、地、人、事、物的次序来排列知识(表8.1)。天，指天文等。地，指地理等，包括山川。人，指人物，以尊贵者(如帝王)为先，然后是其他人物。事，指人类社会的各种事物、现象等，也有把人与事合编在一起的。物，指自然界的各种事物、现象等。例如，潘自牧编《记纂渊海》，包括叙天道者5卷，叙地理者20卷，叙人事者64卷，叙物类者11卷。清姚培谦编《类腋》，正文分天、地、人、物4部。从唐代的《艺文类聚》《初学记》到宋代的《太平御览》，再到清代的《古今图书集成》，基本都是如此排列的。这反映了中国古代人们将知识按高下、尊卑的传统秩序来排列的思想。类书之外的其他书籍，如方志等，也有类似的结构。因此，中国古代书籍是有等级的，不但书目有，书的内容结构也有，类目的先后次序安排，体现的是封建时代各科知识间的秩序、等级。①

表8.1　综合型类书之部类表

类书名	部类名				
	天	地	人	事	物
《艺文类聚》	天部、岁时部	地部及州、郡、山水等部	符命、帝王、人部等	礼、乐等部	草、果、鸟、兽等部

① 参见葛兆光：《中国思想史——七世纪至十九世纪中国的知识、思想与信仰》第2卷，16页，上海，复旦大学出版社，2001。

续表

类书名	部类名				
	天	地	人	事	物
《初学记》	天部、岁时部	地部、州郡部	帝王、人部等	政理、器物等部	草、果、鸟、兽等部
《太平御览》	天部、时序部	地部	皇王部、偏霸部、皇亲部等	礼仪部、乐部等	兽部、羽族部、鳞介部等
《记纂渊海》	叙天道	叙地理	叙人事		叙物类
《万宝全书》	天文门	地理门	人纪门	官职门等	
《渊鉴类函》	天部、岁时部	地部	帝王、后妃等部	设官、封爵等部	五谷、药等部
《古今图书集成》	历象汇编	方舆汇编	明伦汇编	理学汇编、经济汇编	博物汇编
《类腋》	天部	地部	人部		物部
《增补事类统编》	天文、岁时部	地舆部	帝王部	仕进、政治等部	花、草等部

历史上也有少数类书是按韵目进行编排的，如元代的《韵府群玉》、明代的《永乐大典》等，但历代类书的主流还是分类。韵编的类书受字词入韵的影响，就找一字、一词而言，相对较为容易，但就找某一类主题的材料而言，不如按类而编的类书方便。因此，分韵与分类各有优劣。现在的辞典编排，一般可以视为这两方面的结合。

（二）性质

类书兼具百科全书（包罗万象）、辞书（检索）和资料汇编（抄录原文）之性质与作用。

就内容而言，综合性的大型类书相当于中国古代的百科全书。类书与百科全书的相同之处在于包罗百科、分门别类。此外，类书不断翻新、续修，并有专题类书与简编本，如《事林广记》从宋至清不断有增修本；而百科全书也不断翻新、续修，并有各科分册与简编本。两者的主要区别则在于类书中的各项内容是摘抄而成的，而百科全书中的词条是编者编写而成的。

就检索而言，类书与辞书均有分类与分韵之检索方法，但是，两者在内容上有很大的区别：类书的重点在摘句，而辞书的重点在释义；类书是从现成文献中提炼出词语，而辞书是对现成的词语做解释。

就编纂方式而言，类书与一般的资料汇编均是摘抄现成文献而成的，但两者亦有区别：类书往往分类较细、明确，材料较易找，而资料汇编的分类较粗略；类书多是综合型的，包罗各方面的知识，而资料汇编往往是专题性的，范围较窄。[①]

（三）类书在古代目录中的位置

我们可以通过古代目录对类书的著录情况来了解类书的性质。

类书出现于魏晋南北朝时期，《隋书·经籍志》将类书列入子部杂家类之末。杂家出于一人，而类书兼总诸籍，列在杂家类中似乎不太合适。后来，《唐书》将其从杂家中独立出来，但还是属于子部。《旧唐书·经籍志》有“类事类”，著录类书 22 部。《新唐书·艺文志》改为“类书类”，相沿至今。古代目录也有将类书一类称为“类家”的，这主要是为了与子部中的一家之学如儒家、法家、兵家等等而视之。古代目录中设类书类，说明这类书数量不断增加，有单列一类之必要。

再后来，有人提出类书应从子部中单分出来，附于四大部之末(类似于后来对丛书的处理方式)，如明代胡应麟。[②] 不过，总的来看，古代还是以类书隶子部居主导的，《四库全书总目》也将其归入子部，并在“类书·小序”中解释说：“类事之书，兼收四部，而非经、非史、非子、非集，四部之内，乃无类可归。《皇览》始于魏文，晋荀勖《中经簿》分隶何门，今无所考。《隋志》载入子部，当有所受之。历代相承，莫之或易。明胡应麟作《笔丛》，始议改入集部。然无所取义，徒事纷更，则不如仍旧贯矣。”不过，《四库全书总目》误解了胡应麟的意思，其实胡氏主张类书排在四部之后，而不是入四部中最后的集部。

---

① 参见唐光荣：《唐代类书与文学》，50～51 页，成都，巴蜀书社，2008。

② 胡应麟的《少室山房笔丛·九流绪论下》云：“余欲别录二藏及赝古书及类书为一部，附四大部之末，尚俟博雅者商焉。”

二、类书的类型

类书的类型可以据内容、编录方法、编纂者三方面来区分。

（一）从内容看

明李维桢序《刘氏鸿书》云："古之为类书者，大要有二：一类事，一类文。事或博于名物，如《类苑》《华林》，文或博于词章，如《玉彩》《瑶林》，而兼载事文，如《类聚》《学记》之类，皆以备遗忘，便讨论，词林所不废也。"①这里谈到类书从内容上可以分为类事、类文、兼载事文（类事与类文相结合）3种类型。类事中的事所指范围很广，包括词语典故、史事、事物等。类文中的文指的是诗文。将众多不同作者的诗文汇编在一起，后来一般称为总集，而不是类书，因此，这一分类并不太合适。兹参考其大意，换一种表述，将类书区分为：

1. 资政型类书

最早的类书就是类事之书，而且有资政的作用。后世颇具代表性的类事型类书如《太平御览》《册府元龟》等，主要收载历史政事类内容，资政是其一大功用。资政型类书近似于前述的类事型类书。

2. 文学型类书

文学型类书如隋《编珠》、隋虞世南《北堂书钞》、南宋王应麟《玉海》等，词语与诗文兼收，主要为作文、科举考试服务，近似于前述的类文型类书。

3. 综合型类书

这是一般性的、百科全书式的类书。大多数古代的类书都属此类，事文兼收，如《艺文类聚》《事文类聚》《古今图书集成》等。古代流行的日用通俗类书，如《事林广记》《万用正宗不求人》等，包括写信、诉状、经商、待人接物等百科知识，可以说是民间实用百科、通俗百科，也都是综合型的类书。综合型类书近似于前述的兼载事文型类书。

（二）从编录方法看

有两种：

---

① （明）李维桢：《序》，见（明）刘仲达辑：《刘氏鸿书》，147页，上海，上海古籍出版社，2000。

1. 分类

即按内容主题进行分类，如唐《艺文类聚》、宋《太平御览》、清《古今图书集成》等。

2. 韵编

即按字、词分韵编排，如元《韵府群玉》、明《永乐大典》等。

此外，有的学者认为，个别类书也以数目字来编录，如南宋王应麟《小学绀珠》、清宫梦仁《读书纪数略》等。其实，《小学绀珠》也是先分类，再据数目字来标目的，如卷一为“天道类”，以下收“两仪”“三才”“九天”等目；卷二为“地理类”，以下收“四极”“四荒”“四表”等目。而且，各目之间也是据其内容性质来分别组合的，如“四维”“五方”“六极”这些表示方位的词排在一起，而“五岳”“四渎”“四海”这些表示山川的词又另外排在一起。因此，《小学绀珠》实际上还是分类编排的类书。《读书纪数略》与《小学绀珠》的编排方式类似。

（三）从编纂者看

有三种：

1. 官修

如唐《艺文类聚》、宋《太平御览》、明《永乐大典》、清《古今图书集成》等。

2. 私修

私修一般较官修的规模小，但也有较大的，如唐虞世南《北堂书钞》、南宋王应麟《玉海》等。

3. 坊修

即书坊编修，如《古今合璧事类备要》《事林广记》《万宝全书》等。

官修的类书多为上层人士服务，有的甚至就是为皇帝服务的。私修和坊修的类书多为一般士人服务，尤其是为士人科举考试、作文应酬、日常生活应用等服务。《四库全书总目》“《群书会元截江网》提要”云：“故讲科举之学者，率辑旧文以备用。其出自士大夫者，则为《永嘉八面锋》《东莱制度详说》。其出自坊本者，则为是书之类。”此外，早期的类书官修居多，而后来的类书绝大多数是私修、坊修的；大型类书一般是官修的，而个人因实力有限，只能修一些小型的类书。

三、类书的作用

“一物不知，君子耻之。”①类书就相当于工具书，古人在写文章、读书、科举考试、日常应酬等方面均可能利用，因此，古代编的人多，用的人也多，流传也较广，但保存下来的并不多，尤其是日用类书。当然，我们不能据此否定其之前的流行情况。或者，我们可以这样来推想：日用类书在古代太普遍了，因而收藏者少，流传于今者也少。

（一）类书在古代的作用②

与前面所提到的类书内容的 3 个方面相应，类书的作用在古代主要有 3 种。

1. 资政

最早的类书是官修的，而且是为皇帝服务的，所以称为《皇览》。最大的类书《永乐大典》也是官修的，也是为皇帝服务的。《修文殿御览》《太平御览》《天和殿御览》等也是如此。可以说，自类书产生以后，除元代外，历代都有官修的类书，而且有的朝代官修的类书还相当多。

从表面上看，官修的类书篇幅都比较大；从实质上看，官修的类书则代表着类书的权威性与正宗性。至于私修的类书，尤其是那些日用通俗类书，则往往被认为是非正宗的、缺乏权威性的。《四库全书》一般不收通俗类书。

尽管历史上官修的类书不少，而且有的是明确为皇帝服务的，但是我们既不能高估类书的资政作用，也不能高估皇帝对类书的利用，因为从历史实际来看，官员利用类书来资政的情况不多，皇帝阅读和利用类书的情况也绝少，而真正为人们广泛使用的还是私修的类书。因此，古代类书更多还是为了场屋之需，以及日常生活之用。从这个角度来看，官修类书重编而不重用，私修类书重用而不重编。

2. 作诗文之用

与西方百科全书不同，中国类书大多数为写作服务，而写作的目的主

---

① （元）胡助：《序》，见（宋）王应麟：《玉海》。

② 类书在古代也有辑佚作用，但这里主要谈编写类书的目的，而编写时并没有考虑到有辑佚作用。

要不是一般性的文人交流或社会服务，而是功名、出身，也就是科举考试，正如方师铎所指出的："我国考试制度的发展史，其实就是一部'兔园册子发展史'也。"[1]把一切类书都归到写作、考试需要上来认识，虽然有些绝对，但也不无道理。

科举考试中如何胜出？主要看诗文。诗文如何胜出？主要看用典。那么，什么是典故呢？典故就是"事"，是对"事"的精练概括。谁来概括和提供这些典故？那就是作为类事类文之书的类书。[2] 中国古人尊古、崇古，做事、写文章要循古，力求无一事无来历，无一字无出处。此外，古人作诗，不希望人们一看便懂，显得浅，所以要用典。例如，说柳，不说破，而说章台；说剑，不说破，而说玉龙；说酒，不说破，而说竹叶；等等。类书就收集并提炼出这些词语，便于人们阅读和写作。类书为写作提供了大量的词汇，也规范了这些词汇。魏晋南北朝时期是推崇用典、流行骈体文的时代，类书正是在这样的背景下产生的。章学诚说"著作衰而有文集，典故穷而有类书"[3]，指的就是这个意思。由于骈体文、诗歌写作需要成双成对的典故，这样又催生了为这种写作服务的"事对"，因而唐代的《初学记》较之前的类书就多了"事对"一项内容。此后，宋代的《玉海》《小学绀珠》《群书会元截江网》，直到清代的《子史精华》，均是这样的类事类文之书，主要为作文赋诗提供方便。

那么，具体如何借用类书来作诗文呢？方师铎在《传统文学与类书之关系》一书中有十分精彩的说明，兹参考其论述，简介如下：

科举考试常要写试帖诗。试帖诗也叫"赋得体"，起源于唐代，清代最流行，大都为五言六韵或八韵的排律，以古人诗句或成语为题，冠以"赋得"二字，并限韵脚，内容必须切题。题目"赋得……"，赋得以下的几个字就是诗题，写诗要围绕这个主题来展开。例如，"赋得'马饮春泉踏浅沙'(得泉字)"，诗题就是"马饮春泉踏浅沙"(这是唐代郎士元的诗句)，要围绕马饮春天的泉水、踏着浅沙这一主题来写。"泉"是指韵脚，这一字在《佩文

---

① 方师铎：《传统文学与类书之关系》，286页，天津，天津古籍出版社，1986。

② 我们往往会认为，某个词语由于前人常用，便成了熟语或典故。其实，对于类书而言，毋宁相反。典故需要通过类书来认定，为文人所了解，然后才能普遍使用。因此，相当多的词语不是因为大家都使用才成为典故的，而是先成为典故，我们才普遍使用的。那么，如何成为典故？这就需要类书的提炼。

③ (清)章学诚：《文史通义新编新注》，仓修良编注，319页。

诗韵》中是一先韵，与它同一韵的字有先、前、千、坚等，可以选用作写诗的韵脚，但是，要将泉字嵌入作为其中之一的韵脚。按照这种模式写就的一首试帖诗是这样的："旧踏长城窟，今知饮马泉。春深银辔暖，沙浅铁蹄圆。渴骥奔偕迅，飞鸿印共妍。宿根新绿草，桃叶砑蓝川。照影涵铜骨，临流驻玉鞭。筑鸣寒碛露，铃静晚晴天。消尽楼兰雪，嘶残岸柳烟。红阳充上驷，万骑锦连钱。"作者用"银辔""铁蹄""上驷""万骑"来描写马，用"新绿草""桃叶""消尽楼兰雪"来描写春。此外，如"长城窟""铜骨""玉鞭"等，都是用典。以上这些词语和典故大都可以在类书中找到。①

3. 日用

类书是日常应用百科全书，包括天文、地理、生活等方方面面的知识，故有万事不求人之喻。例如，书信、公文、诉状等，类书中都有活套，也就是模板，可以照着样子写。有的类书还有药方、出行路程、生活礼仪等，极便于使用。

（二）古代类书在当代的作用

旧类书在现代仍有很大的作用，但是，现在人们用得少，这主要有两个原因：其一是检索不方便。旧类书虽有不少被重印，但应该重新编制索引才能方便使用。其二是人们认为类书是二手甚至三手材料，其引文多有错误。尽管如此，只要我们扬长避短，还是能够充分地利用类书的价值的。例如，利用类书最好要核对原书，因为类书确实有不少摘抄错的地方。另外，类书在流传、翻刻过程中也会有错误，清人对一些类书做过校勘，但还远远不够。

1. 查找史料

类书内容非常丰富，资料集中，且分类编排，非常便于我们查找各方面史料。例如，如果我们要查关于类书的资料，那么可以查《古今图书集成》中的理学汇编—经学典—类书部，就可以找到不少关于类书的相关资料。此外，古代日用类书中有丰富的社会史资料，如契约文书、生活礼仪等，是我们研究古代社会生活的极佳资料。

2. 查找词语典故、事物起源等

古代的词语典故，绝大多数都可以从类书中找到。另外，关于各种事

① 参见方师铎：《传统文学与类书之关系》，319～322页。

物的名称、含义、起源等，也可以通过类书来查找。当然，这些内容我们有时也能通过现在编的辞典来查，但是类书却能在这方面起到拾遗补缺的作用，而且这些辞典的解释有很多其实就是直接从以往的类书中抄来的。

3. 辑佚

由于类书是摘抄他书而成的，而且不少类书还标明出处，这样就产生了一大意想不到的作用——辑佚。清代以后，人们重视一些古代的大型类书，更多是出于辑佚之考虑。因此，可以说，类书是辑佚重要的资料来源。这种认识其实很早就有。例如，《四库全书总目》小说家类《搜神记》载："胡应麟《甲乙剩言》曰：'姚叔祥见余家藏书目中有干宝《搜神记》，大骇曰："果有是书乎?"余应之曰："此不过从《法苑(珠林)》《(太平)御览》《艺文(类聚)》《初学(记)》《(北堂)书钞》诸书中录出耳，岂从金函石匮、幽岩土窟掘得耶?"大抵后出异书皆此类也。斯言允矣。'"到了清代，乾隆开四库馆，从《永乐大典》中辑出了数百种佚书，其中最有名的是薛居正的《旧五代史》。《四库全书总目》各种类书提要中亦屡次强调其辑佚价值。例如，"类书"类《锦绣万花谷前集》载："特其中久经散佚之书，如《职林》《郡阁雅谈》《雅言系述》《云林异景记》之类，颇赖此以存崖略。又每类后用《艺文类聚》例，附录诗篇，亦颇多逸章剩什，为他本所不载。略其烦芜，撷其精粹，未尝不足为考证之资也。"我们现在对类书的利用也主要是利用其辑佚价值。例如，现当代仍有不少学者从《永乐大典》等类书中不断发现和辑出佚书。

4. 校勘古书

类书是摘抄古书而编成的，因此其所收的文字与传世之书的文字就有互证互补之校勘功用。例如，乾隆修《四库全书》时，不但利用《永乐大典》辑佚书，而且利用其校补了不少图书，其中最著名的例子是对《水经注》的校补。《四库全书总目》卷六十九"《水经注》提要"载："是书自明以来，绝无善本。惟朱谋㙔所校盛行于世，而舛谬亦复相仍。今以《永乐大典》所引，各案水名，逐条参校。非惟字句之讹层出叠见，其中脱简错简，有自数十字至四百余字者。其道元自序一篇，诸本皆佚，亦惟《永乐大典》仅存。盖当时所据犹属宋椠善本也。谨排比原文，与近本钩稽校勘。凡补其阙漏者二千一百二十八字，删其妄增者一千四百四十八字，正其臆改者三千七百一十五字。神明焕然，顿还旧观。"

此外，随着我们对古代类书越来越重视，研究越来越深入，我们会发现类书其实还有更多的、特殊的价值。例如：

其一，体现古代的知识体系。类书如同百科全书一样，展现了中国古代知识世界的基本框架。可以说，类书就是当时人们理解的社会知识的总汇，即葛兆光所说的，类书“给我们展示着那个时代人所能够想象到和把握到的知识与思想世界的秩序、范围和边界”[①]。

其二，确立了词语、典故的权威性。正如章学诚《文史通义》所说的：“著作衰而有文集，典故穷而有类书。”[②]类书的兴起与发展和用典有密切的关系。典故不能乱用，否则人们不理解。那么，哪些典故可以用呢？那就是收入类书中的典故。如同现在所编的词典一样，收到词典中的词就具有普遍性、权威性。类书中所收的辞藻、典故大家都用，大家都好理解，所以具有普遍性、权威性。

其三，类书不单单提供典故，还提供其他方方面面的知识，也就是我们所说的常识。类书如同辞典一样，提供了规范的知识，搭建了交流的平台。因此，类书体现了古代知识的规范化。

综上所述，我们也许可以对类书的功能做这样的表述：当史事或词语被收进类书，就成了典故；当文章被收进类书，就成了范文；当信息被收进类书，就成了知识或常识。类书就是把信息变为常识的一种工具。

第二节 类书的起源与发展

一、类书的起源

关于类书的起源有多种说法，还有待进一步探讨。有人认为类书起源于《皇览》。有人认为类书起源于梁孝元皇帝撰《古今同姓名录》[③]，因为《四

① 葛兆光：《中国思想史——七世纪前中国的知识、思想与信仰世界》第1卷，459页。

② （清）章学诚：《文史通义新编新注》，仓修良编注，319页。

③ 此书内容很简单，载故书中同姓名者，如三伯夷、二秦政、三孔子等，分别都是哪几位，以避免混淆。

库全书总目》“《古今同姓名录》提要”说：“类事之书，莫古于是编矣。”不过，这里并不是说此书是最早的类书，而是说此书是当时存世类书中最早的。有人认为类书起源于杂家，如《吕氏春秋》之类，而类书在早期书目中也被归入杂家类。不过，这只是指其内容庞杂。我们只能说，杂家对类书有影响，但其并不是类书真正的源头。有人认为类书起源于《尔雅》，因为《尔雅》也被称为古代的百科全书，其不单释词语，也释百科知识。相对来说，目前比较公认的最早的类书是《皇览》，因此我们就从《皇览》谈起。

（一）《皇览》

《皇览》为三国时魏文帝曹丕命儒臣所编。其时，刘劭、王象等奉敕撰集经传，分门别类，编成此书，共40余部，800余万字。《三国志·魏书·文帝纪》载：“帝好文学，以著述为务，自所勒成垂百篇。又使诸儒撰集经传，随类相从，凡千余篇，号曰《皇览》。”《三国志·魏书·杨俊传》裴注引《魏略》曰：王象为常侍，“受诏撰《皇览》，使象领秘书监。象从延康元年始撰集，数岁成，藏于秘府，合四十余部，部有数十篇，通合八百余万字”。此书仅供皇帝阅读，故称为《皇览》。《皇览》因篇幅太大，传写不易，在南北朝时已有缩编本、摘抄本数种。两《唐志》仅著录何承天、徐爰抄合本，《宋志》则并抄合本亦无著录。其原书大概在唐末五代间已亡佚。

南宋王应麟《玉海》卷五十四载：“类事之书，始于《皇览》。”[①]王应麟认为《皇览》是第一部类书。《四库全书总目》也持此说，其卷一百二十三“《古今说海》提要”载：“考割裂古书，分隶门目者，始魏缪袭、王象之《皇览》。”又卷一百三十五“《事类赋》提要”载：“类书始于《皇览》。”

（二）类书出现的原因

这里主要参照前述类书作用来分析类书出现的原因。

1. 政治顾问的需要

这是类事之书出现的主要原因。朝廷顾问资政，需要博闻强识，在这种背景下，类书的产生带有某种必然性。《编珠》徐乾学序云：“历代史志有杂家而无类书，《新唐志》始别为一目。自魏晋以逮南北朝，君臣宴集，每

---

① (宋)王应麟：《玉海》卷五四。

喜征事，以觇学问，类书于是渐多。”[①]当时朝野均以博闻强识为上，而记忆有限，则不得不以类辑群书以济其穷，故张涤华《类书流别》云：“其或强记不足，诵览未周者，则乞灵抄撮，效用谀闻，期以平时搜辑之勤，借祛临文翻检之剧；故网罗欲富，组织欲工，类书之体，循流遂作。”[②]

梁刘孝标博闻强识，尝撰《类苑》120卷。《南史·刘怀珍传》附《刘孝标传》载：“初，梁武帝招文学之士，有高才者多被引进，擢以不次。峻(刘孝标)率性而动，不能随众沉浮。武帝每集文士策经史事，时范云、沈约之徒皆引短推长，帝乃悦，加其赏赉。会策锦被事，咸言已罄。帝试呼问峻，峻时贫悴冗散，忽请纸笔，疏十余事，坐客皆惊，帝不觉失色。自是恶之，不复引见。及峻《类苑》成，凡一百二十卷，帝即命诸学士撰《华林遍略》以高之，竟不见用。乃著《辩命论》以寄其怀。”唐杜宝《大业杂记》载：“学士秘书监柳顾言……对曰：‘梁主以隐士刘孝标撰《类苑》一百二十卷，自言天下之事毕尽此书，无一物遗漏，梁武心不伏，即敕华林园学士七百余人，人撰一卷，其事数倍多于《类苑》……’”[③]《类苑》《华林遍略》的编纂充分说明当时炫博之风盛行，而博闻强识的主要目的是为皇帝服务。

当然，类书的资政作用在早期比较明显，但后来并不是主流，为科举考试与日常应用服务才是类书之主流。

2. 作诗文的需要

类书的兴起与文学创作上的讲究用事(典故)与辞藻密不可分。魏晋南北朝至唐代流行骈体文，骈体文讲究用典和辞藻堆砌，类书正是在这样的背景下兴起的。隋代类书《编珠》原序载：“皇帝在江都日，好为杂咏及新体诗，偶缘属思，顾谓侍读学士曰：今经籍浩汗，子史恢博，朕每繁阅览，欲其故实简者易为比风。爰命微臣编录，得窥书囿，故目之曰《编珠》。”[④]

3. 用典引出了类书，类书又推动了用典

有了类书，就有了所谓典故。类书提供了大量的典故，而用典反过来又推动类书编修。两者不断相互影响，造成了类书的繁荣与用典的泛滥。

---

① (清)徐乾学：《序》，见(隋)杜公瞻：《编珠》，40页，《(影印)文渊阁四库全书》本。

② 张涤华：《类书流别》，15页，北京，商务印书馆，1985。

③ (唐)杜宝撰：《大业杂记辑校》，辛德勇辑校，23页，西安，三秦出版社，2006。

④ (隋)杜公瞻：《编珠》，1页。

早期类书出现的原因主要是资政与作诗文之需要。至于日用类书，是后来才兴起的。早期的类书为统治者服务，满足政治顾问的需要，后来再扩大至普遍士人之用，最后发展为满足普遍的日常需要，即日用类书。而且，类书总的趋势是篇幅越来越大。

二、类书的发展

从《皇览》算起，类书在其后的发展情况大致如下。

魏晋南北朝时期，类书有50余种[①]，比较著名的有：梁刘孝标编的《类苑》120卷和徐勉领修的《华林遍略》700卷，北齐后主高纬于武平三年(572)敕撰的《修文殿御览》360卷。以上这些类书均已失传。

隋代，类书有6种，比较著名的有：《编珠》4卷(现存前两卷)，是隋杜公瞻奉隋炀帝之命编录的。此书以前一直未显于世，清康熙年间高士奇在内库检得前2卷后，将其补为4卷，又续编了2卷(《续编珠》)。《北堂书钞》160卷，是虞世南在任隋秘书郎时所编。《资治通鉴》卷一百八十二载："帝(指隋炀帝)好读书著述，自为扬州总管，置正府学士至百人，常令修撰，以至为帝，前后近二十载，修撰未尝暂停；自经术、文章、兵、农、地理、医、卜、释、道乃至蒲博、鹰狗，皆为新书，无不精洽，共成三十一部，万七千余卷。"此"新书"也可能为类书，但具体情况已难以确考。

唐代，类书有80多种，比较著名的有：唐高祖时，欧阳询等奉敕撰《艺文类聚》100卷。唐太宗即位不久，就命魏徵等编《群书治要》50卷；贞观十年(636)又命高士廉、魏徵、房玄龄、许敬宗等16人撰《文思博要》，于贞观十五年(641)编成，共1200卷，目录12卷。圣历年间，武则天认为《修文殿御览》《文思博要》等书罗列事实不够完备，又命张昌宗、李峤、沈佺期、宋之问等20余人补充，增加佛道两教和亲属、姓名、方域等部，编《三教珠英》1300卷，目录13卷，于大足元年(701)成书。唐文宗开成二年(837)将此书改名为《海内珠英》。唐玄宗时，徐坚奉敕撰《初学记》30卷。以上均为官修类书，现存者只有《艺文类聚》《初学记》。至于私修类书，最著名的是

① 参见赵含坤编著：《中国类书》，5页，石家庄，河北人民出版社，2005。以下统计数均参见此书。

白居易所撰《六帖》30卷。到南宋初年，孔子的后裔孔传仿其书作《六帖新书》，被称为《孔氏六帖》，或简称《孔帖》。大约到南宋末年，两书被合刻在一起，题为“白孔六帖”。此外，张鷟《龙筋凤髓判》4卷，是以骈体文写成的判例集，也是一部私修类书。

宋代类书编纂规模空前，种类繁多，有200多种，比较著名的有：《太平御览》1000卷、《太平广记》500卷、《册府元龟》1000卷。此三书与《文苑英华》(1000卷)合称为宋代四大书。宋仁宗天圣年间，命晏殊等人摘录《册府元龟》主要内容编成《天和殿御览》40卷。宋代私修的类书也不少，如叶廷珪撰《海录碎事》22卷，为类事之书。其书每条仅有三数字，其注亦不过三数语，盖义存约取，故以“碎事”为名。佚名撰《群书会元截江网》35卷，分65门，每门间附子目，网罗广泛，内容庞杂，为坊本。此外，还有晏殊编《类要》100卷，苏颂、范祖禹等采汉唐故事编《迩英要览》20卷，范师道集宋代史实编《国朝类要》12卷，王应麟编《玉海》和《小学绀珠》，吴淑编《事类赋》，佚名编《锦绣万花谷》，祝穆等编《事文类聚》，章如愚编、吕中增广《山堂考索》，谢维新编《古今合璧事类备要》，江少虞编《皇朝类苑》，高承编《事物纪原》，孔传编《孔氏六帖》，陈景沂编《全芳备祖》，潘自牧编《记纂渊海》100卷，陈元靓编《事林广记》，等等。以上类书绝大多数仍存世。

元代没有官修类书，但私修类书比较繁荣，有40余种，涵盖综合、作文、日用、童蒙等各种类型，比较著名的有：阴时夫编《韵府群玉》20卷(其兄中夫作注)，佚名增补《事林广记》，佚名编《居家必用事类全集》，刘应李编《事文类聚翰墨大全》，刘芳实、刘茂实编《敏求机要》，佚名编《启札云锦》，佚名编《启札青钱》，等等。

明代的类书更多，有500余种，比较著名的有：《永乐大典》22877卷，目录60卷，为永乐年间敕修，是中国古代最大的类书。唐顺之编《荆川稗编》120卷，巨细兼陈，门目浩博。章潢编《图书编》127卷，采摭繁富，条理分明，可得博物之资、经世之用。此外，还有陈耀文编《天中记》60卷，彭大翼编《山堂肆考》228卷、《补遗》12卷等。通俗类书中比较著名的有刘基(伪托)《多能鄙事》12卷、陈继儒《万宝全书》等。需要注意的是，明末有不少类书署名陈仁锡、黄道周编，但多有冒名之嫌。

清代类书有800余种，比较著名的有：《古今图书集成》1万卷，陈梦雷等编，为现存中国古代最大的类书；《子史精华》160卷，康熙年间敕修，收子、史部书的典故、名言，《四库全书总目》该书提要云“守兹一帙，可以富拟百城”；《渊鉴类函》450卷，康熙四十九年(1710)敕修，是在《唐类函》的基础上增修而成的，博采元、明以前文章事迹，分门别类，荟为一编；《骈字类编》240卷，康熙五十八年敕撰，雍正四年(1726)告成，凡分天地、时令、山水、居处、珍宝、数目、方隅、采色、器物、草木、鸟兽、虫鱼共12门，另补遗“人事”一门，随举一字，应手可检；《分类字锦》64卷，康熙六十一年敕修，皆采掇成语，裁为骈偶，分类编辑；《佩文韵府》444卷、《拾遗》112卷，康熙五十年敕修。以上均为官修类书，至于私修类书则更多，如陈元龙编《格致镜原》100卷，分乾象、坤舆等30类。此外，还有《古事比》《奁史》《广事类赋》等。清代的日用通俗类书也很多，其中著名的是各种版本的增补《万宝全书》及《酬世锦囊全集》等。

综观类书发展史，有一些现象值得我们重视。

其一，编纂类书是解决想要了解的知识太多的有效办法。类书的发展史也就是人们探索如何更便捷、快速地查找、获取书本中相关有用信息的历史。类书所收的材料均是书本中的知识。随着人类社会的发展，人们慨叹书籍越来越多，出则汗马牛，入则充栋屋，书海无涯而人生有涯，无法读尽天下书，更无法记住这些书中的知识，所以要编类书。这和西方编纂百科全书的起因是相近的。可以说，将众书汇为一书的想法是推动类书和丛书发展的原动力，因此阮元说：“书无刊本以前，聚于类书；书有刊本以后，聚于丛刻。丛刻之意，或以存古书，或以便检阅也。”[①]这是颇有道理的。阮元之言有两层含义：一方面，类书、丛书均为积众书而成的大书，前者是抄撮众书而成的，后者是汇编众书而成的；另一方面，类书、丛书均可代众书。就前一点而言，丛书胜于类书；而就后一点而言，类书胜于丛书。历代类书的编纂充分说明，这是解决书籍太多的有效办法。例如，《皇览》的出现就是为了检索事典，永乐皇帝编《永乐大典》是希望将能找到的所有书编成一书，《古今图书集成》书名就是汇编古今所有图书之意。

其二，类书与商业出版的密切关系。这有多方面的体现。

---

① (清)阮元：《抱经堂校刻书总叙》，见(清)卢文弨编：《抱经堂丛书》卷首。

(1)广告宣传。坊刻类书非常注重广告宣传，或请名人作序，或在序和凡例中堂而皇之地宣称自己的类书如何有特色、多优点。有的类书还在书前专门印有广告牌记，如建安椿庄书院刻印的《新编纂图增类群书类要事林广记》目录页后印有一牌记："《事林》一书，资于博物洽闻之士尚矣。道散天下，事无不该，物无不贯，其记载容有能尽之者乎？是编增新补旧，视它本特加详焉，收书君子幸鉴。椿庄书院谨咨。"

(2)借官方、名人为重。如前所述，有的类书请有名的士大夫作序，有的类书甚至将当时有名的士大夫署为编者，有的则将有名的士大夫列为校阅者等，均有借名之意。明中后期王世贞名下，明末陈仁锡、黄道周名下，所编的类书不少，其中即多有冒名之作。

(3)版式设置。坊刻类书多有 2 层、3 层的版式，主要是为了节约成本。此外，坊刻者多用活字，刻印粗劣。

(4)辗转抄袭、盗版等。坊刻类书多抄袭者，亦间或有盗印者。

(5)诱人的书名。类书往往取一些易吸引人的书名，如不求人、万宝全书、居家必用、锦绣万花谷、万用正宗、截江网(喻内容丰富)、锦字、编珠、合璧、玉屑等，令读者过目不忘。纳兰性德《通志堂集·渌水亭杂识四》亦载："昔人好取华丽字以名类事之书，如编珠、合璧、雕金、玉英、玉屑、金钥、金匮、宝海、宝车、龙筋、凤髓、麟角、天机锦、五色线、万花谷、青囊、锦带、玉连环、紫香囊、珊瑚木、金銮香蕊、碧玉芳林之属，未能悉数。"①

(6)为了竞争，也为了满足不同的需要，出现了专项、专题的类书，如姓氏类书、花木虫鱼类书、官职类书等。这和百科全书的学科分册有异曲同工之妙。

(7)类书多修订版。如同百科全书的修订版一样，成功的类书往往在后代被不断地修订再版。书坊或民间类书编得较好的、切于日用的，有不少在后代流传较广，且不断被续修、翻刻，如《事林广记》，自元至明，屡刊屡增。类书在翻刻时书名多称新编、增新、增类、重编等，起广告作用。

① (清)纳兰性德：《渌水亭杂识四》，见《通志堂集》卷一八，343～344 页，上海，华东师范大学出版社，2008。

由于一些知名的类书被不断续修，因而形成了《事林广记》《万宝全书》《事类赋》等颇具规模的系列类书。这些类书版本多，印行也多。例如，《事类赋》系列为：宋吴淑《事类赋》30卷—清康熙间华希闵《广事类赋》40卷—乾嘉间吴世旃《广广事类赋》32卷、乾嘉间王凤喈《续广事类赋》30卷—嘉庆间张均《事类赋补遗》14卷—道光间黄葆真《增补事类统编》93卷。

(8)类书简编。本来，类书方便了人们检索资料，可以让人少读书，以应对书太多的局面。但是，随着印刷术的推广，宋元以后各种类书日新月异，层出不穷，以致读书人无暇应对，这样又催生了一些方便携带、价格便宜的简明类书，也就是类书的简本。例如，《玉海纂》22卷为明人刘鸿训节录南宋王应麟《玉海》204卷而成。这一点如同百科全书之简编本。

其三，日用类书的兴盛。从宋代开始，类书已有通俗化的倾向。自元代以后，类书的通俗化、民间化、日用化倾向更为突出。通俗类书成为类书的主流，由旁支变成了宗裔，这是类书发展的一大变化。

第三节　类书举要

这里介绍几部古代有代表性的类书。由于《永乐大典》有专章介绍，故此节不谈。

一、《初学记》

30卷，唐徐坚等编。此书原为唐玄宗诸子作文时检查事类、诗文之用，故名《初学记》。《大唐新语》卷九载："玄宗谓张说曰：'儿子等欲学缀文，须检事及看文体。《御览》之辈，部帙既大，寻讨稍难。卿与诸学士撰集要事并要文，以类相从，务取省便。令儿子等易见成就也。'说与徐坚、韦述等编此进上，诏以《初学记》为名。"①全书分23部，313子目，每子目又分叙事、事对、诗文3部分。叙事，即汇编与主题词有关的记载。事对，即对子，指从古诗文中提炼出词语，并编成对子。诗文，包括赋、诗、颂、论

① (唐)刘肃：《著述》，见《大唐新语》卷九，137页，北京，中华书局，1984。

等，全篇收入。书中分大小字：大字正文；小字注释，做进一步说明、解释、补充，并标出处。所收诗文的题目用大字，原文用小字。例如，《初学记》卷二《天部下·雨第一》：

“叙事”：“《释名》云：雨，水从云下也。雨者，辅也，言辅时生养。《尚书》曰，休征，曰肃，时雨若。休，美也。肃，敬也。若，顺也。”

“事对”：“濯枝，润叶。周处《风土记》曰：六月有大雨，名濯枝雨。《西京杂记》曰：董仲舒曰，太平之时，雨不破块，津茎润叶而已。”

“赋”：“晋潘尼《苦雨赋》：气触石而结蒸，云肤合而仰浮。”①

《初学记》首次合类事、类文、事对于一编，影响巨大，“此后宋、元、明、清历代的类书，都脱不了这一范畴”②。

二、《太平御览》

1000卷，宋李昉等编。北宋太宗太平兴国二年(977)命李昉等修，成书于太平兴国八年(983)十月。初名为《太平总类》。书成之后，宋太宗日览三卷，一岁而读周，所以又更名为《太平御览》。全书以天、地、人、事、物为序，分55部，550门，共计4558个子目。《太平御览》前面有《太平御览经史图书纲目》，即引用书目，共列1690种，诗赋不在内。据考证，其中有些书当时即已不存，是从前代类书等辗转引录的。不管如何，此书是现存类书中保存五代以前文献最大的一部书，而且这些所引书十之七八已亡佚，因而它是辑录佚书的重要资料来源。阮元《揅经室三集》卷五《重刻宋本太平御览叙》云：“《太平御览》一书，成于太平兴国八年。北宋初古籍未亡，其所引秦汉以来之书，多至一千六百九十余种。考其书传于今者，十不存二三焉。然则存《御览》一书，即存秦汉以来佚书千余种矣，洵宇宙间不可少之古籍也。”③

该书子目下按时代先后排列资料，皆先具书名，次录原文。例如，《太

① (唐)徐坚：《初学记》卷二，23～25页，北京，中华书局，2004。

② 方师铎：《传统文学与类书之关系》，178页。

③ (清)阮元：《揅经室集》，693页，北京，中华书局，1993。

平御览》卷五《天部五·星上》："《释名》曰：星，散也，列位布散也。宿，宿也，星各止宿其所也。《说文》曰：万物之精，上为列星。"①

三、《事类赋》

30卷，北宋吴淑编并自注。此书为诗赋型类书，主要是为作诗文服务的。其内容包括：天部3卷，岁时部2卷，地部3卷，宝货部2卷，乐部1卷，服用部3卷，什物部2卷，饮食部1卷，禽部2卷，兽部4卷，草木部、果部、鳞介部各2卷，虫部1卷。部下共分100子目。各类目之下，作者将相关文献提炼成骈体文句，组成赋文一篇，并以小字注明出处及原文。其因类事成赋，故名"事类赋"。例如，卷二《天部·星赋》载："万物之精，上为列星(出《说文》)。亦曰庶民之象(《尚书》曰：庶民惟星)，又为元气之英(《三五历》曰：星者，元气之英)。梁沛见曹公之起(《魏志》曰：桓帝时，有黄星见楚宋之分，殷馗言，后五十岁当有真人起梁沛间，其锋不可当。其后五十年，曹公破袁绍，天下莫敌矣)，东井识汉祖之兴(《汉书》曰：高祖初入关，五星聚于东井。东井，秦分)。"

此书影响颇大，为人所习用，故至清代一百多年间，继吴氏之编，踵事增华，陆续出现了康熙年间华希闵的《广事类赋》，乾嘉间吴世旃的《广广事类赋》、王凤喈的《续广事类赋》，嘉庆间张均的《事类赋补遗》，以及道光间黄葆真的《增补事类统编》。《增补事类统编》为集大成之作，共93卷，内分37部，每部下有若干子目，如天文部，下分天、日、月、星、星象等子目。其体例基本沿袭《事类赋》，但多有增补之内容。

《事类赋》系列比较典型地体现了类书不断续修的特点。

四、《事林广记》

南宋末年陈元靓编。该书为日用百科全书型的民间通俗类书。编者陈元靓是南宋末年福建崇安人，可能是受建阳麻沙书坊所雇来编此书的。该书问世以后，在民间流传很广，自南宋末到明代初期，书坊不断翻刻。每次翻刻，又都增补一些新内容。现在能见到的《事林广记》共有6个版本，其

---

① (宋)李昉等：《太平御览》第1册，25页，北京，中华书局，1960。

中最早的一种是元至顺(1330—1333)年间建安椿庄书院刊本(中华书局曾于1963年影印，以下所述，均据此本)。其书名称为“新编纂图增类群书类要事林广记”，目录中即清楚地标明何者为新增的条目。该书分前集13卷(16类)、后集13卷(19类)、续集8卷(8类)、别集8卷(8类)，合计42卷(51类)，包含大量元代社会生活、语言文字等方面的资料，对于研究当时的社会历史有重要价值。此外，该书还是中国第一部配有插图的类书，开辟了后来类书图文兼重的途径，如明代的《三才图会》、清代的《古今图书集成》等都受其影响。

该书大门类包括天文、历候、节序、地舆、郡邑、人事、农桑、帝系、纪年、器用、文艺、官制、刑法等，其下子目有“涉世良规”“仕途守要”“农田急务”“旅行杂记”等，包罗广泛，四民便用。其所收文字均标立条目，以便检索。条目用阴文印刷，比较醒目。例如，前集卷七《人纪类·人品名数》载：“三教：儒、道、释。四民：士、农、工、商。”《人纪类·人道名数》载：“三纲：君为臣纲，父为子纲，夫为妇纲。三德：知、仁、勇。”

不过，该书各条文字一般都不标出处，体现了坊刻通俗类书之通病。亦缘坊刻之故，其编刻质量不高，版面不清，校对不精。例如，书中的“人品名数”中的“数”字，原文误刻为“教”。

《事林广记》是宋、元、明时期最通行的类书，也是传统类书通俗化、民间化的一大标志和代表成果。

五、《万宝全书》

其为日用百科全书型的民间通俗类书。《万宝全书》自明代中期出现以后，以此为书名的通俗类书长盛不衰，且代有新增，一直流行至民国初年。因此，《万宝全书》是指一系列的书，而非指某一部书。“万宝全书”(也称为“不求人”)是如此流行，以至于人们用此词来形容那些无所不包之书。在《万宝全书》系列书中，最有代表性的是清中期毛焕文据署名陈继儒所编《万宝全书》增补而成的《增补万宝全书》(清乾隆间刻本)。以下即以此本为例来说明。

该书共30卷，每卷1门，目录中开列如下：“天文门”“地理门”“人纪门”“诸夷门”“文翰门”“农桑门”“清字门”“字体门”“算法门”“爵禄门”“时令门”“画谱门”“博弈门”“茶经门”“酒令门”“梦解门”“劝谕门”“马牛门”“通书门”“铁筈门”“风鉴门”“数命门”“笑话门”“种子门”“宅经门”“堪舆门”“筮卜门”“对联门”“医学门”“祛病门”。不过，目录与正文内容有时对应不上，如目录卷十八是“马牛门”，而正文卷十七是“牛马门”，可见其编排之粗疏。该书分上下两栏，主要是为了节省成本而能容纳更多的内容。上下栏的内容一般是相配套的，如卷十七“牛马门”上栏中收载马、牛病之图形，下栏中收载马、牛病之治方，但也有上下栏内容不太相关的。全书内容与类目多继承之前的《万宝全书》，但也有不少增补，最明显的是“清字门”，是完全新增的，其内容是将常用词按照天文、地理、时令、人纪等分类，列出该词的汉文和满文写法，用汉字标注满语读音。

较之前的《事林广记》，《万宝全书》更贴近大众生活，反映通俗生活的内容更多、更丰富。《万宝全书》是明、清、民国初期最通行的类书，是在《事林广记》的基础上进一步通俗化、民间化的类书。

六、《古今图书集成》

1万卷，目录40卷，清陈梦雷等编。该书是现存中国古代规模最大的类书。康熙四十年(1701)十月至四十五年四月，由康熙帝第三子诚亲王允祉的门客陈梦雷主持修成，初名《汇编》。康熙五十五年，诚亲王将此稿进呈，康熙帝赐名《古今图书集成》，并下令开馆进一步修订。在陈梦雷主持修订、校印此书过程中，雍正即位，陈梦雷被流放东北。雍正命蒋廷锡等重新编校，至雍正六年以铜活字印成66部(包括校样本)。每部装成5020册，共522函(正文520函、目录2函)。

在总结前代类书的基础上，《古今图书集成》在体例上对类书编纂有很大的推进，主要体现在：分类更加细密，形成汇编—典—部三级经目，其中部目即有6117个；经纬交错，条理清晰，除上述经目外，还设置了10个纬目；兼收并蓄，标明出处。具体来说，《古今图书集成》分6汇编，即历象汇编(天)、方舆汇编(地)、明伦汇编(人事)、博物汇编(自然)、理学汇编(思想)、经济汇编(社会)，基本遵循古代正统类书类目编排天、地、人、事、物的次序。6汇编下各分若干典，共32典。典下又分部，共6117部。以上为经目。每部下又据所需，分汇考、总论、图、表、列传、艺文、选句、纪事、杂录、外编(不是每部下都有，而是因需而设的)，以上为纬目。所录资料，依文献时间顺序，逐条著录，注明出处。例如，“明伦汇编·人事典”第十卷“发部”，以下分“汇考”“艺文”“纪事”“杂录”“外编”5个纬目。“汇考”下所收，如“《素问·上古天真论》：岐伯曰：女子七岁肾气盛，发长”。“艺文”下所收有晋左思《白发赋》等历代关于头发的诗文全文。“纪事”下所收，如“《归藏·启筮》：共工，人面蛇身，朱发”。“杂录”下所收，如“《易经·说卦·十一巽》：其于人也，为寡发”。“外编”下所收，如“《髻鬟品》：王母降武帝宫，从者有飞仙髻、九环髻”。可以说，《古今图书集成》规模宏大，分类细密，内容广泛，图文并茂。正因为《古今图书集成》在体例上比较完善，所以近年所编最大的类书《中华大典》，基本上沿用了其体例。

当然，从流通和利用的角度来看，《古今图书集成》也存在比较多的问题：印数有限；检索不便；引书不多，且多为常见之书，尤其是正经、正史居多；重复收载的情况比较多；校勘不精(可参看龙继栋所著《古今图书集成考证》)；等等。因此，在相当长的时期内真正阅读和使用过此书的人非常少。可以说，在清代，它的象征意义要大于实际使用价值。

1985年，中华书局与巴蜀书社联合影印民国年间中华书局缩印本《古今图书集成》，改为精装本，并加《简明索引》1册，较便使用。近些年，《古今图书集成》已经数字化，可以直接在互联网上检索，更为方便。

以上介绍的只是几部比较重要的类书，大家如果想了解更多的类书，可以利用北京爱如生数字化技术研究中心开发制作的“中国类书库”。该库目前已推出“初集”，收录魏晋以来直至清末民初的类书近300部，可以全文检索，也可以逐页对照原版影像。

第九章 《永乐大典》

明代最有名的书是《永乐大典》，清代最有名的书是《四库全书》。前者是类书，后者是丛书。这一章专门谈《永乐大典》，下面还有一章专门谈《四库全书》。

第一节 《永乐大典》是一部什么样的书

一、一部大书

有多大?《永乐大典》正文共 22877 卷，目录 60 卷，分装 11095 册，是我国古代最大的类书，而现存我国古代最大的类书《古今图书集成》才 1 万卷。

1.《永乐大典》的卷数与册数

主要有两种说法：《明太宗实录》卷七十三云"书(指《永乐大典》)凡二万二千二百一十一卷，一万一千九百五本"①；姚广孝在《进永乐大典表》中说，《永乐大典目录》(共 60 卷)载《永乐大典》正文卷数为 22877 卷，目录与正文合计共 22937 卷，11095 册。第二种说法应该是正确的，而第一种说法可能是针对稿本而言的。《永乐大典》每册大多为 2 卷，偶尔亦有 1 卷或 3 卷者。

11095 册显然是应该包括目录的。我们知道，正文是 22877 卷，目录是 60 卷，那么正文和目录分别各是多少册呢?《纂修四库全书档案》"军机大臣

① 《明太宗实录》，1016 页。

奏检出《永乐大典》目录及全书各十本呈进片”(乾隆三十八年二月初十日)载:“臣等查《永乐大典》原书共一万一千余本,今现序(存)九千余本,丛杂失次,一时难以遍查。今谨将目录六十本内检出首套十本,及全书内首套东、冬字韵十本,一并检出,先行进呈御览。谨奏。”[①]可知,《永乐大典》目录共有60册。因此,《永乐大典》正文一共有11035册。

综上所述,《永乐大典》共有22937卷,装成11095册。其中正文22877卷,11035册;目录60卷,60册。

2.《永乐大典》的套(函)数

乾隆《御制诗四集》卷十七“汇辑四库全书联句”云:“《永乐大典》每十册为一函,计一千一百余函,翰林三十人,匀派分阅,按日程功。”[②]可知,《永乐大典》是按每10册为一套(函)分装的。现存《永乐大典存目》是乾隆时清点《永乐大典》的目录,该目录中所著录的《永乐大典》的卷册数,基本上是按每10本一组排列的,从中可以看出原来一套一套分装的痕迹。

既然《永乐大典》是按10本一套分装的,那么《永乐大典》一共有多少套呢?

据“军机大臣奏检出《永乐大典》目录及全书各十本呈进片”(乾隆三十八年二月初十日)可知,《永乐大典》目录也是10本一套的,而目录共60册,则应分装为6套;正文为11035册,应约分装为1103套(有的一套装11册)。因此,《永乐大典》正文与目录应一共约分装为1109套。这正符合乾隆所说的《永乐大典》“共一千一百余函”。

3. 装帧与版式

原书高50.02厘米,宽29.8厘米,黄绢硬面,包背装。封面(书衣)左上有黄绢书签,四周印黑色双线(外有蓝边),中题“永乐大典”4字,下注该册所收《永乐大典》的卷次。封面右上有黄绢蓝边方形标签,题该册《永乐大典》所属韵部,次行题该册隶属该韵的册次(有的有,有的没有),每册1至4卷不等。书中每半页边框高36厘米,宽23.5厘米。半页8行,标题为大字,单行抄写;正文为小字(亦分大小两种字体,分别抄写所引书的正文与

---

① 张书才主编:《纂修四库全书档案》,56页。

② 《御制诗四集》卷一七,见《清代诗文集汇编》第325册,48页。

注)，双行抄写，每行28字。书口有3个鱼尾：上鱼尾下题“永乐大典卷××”；下端双鱼尾内题页码。边框、行线、引用书名、书口文字，以及断句、注音圈点用的小圆圈概用红色，余皆墨色。

二、一部类书

类书一般是分类编排的，从这个角度来看，《永乐大典》是特殊的类书，因为它是按韵编排的。其编排的原则是：“用韵以统字，用字以系事……开卷而古今之事一览可见。”[①]这里所谓“用韵以统字”，即根据《洪武正韵》的顺序排列各字；“用字以系事”，即每一字又列出以它为韵或关键字的各个事目(主题词)，最后将有关各个事目的文献抄进《永乐大典》中。因此，《永乐大典》的编纂原则(也是检索、使用方法)为：韵—字(韵脚，入韵字)—词(主题词)—文献。例如，湖，属《洪武正韵》中的模韵，这就是“用韵以统字”；湖可以构成西湖一词(事目)，那么有关西湖的文献，就可以收载在此词之下，这就是“用字以系事”。如想查有关“西湖”的内容，先确定湖字的韵部，属平声六模韵，在模韵下找到湖字，然后再找西湖这个词，就能找到相关的文献，如有关西湖的诗文等。这就如同我们现在查词典，先找某个词的头一个字，然后按拼音查这个字之所在，再查这个词，然后查词下面相关的内容。两者只不过有首字检索与末字检索的不同，这是因为古今检字习惯不同，古人习惯用韵，故重末字。

与之相应，《永乐大典》的编纂方法是：文献—词(主题词)—字(韵脚，入韵字)—韵。编纂者阅读文献，从中找出主题词：其一是以书名、篇名或内容作为主题词；其二是以文内涉及之事实、制度等作为主题词。相关的材料就抄在此主题词下。然后，确定主题词中的入韵字(一般是末字，有时也以所重字也就是关键字入韵)。然后，将此字归入《洪武正韵》相应的韵部中。

《永乐大典》每字下所收内容大致是这样排列的：先罗列各家对该字的字音、字义的训释，然后收录该字的各种字体，最后总论该字之大义(如“仁者，爱人”之类)。以下收载各事目(有时也称事韵，指多个事目之合称)，若有关涉制度的事目，则先收，将相关文献收入该事目下(从古及近

---

① (明)姚广孝等修：《凡例》，见《永乐大典》。

排列)；之后是诗文(指单篇的诗文，先文后诗)；之后是整书；之后是地理(以该字为韵的府州县名等)；之后是姓氏。以平声一东韵“蒙”字为例，其下各项排列顺序为：释字—事韵—诗文—《易·蒙卦》—《易学启蒙》等书—乌蒙府—姓氏(蒙姓)。当然，并不是每个字都有这些内容，也有个别字会超出这一内容范围，而且，因为这样那样的原因，有个别字所收内容也没有完全按照这一顺序。但可以说，大多数字是按照这一顺序编排内容的。

三、一部很有价值的书

《永乐大典》是中国国家图书馆的四大镇馆之宝之一。现在，若能发现新《永乐大典》残卷，即使只有一页，也很珍贵。

《永乐大典》所收的文献往往都是整段或整部抄入的。因此，明初以前的文献，相当多赖此书得以保存。其文献价值主要体现在：一方面可以有资辑佚；另一方面可以有资校勘。《四库全书》的编修即缘于从《永乐大典》中辑佚书。可以说，没有《永乐大典》就没有《四库全书》。从《永乐大典》中辑出佚书，产生了大量的大典本，比较重要的有《旧五代史》《宋会要辑稿》等。现在，《永乐大典》仍然是辑佚之渊薮。

当然，《永乐大典》还有艺术、版本等价值。

四、一部富有传奇色彩的书

《永乐大典》正本自嘉靖末重录后就下落不明，至今未见一页存于人间。副本在清代亦命运多舛，屡遭劫难，被盗、被焚，目前只剩原书4%的篇幅。其流传过程充满传奇色彩，详细情况可参见下文。

第二节 《永乐大典》是如何编成的

一、为什么要编《永乐大典》

《永乐大典》虽始修于永乐元年(1403)，但在此之前，明廷早已有编修类书的打算。洪武二十一年(1388)，中书庶吉士解缙上言：“臣见陛下好观

《说苑》《韵府》杂书与所谓《道德经》《心经》者，臣窃谓甚非所宜也。《说苑》出于刘向，多战国纵横之论。《韵府》出元之阴氏(指宋元之际的阴时夫)，抄辑秽芜，略无可采。陛下若喜其便于检阅，则愿集一二志士儒英，臣请得执笔随其后，上溯唐、虞、夏、商、周、孔，下及关、闽、濂、洛，根实精明，随事类别，勒成一经，上接经史，岂非太平制作之一端欤?"[①]可见，解缙为了迎合明太祖，早有编撰"随事类别"之书的准备。而且，明太祖对韵书很重视(可参考《洪武正韵》宋濂序)，因此《永乐大典》按韵编也是有渊源的。

洪武三十一年(1398)，明太祖诏侍读唐愚士编集经史百家之言为《类要》，后因明太祖病故而未果。

明成祖登极后，同样喜欢翻阅《韵府群玉》等类书，然病其收录未广，内容单薄。永乐元年(1403)七月，明成祖对侍读学士解缙说："天下古今事物散载诸事(书)，篇帙浩穰，不易检阅。朕欲悉采各书所载事物类聚之，而统之以韵，庶几考察之便，如探囊取物耳。尝观《韵府》《回溪》(指宋钱讽编《回溪史韵》)二书，事虽有统，而采摘不广，纪载大略。尔等其如朕意，凡书契以来经、史、子、集、百家之书，至于天文、地志、阴阳、医卜、僧道、技艺之言，备辑为一书，毋厌浩繁。"[②]随后，解缙等马上组成班子，于文渊阁设局开始编写。

从上述看，修《永乐大典》是事出有因的，即明太祖、明成祖都喜欢看一些类书(包括韵编的类书)、杂书，大臣为迎合其需要而想到要编类书。但是，后人亦有这样的推测：当时为编此书召集全国士人2000多，收罗了不少草野之士(包括僧人、道士)，与朱元璋召元遗民修《大明礼书》、乾隆开馆修《四库全书》一样，实为当国者之政治手段。清初孙承泽《春明梦余录》卷十二称："……至靖难之举，不平之气遍于海宇，文皇借文墨以销垒块，此实系当日本意也。"[③]今人张忱石和栾贵明亦认为《永乐大典》之编修有笼络士人之嫌疑。张氏《永乐大典史话》载："朱棣想利用纂修类书，炫耀文

---

① (清)张廷玉等：《明史》，4115～4116页。朱元璋喜欢《说苑》，曾将其颁赐给全国的官学。

② 《明太宗实录》，393页。

③ (清)孙承泽：《春明梦余录》，156页。

治，借以笼络人心，消弭朝野间的不平之气。”[①]栾氏《永乐大典索引》序载：“永乐帝的高明处就在于能在改朝换代之际，挥大手笔，出大题目，他移视线，借以巩固皇位，立于不败之地。”[②]这种推测也有一定的道理，因为：其一，此书匆匆着手，匆匆完成。明成祖为何即位后马上修此书，让人费解。其二，尽管明成祖在此书序言中口口声声说编纂此书是为了方便查阅，可事实上，此书修成后，明成祖似乎根本就未使用过，也没有想方设法将此书印行、宣传，而是一直藏于深宫，可见此书并不是为其检阅而修的，而是为了编修而编修的。不过，修一部书是否能消不平之气也是颇值得怀疑的。

二、编修经过

1. 时间

可分为两个阶段：第一个阶段，明成祖永乐元年七月，解缙等受命编修此书，于永乐二年十一月修成进上，赐名《文献大成》。明成祖阅后不满意，认为其内容不够完备，又命姚广孝、解缙等重修。第二个阶段，重修工作从永乐三年(1405)元月开始，至永乐五年(1407)书成，更赐名《永乐大典》，明成祖亲自作序，然后清抄一部，至永乐六年抄定。

明初官修之书较多、较集中，而且编得很快，《永乐大典》就是其中一例。

2. 地点

在文渊阁。文渊阁在南京宫中奉天门之东、左顺门之东南。文渊阁本来就是修书之所，地方比较大，而且有丰富的藏书。为配合编修《永乐大典》，当时还进行了广泛的征书。

3. 人员

当时参与编修、抄写、校对等的有3000多人(一说有2000多人)，包括从全国征召而来的贤才、善书者，如从布衣召为都总裁的陈济。

关于《永乐大典》预修人员之数量，孙承泽《春明梦余录》卷十二载：“正

---

① 张忱石：《永乐大典史话》，2页，北京，中华书局，1986。

② 栾贵明编著：《序》，见《永乐大典索引》，1页，北京，作家出版社，1997。

总裁三人，副总裁二十五人，纂修三百四十七人，催纂五人，编写三百三十二人，看详五十七人，誊写一千三百八十一人，续送教授十人，办事官吏二十人，凡二千一百八十人。”[①]看详就是校对。而朱国祯《涌幢小品》卷二则载：《永乐大典》“乃文皇命儒臣解缙等粹秘阁书分韵类载，以便检考，赐名《文献大成》。复以未备，命姚广孝等再修，供事编辑者凡三千余人”[②]。总之，应该有两三千人。

第三节 《永乐大典》正本的流传

《永乐大典》于嘉靖四十一年(1562)重抄后，于是有正、副本之分。今存者为副本及其仿抄本，册后副页所载校对者如高拱等可为证。据统计，现在嘉靖副本《永乐大典》在全球范围尚存400余册，其中中国国家图书馆收藏最多，有224册(其中有62册现存台北“故宫博物院”)。大陆收藏《永乐大典》的单位还有上海图书馆(1册)、四川大学博物馆(1册)。但是，正本则未有一页存于人间，为什么呢?

一、《永乐大典》正本的下落

由于卷帙浩繁，难以刊刻(当时有人提议刊刻，因工费而罢)，《永乐大典》修成后仅缮写一部，这部便为正本。这部正本在永乐十九年以前藏于南京文渊阁东阁的下阁，永乐十九年迁都北京，这部正本即移至北京文楼。嘉靖间因火灾移出，并决意重抄一部。在这之后，正本之下落即成了一个谜。尽管后人多有猜测，然至今仍莫衷一是。其中比较有代表性的观点如下。

(一)毁于明末清初南京

周应宾《旧京词林志》卷三云：“今内府所有书籍，外人不得而知，第闻隆庆初以《永乐大典》原本送还南内，逸其一云。”《永乐大典》稿本早已遭焚

① (清)孙承泽：《春明梦余录》，155页。

② (明)朱国祯：《涌幢小品》，28页，上海，上海古籍出版社，2012。

毁，这里所说的原本应是指正本。为何要将正本运回南京，不好理解。至于“逸其一”，也不知是正本还是副本。大概是得之传闻，不可信。万历二十二年(1594)南祭酒陆可教曾提出让分巡御史携《永乐大典》到各地刊刻，并没有提到南京藏有正本，似亦未见正本。因此，《永乐大典》正本不可能送归南京。另外，若正本送归南京，关涉人员必然众多，除周应宾外，何以当时及后来鲜有道及？至于《四库全书总目》“《永乐大典》提要”甚至据此进一步说南京《永乐大典》正本毁于明末，则不知有何依据：“至隆庆初告成(指抄录副本)，仍归原本于南京……明祚既倾，南京原本与皇史宬副本并毁。”南明弘光朝南京是开门迎降的，宫中并无遭焚烧的记录。如果是遭盗掠，那也应该会有残本存世，何以消失得无影无踪？至于《四库全书总目》说明末清初之际皇史宬副本也一并遭毁，那更是与事实相悖的。因此，我认为此说并不成立。

（二）殉葬说

《永乐大典》正本殉葬于嘉靖皇帝永陵玄宫之说，首创者是中华书局的张忱石，后有栾贵明力主其说。[①] 究其依据，主要有两点：其一，此书之重抄完成时间与嘉靖帝之葬期有暗合处；其二，嘉靖帝喜欢此书。《明世宗实录》载：世宗喜欢看《永乐大典》，“几案间每有一二帙在焉”；嘉靖三十六年(1557)四月宫中三大殿被焚，殃及文楼，“上闻变，即命左右趣登文楼，出《大典》。甲夜中，谕凡三四传”；此后，决定“重录一部，贮之他所，以备不虞，每为阁臣言之”。[②] 由于嘉靖帝对《永乐大典》“殊宝爱之”，因此正本极有可能殉葬于永陵。不过，我认为，第一条依据只是纯粹的巧合，因为嘉靖二十一年即有重抄《永乐大典》之命，只不过当时朝廷正忙于他事，未能着手于此。[③] 而第二条依据也不能成立，因为喜欢一书并非就要殉葬。何况即便是殉葬，何以一点消息都未透露？即便当时人以天机不可泄而不言，何以此后几百年亦无人提及，且无人想到，直至如今才有人想起殉葬一说？

---

① 参见张忱石：《〈永乐大典〉正本之谜》，载《书品》，1986(2)；栾贵明编著：《序》，见《永乐大典索引》，3～12 页；栾贵明：《〈永乐大典〉之谜——关于〈永乐大典〉正本殉葬的推想》，载《寻根》，1999(4)。

② 《明世宗实录》，8414 页。

③ 参见张升：《〈永乐大典〉流传与辑佚研究》，22～23 页，北京，北京师范大学出版社，2010。

可以说，此说纯是推测，亦不足为据。

(三)万历焚毁说

谈迁《国榷》卷六十五载："万历末，《永乐大典》不存，抑火失之耶?"①方以智《通雅》卷三《释诂(缀集)》载："《永乐大典》藏于文楼，嘉靖中火，上亟命救得免，复命儒臣摹抄，隆庆元年始竟。万历中因三殿火，书遂亡。"谈迁的话只是一种推测，而《通雅》中的这段话是方以智之子方中履加的按语，大约写于康熙初，其可信性本身就值得怀疑。另外，从事理来推断，这种可能性也是很小的，因为焚毁《永乐大典》应为大事，会有人提到或史官记录，外人亦会有传闻，不会是什么秘密，何以一直无他人提及?崇祯年间刘若愚所著《酌中志》卷十八《内板经书纪略》载："及万历年间两宫三殿复遭回禄，不知此二部，今又见贮藏于何处也。"②也只是说不知其下落。更为重要的是，当时亲历此事的大学士沈一贯在谈到此次火灾之祸害时，也没有提到《永乐大典》被焚。其《敬事草》卷二中说："今日火灾异常，三殿告烬……今日火势由西北至东南，旋转延烧，将及内阁。内阁与承运库相连，得内外诸臣竭力营救。今内阁西制敕房三间二披俱被火焚，内贮近年常行文书取出，见存远年稿簿在高阁封贮者，因火势紧急，不及搬取。其内阁中堂东诰敕房房屋及所贮书籍，幸赖保全。"③

(四)藏于皇史宬夹墙内

此说为史学家王仲荦私下对张忱石提出的，并未见有确凿的依据及详细的论证，仅仅可能是突发奇想的一种推测。④ 皇史宬的墙固然很厚，但其是专仿古代"石室金匮"之意修建的皇家档案库房，墙厚是为了坚固及防水火，非为藏《永乐大典》之用。况且，从收藏的稳妥与安全考虑，《永乐大典》副本在重录完成后即入藏皇史宬，不可能再把正本藏在同一处所。

(五)毁于清乾清宫大火

全祖望根据清世祖顺治帝曾阅读过《永乐大典》而推测《永乐大典》之正本在清初仍保存在乾清宫。他说："崇祯时，刘若愚著《勺中志》(应为《酌中

---

① (明)谈迁:《国榷》，4052页，北京，中华书局，1958。

② (明)刘若愚:《酌中志》，162页。

③ (明)沈一贯:《三殿灾揭帖》，见《敬事草》卷二，176页，《续修四库全书》本。

④ 参见张忱石:《〈永乐大典〉正本之谜》，载《书品》，1986(2)。

志》),已言是书不知今贮何所。是其书在有明二百余年以来,赖世庙得如卿云之一见,而总未尝入著述家之目。暨我世祖章皇帝万几之余,尝以是书充览,乃知其正本尚在乾清宫中,顾莫能得见者。及《圣祖仁皇帝实录》成,词臣屏当皇史宬书架,则副本在焉,因移贮翰林院,然终无过而问之者。"[①]从上述引文可以看出,在清初顺治年间,《永乐大典》的正本还贮藏在乾清宫,副本则贮藏在皇史宬。副本于雍正年间移到翰林院中。全祖望还推断,《永乐大典》的正本在乾隆初仍贮藏在乾清宫中:"会逢今上(指乾隆帝)纂修《三礼》,予始语总裁桐城方公(指方苞)钞其(指《永乐大典》副本)《三礼》之不传者,惜乎其阙失几二千册。予尝欲奏之今上,发宫中正本以补足之,而未遂也。"[②]

到了清末,缪荃孙不但承袭了正本藏在乾清宫之说,而且还进一步发挥说:"嘉庆丁巳,乾清宫灾,正书遂毁。"[③]傅增湘也说:"考全书一万二千册,其原本虽有存贮宫中之说,然清代二百余年曾无一人见及。改革以后,故宫殿阁诸处检索殆遍,而片纸不存,意者其毁于乾隆末年乾清宫之火矣。"[④]

不过,这种观点是没有根据的。乾隆元年修《三礼》时,利用的就是翰林院所藏的《永乐大典》副本。另外,乾隆三十八年开馆修《四库全书》时,因《永乐大典》有缺失,曾下令在全国进行搜求。如果当时宫中有正本,肯定不会只是利用翰林院所藏有残缺的《永乐大典》副本进行辑佚书。至于《四库全书总目·永乐大典》甚至认为翰林院所藏的《永乐大典》即正本:"今贮翰林院库者,即文渊阁正本,仅残阙二千四百二十二卷。顾炎武《日知录》以为全部皆佚,盖传闻不确之说。"那更是完全错误的。

(六)明末焚毁于北京宫中

我认为,到目前为止,此说相对而言较为可信。郭沫若在《影印〈永乐

① (清)全祖望撰:《钞永乐大典记》,见《全祖望集汇校集注·鲒埼亭集外编》卷一七,朱铸禹汇校集注,1071页。

② (清)全祖望撰:《钞永乐大典记》,见《全祖望集汇校集注·鲒埼亭集外编》卷一七,朱铸禹汇校集注,1072页。

③ 缪荃孙:《〈永乐大典〉考》,见张升编:《〈永乐大典〉研究资料辑刊》,245页,北京,北京图书馆出版社,2005。

④ 傅增湘:《藏园群书题记》,486页。

大典〉序》中说："从此正本与副本分藏于文渊阁与皇史宬。明亡之际，文渊阁被焚，正本可能即毁于此时。"[①]目前有关《永乐大典》正本下落的论著大都采用这种观点。

二、再解正本下落之谜

《永乐大典》正本在明末遭焚毁的观点，一直以来还缺乏特别有力的证据，即在嘉靖以后，有人亲眼看到过《永乐大典》正本。因此，我们还有继续探讨的空间。张岱《琅嬛文集》卷一《诗韵确序》载："大部如先大父《韵山》，多至数千余卷，册籍浩繁，等身数倍。踵而上之，更有《永乐大典》一书。胡仪部青莲先生尊人，曾典禁中书库，携出三十余本，一韵中之一字犹不尽焉。世宗盖一便殿以藏此书，堆砌几满。烈皇帝时，廷议再抄一部，计费十万余金，遂寝其议。"[②]张岱《陶庵梦忆》卷六"韵山"条亦载："大父至老，手不释卷……常恨《韵府群玉》《五车韵瑞》寒俭可笑，意欲广之，乃博采群书，用淮南大小山义……总名之曰《韵山》……政欲成帙，胡仪部青莲携其尊人所出中秘书，名《永乐大典》者，与《韵山》政相类，大帙三十余本，一韵中之一字犹不尽焉。大父见而太息曰：'书囊无尽，精卫衔石填海，所得几何！'遂辍笔而止。"[③]张岱的大父(祖父)即张汝霖(约1561—1625)，万历二十三年(1595)进士，卒于天启五年(1625)。张岱说其祖父老年仍手不释卷，要编辑《韵山》一书，故张汝霖在胡青莲家看到《永乐大典》30余本，大约是在万历末至天启初年。《石匮书·艺文志总论》又载："自《大典》一成，谓古今事物莫备于此，后子孙朝遂不复以积书为事，輶轩之使不复再出……烈皇帝命再抄一部，所费不支，遂尔中止。且闻管库官吏多私窃携归，简其卷数，遗失必多。余于仪部胡敬辰家所见有二十余本，而四支韵中一字尚不能完，其书之汗牛充栋可胜计哉！"[④]可知，张岱也曾在胡敬辰家看到过《永乐大典》20余册，而且明确记录其为《永乐大典》支韵的内容。张

① 郭沫若：《影印〈永乐大典〉序》，见《郭沫若集外序跋集》，162页，成都，四川人民出版社，1983。

② (明)张岱：《琅嬛文集》，26页，杭州，浙江古籍出版社，2013。

③ (明)张岱：《陶庵梦忆》，128页，长春，吉林文史出版社，2001。

④ (明)张岱：《石匮书 石匮书后集》第1册，610页，上海，上海古籍出版社，2008。

岱祖孙所看到的应该是同样的《永乐大典》，只不过张岱看到的较少，大概是因为张岱较其祖父稍晚（大约是在明末甚或清初）才看到，而其时胡氏所藏的《永乐大典》或已散失了一些。那么，张岱看到的《永乐大典》是正本还是副本呢？

（一）张岱所看到的是《永乐大典》中的哪部分

查《永乐大典》可知，《永乐大典》中的支韵排在平声第二韵，即二支韵。另外，《永乐大典》用的是《洪武正韵》，据《洪武正韵》可知，支韵是排在平声第二韵的，所以称为二支韵。那么，为什么张岱记录为四支韵呢？原因其实很简单：张岱用的是平水韵。据平水韵，支韵是排在平声第四韵的，所以称为四支韵。在明清时期，社会上最通行的是平水韵，大家作诗用的都是平水韵。《洪武正韵》是洪武时期颁布推行的，但在社会上并不流行，很少有人遵循，民间还是通用平水韵。所以，张岱在记录支韵时，很容易按习惯的称法将其错记为四支韵。

另外，也许有人会问，张岱是否会将韵部记错呢？也就是说，张岱如果没记错“四”字，是否会把别的韵写成“支”韵呢？其实，这种可能性几乎没有。例如，据《永乐大典》可知，排在第四韵的分别为：平声的“四齐”、上声的“四济”、去声的“四霁”和入声的“四曷”。“齐”“济”“霁”“曷”这些字的字体、读音与“支”字的差别都很大，以张岱这样的文人对韵的熟悉程度而言，不可能写错。

因此，张岱在胡氏家所看到的就是《永乐大典》二支韵中的某一个字的内容。

（二）张岱祖孙所看到的《永乐大典》是正本还是副本

如前所述，《永乐大典》副本（嘉靖重抄本）原储于皇史宬，后于雍正年间移置翰林院。乾隆三十八年开四库馆，利用《永乐大典》副本进行大规模的辑佚。当时，乾隆曾让大臣对这批《永乐大典》副本的实存卷数及册数做过统计及编目，其统计结果即现存的《永乐大典存目》[①]。因此，我们可以利用《永乐大典存目》来查找乾隆时期《永乐大典》所缺的卷数。如果张岱看到

① 《永乐大典存目》（又题《永乐大典点存目录》），清抄本，1册。原书藏台北“故宫博物院”，现收入张升编的《〈永乐大典〉研究资料辑刊》。

的这些《永乐大典》属于副本，那么也就意味着这些《永乐大典》在明末时已被携出，归胡氏所有，《永乐大典存目》应该会将这部分《永乐大典》著录为缺卷。查《永乐大典存目》二支韵可知，乾隆时期《永乐大典》副本二支韵中只缺 698～719 卷，共 22 卷。也就是说，如果张岱看到的《永乐大典》是副本，那么就应在这 22 卷中；如果不在这 22 卷中，那么张岱看到的《永乐大典》就应该是正本。

《永乐大典》各册封面均贴有一小方签，记此册《永乐大典》属何韵以及在此韵中属于第几册，我们可以据此方签来推断《永乐大典》各卷的分册情况。例如，据《永乐大典》895～896 卷一册所贴方签可知，此册为二支韵中的第 89 册。也就是说，在 895～896 卷这一册之前(包括 895～896 卷这一册)，二支韵一共有 89 册。查《永乐大典存目》可知，在 895～896 卷这一册之前(包括 895～896 卷这一册)，《永乐大典》二支韵实存 79 册，实缺 10 册。而据上文可知，二支韵中只缺 698～719 卷，并且恰好在 895～896 卷这一册之前的范围内，因此，二支韵中所缺的 698～719 卷就是上述实缺的 10 册。

为避免《永乐大典》因方签写错而造成的误导(其实，这种情况应该不会有，但为了以防万一)，还可再找另一方签来印证。据《永乐大典》917～919 卷一册所贴方签可知，此册为二支韵第 99 册。《永乐大典存目》记载在此册之前(含该册)实存 89 册，那么也可推知，原缺的 698～719 卷应一共就是 10 册。

从上述可知，《永乐大典》副本二支韵到乾隆时期一共只缺 10 册。也就是说，张岱祖孙在胡氏家所看到的 30 或 20 余本(册)《永乐大典》不可能是《永乐大典》副本。因为明清时期《永乐大典》只有正本与副本两种，既然张岱祖孙看到的《永乐大典》不是副本，就应该是正本。

(三)张岱所看到的《永乐大典》是从哪里来的

据前引张岱文可知，这些《永乐大典》是胡青莲的尊人(父亲)从宫中携出的。“携出”是客气的说法。其实，《永乐大典》是不会借出于外的，所以这里的所谓“携出”，其实就是“窃出”。前引《石匮书·艺文志总论》将此事与“私窃携归”并谈，其蕴意不言自明。

那么，胡仪部青莲是谁呢？其尊人(父亲)又是谁呢？他如何有机会窃得这些《永乐大典》呢？据前引《石匮书·艺文志总论》所称“余于仪部胡敬辰家所见有二十余本”可知，胡仪部青莲即胡敬辰。又查王思任《王季重先生文集》卷二《杂序·胡青莲檀雪斋序》可知，胡青莲曾著有《檀雪斋集》。[①]《四库全书总目》将《檀雪斋集》40卷著录入存目，其提要云：“敬辰字直卿，余姚人，天启壬戌进士，官至江西驿传道，终光禄寺录事。是集以所著诗赋、杂文及官县令时谳牍共为一编，其文故为涩体，几不可句读，诗格亦公安之末派。”所以，胡仪部青莲即胡敬辰(青莲应为其号)，仪部是指其曾官光禄寺录事。

再查现存《檀雪斋集》可知，胡敬辰之父为胡维新，字云屏，生于嘉靖十三年(1534)年三月十六日，卒于万历三十四年(1606)年二月廿七日，享年73岁。其一生行迹大致如下：嘉靖三十八年己未(1559)年进士—行人—江西巡按御史—宣大巡按御史—福建巡按御史—宁州通判—扬州推官—南京刑部广西司主事—南京刑部员外郎广东司郎中—参政按察使副使—大名兵备副使—广西副使—陕西布政使司右参政—肃州兵备副使。[②] 从胡维新生平看，其未曾掌管禁中书库，因此，张岱说其“曾典禁中书库”，并不准确。

尽管胡维新未曾掌管禁中书库，但是，他是否有可能从宫中窃出《永乐大典》正本呢？为了解决此问题，我们有必要分析一下这些《永乐大典》正本是什么时候被人从宫中窃出的。

我认为，这些《永乐大典》正本不可能是在重录前或重录时被窃出宫中的，因为：首先，《永乐大典》是被完整重录的，而且是完全依照正本进行重录的(包括版式、分册)。也就是说，正本与副本的册数和分册是完全相同的。其次，张岱祖孙所看到那部分《永乐大典》正本是二支韵中的，有30(20)余册，而乾隆时期《永乐大典》副本二支韵一共只缺10册，因此，重录时这些《永乐大典》应该都在宫中。最后，重录之时，有明确的管理制度，收发《永乐大典》十分严格；而重录刚结束之时，肯定会对《永乐大典》正、副本做清点，若当时有遗失，必然很容易追查到。因此，这些《永乐大典》正本流失于外，只能是重录完成之后的事情。

我们知道，隆庆元年(1567)四月赏赐重录《永乐大典》有关人员，所以

---

① 参见(明)王思任：《杂序》，见《王季重先生文集》卷二，清光绪七年(1881)刻《乾坤正气集》本。

② 参见(明)胡敬辰：《行状》，见《檀雪斋集》卷三八，明刻本。

重录应在此之前就已完成，但不会离此时太远。《文苑英华》胡维新所作的序称，他自嘉靖四十五年(1566)六月刚到福建任巡按，就开始着手刊刻《文苑英华》，至隆庆元年正月才完工。[1] 可见，《永乐大典》重录还未完成，胡维新已出任福建巡按。胡维新任巡按福建御史时间不长，又改任宁州通判。之后，胡维新一直都在外地做官，既不在京城，更不曾典禁中书库，不可能自己从宫中窃出《永乐大典》。因此，我推测：《永乐大典》重录完成后过了相当长一段时间，大家注意力已不在此，有人趁机窃出部分《永乐大典》正本，然后才辗转流到胡维新手里。

综上所述，可以得出以下几点认识。

其一，张岱在胡敬辰家看到的《永乐大典》是《永乐大典》正本。

其二，《永乐大典》正本不可能用来殉葬。张岱所看到的《永乐大典》正本，是在《永乐大典》重录完成相当长一段时间后，被人窃出，而为胡维新所得。如果《永乐大典》正本用以殉葬，张岱怎么可能看到这些《永乐大典》正本呢？也许有人会说，这是下葬后，有人从墓中窃出的。事实上，从目前了解的情况看，嘉靖墓并未被盗过。而且，若盗墓的话，也应该离下葬时期不远，明朝还未亡，这未免也太猖狂了。也许有人还会说，这可能是在临下葬前窃出的。其实，下葬前，如果要陪葬的话，肯定会查点清楚，不可能有缺失(正如前面已指出的，如果当时有缺，肯定会很容易追查出来)。因此，我认为，《永乐大典》正本在嘉靖后仍存于世间，其中一部分在明末被窃出，而绝大部分应该是在明亡时被焚毁了。

其三，张岱在胡敬辰家看到《永乐大典》正本的时间应该是在明末甚或清初。因此，《永乐大典》正本的一部分，起码到明末仍存于世间。而且，从张岱所述可看出，《永乐大典》正本在明末窃出的情况还很严重。那么，胡维新所得的《永乐大典》正本不可能是当时流散于社会上的仅有的《永乐大典》正本。既然如此，《永乐大典》正本残本目前仍存于世间的可能性依然存在。

---

① 参见(明)胡维新：《刻文苑英华序》，见(宋)李昉等编：《文苑英华》第1册，3～6页，北京，中华书局，1966。

第四节 《永乐大典》副本的流传

《永乐大典》副本共有 11095 册，在明代隆庆元年抄成后一直藏于皇史宬，直至明亡。

入清后，最早具体提到《永乐大典》副本收藏地点及利用价值的是陈爌。陈氏于顺治十年(1653)负责整理宫中藏书，在其《请购遗书疏》中提到："臣昨于十年三月捡遗书于内院之东楼，见在简帙错乱，历四十五日始获就绪，而成集者仅千百之一二。惟《永乐大典》一书，藏于皇史宬者，有二万二千八百七十七卷。然以韵为母，事从其类，文无纲领，第可备考核而已。"[①]

到了康熙朝，徐乾学发现《永乐大典》已有所遗失，并且说是在鼎革之时丢的。高士奇《续编珠》康熙三十二年(1693)十月徐乾学所作的序称："皇史宬所藏《永乐大典》，鼎革时亦有佚失，往者尝语詹事(指高士奇)，值皇上重道右文，千古罕遘，当请命儒臣重加讨论，以其秘本刊录颁布。"[②]这说明到康熙时《永乐大典》确已有部分遗失。

到了雍正朝，《永乐大典》由皇史宬移入翰林院。全祖望说："及《圣祖仁皇帝实录》成，词臣屏当皇史宬书架，则副本在焉，因移贮翰林院，然终无过而问之者。"[③]雍正末年，全祖望与李绂相约，通过李绂从翰林院中借阅《永乐大典》，抄辑《永乐大典》中的佚书，从中辑得佚书 14 种。而且，他还建议方苞从中辑佚书："会逢今上(指乾隆帝)纂修《三礼》，予始语总裁桐城方公(指方苞)钞其(指《永乐大典》副本)《三礼》之不传者，惜乎其阙失几二千册。"[④]这里提到《永乐大典》佚失了"几二千册"，可能只是全氏大约的估算，显然不太准确，因为乾隆五十九年(1794)时曾对《永乐大典》现存册数

---

① (清)赵擢彤修：《嘉庆孟津县志》，见《中国地方志集成·河南府县志辑》第 65 册，南京、上海、成都，凤凰出版社、上海书店、巴蜀书社，2013。

② (清)徐乾学：《序》，见(清)高士奇：《续编珠》，40 页，《(影印)文渊阁四库全书》本。

③ (清)全祖望撰：《钞永乐大典记》，见《全祖望集汇校集注·鲒埼亭集外编》卷一七，朱铸禹汇校集注，1071 页。

④ (清)全祖望撰：《钞永乐大典记》，见《全祖望集汇校集注·鲒埼亭集外编》卷一七，朱铸禹汇校集注，1072 页。

做过详细的统计:《永乐大典》全书 11095 册,当时还剩 9881 册,另有目录 60 册,佚去 1154 册。[①] 不过,全氏的建议还是起了一定的作用,因为乾隆元年(1736)诏修《三礼》时,纂修官确实从中辑得过佚书。胡玉缙《四库全书总目提要补正·周官总义》载:"王文清《锄经文略》宋儒易山斋先生《周礼总义序》云:'恭逢圣人御极,特诏修定三《礼》,并谕海内士夫家,三《礼》藏本皆得入献。……未几,当事奏令纂修官入中秘文渊阁上搜遗逸《礼》书,予乃从阅得《永乐大典》全书,其书网罗数千家,中载三《礼》多种,而山斋《总义》在焉。案之,独《司徒》一官有缺,余五官皆完善,予为之狂喜。因出语先生族裔宗湑字公申者,时举宏博来京师,且叹且喜,因捐赀佣善书者缮之;予亦从各纂修处汇其稿,只字片言必以付,数阅月录毕,几千余页,约数十万言。'"[②]这里需要注意的是,全祖望明明说《永乐大典》藏于翰林院,而王文清则说是在"中秘文渊阁",到底是怎么回事呢?其实,明文渊阁已于明亡之际焚毁,清入藏《四库全书》的文渊阁此时还未建,王氏所指显然不对。

自乾隆元年至乾隆三十八年开馆修《四库全书》时,《永乐大典》续有遗失。前引胡玉缙文载:"(王)文清所见《大典》辑本仅《地官》有缺,今《提要》称《夏官》亦佚,盖其时《大典》又散失若干册矣。"也就是说,四库馆开馆时所看到的《永乐大典》已较乾隆元年修《三礼》时所看到的少了一些。

乾隆三十八年二月,朝廷开四库馆校辑《永乐大典》的工作正式开始。鉴于其时《永乐大典》已遗失不少,乾隆遂下旨对遗失《永乐大典》展开查找:"闻此书当时在内阁收存时,即有遗失,似系康熙年间开馆修书,总裁官等取出查阅,未经缴回。彼时如徐乾学、王鸿绪、高士奇等,皆在书局最久,其家或尚有存留此书剩本,亦未可定。著高晋、三宝札知各本籍地方官,令向各家一为访问。倘果有其书,无论本数多寡,即为缴出送京。……又或此书别经流播,因而散落人间,以及书贾坊林视为前朝旧书,转相售易,亦属事理所有。并著高晋等留心体访,如见有此书,即官为收罗缴送,但须谕有司不动声色,善为搜求,不可假手吏胥,致令借端滋扰。将此遇奏

---

① 参见《军机大臣奏遵查〈永乐大典〉存贮情形并将首卷黏签呈览片》,见张书才主编:《纂修四库全书档案》,2372 页。

② 胡玉缙:《四库全书总目提要补正》上册,124~125 页,上海,上海书店出版社,1998。

事之便，传谕知之。”[①]不过，此次调查，《永乐大典》副本一无所获，只是意外地找到一种《永乐大典》辑本《考工记》。

乾隆三十九年(1774)六月，还发生了一件意外之事，即纂修官黄寿龄私自携出《永乐大典》6册，在回家途中被人窃去。正当朝廷上下为此窃案一筹莫展之时，1个月之后，此6册《永乐大典》又完好无损地在玉河边上捡了回来。至于偷窃者为谁，为何又交回，则又成了一个谜。

乾隆五十九年(1794)时曾对《永乐大典》现存册数做过详细的统计：《永乐大典》全书11095册，当时还剩9881册，另有目录60册，佚去1154册。

嘉庆十五年(1810)，朝廷在翰林院开馆修《全唐文》，利用《永乐大典》作为参考资料。其时有不少参修者(如徐松、胡敬、孙尔准等)借机从《永乐大典》中辑出佚书，最著名的当数徐松辑得的《宋会要辑稿》。

嘉庆二十年(1815)，《永乐大典》仍藏于翰林院敬一亭，许乃济等人对其做过清点，发现其与乾隆时所存之数一样：“《永乐大典》只有一部，现存翰林衙门敬一亭。原书共二万二千九百三十七卷(内有目录六十卷)，除原缺二千四百四卷，实存二万四百七十三卷，共九千八百八十一册。嘉庆乙亥夏偕同清秘堂诸友重加编查，因取首册倩供事录出，借见此书大概。……是年六月十七日仁和许乃济谨识。”[②]

道光八年(1828)，《永乐大典》仍藏于翰林院敬一亭。缪荃孙《〈永乐大典〉考》载：“道光戊子(1828)重修《一统志》，嘉兴钱心壶给谏仪吉曾奏请重辑《永乐大典》未尽之书，谕俟《统志》修毕，再行核办。新安相国颇以为多事。迨志成而西陲兵起，给谏亦降官，无人敢理此事矣。原书万余册，恭庋敬一亭，蛛网尘封，无人过问。”[③]乾隆时《永乐大典》就只剩9000余册，所以此时不可能仍有万余册。所谓“原书万余册”云云，推测缪氏之意，大概是指其时《永乐大典》的散佚还并不严重。

《永乐大典》比较大规模地陆续散出是从道光、咸丰年间开始的。前引缪荃孙文载：“咸丰庚申(1860)与西国议和，使馆林立，与翰林院密迩，书

① 《寄谕两江总督高晋等查访〈永乐大典〉佚本》，见张书才主编：《纂修四库全书档案》，60～61页。

② 傅增湘：《藏园群书经眼录》，855页，北京，中华书局，1983。

③ 缪荃孙：《艺风堂文续集》，见《清代诗文集汇编》第756册，604页。

(《永乐大典》)遂渐渐遗失。"《永乐大典》散佚的主要原因是当时利欲熏心的官吏监守自盗，而非有些论著想当然地以为是英法联军盗掠。刘声木《苌楚斋随笔》卷三记录了偷盗者的伎俩："早间入院，带一包袱，包一棉马褂，约如《永乐大典》二本大小，晚间出院，将马褂穿于身上，偷《永乐大典》二本……包于包袱内而出也。"这确实是"极巧妙刻毒"的偷书法。他们偷到《永乐大典》后，多以 10 两银子一册售给他们的洋主顾。所以，王颂蔚在《送黄公度随使欧洲》一诗的注中说"《永乐大典》今存翰林院者，只八百余册，传闻英人购去，储博物院"，并在诗中发出"顷闻伦敦城，稿尚盈两屋"的慨叹。①

光绪元年(1875)，翰林院中的《永乐大典》只剩下不及 5000 册。光绪二年(1876)，《永乐大典》只剩下 3000 余册。光绪十二年(1886)，缪荃孙在翰林院敬一亭中亲手翻阅过的《永乐大典》有 900 余册。前引缪荃孙文载："光绪乙亥(1875)重修翰林院衙门，庋置此书(指《永乐大典》)，不及五千册。严究馆人，交刑部毙于狱，而书无著。余丙子(1876)入翰林，询之清秘堂前辈，云尚有三千余册。请观之，则群睨而笑，以为若庶常习散馆诗赋耳，何观此不急之务为。且官书焉能借。迨丙戌(1886)志伯愚侍读锐始导之入敬一亭观书，并允借阅……粗黄绢连脑包过，硬面宣纸朱丝阑……朱笔句读，书名或朱书或否……前后阅过九百余册，而余丁内艰矣。零落不完，毫无巨帙。"可见到光绪十二年时，翰林院中的《永乐大典》仍存 900 册以上。

需要注意的是，光绪十一年(1885)至十三年(1887)，文廷式曾在翰林院借阅过《永乐大典》300 余册，而盗走了起码 100 余册。②

光绪十八年(1892)，翰林院中的《永乐大典》仍存有 870 册，因为《翰林院旧书目录》下册明确记载："《永乐大典》，存八百七十本。"③

光绪十九年(1893)，《永乐大典》还有 600 余册。④

1900 年 6 月，义和团及清军围攻使馆区，翰林院被焚，藏于翰林院的

---

① 孙壮：《永乐大典考》，载《国立北平图书馆馆刊》，第 2 卷。

② 叶德辉《书林清话 书林余话》第 185 页载："《永乐大典》有百余本在萍乡文芸阁学士廷式家，文故后，其家人出以求售，吾曾见之。皆入声韵。"

③ 《翰林院旧书目录》2 册，1937 年抄本，藏北京大学图书馆善本部。

④ 前引缪荃孙《〈永乐大典〉考》载："癸巳(光绪十九年)起复，询之，则有六百余册。庚子巨劫，翰林院一段皆划入使馆。旧所储藏，均不可问，《大典》只存三百余册。"

《永乐大典》及其他珍贵典籍遭到了焚毁。关于翰林院纵火一事，目前学界多归罪于八国联军。事实上，翰林院被焚与八国联军没有直接关系。因为纵火者应为围攻使馆的国人，而八国联军攻入北京，则在翰林院被焚的54天之后。①

在翰林院遭焚烧之时，使馆区内的外国人乘机盗掠了一部分《永乐大典》。《庚子使馆被围记》载："其在使馆中研究中国文学者，见宝贵之书如此之多，皆在平时所决不能见者，心不能忍，皆欲拣选抱归，自火光中觅一路抱之而奔。但路已为水手所阻，奉有严令，不许劫掠书籍，盖此等书籍有与黄金等价者，然有数人仍阴窃之，将来中国遗失之文字或在欧洲出现，亦一异事也。"②田仲一成《日本东洋文库收集〈永乐大典〉残本的过程》载："次日(1900年6月21日)，世界最古老的翰林院图书馆也烧落了……此时，服部宇之吉看到几百册《永乐大典》积累在书架上……莫利孙立刻跟日本文部省派遣的留学生狩野直喜博士，东京每日报纸特派员古城贞吉等一起，奔驰到翰林院书架，各自带着几本，搬到英国公使馆。"③被偷走的部分，在事后多散见于西方和日本，有的被当事人或其后人捐给了西方和日本的图书馆，有的可能还在民间未被发现。此外，翰林院中还有一部分《永乐大典》被使馆之人统一搬到了英使馆，一共有300多册，后来归还了清政府。至于剩下的《永乐大典》，应该基本被焚毁了。庚子事变前，翰林院中的《永乐大典》只剩下600多册，而被趁乱偷走、焚毁的《永乐大典》最多也就300册左右，因此，损失并没有我们想象得那么严重。

英使馆送回300多册《永乐大典》后，翰林院中的官吏私自瓜分了其大部分。1909年(宣统元年)，清点翰林院残存《永乐大典》，只有64册，被翰林院掌院陆润庠运回自己家中暂时保存。1912年，中华民国政府成立，教育部咨请国务院，将翰林院所存《永乐大典》残本送归教育部，交由京师图书馆储藏，获国务院批准。教育部当即派员前往陆润庠处，将64册《永乐大

---

① 参见杜泽逊：《〈四库〉底本与〈永乐大典〉遭焚探秘》，载《中华读书报》，2003-02-26。

② [英]普特南·威尔：《庚子使馆被围记》，冷汰、陈诒先译，60页，上海，上海书店出版社，2000。

③ 中国国家图书馆编：《〈永乐大典〉编纂600周年国际研讨会论文集》，307页，北京，北京图书馆出版社，2003。

典》运载到部，留下4册，庋置于教育部图书室(后来这4册也拨归了京师图书馆)，另60册，派专差送往京师图书馆，嘱京师图书馆妥为整理储藏。

此后，国内外学者及相关机构一直没有停止过搜集散失的《永乐大典》。据目前所知，尚有400余册的《永乐大典》残本留存于世，星散于7个国家和地区。其中收藏较多的有：中国国家图书馆(224册，其中有62册现存于台北"故宫博物院")、日本东洋文库(35册)、美国国会图书馆(41册)、英国国家图书馆(24册)、英国牛津大学波德林图书馆(19册)。就国家而言，收藏较多的是中国、日本、美国和英国。其中近800卷《永乐大典》于1986年由中华书局影印出版。前些年，又新发现了17卷《永乐大典》(其中1卷中华书局影印本原收有，但内容不全。美国2卷、日本2卷、英国5卷、爱尔兰8卷)，由上海辞书出版社编成《海外新发现〈永乐大典〉十七卷》于2003年8月影印出版。2013年，中国国家图书馆又收入1册，即《永乐大典》2272～2274卷"模"字韵的"湖"字一册。2014年10月，美国洛杉矶亨廷顿图书馆又发现了1册《永乐大典》(10270～10271卷)。2020年7月，法国新发现2册《永乐大典》(湖字2268～2269卷、丧字7391～7392卷)，由浙江收藏家金亮先生通过拍卖购得。

据《永乐大典》流散史来分析，我们有充分的理由相信，世上仍应有一些《永乐大典》残卷未公之于众，有待我们进一步去探寻。

第十章　丛书

丛书和类书都是古代编纂多、流传广、影响大的大书。前面两章介绍了类书，这一章和后面的一章就来介绍一下丛书。

第一节　丛书概述

阮元说："书无刊本以前，聚于类书；书有刊本以后，聚于丛刻。"①宋朝印刷术普遍应用之后，丛书越来越多，可以说一直兴盛到现在。② 翻翻近些年各家出版社的新书目录就可知，丛书比比皆是，颇有"书皆丛出"的态势。不过，在林林总总的丛书中，真正能让人记住的并不多。很多丛书的出版是松散的、开放性的：先拟一个丛书名字，推出几种，造点声势，然后再慢慢出。有的一出就是几年或十几年，有的只出了开头几种就没有下文了。所以，对于这些丛书，人们可能更关心的是其中的一些零种，而不是整套丛书，自然也就不容易记住这些丛书的书名。

一、什么是丛书

将几种以上不同的著述汇编成一套书，冠以一个总名，即丛书。丛书，古代也称为丛刊、丛刻或汇刻。正如阮元所说，"书有刊本以后，聚于丛刻"，一般的丛书都是印本，但是，写（抄）本、稿本丛书在古代也是有的。

① （清）阮元：《抱经堂校刻书总叙》，见（清）卢文弨编：《抱经堂丛书》卷首。

② 如赵万里在《〈丛书集成初编〉样本观后感》中说："在近三百年出版界，谓之丛书高于一切，亦不为过。"《赵万里文集》第2卷，585页。

例如，古代最著名的丛书《四库全书》就是写本，《磨墨亭丛书》222 卷是稿本。

丛书与类书有一个明显的共同点，就是直接取材于众书，并且以原貌呈现，对原文一般不做改动，没有臆改篡乱的情形。当然，这也不是绝对的。

丛书与类书的不同在于，不管分类也罢，不分类也罢，或者整书也罢，书中之一部分也罢(一般来说，丛书所收为整书，但也有一些丛书只截取原书之一部分，如元朝《说郛》。明人编刻的一些丛书，多有删节，如胡文焕的《格致丛书》，往往合并卷数、删落标题。《今献汇言》《纪录汇编》也是如此)，丛书是一部书一部书地排列在一起的，而类书则是摘取各书的材料，按类编排，所征引之书的内容一般是分散地呈现在类书中的。丛书是将多种单独的书汇编而成的一套书(内含多种书)，而类书是将多种书中的材料汇编而成的一部书(只能算成一种书)。丛书中可以包含独立的类书，但是类书中不可能包含独立的丛书。

丛书即便是摘取原书而成的，一般也是摘取原书较为完整的一卷或数卷，并且以书名标目，以书为中心。类书的摘取，虽然也有整书，但一般是比较零碎的文句、段落，并且以材料的性质来归类，以材料为中心。

丛书可分为综合丛书和专题丛书，前者如《四库全书》，后者如《通志堂经解》。丛书部头大，编刻历时长，故随收随刻的现象比较普遍，这主要是受得书先后、校订、财力等因素的影响。与类书一样，丛书也可不断补续，将新的书辑进去。

丛书中的“丛”是丛集、众多的意思，起码收 3 种以上的书才能称为多，因此，那些只收 2 种书的所谓“丛书”其实不能称为丛书。至于丛书收书的上限，则没有规定，目前来看，最多的可达数千种，如《四库全书》收书 3461 种，《丛书集成初编》收书 4107 种，《续修四库全书》收书 5388 种。

二、丛书的起源与发展

“丛书”之名起于唐陆龟蒙《笠泽丛书》，但那是文集，不是丛书。因为其文集没有很好地分类编排，诗文等混编在一起，显得丛杂、混乱，故称为丛书。其实，清初以前，真正的丛书倒是很少以丛书作为书名的。清中期以后，丛书才开始多以丛书为名。

丛书的起源，有人追溯至汉朝的“五经”，但当时并未将五经合编在一起，不能算为丛书。有人认为东汉《熹平石经》、三国魏三体石经、唐开成石经等也是丛书，但是这些虽然包括多种经书，但当时并未冠以一个总名，各经还是独立的。刊印群书而题以总名称，最早应该是后唐明宗长兴三年(932)刻印的《九经》。到北宋，官方校定刊行的《武经七书》也是丛书。以上两种均属于专题丛书。我们谈丛书，往往更多地关注综合丛书，而忽视专题丛书。如果从专题丛书的角度来看，丛书应该起源于五代后唐。

综合丛书的起源，一般认为是南宋俞鼎孙、俞经(俞鼎孙之兄)编《儒学警悟》41卷。其成于南宋嘉泰二年(1202)，收入了6部宋人著作：汪应辰《石林燕语辨》10卷、程大昌《演繁露》6卷、马永卿《懒真子录》5卷、程大昌《考古编》10卷、陈善《扪虱新话》8卷、俞成《萤雪丛说》2卷。

此后，南宋左圭的《百川学海》编刊于咸淳九年(1273)，收书100种179卷，以唐宋人著作为多，间有晋朝及六朝人著述，也是一部丛书。

辽金时期比较著名的丛书有《契丹大藏》(又名《契丹藏》或《辽藏》)、《赵城金藏》，它们都是专题丛书。

元朝，专题丛书有杜思敬辑《济生拔萃》；综合丛书有陶宗仪辑《说郛》，目前存世者已非原本。

明清时期，编刻丛书成风，其中一些有钱有势的士大夫及商人参与编刻丛书的现象值得重视。

明朝，综合丛书有：袁䌹辑《金声玉振集》，收书55种，其中54种都是明人著作，只有一种是元察罕的《帝王纪年纂要》，但也经过明人黄谏订正；《纪录汇编》216卷，明沈节甫辑，收书100多种，为节选明人杂记类著作而成；陈继儒的《宝颜堂秘笈》分正集、续集、广集、普集、汇集、秘集，共收书229种；毛晋刊刻的《津逮秘书》汇集了宋元旧帙140余种，主要是宋人笔记，且多为罕见之书；程荣的《汉魏丛书》收书38种，绝大多数是汉魏时人著作；钟人杰、张遂辰辑《唐宋丛书》，按“经翼”“别史”“子余”“载籍”四部共收书103种，其中除20余种为汉、魏、晋、南北朝等各代著作外，其余都是唐、宋人著作。此外，较著名的丛书还有吴永编《续百川学海》、范钦编《范氏奇书》、高鸣凤编《今献汇言》、王文禄辑《百陵学山》(又名《百陵书山》)等。

专题丛书有：顾元庆《阳山顾氏文房小说》，收汉至宋小说40种；《古今逸史》，吴琯辑，分“逸志”“逸记”两门，收书55种；海盐县知县樊维诚编辑的《盐邑志林》是第一部郡邑丛书，收三国至明海盐县人的著述共40余种，其中明人著作近3/4。此外，较著名的还有程敏政辑《唐氏三先生集》、李栻编《历代小史》、周子义等编《子汇》、陆楫编《古今说海》、朱警编《唐百家诗》、潘是仁编《宋元四十三家集》、毛晋辑《汲古阁合订唐宋元诗五集》等。

清朝，丛书的编刊进入了全盛时期，其数量之多、种类之全超迈前代。清朝官修丛书也较突出，因此，下面从官、私修两方面来谈谈清朝丛书的成就。

官修丛书。康熙年间，朝廷曾先后组织编纂刊刻了《御纂七经》《古香斋袖珍十种》等。乾隆时，最著名的丛书是《四库全书》，此外还有《武英殿聚珍版书》、武英殿刊《二十四史》等。

私修丛书。前期较著名的有：顾炎武《音学五书》，康熙六年(1667)刊；曹溶编《学海类编》，收书431种；汪士汉辑《秘书廿一种》，据《古今逸史》刊版重编印本，收先秦至宋古籍21种；王晫、张潮辑《檀几丛书》，分3集，收录明清两朝人著作157种；张潮辑《昭代丛书》，分甲、乙、丙3集，每集50卷，共收书90种，除明黎遂球的《花底拾遗》1卷之外，全都是清朝人著作；吴震方辑《说铃》，分前、后、续3集，共收书62种，除西方传教士南怀仁的《坤舆外纪》外，全都是清朝人的笔记著作；曹寅辑《楝亭藏书十二种》，收宋元人著作，于康熙四十五年(1706)刊行；纳兰性德辑《通志堂经解》1800余卷，于康熙十九年(1680)刊行；张士俊辑《泽存堂五种》55卷，据宋本翻刻，以精良著称。

中期著名的丛书更多，主要有：鲍廷博辑刻的《知不足斋丛书》，先刻成27集，后其子又刻印了3集，前后经历了50多年，总共刻印30集，收书207种，781卷；顾修《读画斋丛书》、李调元《函海》、蒋光煦《别下斋丛书》《涉闻梓旧》、伍崇曜《粤雅堂丛书》《岭南遗书》、潘仕诚《海山仙馆丛书》、黄丕烈《士礼居丛书》、卢文弨《抱经堂丛书》、孙星衍《岱南阁丛书》《平津馆丛书》、臧庸《拜经堂丛书》、张海鹏《学津讨原》《墨海金壶》《借月山房汇钞》、钱熙祚《指海》《守山阁丛书》等，都是很有名的丛书。

后期较著名的有潘祖荫《滂喜斋丛书》、赵之谦《仰视千七百二十九鹤斋丛书》、陆心源《十万卷楼丛书》、钱培名《小万卷楼丛书》、王懿荣《天壤阁丛书》、江标《灵鹣阁丛书》、陈运溶《麓山精舍丛书》、王蕴香《域外丛书》、叶德辉《观古堂书目丛刊》等。

民国以来的丛书则更多，如《嘉业堂丛书》(刘承干)、《求恕斋丛书》(刘承干)、《诵芬室丛刊》(董康)、《四部丛刊》、《四部备要》、《丛书集成初编》、《二十五史补编》、《诸子集成》、《古本戏曲丛刊》、《清代史料笔记丛刊》、《近代稗海》、《中国方志丛书》、《续修四库全书》、《中国野史大观》、《民国丛书》等。我们可以利用《中国近代现代丛书目录》来查找这个时期的丛书。

三、丛书的编纂与出版

研究丛书的编纂与出版、流通，其实很有意思。谁投资出版丛书？谁编印丛书？谁参与校勘丛书？谁会购买丛书？丛书的价格怎样？谁收藏丛书？谁阅读丛书？这些问题都值得研究。

如前所述，一般的丛书都是印本，也就是说，丛书都是为了出版而编的。丛书不像其他著述可以以抄本流通，如果不印行，丛书就很难流通，编丛书也就没什么意义了。有的丛书编了没有印行，那并不是不想印，而是因缺资金等原因而没有印成，因此，要先想到可以印行(可以出版)，人们才会编丛书。也可以说，没有印行的丛书是不成功的丛书。当然，《四库全书》是一个例外，因为它不是为一般读者而编纂的，而且，它虽然没有印行，但也抄了七部，其中的一些稀见之书还通过聚珍本印行得以广为传播。总之，丛书与出版，两者是相互促进的，出版推动了丛书的编纂，丛书也推动了出版。阮元说“书有刊本以后，聚于丛刻”，其实就深刻地揭示了丛书与出版、印刷之间的内在联系。

与类书的情况一样，如果前人所编丛书影响大，后代就会经常有续编之作。万历间程荣编《汉魏丛书》，收书 38 种，绝大多数是汉魏时人著作。之后不久，万历间何允中又增补而编有《广汉魏丛书》，收书 76 种。清乾隆年间王谟又辑有《增订汉魏丛书》，收书 86 种，主要是辑佚之作。宋度宗咸淳九年(1273)左圭辑刊的《百川学海》，其书名取自汉朝学者扬雄《法言》的“百川学海而至于海”。该丛书分甲、乙、丙、丁、戊、己、庚、辛、壬、癸10集，收书计100种、179卷。其流传较为广泛，影响深远。明朝吴永续之，凡30集，曰《续百川学海》10集、《再续百川学海》10集、《三续百川学海》10集。明冯可宾又再扩充10集，曰《广百川学海》，所收多系唐宋文人野史杂说之属。不过，此书应该是书商据《说郛》原版而编造的，《四库全书总目》"《广百川学海》提要"载："然核其所载，皆正续《说郛》所有，版亦相同，盖奸巧书贾于《说郛》印版中抽取此一百三十种，别刊序文目录，改题此名，托言出于可宾也。"明弘治、正德年间沈津编《欣赏编》，为收录唐、宋、元、明人的文房、博戏、音乐、导引等类著作的通俗丛书。嘉靖年间，汪云程续编为《欣赏续编》，收书12种、12卷。万历年间茅一相又续编为《重订欣赏编》，收书20种、24卷。

受商业出版的影响，丛书和类书一样，在后来也出现了通俗化、商业化的趋向。一方面，明朝通俗丛书出版颇多，包括饮食、风水占卜、保健养生、娱乐休闲丛书等，如前述的《欣赏编》系列及《闲情小品》《居家必备》《士商必要》《山居小玩》《群芳清玩》等。另一方面，坊刻丛书还会对原书做改动。例如，《夷门广牍》收陆树声《茶寮记》，在原书卷末增补了从他书抄来的十六条材料；所收《释名》只有"书契"一篇，却题为"释名全帙"。《宝颜堂秘笈》将所收的贺仲轼《两宫鼎建记》改为《冬官纪事》，葛长庚《道德宝章》改为《蟾仙解老》。此外，通俗丛书往往也会取与通俗类书相近的诱人书名，如元朝类书有《居家必用》，而明朝丛书有《居家必备》。

此外，如果我们仔细分析丛书的编刻现象，会发现其中存在非常有趣的大小相互制约的关系：丛书篇幅大，收书种数多，但每种书的篇幅却很小。也就是说，丛书为了追求"大"，必然会导致"小"。丛书往往是以收书多取胜的，因此，为了控制成本，在有限的篇幅之内，丛书会尽可能收更多的书，这样必然会导致：其一，尽可能收篇幅小的书；其二，对所收之书做删减。

四、丛书的作用与检索

（一）丛书的作用

丛书在我国古典文献中占有重要的地位，对保存和传播古籍起到了非常重要的积极作用。

第一，通过丛书来了解古籍之大概。我国古籍相当大部分都曾被收入丛书(包括现在编的丛书)，因此，通过丛书子目就能了解古籍之概况。我们在查某部古籍时，要注意其是否收在某部丛书中，要注意将丛书本与单刻本做比较。

第二，保存珍稀古籍。前人多将难得之书汇编为丛书，因而丛书所收之书，或版本难得，或内容重要，或在学术、经世等方面价值大。丛书中所收的书有的已无他本流传，更难得。此外，丛书在保存一些篇幅较小的图书方面尤其重要，可以说，许多小书如不被收入丛书，可能早已失传了。

第三，资料集中(尤其是专题丛书)。丛书将有关的书籍分类汇编，形成了某一方面的资料库，以供人们检阅。在这方面最典型者如佛教经籍大丛书《大藏经》和道教经籍大丛书《道藏》。

第四，丛书编刻后，既可成套出售，又可单部流通，推动了图书的传播。

第五，丛书中所收的书一般均经过精校、精选，版本较可靠，内容较可信。

（二）丛书的检索

现在查丛书已经非常方便了，可以通过互联网来查，如在网上可以检索《四库》系列丛书(通过子目书名、作者等来检索)，也可以通过一些丛书目录来查。自清嘉庆初顾修编《汇刻书目初编》(收录丛书 261 种)以后，丛书目录不断出现，如道光年间刘喜海编《书目类编》(除《古今图书集成》目录外，所收均为各丛书子目)，光绪间傅云龙、朱学勤等分别为《汇刻书目初编》续编、增订；民国年间杨守敬、李之鼎等又辑《丛书举要》，金步瀛、施廷镛等先后编成《丛书子目索引》(1931)，施廷镛编成《清华大学图书馆丛书子目书名索引》(1936)，杨家骆汇丛书名、子目、著者混编为《丛书大辞典》(1936)等。目前，比较重要的丛书目录有如下几部。

1.《中国丛书综录》

上海图书馆编，著录古籍丛书 2797 种。全书分 3 册，第一册是《总目分类目录》，总括全国 41 家图书馆的丛书 2797 种，分为“汇编”(包括“杂纂”“辑佚”等 5 小类)、“类编”(包括经史子集 4 小类)两类。各小类下举属于这种性质的丛书及其包括的子目。想知道有何丛书(借助书后的丛书书名索引)、各丛书收书情况，可以查这一册。第二册是《子目分类目录》，将上述丛书所收子目按经史子集次序排列。第三册是索引，包括《子目书名索引》和《子目著者索引》。此书于1959年由中华书局出版后，一直以来都是检索丛书的重要工具书。

2.《中国丛书广录》

阳海清编撰，湖北人民出版社1999年出版。此书为对《中国丛书综录》的增补，著录丛书3279种。至于《中国丛书综录》已收录者，除非其书名、版本或子目多寡不同，否则一般不再收录。该书不仅收目前实存的丛书，也收历史上曾经存在的丛书。该书上册是总目，包括丛书分类简目，丛书分类详目，丛书书名索引，丛书编纂者、校注者、刊刻者索引；下册是索引，包括子目分类索引、子目书名索引、子目著者索引。该书可以与《中国丛书综录》相配合来使用。

3.《中国丛书综录续编》

施廷镛编撰，北京图书馆出版社2003年出版。凡《中国丛书综录》和《中国丛书广录》已收录的丛书，一般不再收录，共收录丛书1100余种，并订正了前述两部目录的一些错误。书后附有丛书书名、著者索引，丛书子目书名、著者、分类索引。此外，还附有“丛书备考”，收丛书200余种。书前“例言”云：“将某些具有学术和研究价值而资料欠完善的丛书列入此栏内。”实际上，此部分所收多是仅知其名、存以待考的丛书。

4.《中国丛书综录补正》

阳海清编撰，江苏广陵古籍刻印社1984年出版。该书是对《中国丛书综录》错讹之处的补正，补充遗漏、订正讹误、增广资料、考辨异疑，涉及丛书1100余种。

5.《中国近代现代丛书目录》

1979年上海图书馆编印，收录1902—1949年出版的丛书5549种，且均为上海图书馆收藏者。每种丛书先著录丛书主编者、出版者、出版地、出版年代等，然后详列各子目书名、著译者等。书后附《丛书出版系年表》。1982年，上海图书馆又编成《中国近代现代丛书目录索引》，分上下两册，包括《子目书名索引》《子目著者索引》和《丛书编者索引》。

6.《台湾各图书馆现存丛书子目索引》

三册，王宝先编，台北成文出版社1977年出版。本索引收丛书1500余部，子目收书 4 万余种。首列书名、卷数，次列丛书条目及说明，附作者索引、笔画检字表及丛书目录、藏书地点，方便查索。

此外，我们要充分利用数据库来检索丛书。例如，“中国丛书库”是北京爱如生数字化技术研究中心开发制作的专门性大型古籍数据库，主要收录历代编撰的丛书。目前已推出的丛书库初集共收录综合类、辑佚类、专门类及地域类丛书 4000 种，可以全文检索，且附以原版影像相配阅读。最近，国家图书馆出版社开发了“中国古籍影印丛书查询系统”，可供检索影印丛书的相关信息。其第一期共收录 1949—2010 年中国大陆(内地)新编影印古籍丛书 457 种，涉及古籍 7 万余种；第二期将陆续增加民国时期以及港台地区出版的影印古籍丛书，并更新近年数据。

第二节　丛书举要

古代最著名的丛书是《四库全书》，下章会有专门介绍，因而这里只介绍其他一些著名的丛书。

一、《说郛》

元末明初陶宗仪编纂，共 100 卷。陶宗仪(1316—1403 后)，字九成，号南村，浙江台州黄岩人。相传他家是东晋陶渊明的后裔。他一生著书十余部数百卷。除这部《说郛》外，还有《南村辍耕录》《南村诗集》《四书备遗》《古唐类苑》《草莽私乘》《古刻丛钞》等。书名“说郛”取自扬雄《法言·问神》语：“天地万物郭也，五经众说郛也。”郛，原指外城，这里比喻范围，意思是指众说不出五经之范围。

《说郛》收录了秦汉至宋元各家著述 1000 余种，内容包括诸子百家、经史传记、诗词评论等。尽管其中所收多是摘抄之书，但能收罗如此丰富之书籍于一书中，确实相当难得，因此，《说郛》成了后代辑佚之渊薮，而《说郛》本在古书版本中也有一席之地。例如，唐刘存《事始》、五代冯鉴《续事始》世无传本，只存于此书中(卷十)。唐马总《意林》世所传皆 5 卷本，而此书所收为 6 卷本。其他可用来校勘的书更多，故《四库全书总目》该书提要云："虽经窜乱，崖略终存，古书之不传于今者，断简残编，往往而在，佚文琐事，时有征焉。固亦考证之渊海也。"

《说郛》原本久佚，只有抄本流传。明末陶珽将其重辑为120卷，收书1250余种；又续辑成《续说郛》46卷，收书560余种，于清顺治三年由两浙督学李际期宛委山堂刊刻行世。另外，近人张宗祥据存世之抄本校勘整理而成《说郛》100卷，于1917年由上海商务印书馆印行(涵芬楼100卷本)。1988年，上海古籍出版社将以上3种《说郛》汇编影印出版，即《说郛三种》，末附书目索引。这是目前最通行的本子。

二、《宝颜堂秘笈》

旧题明陈继儒辑。陈继儒(1558—1639)，字仲醇，号眉公、麋公，华亭(今上海)人，诸生，工诗善文，博闻强识。其藏书颇多(书室名"宝颜堂")，广搜博采奇书逸册，著述丰富。自命隐士、山人，但又喜交游，周旋于大官僚间，声名藉藉。所著有《陈眉公先生全集》等。所编之书更多，但有一些是当时人冒其名而编辑的，其中《宝颜堂秘笈》即如此(陈继儒只是参与了部分编选工作)。

《宝颜堂秘笈》收汉至明书籍229种，共457卷，分正集(一名《陈眉公订正秘笈》)、续集(一名《陈眉公家藏秘笈续函》)、广集(一名《陈眉公家藏广秘笈》)、普集(一名《陈眉公普秘笈一集》)、汇集(一名《陈眉公家藏汇秘笈》)、秘集(一名《眉公杂著》)6集。除最后一集为其个人著述外，其余所收均为汉至明之笔记杂著、野史逸闻、艺术谱录等，如正集所收有宋王明清《玉照新志》、宋周密《云烟过眼录》、元吾丘衍《学古编》等。其中多有当时罕见之书，如《四夷考》《夷俗记》《农田余话》等，赖是书得以传播。又如，宋沈括之《补笔谈》，他本久佚，赖是以存。但是，该丛书和明朝出版的其他坊刻丛书一样，对所收之书多有删节和改动。清朝以来学者常批评明人刻书而书亡，其实主要针对的就是明人编刻丛书(尤其是坊刻丛书)中的删改。总之，陈继儒和《宝颜堂秘笈》在晚明的出现可视为一种具有代表性的现象，是图书出版通俗化、商业化的产物：一方面反映了当时名士与商业出版的紧密结合；另一方面反映了晚明士民阅读上的好奇之风。

三、《四库全书荟要》与《武英殿聚珍版丛书》

在编纂《四库全书》过程中，乾隆担心纂修时间过长，就想撷取《四库全书》之菁华，先编成一部小型丛书，命名为《四库全书荟要》。乾隆三十八年(1773)五月一日命于敏中、王际华主修，经6年，完成了2部《四库全书荟要》，分别贮于故宫御花园内的摛藻堂及圆明园内的味腴书室。《四库全书荟要》共计收书463种，20828卷，11178册。咸丰十年(1860)，英法联军焚毁圆明园，味腴书室《四库全书荟要》遭毁。摛藻堂《四库全书荟要》则长期未被人注意，直到1924年才完好无损地被清室善后委员会重新发现。九一八事变后，摛藻堂《四库全书荟要》南运避难。中华人民共和国成立前夕，摛藻堂《四库全书荟要》又被运往台湾，现藏于台北“故宫博物院”。

《四库全书荟要》所收之463种书中，经部173种，3576卷；史部70种，6535卷；子部81种，2866卷；集部139种，7851卷。其所收之书内容精善，版本也比较好，如《周易正义》《东谷易翼传》《樊川集》等。其编纂、抄写方式与《四库全书》相类。

《四库全书荟要》全本台北世界书局已影印出版(1985—1988)，大陆方面也出过选印本(吉林出版集团，1997年)。

四库馆认定的应刊之书，最初是发武英殿雕版印刷的。到乾隆三十九年，四库馆采纳了金简的建议，改用聚珍版排印，前后共印行了百余种，合称“武英殿聚珍版丛书”。《武英殿聚珍版丛书》收书138种(其中《易纬》《汉官旧仪》《魏郑公谏续录》《帝范》为武英殿刻本)，2416卷，武英殿木活字印本所收多系从《永乐大典》中辑出之书。

因为聚珍本曾下发一些省份翻印，所以又有外聚珍与内聚珍之分。外聚珍的情况大体为：江宁8种(其实有20种)，浙江39种，江西54种，福建123种(闽刻本陆续修板增刻，至光绪年间增至149种)。广东广雅书局在光绪二十五年参考闽刻本，也刻了149种，2940卷，命名为《武英殿聚珍版全书》。因此，外聚珍以闽刻本最多，但这并不能作为武英殿聚珍版书收书种数的标准。

内、外聚珍本的判定标准大致可以这样来认识：内聚珍本的行款为9行21字，书前有乾隆御制十韵诗及“武英殿聚珍版”6字，不符合以上条件的应该就是外聚珍本。内聚珍本中有的是四库馆开馆期间印的，有的是其后印的，也可以这样判定：开馆期间印的，一般会在提要后署校上年月及纂修官，书口署校者姓名，而其他的则为闭馆后所印。

相对来说，聚珍本选书更注重稀见性，而《四库全书荟要》更注重内容(满足乾隆阅读的需要)。聚珍本因承办能力有限，主要收篇幅小的书，而且不收有少数民族文字的书(不便摆印)。

四、《连筠簃丛书》

其是山西杨尚文于道光、咸丰年间出资编刻的一套丛书，参与编校者有张穆、何秋涛等人。该套丛书一共收书 16 种，224 卷，包括历算光学、历史地理、金石小学等方面的图书(如《镜镜詅痴》《勾股截积和较算术》《椭圆术》《群书治要》《韵补》《韵补正》《元朝秘史》《癸巳存稿》《长春真人西游记》《唐两京城坊考》《湖北金石诗》等)。杨尚文(1807—1856)，字仲华，号墨林，山西汾河灵石人，富商兼藏书家。他长期寓居北京，与何绍基、张穆、许瀚等学者交往甚密。在张穆等人的帮助下，杨氏出资陆续编刊了这套《连筠簃丛书》(连筠簃是其在北京的书斋号)。张穆等人主要负责选目与校订。

该套丛书收书比较有特色，且编校认真，印刷精良，故具有较重要的文献价值。例如，《永乐大典》目前只有残本存世，《永乐大典目录》60 卷在清朝后期被人从翰林院中抄出后，刻入《连筠簃丛书》中，得以广泛流传于世，成为后人了解《永乐大典》的主要资料。1986 年，中华书局影印出版了《连筠簃丛书》本《永乐大典目录》，更使之成为我们现在检阅《永乐大典》时常使用的工具。

此套丛书是陆续开印的，一共要印多少种书，杨氏并没有一个明确的规划。目前存世的该套丛书一共收书 16 种，但这只是表明已印的种数，至于计划要印多少种书，则不得而知。例如，翁树培(字宜泉)《古泉汇考》一书亦拟刻入丛书，而且，该书的校刻底本还存世，可以让我们了解到一些该丛书编刻的相关细节。《古泉汇考》校刻底本现藏于北京大学图书馆，2 函，6 册，抄本，每半页 9 行，每行 24 字；书衣有两印即“燕京大学图书馆珍藏”“苏陆斋”。内封有王懿荣题记一纸：“翁氏古泉汇考十四卷，幼云尊丈藏弆。懿荣署。”前护页及正文首页有杨继震等印。护页背面贴有一纸

（该纸是印纸，版心上印“灵石杨氏刊连筠簃丛书”），提示刊印之样式：

古泉汇考卷之一上

大兴翁树培　申之　著
汉阳叶志诜　东卿　摹篆
平定张　穆　石州　覆审
光泽何秋涛　愿船

易曰上古至（为卷三）汇考卷之一（穆案：今区为上中下三卷）
上古
遂人氏
　　管子揆度……

此页之栏外还有墨笔题：“每卷之式皆同。”

据上述刊印样式可以看出：其一，张穆等拟将原书卷一分为上、中、下3卷。其二，刊本拟以《管子·揆度》引文为首，而原书则以金履祥《通鉴前编》引文为首，表明刊本拟对原书的顺序做调整。其三，“汉阳叶志诜东卿摹篆”，“篆”原写作“式”，旁边用红笔改为“篆”。叶氏“摹篆”大概是指由叶氏摹写钱币篆文并做核对、修正。此本第一册中一些篆文旁即加了△符号，提示其需要核对。其四，“平定张穆石州覆审”[①]“光泽何秋涛愿船”之下有墨笔题“覆审写两行中”，意思是指张穆、何秋涛均为“覆审”，“覆审”两字应写在两人中间。据此可知，此书应该是先由张氏“覆审”，再由何氏“覆审”。其五，“光泽何秋涛愿船”，原稿用墨笔写为“灵石杨尚文墨林校梓”，之后用红笔删去，在旁改写为“光泽何秋涛愿船”。也就是说，此书原定由杨氏校，后改为由何秋涛校。书中写在天头的蓝笔字，前有“涛案”或“秋涛案”，即何氏之修改。

不过，不知道最终出于什么原因，《古泉汇考》最后并未刻入《连筠簃丛书》中。

① 原写为审，后改为编，后又将编字删去。

五、《海山仙馆丛书》

清朝(尤其是中期以后)是丛书编刻的兴盛时期。其时丛书之编刻颇依赖于藏书与财力，故丛书多出于大藏书家兼大商人辈出的江浙地方。广东是近世藏书家兼商人新兴之地，也出现过一些颇值得关注的私家编刻的丛书，其中以《海山仙馆丛书》《粤雅堂丛书》比较著名。《海山仙馆丛书》虽在规模上较《粤雅堂丛书》小，但刻印在先。两书后先接踵，名震天下，有先河后海之势。

《海山仙馆丛书》为清道光末至咸丰初年潘仕成所编刻。潘仕成(约1804—1873)，字德畬，又作德舆、德隅、德玙，号海山仙馆主人，祖籍福建，广东番禺人，世居广州。潘氏是晚清享誉朝野的官商巨富，早年经营洋务，为十三行行商(一说潘仕成的先祖以盐业起家)。道光十二年(1832)，潘仕成赴京参加顺天乡试，获选副榜贡生，因捐巨款赈灾而被钦赐举人，报捐刑部郎中。嗣后，潘仕成南归，周旋于官商之间，相得甚欢。期间虽曾几度被委任官职，但均未赴任，仍以居粤经商为主。道光十年(1830)，潘氏筑荔香园于广州西门外泮塘，因园门有“海上神山，仙人旧馆”对联，荔香园又名为“海山仙馆”。该园在当时号称粤东第一名园，据说有12公顷之大。园中景色宜人，风光绮丽，是入粤朝廷大员及当地官员名流聚会、游宴之胜地。潘氏晚年，因经营盐务失利，亏欠了巨款，海山仙馆被官府没收作为抵偿。同治十二年(1873)，该园被查封拍卖易主。

潘仕成生平风雅好古，酷爱藏书，好刻书帖，凡故书雅记、奇文杂录，广讨穷搜，不惜重金购买，《海山仙馆丛书》即其藏书、刻书之一大成果。

《海山仙馆丛书》始刻于道光二十五年(1845)，至咸丰元年(1851)竣工，前后凡6年，共收书56种，487卷，凡120册。丛书中所收之书大致按经、史、子、集为序排列，但又有所变通。

如前所述，丛书的编刻以藏书为基础，重收善本。该丛书也不例外。其书前“例言”云：“……是书但择前贤遗编足资身心学问而坊肆无传本者，裒付梨枣”，“购求易得者，无庸收入”。因而，《海山仙馆丛书》汇辑、刊印了一批稀见的宋元以来典籍，如聚珍本、大典本及《晁具茨先生诗集》《古史辑要》《酌中志》《慎守要录》《青藤书屋文集》《宋四六话》等。此外，丛书所收

《颜氏家藏尺牍》是据海山仙馆藏颜氏尺牍数十册整理而成的，为首次印行。因此，叶志诜在该丛书序中说：丛书所收的书多是只听说过而未见过的。

除此之外，《海山仙馆丛书》为当时公论所推许，能在丛书之林中独树一帜，主要是因为其有自己鲜明的特色。

其一，重西学。该丛书收有不少西学著述，这与潘氏出身洋商，与外国人打交道多，思想开放有关。例如，《全体新论》为外国人所著有关西医之书，是当时新出的，也被采入丛书。书前潘氏序云："由此书而牖启其心思，触悟其治法，未必非医家之一助也。"此外，丛书还收有意大利利玛窦口译、徐光启笔受的《几何原本》《测量法义》，利玛窦授、李之藻演的《同文算指》《圜容较义》，徐光启撰的《测量异同》《句股义》。

其二，关国计。书前"例言"云："讲武之书，为当务所急。四夷纪录，亦足广见闻，固不嫌于人弃我取。"武备之书，有《广名将传》《火攻挈要》《慎守要录》等；天文地理之书，有《翼梅》《海录》《新释地理备考全书》等。晚清刘锦藻在《皇朝续文献通考》中评价该丛书说："能于道光季年亟亟采入海国之舆图与西洋之火器，此亦能识时务者矣。"①

其三，切民生。丛书收入了一些与民生密切相关的杂书，书前"例言"云："其书数、医药、调燮、种植、方外诸家者流，亦有可观，不妨兼采。"例如，《女科》《产后编》《茶董补》《酒颠补》等。

其四，精校勘。编刻丛书需加精校，才堪推重。从该丛书后所署校者姓名看，共有谭莹、孟鸿光、李性三人助其校刻此丛书（以往人们只提谭莹一人），其中谭莹、孟鸿光为当时名家学者。谭莹（1800—1871），字兆仁，号玉生，广东南海人，道光举人，曾任琼州府学教授、越华书院监院等职。其精于训诂、校勘，熟悉地方掌故，著有《乐志堂诗集》12卷、《乐志堂文集》18卷等。孟鸿光，字蒲生，原籍浙江，寄籍番禺，道光十四年（1834）举人，工诗文，精小学，尤工篆刻。需要注意的是，该丛书虽经精校，但不妄改原文，书前"例言"明确说："是刻务存原文，不欲妄加删节。"

谈《海山仙馆丛书》，不能不提《粤雅堂丛书》。《粤雅堂丛书》由伍崇曜

---

① 刘锦藻：《经籍考十五》，见《清朝续文献通考》卷二七一，10160页，北京，商务印书馆，1955。

出资，谭莹校勘编订，于1850年至1875年在广州刊刻，汇辑魏至清著述，凡3编、30集、185种、1347卷。伍氏与潘氏均为广州十三行巨商，且同为晚清广东大藏书家；两人先后编刻大部丛书，声价相当，而且均请人助校，甚至两人都请谭莹校勘。由此看来，商家散财积誉，刻书留名，已成一时之风尚。

六、《文学山房丛书》

自古以来，丛书的出版多是较为松散的，如著名的《武英殿聚珍版丛书》《粤雅堂丛书》《连筠簃丛书》等。这些丛书都是一种一种地陆续推出的，最后出了多少种都很难确定。《文学山房丛书》是民国时期由苏州书坊文学山房陆续推出的一部丛书，也是当时著名的丛书。

苏州自明清以来就是图书出版、销售中心，书铺林立，至民国时期更是昌盛。文学山房是民国时期苏州著名的书坊。该书坊在苏州护龙街(今人民路)嘉余(鱼)坊口，其“文学山房”匾额为徐世昌所题。文学山房主人江杏溪，原名如礼，以字行，浙江吴兴织里镇人。其父椿山自清末因避战乱迁于苏州，入当时著名的扫叶山房为店员。江杏溪早年亦入书店为徒，刻苦学艺，后独立门户，自创文学山房。

江杏溪借助苏州旧家藏书丰富的优势，又善于访书求书，精于鉴定，收得当时许多旧家(如叶昌炽、丁士涵、沈秉成、王同愈、单镇等)珍藏，使文学山房成为民国时期颇负盛名的书店。其时，南北搜书者纷至沓来，诸多名流学者(如张元济、孙毓修、叶景葵、傅增湘、朱希祖、顾颉刚、谢国桢等)亦常到文学山房访书。

旧时书坊多既卖书又印书。文学山房出版的图书有多种，其中最有名的当数这套《文学山房丛书》。该丛书将从他书辑得的或不易得之单行本中有关金石、书画、目录、考证等的书籍，以聚珍木活字精印，陆续发行。至民国十三年(1924)，该丛书一共出了4集，共得28种，总名曰《文学山房丛书》(又名《江氏聚珍版丛书》)。江氏聚珍木活字此后再未排印，因此，此套丛书亦被称为“清季活字版收山之作”。

此套丛书主要有如下3个方面的特点。

其一，聚珍本的收山之作。民国时期印刷技术处于变革之中，传统的印刷技术受到西方先进印刷技术的巨大冲击，但是传统的印刷形式仍然顽强地保存下来，并且还在发挥作用。可以说，民国初年是多种印刷形式(雕版印刷、木活字印刷、石印、影印、铅印等)并存的时期。不过，相对来说，传统印刷已日渐衰微，尤其是木活字印刷，更是到了曲终人散的地步。因此，作为收山之作的聚珍本《文学山房丛书》在印刷史上无疑有其特殊的地位与价值。另外，该丛书作为聚珍本的特色也是很明显的：整体版面不错，字迹清晰，但有个别字吃墨较浅，也有个别字排放歪斜。

其二，保存文献，方便查阅。丛书有一大好处，就是可以将一些篇幅短小、难以单行的书籍汇编起来出版。《文学山房丛书》主要是将有关金石、书画、目录、考证等的图书汇编在一起，而且这些书绝大多数都是从他书辑出的或不易得的单本书(如《历朝印识》《墨缘小录》《历代寿考名臣录》《四书考异》《西圃题画诗》《书林扬觯》等)，篇幅均较短小，因此，该丛书极大地方便了有关研究者的利用。

其三，江氏重校过。江氏在排印此书时，应该都对原书做过校勘，其中的《古书疑义举例》《小鸥波馆画识》《小鸥波馆画寄》等书明确标明是经江杏溪重校的。江氏虽非校勘名家，然积数十年贩书之经验，精通版本目录之学，其从实践经验出发来校书，或有胜于一般学者校勘之处。这些经过重校的书籍，更具可信性，更方便利用。

第十一章 《四库全书》

《四库全书》是我国古代最大的一部丛书，集中国古代重要典籍之大成，对中国学术文化的发展产生了巨大的影响。关于《四库全书》及其相关问题的研究，自 20 世纪初期以来逐渐形成了一门显学——四库学，相关的成果已经有不少。《四库全书》收书 3461 种，79337 卷，共 36277 册，保存了乾隆以前许多重要的著作，涵盖了中国传统学术文化的各个学科领域。如果说《永乐大典》是明朝最著名的一部书，那么《四库全书》则是清朝最著名的一部书。

第一节 《四库全书》之编修

一、编修起因

乾隆三十七年(1772)正月，乾隆皇帝为显示文治，诏令各地督抚访求书籍："今内府藏书，插架不为不富，然古今来著作之手，无虑数千百家，或逸在名山，未登柱史，正宜及时采集，汇送京师，以彰千古同文之盛。"[①] 可是，过了一段时间，各地交上来的书很少，而贵州巡抚则在其奏折中辩称本地"地居山僻，书籍罕临"。乾隆帝大为恼火，严厉责令各省督抚，尤

① 乾隆三十七年开始的征书并非为修《四库全书》，因为当时还没有修《四库全书》的想法。其时的征书不过是乾隆皇帝追求文治的一种手段。这篇上谕是乾隆三十七年正月初四日颁的，题为"谕内阁著直省督抚学政购访遗书"(张书才主编：《纂修四库全书档案》，1 页)，后为《四库全书总目》卷首"圣谕"所收。

其是藏书丰富的江浙地区的督抚大吏，立即奏报访书情形。恰在此时，安徽学政朱筠上奏疏提出访书校书的 4 条建议，其中提到翰林院所藏的《永乐大典》中收有不少当时社会上已失传的珍贵典籍，请求派专人进行辑录。翰林院官员查核《永乐大典》后，发现确如朱筠所言，但较原书少了 1000 多册，乾隆遂下令从《永乐大典》中辑校珍稀典籍，并决定将从全国各地广泛征集的图书、从社会上采购的图书、清内廷收藏的图书，再加上从《永乐大典》中辑出来的佚书，汇编成一部大书。在编修大臣请求之下，乾隆将此书定名为“四库全书”。从中可以看出，朱筠的建议应该是开启四库馆最直接的动因。但是，如果没有乾隆的首肯，没有其他大臣的推进，没有当时有利的修书背景，《四库全书》编修工程应该很难启动。因此，《四库全书》编修之原因我们还应从更多方面来认识。

首先，良好的政治、经济背景。经过 100 多年的发展，清朝统治日趋稳定，民心归顺，经济发达，正处于盛世时期，为国家实施大的文化工程创造了有利条件。

其次，从文化背景上看，其时文化环境也不错，学者治学态度积极，思想上有汉学复兴之势，实证之风颇盛，对古籍的搜求与整理越来越受到重视。对古籍做综括性的总结，比较好的方法是编类书和丛书，在此之前，已有规模宏大的类书《古今图书集成》，因而，丛书之编修是当然之选择。

再次，一些有影响的学者的积极推进。例如，没有前述朱筠的建议，就不可能有《四库全书》之编修。又如，在军机大臣讨论辑佚《永乐大典》之初，其中后来的总裁刘统勋其实是持反对意见的，但是，总裁于敏中坚决支持，终获通过。此外，于敏中身后的陆锡熊等均为积极的推动者。没有这些人的推动，四库馆很难顺利开馆。

最后，乾隆的支持无疑是最重要的。乾隆是一位好大喜功的皇帝，自称十全老人(皇帝)，在文治武功方面均要超迈前人。其祖父已修成《古今图书集成》1 万卷，他也想修出较之更具规模的大丛书。

总之，盛世需要一些大的文化工程来装点，即所谓“润色鸿业”，而编修大丛书《四库全书》正好能满足这种需要。至于有人认为，乾隆有借修书禁书、毁书之意，我认为不能求之过甚，因为虽然后来确实有这种倾向并比较严重，但并不能说乾隆从一开始即有这些考虑或阴谋。

乾隆三十八年(1773)二月，四库全书馆正式开馆。乾隆任命皇子、大学士、各部尚书等为总裁，各部侍郎等为副总裁，选派翰林官等入馆担任纂修官或校对官，从事全书的考校编纂工作。先后任职四库全书馆并正式列名于《四库全书总目》所附职名表者达360人之多(实际参与者要远超此数)，其中不乏饱学之士。可以说，四库全书馆成为当时汇聚知识精英、引领学术风气的重要场所。

二、编修过程

(一)图书来源及办理情况

根据《四库全书总目》所载，《四库全书》书的来源有6个方面：采进本、通行本、敕撰本、内府本、大典本、家藏本。采进本，是各省官员采集(包括购买、征集等)送进翰林院四库馆的图书。敕撰本，是清皇帝所撰或皇帝下令编修的图书。内府本，主要是原藏于武英殿书库的图书。大典本，是从翰林院所藏《永乐大典》中辑出的佚书。家藏本，是指个人进献之图书。《四库全书总目》著录为家藏本的各家，一般是指朝廷官员或其他进献图书数量较大的私家，而其余进献者所献之书可能就归入前述的采进本中了。

当时采用的征书办法有很多种：各省设书局专门办理，根据书目资料察访图书，利用书商贾客访求图书，购买通行本或家藏本，抄自私家，刷印于私家，鼓励藏书家献书并答应事后归还。由于有皇帝亲笔题诗、在总目中记名，以及赐书(若献500种以上，赐《古今图书集成》1万卷一部；若献100种以上，赐《佩文韵府》444卷一部)等激励措施，江浙一带藏书名家纷纷将家中所藏的珍本进献朝廷。例如，江苏扬州盐商马裕进献家藏珍本776种，浙江宁波天一阁主人范懋柱献书602种。这些书最初都交送到翰林院敬一亭，在每部首页盖上“翰林院印”满、汉文大官印，外封皮上另盖木印，填写进书人、日期、部数、册数，以便发还。例如，中国国家图书馆藏《太易钩玄》封面有木印：“乾隆三十八年十一月浙江巡抚三宝送到吴玉墀家藏《太易钩元》壹部计书壹本。”

在此还要特别介绍一下通行本，因为之前相关论著的介绍都不是很清楚。《四库全书总目》卷首“凡例”说：“其坊刻之书，不可专题一家者，则注曰通行本。”其实，这一定义并不清楚，而且也是有问题的，因为清朝各省的通志在《四库全书总目》中也著录为通行本，而这些通志显然不是坊刻之书。《办理四库全书处奏遵旨酌议排纂四库全书应行事宜折》(乾隆三十八年闰三月十一日)载："……此外，或有向系通行并非应访遗书，而从前未归插架者，亦应查明开单，另为编录。"[①]可见，通行本并不在遗书(采进书)的范围内，但是也要查明开列书目，编入《四库全书》。另总裁于敏中《于文襄手札》载："前曾面商外间通行之书不在遗书以内者，亦当查明，分别抄存，业承允诺，未识连日所查如何。因忆及制义一项，自前明至今以此取士，流传者不下千百家，即不必抄录，其名目不可不存。惟《钦定四书文》，抄之以备一体，亦集中所当及也，统希留意(乾隆三十九年五月廿三日)"，"外间通行之书，止开出一百余种，似尚不止于此。近日不知曾续有所得否？制义存目，亦当核实分别，其源流正变，则于节略内叙明可耳(乾隆三十九年六月初五)"。[②] 可见，通行本是馆臣凭印象开列出一个书单，然后照单置办[或取自内府书，或取自采进书，或从他处征取(如通志，可能是征调自一统志馆的)，等等]的通行之书。显然，通行本收集得并不多，故乾隆三十九年六月只开列出100余种书。从上述可看出，通行本的来源是比较复杂的，并非只如凡例所言的"坊刻之书"。

除敕撰本外，以上这些书必须经馆臣校阅，写出提要，提出"应刊""应抄""应存""毋庸存目"的处理意见，由总裁乃至皇帝做裁断。凡流传稀少的珍贵古书和特别有学术价值的书籍，列入"应刊"范围，共计收书138种，形成了后来的《武英殿聚珍版丛书》。凡各个学科领域具有学术价值和学术水平，以及有益于实用的书籍，或者虽有不足但瑕不掩瑜的书籍，列入"应抄"范围。"应存"书籍包括不符合正统儒家学说的，或者学术水平不高、价值不大的书籍，有些违碍的书籍经过抽改后也列入《四库全书总目》。于敏中《于文襄手札》说"拟刊刻者则有褒无贬，拟抄者则褒贬互见，存目者有贬无褒"，言简意赅地概括了以上3类书的区别。至于"毋庸存目"之书，则是等而下之或要禁毁之书。

除大典本之外，上述前两类书籍都要送到武英殿缮书处统一抄写成册。

---

① 张书才主编：《纂修四库全书档案》，74～75页。

② (清)于敏中：《于文襄手札》，第28、第29通，国立北平图书馆1933年影印本。

抄写之后，还要与原本反复校勘，以免讹误。《四库全书》的抄录与校勘是全书编纂过程中持续时间最为长久、花费人力与物力最为巨大的工作。当时参与抄写的人员共有3000多。

在四库馆臣中，贡献较大的有：总裁于敏中、王际华，总纂官纪昀、陆锡熊，总校官陆费墀，纂修官翁方纲、朱筠、戴震、周永年、邵晋涵等。

（二）机构与运作

四库馆分为翰林院与武英殿两大系统：翰林院四库馆，即办理《四库全书》处，而武英殿四库馆，主要是指缮写《四库全书》处。翰林院系统是负责纂办《四库全书》的，以纂修官为代表。武英殿系统是负责缮写、分校、刊印、装潢《四库全书》的，以分校官为代表。两大系统泾渭分明，互相配合，又统辖于正总裁与副总裁。四库馆中各馆职分工清晰，统属明确，环环相扣，构成一个有机的整体，有利于四库馆的良性运作，保证《四库全书》编修的顺利完成。

翰林院四库馆的办书流程可分为：其一，四库馆采进书、内府书的办书流程。采进书、内府书送进翰林院后，由提调分给纂修办理，纂修拟写提要并提出图书处理意见。其中定为应刊、应抄者，经总纂、总裁乃至送呈御览裁定，然后发回原纂修详校；校勘后，要经总纂、总裁审阅，即于原书内改正；然后发下武英殿校正，誊成正本。其二，大典本的办书流程。签出佚文—誊录出散片—粘连成稿本—纂修官校对、补辑—誊录出修改稿—原纂修校对—总纂校正—总裁校正—誊录成正本。两者最明显的区别是：大典本从辑佚到写成正本都是在翰林院四库馆进行的，而采进书、内府书则是在翰林院四库馆办理，而在缮书处校正、誊录成定本的。正因为大典本从纂办到校对都是在翰林院四库馆进行的，因而大典本的纂修官往往也兼任校勘，这就是《四库全书》职名表将这些馆臣均著录为校勘《永乐大典》纂修兼分校官的原因。

武英殿四库馆的办书流程是清晰的。武英殿提调将底本分给分校，分校校好后，分给自己负责的誊录，誊录抄好后，再交回分校，分校再校此誊抄稿。分校校好后，再交覆校（后改为总校），覆校校好后，汇交提调，若没有问题就装订成正本。这些抄成的正本还要由总阅或总裁抽阅，然后进呈乾隆御览。最后，经各环节修补好的《四库全书》正本交武英殿收掌官收掌。其流程也可以简单描述为：提调—分校—誊录—分校—覆校(或总校)—提调—总阅或总裁—乾隆—武英殿收掌官。

（三）成书

《四库全书》一共抄成了7部，分藏7阁：紫禁城文渊阁、圆明园文源阁、承德避暑山庄文津阁、盛京(沈阳)故宫文溯阁、杭州西湖文澜阁、扬州文汇阁、镇江文宗阁。前4阁称为内廷四阁或北四阁，后3阁称为江浙三阁或南三阁。

7部《四库全书》的抄成时间大致是这样的：

第一部，乾隆四十六年十二月，藏文渊阁。

第二部，乾隆四十七年十一月，藏文溯阁。

第三部，乾隆四十八年冬，藏文源阁。

第四部，乾隆四十九年十一月，藏文津阁。

第五、第六、第七部，乾隆五十二年四月告成，分藏文宗阁、文汇阁、文澜阁。

不过，此后《四库全书》又续经复校，至乾隆五十七年复校完。而且，直至嘉庆十一年，还有新纂之书补入预留之空函。

《四库全书》各书是分色装潢的。由于全书分为经史子集四部分，为方便识别利用，也为美观，每一册书的封面根据所属的类别，分不同颜色装潢：经部为绿色，史部为红色，子部为浅蓝色，集部为灰色。四部的颜色是依春夏秋冬四季而定的。《四库全书总目》因为是全书纲领，采用代表中央的黄色。

第二节 《四库全书》《四库全书总目》与《四库全书考证》

一、《四库全书》简介

《四库全书》收书3461种，是按经史子集四部排列的。各部之下又分小类，有的在小类下还分有某某之属，所收之书几乎囊括了古代各类著述。

以文津阁《四库全书》为例，每册封面有书签，上写该书之题名“钦定四库全书·某部·某某卷某”。每册副页背面有详校官署名(粘签)。每部书书前为提要，提要后有年月及总纂官、总校官之职名。此后为正文。每册书后署有总(覆)校官、校对官(分校官)、誊录者之职名，以专责成。另外，还要注意有个别书在某些卷正文后或全书后有馆臣所做的考证，还有个别书前面有乾隆的御制诗。

如前所述，四库馆臣将一些他们认为有价值的书编入《四库全书》，并对其做认真、反复的校勘、考证，因此其内容、版本是值得信赖的。当然，因当时修书条例及环境的影响，馆臣也对所收之书做了不少改动，如按例一般不收序跋，青词不收，佛、道经书不收等。当时对一些犯讳、犯禁之文字也多做删改，或整篇或整段删弃，或改易他字(如以“敌”字代替“胡”“戎”“夷”“虏”等字)。此外，由于历时长，经手人众，书中漏抄、缺页、抄错的情况也有不少，因此我们在肯定《四库全书》价值的同时也要注意其一些弊端。

二、《四库全书总目》简介

《四库全书》中最重要的书是《四库全书总目》(也可称为《四库全书总目提要》)。在编修《四库全书》时，纂修官要给应刊、应抄、应存之书写出提要。然后，四库馆将这些提要合编在一起，经总纂官纪昀、陆锡熊审订，编为《四库全书总目》，于乾隆四十六年(1781)完成初稿。在以后的10余年中，《四库全书总目》的内容又随着《四库全书》的修改、增补或抽换而有所改变，最后于乾隆六十年写定刊印。

《四库全书总目》共200卷，是中国古代最大的官修目录之一，而且是一部提要式目录。其所收的提要既包括前述《四库全书》著录书3461种，还包括存目书6793种。

书前有乾隆谕旨、职名表、凡例，各部之前有大序，各类之前有小序。另有一些按语，用以补充说明分类的一些特殊情况。《四库全书总目》的分类如下。

1. 经部

易类，书类，诗类，礼类(周礼属、仪礼属、礼记属、三礼总义属、通礼属、杂礼属)，春秋类，孝经类，五经总义类，四书类，乐类，小学类

(训诂属、字书属、韵书属)。

2. 史部

正史类，编年类，纪事本末类，别史类，杂史类，诏令奏议类(诏令属、奏议属)，传记类(圣贤属、名人属、杂录属、别录属)，史钞类，载记类，时令类，地理类(宫殿疏属、总志属、都会郡县属、河渠属、边防属、山川属、古迹属、杂记属、游记属、外纪属)，职官类(官制属、官箴属)，政书类(通制属、典礼属、邦计属、军政属、法令属、考工属)，目录类(经籍属、金石属)，史评类。

3. 子部

儒家类，兵家类，法家类，农家类，医家类，天文算法类(推步属、算书属)，术数类(数学属、占候属、相宅相墓属、占卜属、命书相书属、阴阳五行属、杂技术属)，艺术类(书画属、琴谱属、篆刻属、杂技属)，谱录类(器物属、食谱属、草木鸟兽虫鱼属)，杂家类(杂学属、杂考属、杂说属、杂品属、杂纂属、杂编属)，类书类，小说家类(杂事属、异闻属、琐语属)，释家类，道家类。

4. 集部

楚辞类，别集类，总集类，诗文评类，词曲类(词集属、词选属、词话属、词谱词韵属、南北曲属)。

《四库全书总目》在内容与体例上具有鲜明的特点。

1. 内容丰富

《四库全书总目》的规模是空前的，共收录(包括著录与存目)图书 1 万余种、17 万余卷。“每书先列作者之爵里，以论世知人；次考本书之得失，权众说之异同，以及文字增删、篇帙分合。”[①]《四库全书总目》对每书的内容、体例、流传、作者均有介绍，对一些疑难问题尽可能地做详细的考证，对书中所涉及的观点也间或予以评价。

2. 分类科学

《四库全书总目》继承了传统的四分法，分经、史、子、集四大部，部

---

① (清)永瑢、(清)纪昀主编：《凡例》，见《四库全书总目提要》，11 页，海口，海南出版社，1999。

下又分类(共44类)，类下又分子目(共67子目)。每一类中又分著录书、存目书两种，先叙著录书，次叙存目书。可以说，《四库全书总目》吸收了传统目录学的精髓，建立了一套比较科学的分类体系，将1万余种书有机地构成一个整体。其完整的四部分类体系是古代目录学的典范。

3. 体例严谨

《四库全书总目》卷首有“圣谕”一卷，是乾隆所颁有关纂修《四库全书》的谕旨；“凡例”20则，说明修书宗旨、方法及体例。四部各有总序，44类各有小序，类后有跋语，子目下又有按语。《四库全书总目》“凡例”载：“四部之首，各冠以总序，撮述其源流正变，以挈纲领。四十三类之首，亦各冠以小序，详述其分并改隶，以析条目。如其义有未尽，例有未该，则或于子目之末，或于本条之下，附注案语，以明通变之由。”①其通过这些总序、小序及按语，“辨章学术，考镜源流”，体现了中国传统目录学思想。

此外，《四库全书总目》还是一部集大成的学术批评巨著，其影响是巨大的。其中许多关于古籍的考订充分吸收了当时的研究成果，做出了不少中肯、独到的分析和评价。后世对有关文献的研究多引其言论做定评或参考。例如，对于乾隆以前的书，我们要先看是否收进了《四库全书总目》。如果《四库全书总目》收了，要看收在什么地方，是如何评价的。然后，我们还要想想，为什么这样收，这个评价是否对。如果没有收进去，那我们就得想，为什么没有收进去。这些都是我们进行学术研究的切入点，而且是很好的切入点。

当然，《四库全书总目》本身也存在不少问题，清末以来就有许多学者著书立说指出其疏误，其中较为重要的有余嘉锡《四库提要辨证》、胡玉缙《四库全书总目提要补证》、崔富章《四库提要补正》、李裕民《四库提要订误》、杨武泉《四库全书总目辨误》、杜泽逊《〈四库存目〉标注》、魏小虎《四库全书总目汇订》等。所以，我们利用《四库全书总目》，还需要参考这些纠错、补正的著述。

三、《四库全书考证》简介

《四库全书考证》是《四库全书》重要的衍生品，对了解《四库全书》的编

① (清)永瑢、(清)纪昀主编：《凡例》，见《四库全书总目提要》，11页。

纂具有十分重要的参考价值。四库馆中的编次黄签考证官主要负责将纂修官、分校官、覆校官等就《四库全书》底本所作的考订文字(黄签)汇编起来,形成了后来的《四库全书考证》一书。《四库全书考证》100卷,清王太岳、王燕绪等辑,有清内府抄本及聚珍本。全书分为经、史、子、集四类,对1100多种书进行考证。

《四库全书考证》所收的考证是广义的校勘,既包括讹、衍、缺、倒置等一般问题的校正,也包括史实、观点等的校正。不过,相对于当时馆臣所做的所有考证而言,《四库全书考证》一书所收是非常有限的,因此,乾隆虽然将《四库全书考证》与《四库全书总目》并列在《四库全书》之首,极为推重,但其影响并不大,根本无法与《四库全书总目》的影响相提并论。不过,我认为,《四库全书考证》尽管不能涵盖馆臣所有的考证成果,但仍有较高的文献价值:其一,《四库全书考证》将1000多种《四库全书》书的考证汇编在一起,方便检阅和利用;其二,《四库全书考证》所收的考证多经过加工,往往较详细(如加入校改依据等)、可靠;其三,《四库全书考证》与四库本书后或卷后所附考订多不重复,两者可以起到互补的作用。

第三节 《四库全书》之流传

《四库全书》问世至今,已有200多年的历史。1840年鸦片战争后,中国遭遇了空前的国难,《四库全书》也开始了自己多舛的命运。以下分别谈谈七阁《四库全书》的命运。

文渊阁位于紫禁城内的文华殿后面,建成于乾隆四十一年(1776)。乾隆四十六年(1781)十二月,第一部《四库全书》缮写告成,入藏阁内。文渊阁本于1925年移交故宫博物院。该阁本在1933年前一直藏于故宫,后为避战乱,故宫博物院将其连同所藏其他历代文物装箱南迁,运至上海。抗日战争全面爆发后,又辗转数千里运抵蜀中。抗战胜利之后,复运抵南京。国民党政府从大陆撤退时,将其运往台湾,现藏台北"故宫博物院"。文渊阁本保存较好,现已影印出版,化身千百,并已开发电子版。

文溯阁位于辽宁沈阳故宫内。乾隆四十七年(1782),第二部《四库全书》抄写完毕，送藏文溯阁。该阁本一直藏于沈阳故宫。1914年，拟影印出版，曾运到北京暂存于保和殿一段时间。1925年，奉天教育人士拟办图书馆，呈请北京国民政府当局索回此书，仍存于文溯阁。期间有些缺损，1926年东北地方政府曾组织补抄，经1年多的努力，基本补齐。1931年九一八事变后，落入日本侵略者手中。新中国成立后，由辽宁省图书馆保存，1965年曾对全书做过整理、清点。1966年，中苏关系紧张，为备战之需要，调运往兰州甘肃省图书馆，先寄存于永登县连城鲁土司衙门，2年后移藏于榆中县甘草店专库。2005年7月，投资5000万元、建筑面积5757平方米的藏书楼在兰州北山九州台落成，文溯阁本《四库全书》入藏于此。现在沈阳文溯阁阁、书架均存，但已没有原书了。

文源阁在圆明园内。文源阁本《四库全书》在乾隆四十八年(1783)抄毕入藏。咸丰十年(1860)，英法联军入侵北京，大肆焚掠圆明园，该阁本化为灰烬。不过，目前仍有个别零册存于世。

文津阁在热河行宫(今河北省承德市)的避暑山庄。乾隆三十九年(1774)开始修建文津阁，次年修建完毕。乾隆五十年(1785)，《四库全书》入藏该阁。1913年，文津阁本《四库全书》由国民政府内务部运归北京，藏于文华殿古物陈列所。陈垣率人对其做过清点。1915年，拨交新成立的京师图书馆(今中国国家图书馆前身)。1925年，中华教育文化基金董事会与中国教育部协约合办“国立京师图书馆”，择地另建新馆。1931年春，文津街新馆落成，文津阁本《四库全书》随之迁入。为纪念馆藏文津阁本《四库全书》，1931年4月9日，国立北平图书馆致函北平市公安局，拟将馆前街道定名为“文津街”，公安局于5月18日复函照准。文津阁本现藏于中国国家图书馆二期新库房内。文津阁本《四库全书》是7部《四库全书》中保存最为完整并且至今仍是原架、原函、原书一体存放保管的唯一一部，与《敦煌遗书》《赵城金藏》《永乐大典》并称为中国国家图书馆四大镇馆之宝。

文宗阁位于镇江金山寺。文汇阁(一名御书楼)位于扬州天宁寺西园大观堂。乾隆四十二年(1777)，两淮盐政寅著领到颁贮镇江金山行宫和扬州天宁寺行宫的2部《古今图书集成》，奏请在行宫内仿天一阁规模建造藏书楼。乾隆四十四年(1779)，镇江藏书阁建成，乾隆赐名文宗阁。次年，扬州藏书阁建成，赐名文汇阁。两阁各入藏《古今图书集成》一部，随后又各收贮一套《四库全书》。太平天国势力发展到江浙时，镇江、扬州被太平军攻克，文宗阁、文汇阁及其所贮《四库全书》等一同化为灰烬。不过，目前两阁本仍有个别零册存于世。

文澜阁在杭州圣因寺行宫内，于乾隆四十八年(1783)建成。咸丰十一年(1861)，太平军第二次攻下杭州，文澜阁本《四库全书》大量散佚。杭州藏书家丁申、丁丙兄弟收集残余，得到8140册，仅及原书1/4。1864年太平军退走后，丁氏兄弟不惜重金从民间收购。光绪六年(1880)在旧阁原址上重建文澜阁，丁氏兄弟将书送还，并陆续抄补。民国后，归浙江省图书馆庋藏。1914年、1923年，浙江省图书馆2次组织人力就丁氏兄弟抄补未全者予以补抄，文澜阁本《四库全书》始渐复其原。抗日战争时期，该套《四库全书》曾运至重庆青木关暂存，胜利后运回浙江，现藏浙江省图书馆。

除七阁《四库全书》之外，其实还应有一份《四库全书》底本(除少数发还献书者以外)。在《四库全书》办理过程中，乾隆帝曾于乾隆四十二年四月十二日、乾隆四十五年四月十三日两次下旨，要求把已办完的部分《四库全书》底本和存目书发还各省藏书之家。但由于当时誊录、校勘工程极大，加之书籍清理困难，大臣缺乏责任心，有的藏书家及地方官自愿献书朝廷而不收回等原因，除发还两淮300余种外，其余发还工作没有实施。在《四库全书》誊抄完成后，著录书原本(《四库全书》底本)被收拾整齐，存放在翰林院，供士子查阅。其余存目书、重本等9000余种，亦存翰林院(期间曾暂时移入武英殿)。此后，翰林院管理不严，这些书陆续有所丢失(如《永乐大典》在翰林院大量丢失一样)。例如，萧穆《敬孚类稿》卷九《记永乐大典》载："筱珊又云：'……又修《四库全书》底本，有刊本，有钞本，亦多为人零窃去。然皆翰院中人预先将衣服装一大包，命价负入，所带之衣，后皆身服之。即以内书装一大包，命价负出，一若衣包然者。'凡此，皆其当日在翰院中所见所闻者。予又往闻周季贶太守星诒云，其七兄匀叔观察星誉在翰院时，曾零窃《四库》底本凡八十多种，其中尚有吾乡先辈姚惜抱先生所拟《提要》单片夹黏本书之内者。"[①]1900年庚子事变中翰林院被焚，其中所藏的《四库全书》底本自然也难逃灭顶之灾。

① (清)萧穆：《记永乐大典》，见《敬孚类稿》卷九，235页，合肥，黄山书社，1992。

第四节 《四库全书》系列丛书之出版

近几十年来,《四库全书》系列丛书得以陆续影印出版,构成了一个庞大的、非常实用的基本古籍库。我们可以通过《四库系列丛书目录·索引》和网上资源"四库系列丛书综合索引"来检索这些书。

一、影印《四库全书》

民国初期,一些学者已开始考虑影印《四库全书》,他们认为,其中有不少好书,可以保存无数古籍,方便利用。当时还就此展开过大规模的讨论。1917 年,中华书局曾希望英国商人哈同(Silas Aaron Hardoon)出资印《四库全书》。1919 年,在一些有识之士的斡旋下,法国方面建议退还庚子赔款,用以影印《四库全书》。1924 年,商务印书馆呈请北洋政府同意,转经教育部批准,交通部备车,定于 4 月 5 日到文渊阁查点装箱,拟南运上海以影印《四库全书》。不料装至1/3,却因政府阻止,遂致计划流产。1925 年,章士钊任教育部部长,决定将文津阁本交由商务印书馆影印,但遭到京师图书馆及清室善后委员会委员反对,加之军阀混乱,交通阻滞,影印又未遂。1927 年,奉天地方政府发动了影印文溯阁本《四库全书》的倡议。次年成立文溯阁本《四库全书》校印馆,参与者有金梁、伦明等人。因人力、财力的限制,亦中止。1933 年,国立中央图书馆筹备处依照教育部聘目录学家选定的文渊阁本《四库全书》中未曾刊行或虽刊而罕见者,请商务印书馆影印。选印本收原著 231 种,1960 册,定名"四库全书珍本初集",于 1935 年出齐。

1982—1986 年,台北"商务印书馆"影印全套文渊阁本《四库全书》完成,文渊阁本《四库全书》始有完整之印本通行于世。1987 年,上海古籍出版社缩印该套《四库全书》,使文渊阁本《四库全书》得以流传更广。1998 年,香港迪志文化有限公司出版了电子全文检索版文渊阁本《四库全书》。此后,又有文津阁本、文澜阁本《四库全书》之影印等。

二、《四库全书存目丛书》及《四库全书存目丛书补编》

《四库全书存目丛书》，季羡林总主编，齐鲁书社1994—1997年影印出版。《四库全书总目》存目书6793种，现存存目书有近5000种。《四库全书存目丛书》收书4508种，6万余卷，1200册。其中相当多为宋元明刻本、明抄本，属善本，30%为孤本，有很高的文献价值。《四库全书存目丛书补编》亦由齐鲁书社于2001年出版，共100册，收书219种，其中经部6种、史部24种、子部26种、集部163种。

《四库全书总目》将一些书列入存目之原因主要有：

(1)有悖谬、违碍之言。存目书中有不少是遭抽毁的，如清顺治刻本陈名夏《石云居文集》，卷首有钱谦益序文，正文中亦有涉违碍之语，故封面有墨笔“抽毁”字样。

(2)收入遭禁毁者之作品，如前述《石云居文集》有钱谦益序文。

(3)俚浅、寻常、伪妄之作。

(4)有反正统、异端之言，如李贽之书。

(5)著作时代切近。《四库全书》选书贵古薄今，故清初著述多入存目。

(6)重复之书。例如，《四库全书》所收书之别本，丛书、全集已著录的单行本等。

关于存目书的研究，可参考周中孚《四库全书存目要略》26卷(其内容散见于《郑堂读书记》)、杜泽逊《四库存目标注》。一般来说，《四库全书》修书，好的收进来了，坏的遭禁毁了，不好也不坏的收入存目中了。事实上并不完全如此，入《四库全书》者未必好，而存目中亦多有好书。现在影印出版的《四库全书存目丛书》及《四库全书存目丛书补编》可供我们做进一步研究。

三、《四库禁毁书丛刊》及《四库禁毁书丛刊补编》

《四库禁毁书丛刊》，王锺翰主编，北京出版社1997—1999年影印出版，共311册(含索引1册)。该丛刊以姚觐元编《清代禁毁书目》、孙殿起辑《清代禁书知见录》、陈乃乾编《索引式的禁书总录》、雷梦辰辑《清代各省禁书汇考》所著录的图书为选收范围，不收乾隆以后的各种禁毁小说、戏曲，也基本不与《四库全书存目丛书》《续修四库全书》相重复。其收书634种，其中经部16种、史部157种、子部59种、集部402种。据有关各种禁毁书目所载，禁毁书约3000种，现存约一半。此丛刊所收均为禁毁之余，相当珍贵。孤本约占5%，善本约占75%。当然，其有与《四库全书存目丛书》重复之处，因存目中也有一些是禁毁、抽毁之书。《四库禁毁书丛刊补编》由北京出版社2001年出版，共90册，收书290种，计经部3册12种、史部27册73种、子部12册38种、集部48册167种。

《四库全书》禁毁书遭禁毁之原因主要有：

(1)内容违碍。这是“因书而禁”。集部之书最易涉违碍内容，故禁毁最多。子部中主要是兵家类之书易涉违碍，如茅元仪的《武备志》。史部中有关南明、明末史事之书易涉违碍。

(2)著者(如钱谦益、屈大均等)违碍。这是“因人而禁”。例如，钱谦益，乾隆视其为反复小人，其著作均遭禁毁。经部书一般没有违碍的内容，但也会遭禁毁，主要是因为作者的牵连，如吕留良的《吕晚村先生四书讲义》。

四、《续修四库全书》

顾廷龙任主编，上海古籍出版社1996—2003年影印出版，1800册，是新中国成立以来规模最大的丛书。

续修《四库全书》之事，清末已有人正式提出，如光绪十五年王懿荣奏请续修，但未果行。民国年间，再次提议续修。1925年，日本政府将庚子赔款之一部分挪用以成立东方文化事业总委员会，其下分设北平人文科学研究所(成立于1927年)，有意续修，并编写《续修四库全书总目提要》。1928年开始，只陆续撰成“续修提要稿”。原稿现藏科学院图书馆，现已由齐鲁书社影印出版。“续修提要稿”收书范围包括《四库全书》未收书和乾隆以后至20世纪30年代以前的各种书籍，有3.1万余篇，约1500万字。

不过，这里所说的《续修四库全书》是重新编的，不是依据民国时的“续修提要稿”而编的，但两者收书范围差不多，即既编入一部分乾隆以前之书，又系统辑入乾隆至民国元年各类代表性著作。《续修四库全书》共收书5388种，其中经部1237种、史部1113种、子部1642种、集部1396种。

五、《四库未收书辑刊》

罗琳主编，共 10 辑(每辑 30 册)，北京出版社 1997—2000 年影印出版。其共计 301 册(含索引 1 册)，收书 1328 种，其中经部 288 种、史部 278 种、子部 249 种、集部 513 种。

《四库全书》收书全不全？当然不全。当时四库馆征书不可能做到尽入其中，所以有遗漏，且很快就有人从事拾遗补漏的工作，其成果就是《宛委别藏》和《四库未收书提要》。阮元将其搜得的《四库全书》未收书 172 种呈进朝廷，每种仿"四库提要"各纂一篇提要，这些提要后来汇编成《四库未收书提要》5 卷，而那 172 种书则汇编成《宛委别藏》。不过，目前的《四库未收书辑刊》并非据阮氏采进之书而编的，而是在参考民国学者所拟的目录，再征求当代学者意见的基础上重新编的，收录的是今人认为《四库全书》应收而未收之书(以《四库全书》编修时间为断限)。入此丛书者有两种情况：其一，当时已征入四库馆之书，但既未被《四库全书》著录，亦未入存目和禁毁书目者；其二，未曾征入四库馆之书。

六、《四库提要著录丛书》

收书 3000 余种，分装 1200 册，北京出版社 2012 年出版。该丛书以《四书全书总目》著录的 3461 种古代典籍为范围，搜访得其中的 3000 余种未被四库馆臣篡改、删节和重写的原本或底本，分经、史、子、集四部汇编而成。书后附有书名索引、著者索引。该丛书的版本选择虽基于《四库全书总目》，却又不拘泥于《四库全书总目》，有的版本要优于《四库全书》底本。此外，其中还收集了约 20 种四库馆臣从《永乐大典》中辑录出作为抄写阁本《四库全书》的底本("清乾隆翰林院抄本")，均有四库馆臣的勾改或浮签，保存了大典本辑佚之原貌。该丛书的出版有利于我们开展对《四库全书》底本、馆臣删改情况的研究。

七、《四库全书底本丛书》

罗琳主编，文物出版社 2019 年影印出版，共 490 册(含目录索引 1 册)。其收书 380 种，其中四库底本 314 种，四库进呈本 66 种，其中 168 种在《四库提要著录丛书》中也有。所谓"四库底本"，指的是在《四库全书总目》中列为"著录"而抄入四库各阁之本的誊缮底本。四库底本的正文多有四库馆臣的朱墨删改、圈识和夹签、浮签以及移送单、誊缮格式等，在末页有纂修官的签条。四库底本具有很高的版本价值、文物价值，对了解四库馆修书过程有重要意义。

现存的古籍有20余万种，以上《四库全书》系列丛书所收即有约2万种，因此，这套系列丛书即可构成一个基本古籍库，是浓缩了的古籍图书馆。其史料价值非常高，而且方便利用。例如，其中所收以史部、集部书为多，尤其有利于开展文史研究。其中多为孤本、稿本、抄本，对版本学研究也很有用。此外，其比较全面地展示了《四库全书》底本、存目书、禁毁书的情况，有利于推进四库学的相关研究。当然，《四库全书》系列丛书本身也有一些问题，如重复收书、失收、误收等，我们在使用时要注意。

第十二章　明清文集

这里的文集是取其广义而言的，既包括狭义的文集，也包括那些文集性质的全集，均系个人撰著。这种文集，传统的称法是别集，一般包括诗、文两大部分。作为个人诗文汇编的别集是相对于总集而言的，因为总集是指多人诗文的汇编。在别集中，单收诗的称为诗集，单收文的称为文集，诗文兼收的也称为文集。

先秦时无别集，但诸子文章结为一集，号称《荀子》《庄子》《墨子》之类，与后代的文集相似。汉代，赋体大兴，《汉书·艺文志》"诗赋略"收录《屈原赋》25篇、《唐勒赋》4篇、《宋玉赋》16篇至《左冯翊路恭赋》8篇，共66家个人赋集，可视为后代目录书中别集类之始。南朝梁人阮孝绪编的《七录》设有"文集录"，其下有楚辞部、别集部、总集部、杂文部，这是书目中首次出现别集类。至《隋书·经籍志》，在集部之下设别集类，收书437部，4381卷。以后历代目录书中多有别集类。

《隋书·经籍志》载："别集之名，盖汉东京之所创也。自灵均已降，属文之士众矣，然其志尚不同，风流殊别。后之君子，欲观其体势，而见其心灵，故别聚焉，名之为集。辞人景慕，并自记载，以成书部。"意思是说，原来个人的诗文集是别人给编的，故为别集。这里的"别"是另外的意思，近似于刘向《别录》中的"别"字之意。至于后来的文人觉得这种著作形式不错，就将自己的诗文汇编成集，当然也算是别集了。《隋书·经籍志》在别集之前还有一类为"楚辞"，故"自灵均已降"是针对"楚辞"而言的。屈原赋为辞章之祖，后代文士仿屈原而各抒胸臆，诸体皆有，要将这些不同体裁的诗文汇编成书，难以照原来的方式以某体命名，只好命名为"×××集"（大杂烩之意)，这样就出现了所谓“×××集”。[①] 因此，是别集的名称(实际上是“×××集”这种名称)始于东汉，而不是别集始于东汉，因为在此之前就有《汉书·艺文志》所收的个人赋集了。后代有些人误解了《隋书·经籍志》的观点，认为别集起源于东汉，显然是不对的。例如，《四库全书总目》别集类小序说：“集始于东汉。荀况诸集，后人追题也。其自制名者，则始张融《玉海集》。其区分部帙，则江淹有《前集》，有《后集》。梁武帝有诗赋集，有文集，有别集；梁元帝有集，有小集；谢朓有集，有逸集；与王筠之一官一集，沈约之正集百卷，又别选集略三十卷者，其体例均始于齐梁。盖集之盛，自是始也。唐宋以后，名目益繁。”

关于别集出现的原因，章学诚在《文史通义》卷三《文集》中有独到的解释：“著作衰而有文集，典故穷而有类书。”所谓著作，应是指有独创性见解的、成一家之言的书。那么，按章氏之意来说，文集(别集)就是著作等而下之的一类书了。章学诚的观点固然有些偏颇，但也有助于我们更深刻地认识别集中“别”的含义。我认为，别集中的“别”是相对于“整”而言的“零”，是相对于“正”而言的“副”，是相对于“群”而言的“单”。具体来说，就形式而言，著作往往是整体性的、系统性的，而别集中的诗文往往是由单篇别什构成的，并不需要整体性和系统性；就内容而言，著作是典籍之正宗，而诗文是余事；就作者而言，总集是群体的，而别集是单一的。

据《隋书·经籍志》，截至唐初，个人诗文集仍存者已达437部，4381卷。通计亡书，则共有886部，8126卷。此后，文集源源不断增加，至明清时已蔚成大国。明清时，学者文人均能赋诗属文，故多有文集，但并不一定能存世。文集之所以数量巨大，主要在于作者众多。作诗文的人，可以上自天子，下至一般读书人，因此，文集的作者群极其庞大。文集对历史研究很有用，对文献学研究也很有用。要想比较全面地了解一个人，最好的方法大概就是看看他的文集。我们要养成一个习惯，即要研究某个人(不管是研究其哪个方面)，首先要看看其有无文集存世，找来看一看。

---

① 参见徐有富：《先唐别集考述》，载《文学遗产》，2003(4)。

第一节　明清文集的检索

一、历史上的文集

明代部分，可查《千顷堂书目》《明诗纪事》，以及各地方志所收艺文志。

清代部分，可查王绍曾《清史稿艺文志拾遗》、邓之诚《清诗纪事初编》、钱仲联《清诗纪事》，以及各地方志所收艺文志。民国间修《清史稿·艺文志》，集部收清代诗文集 1685 部。后来，武作成编《清史稿艺文志补编》，收别集 2890 部。中华书局 2000 年出版了王绍曾主编的《清史稿艺文志拾遗》，补录清代别集 13800 多种。

二、现存的文集

1. 文集整理本

有名的文集，或者名人的文集，目前已出版过不少整理本，尤以中华书局、上海古籍出版社所出为上。各地的出版社比较注重出版本地的文集整理本，如河南、浙江、山东、安徽、广东等，由其古籍出版社出版，陆续推出。为配合大清史之编修，或作为大清史之成果，新出了不少清人文集整理本。

北京师范大学图书馆整理了“50 年来整理出版清代诗文集书目”数据库，可在网上检索。其所收包括 1949 年后海峡两岸暨香港整理出版(含影印、点校)的清人诗文集书目数据，共 2000 多条(凡北京师范大学图书馆已收藏的均注明馆藏号)。

2. 明人、清人文集书目

复旦大学图书馆建有明人、清人文集书目数据库，可供网上查询。其著录之明人、清人文集，包括中国国家图书馆、中国科学院图书馆、上海图书馆、天津图书馆、南京图书馆、浙江图书馆、辽宁省图书馆、湖北省图书馆、北京大学图书馆、复旦大学图书馆和香港、台湾地区图书馆，及日本、北美等地区图书馆之收藏。

3.《四库全书》系列丛书

《四库全书》系列丛书中有不少明清文集，因为其检索较方便(如《四库系列丛书目录·索引》和网上资源“四库系列丛书综合索引”)，可以多加利用。其中，《四库全书》收集部书1280种，《四库全书存目丛书》收集部书1434种(其中600余种为明人文集)，《四库全书存目丛书补编》收集部书163种，《四库禁毁书丛刊》收集部书402种，《续修四库全书》收集部书1396种(其中大部分为清人文集)，《四库未收书辑刊》收集部书513种。

4. 明人文集联合目录及篇目索引数据库(台湾地区)

该数据库整合台湾地区收藏单位所藏明人文集，初步以建置联合目录与篇目索引两大功能为主，具备全文、篇目、书名、作者检索等多项检索功能。数据库提供下列检索方式：全文检索；文集书名、作者、版本及馆藏地等索引浏览。

5.《增订日本现存明人文集目录》

日本所藏明人文集的基本情况，可查山根幸夫编《增订日本现存明人文集目录》(1978)。其收有1700多人的文集和撰者不明的文集40多种，在补遗与再补遗中又收有100多人的文集。该目录著录的内容包括：著者、书名、卷数、册数、版本、收藏地等。

6.《明别集版本志》

崔建英辑，贾卫民、李晓亚整理，是关于明代别集的一部版本目录。书中收入明别集书目3699种，又检出生活于明清间俗目为清人而版本传世较少者279种为附录。全书各条目按第一著者姓名的四角号码顺序排列，书名依原书卷端大题标示。凡明确标出年份、刻家者，书中皆有具体依据，而依据不具体，则参酌内容、字体、版式、讳字等对刻年做相应的模糊标示。书稿中附著者简介和稀见品现藏处所。书后还附著者姓名和书名四角号码索引。该书所据资料为作者亲至藏书单位查找抄录，又经多年覆阅原书、群体比对、反复核校、精心整理而成，是目前检索中国大陆所藏明人文集最为方便的工具书。

7.《清人诗文集总目提要》

柯愈春编。清代诗文集有多少?《清史稿·艺文志》、武作成编《清史稿艺文志补编》、王绍曾主编《清史稿艺文志拾遗》三书所收别集虽然数量不少，但都远远不能反映现存清人诗文集的具体情况。《清人诗文集总目提要》对现存清人诗文集进行了较全面的清理，著录19700余人的4万余种别集，对每一部著作，介绍其卷数、版本、作者小传、主要内容及收藏单位或私家收藏者。

8.《清人别集总目》

杨忠等编。该书著录了近2万名清代作者的现存别集约4万种。其所据主要为各省市图书馆、重要高校图书馆和文化发达地区县级图书馆的藏书目录，一些重点馆藏的目录卡片，中国台湾地区以及韩国、日本等各大图书馆的藏书，并兼及中国香港地区以及美国有关机构的藏书。其主要特点有：尽可能地多列版本，将搜罗到的所有版本，不论其版刻形式，不厌其烦，一一加以胪列；对于书目本身提供的辑校笺注刊刻题跋等信息资料，也一并予以保留；详注馆藏，将所知馆藏一概予以著录。

该书可以与前一书配合使用，以检索现存清人别集的有关信息。

9.《清代诗文集汇编》

中国人民大学和北京大学联合编纂，上海古籍出版社2010年影印出版。全书收录清代诗文集4000余种，精装800册。该书是我国迄今内容最为丰富、涵括最为全面、卷帙最为浩瀚的断代诗文总集。诗文集的编排以作者年代为序。每部诗文集的作者各有一篇小传，附载该书卷首，涉及作者3400余人。其所采录的诗文集有相当多是善本、稿本、孤本。

10.《清人文集别录》

张舜徽撰。该书是一部提要性质的目录。张舜徽在他所写的670多家文集叙录中选择价值较高的600家，汇为《清人文集别录》20卷。这600家文集的作者以儒林、文苑中人物居多。

11.《清人文集篇目分类索引》

王重民主编，1935年北平图书馆印制，1965年北京中华书局推出新版。全书所含的清人文集为440种。全书分成4部分，主体是篇目分类索引，将文集中的篇目区划为学术文、传记文、杂文3种。从目前来看，该书所收的文集偏少。

12.《清人诗集叙录》

袁行云撰，1994年文化艺术出版社出版。该书收诗家别集3000种，主要依据北京图书馆(中国国家图书馆)、北京大学图书馆、首都图书馆、中国科学院图书馆四家馆藏。

13. 其他丛书

明清文集丛书还有:《明别集丛刊》、《清代诗文集珍本丛刊》、《明人文集丛刊》(台湾地区)、《天津图书馆珍藏清人别集善本丛刊》、《国家图书馆藏钞稿本乾嘉名人别集丛刊》、《北京师范大学图书馆藏稀见清人别集丛刊》等。此外,一些综合性丛书也收有文集,而且有的丛书所收文集还相当多。比较重要的如:《近代中国史料丛刊》(台湾地区)、《北京图书馆古籍珍本丛刊》、《四部丛刊》、《四部备要》、《丛书集成初编》等。

第二节　明清文集的编刻与内容

明清时期,编刻文集之风甚盛。明唐顺之《荆川先生文集》卷六《答王遵岩》载:“仆居闲偶想起宇宙间有一二事,人人见惯而绝是可笑者。其屠沽细人,有一碗饭吃,其死后则必有一篇墓志。其达官贵人与中科第人,稍有名目在世间者,其死后则必有一部诗文刻集,如生而饭食死而棺椁之不可缺。此事非特三代以上所无,虽唐、汉以前亦绝无此事。幸而所谓墓志与诗文集者,皆不久泯灭,然其往者灭矣,而在者尚满屋也。若皆存在世间,即使以大地为架子,亦安顿不下矣。此等文字,倘家藏人畜者,尽举祖龙手段作用一番,则南山煤炭竹木当尽减价矣。可笑可笑。”①这种情况应以南方尤甚,故当时谚语说:“南人得志刻稿,北人得志讨小。”②

一、如何编刻

文集的编辑形式有多种,简而言之,可分为:

其一,作者生前编的。

很多文集都是作者生前所编定的,而且,有的人一生中还好几次编自

① (明)唐顺之:《荆川先生文集》卷六,见《唐顺之集》上册,276页,杭州,浙江古籍出版社,2014。

② 瞿兑之:《杶庐所闻录·养和室随笔》,78页,沈阳,辽宁教育出版社,1997。

己的文集。自编的往往会有所删汰，基本上属于个人选集。

其二，作者死后编的。

编者往往是作者的朋友、门人、家人(后代)，或者后来的爱好者(后学)等。例如，周亮工的《赖古堂集》由其子在浚于康熙十四年(1675)编成。后人所编往往求全，故所收的诗文较多。有的作者对其文集于死后的编定，还会郑重托付。例如，钱谦益先托付黄宗羲，后托付龚鼎孳，两人均为当时的名家。龚自珍对许瀚评价很高，曾对许氏说过："土厚水深词气重，烦君他日定吾文。"①

在编辑时，编者有时会对原文做删改。其实，底稿本身就会有删改，如书信底稿与发出去的信不一定完全相同。后来收入集中，又会有删改。奏疏也是如此。收进文集内的奏疏多缺乏上疏日期、上疏者当时的官职、批示等内容。② 又如，墓志铭也会有改动，据朱鸿林说，墓志铭是放入墓穴的，其文字不公开，所以收于集内的和见于碑石上的，有时便不一致。③

关于文集的刊刻，有的文集编好了，但无钱刻，后来由门人或朋友集资刻。文集书前或每卷卷端所列的评订者、校阅者、刊者题名等，其中有不少是指出资者。④ 当然，也有人会主动刻印朋友的集子，如明末张自烈为其朋友袁继咸刊刻《六柳堂集》。文集刻印的数量一般都不多，数十至百余部，除自己留存外，其余则分送亲友等，而直接流入市场的很少。还有个别特殊的情况要注意：有的文集，家人为了让其能被收入儒林、文苑传等而将其送入国史馆。当然，国史馆修史时也会征集(或通过刷印方式获得)一些文集。

唐顺之是明代嘉靖年间的文学大家，前引唐顺之文称"其达官贵人与中科第人稍有名目在世间者，其死后则必有一部诗文刻集"，说明嘉靖以前，主要是那些达官贵人及科举中式者(进士、举人)出版文集，而且往往是死

---

① (清)龚自珍：《己亥杂诗》，见《龚自珍全集》，512 页，上海，上海人民出版社，1975。

② 参见陈智超：《杨继盛请诛严嵩疏稿本考——心理史学的珍稀资料》，见《陈智超自选集》，745～768 页，合肥，安徽大学出版社，2003。指出了奏疏收入文集中有异的问题。

③ 参见朱鸿林：《明人著作与生平发微》，259～260 页，桂林，广西师范大学出版社，2005。

④ "将王锡侯迅速锁押解京严审治罪谕"(乾隆四十二年二月二十一日)载："至书中所有参阅姓氏，自系出资帮助镌刻之人。"上海书店出版社编：《清代文字狱档》，662～663 页。

后才刻出。但是，嘉靖之后，文集的出版有了很大的变化：不但上述之人出版文集，而且一般的士子也出版文集；不但死后会出版文集，而且很多士大夫生前也出版文集。诸如前引“南人得志刻稿，北人得志讨小”，以及“坐乘轿，改个号，刻部稿，讨个小”，“戴纱帽而刻集，例也”，“老童、低秀，胸无墨、眼无丁者，无不刻一文稿以为交游酒食之资”①等，说的都是这一现象。

二、文集的命名

明清时期，文集的命名方式五花八门，有以作者姓名命名的，有以作者字、号、别名命名的，有以作者斋室号命名的，有以作者官衔、封号、谥号命名的，有以作者地望命名的，有以寓意命名的等。另外，文集也不一定都称集，还有其他称呼，主要包括：

诗集，称抄、存、稿、草等。

文集，一般称集、全集，也称文抄、文存、稿、文稿、剩稿、类稿、未定稿等。例如，萧穆《敬孚类稿》，实为文集。至于称为遗书、遗集、遗稿等，则是作者死后所编的。

有的称为集外文(诗)、补遗，是指原有正集(一般指作者自订的文集或后来的定本)，后人将作者正集外的诗文又编为集外文(诗)或补遗。

有的文集还有内、外集之分。一般来说，内集的内容是比较正宗的、可靠的；而外集的内容，有的是较特殊的，有的是和别人合作的，有的是未敢肯定的或存疑的，有的是删汰之余的，有的是不敢公开的。

此外，还有一些特殊情况需要注意：

有的不称集名，却是文集。例如，顾起元《蛰庵日录》、王世贞《弇州山人四部稿》《凤洲笔记》、李贽《焚书》《续焚书》、郑元庆《小谷口著述缘起》、李渔《笠翁一家言》、包世臣《安吴四种》，以上均是文集。

有的名为集，却不是文集。例如，明霍韬编《明良集》12 卷是部杂史，明姚希孟撰《循沧集》2 卷是部游记。明徐阶辑《岳集》5 卷，前 4 卷为岳飞传

① 以上参见(清)平步青：《霞外捃屑》卷三《刻稿讨小》，190 页，上海，上海古籍出版社，1982；(清)管庭芬：《芷湘笔乘》，转引自张秀民：《中国印刷史》上册，韩琦增订，240 页；(明)许自昌：《樗斋漫录》卷一，明万历刻本。

记资料，只有最后一卷为岳飞遗文。因此，《四库全书》馆臣将此书一分为二，前4卷名为《岳庙集》，入《四库全书总目》史部传记类，而最后一卷名为《岳武穆遗文》，入《四库全书总目》集部别集类。明周沈珂辑《宋濂溪周元公集》10卷，周氏手著者只有1/5，其余皆为他人所写的传记等材料，故《四库全书总目》将其列入史部传记类。明王世贞《弇山堂别集》，名为别集，实为史书，故《四库全书总目》将其列入史部杂史类。明王永熙辑《震泽先生别集》是丛书，而不是别集。

三、序文

明清文集一般都会有序文，而且有的数量还比较多。这些序有作者同时人作的，也有后人编辑或重刻时加的。一个人的集子可能在其一生中刻印过几次，而序文并不能很好地说明刻印的时间，因为后刻的集子往往将前期的序文也收进去，甚至只有早期序文而漏印后来的序文。为同一刻本所作的序文其时间相差也可能较远。有时是刻好书再请人作序，有时是请人作序后再刻，因为请名人作序往往得抓时机。很多人作序时并未真正看到集子(尤其是在外地的作者)，所以只是泛泛而谈，甚至序文所署之书名与真正的书名有异。例如，王铎《拟山园初集》，有的序文称《拟山园选集》，有的序文称《王觉四集》。此外，不同的重印本选用的序文不一样，增刻本用原序而造成混乱(如《石云居文集》)等，这些情况均需要注意。

当然，序文也有代作或冒作的。例如，胡中藻《坚磨生诗钞》中的张泰开之序文，即胡氏本人代拟的；齐周华文集《名山藏副本》中所收的他人赠言与序文，也很有可能多为齐氏借名代作的。文集中的序文如果较多，而且有窜改、作伪的情况，我们可以利用作序者的集子来进行验证。另外，我们还可以利用该书的不同版本所收序文的比对来验证这些序文的可靠性。

最后，我们还要注意一点：刻本明人文集中很多序文是以颇具特色的行书、草书或隶书上版的，且序文后还印有作序者的印章。这种现象容易给人一种误导，即认为这些序文应该是写手模仿作序者之手迹书写上版的，甚或是直接以作序者之手迹上版的。但事实上，这些序文之书法往往与作序者本人并没有必然的联系，只是出版者为吸引读者而采取的一种技法而已。①

四、正文

正文的编排原则一般来说是先诗后文，至于诗、文内的编排原则，大概如下所述。

(一)诗的编排

其一，按时间顺序，如朱彝尊《曝书亭集》、阮元《揅经室集》、赵翼《瓯北集》、龚自珍《龚自珍全集》中的诗都是编年排列的。这种编排较少。其二，按体例，如古乐府、五言古、七言古，五言律、七言律、五言排律、五言绝、七言绝。词(诗余)则排在诗后。相对来说，按体例来排的诗集较多。当然，在各体之内，各诗一般是以时间为序排列的，如龚鼎孳《定山堂诗集》。

兹以明末清初王铎《拟山园初集》(亦称《王觉斯诗》)、吴伟业《梅村家藏稿》所收诗词为例来说明。《拟山园初集》71卷，为王铎于崇祯十年在南京编刻的诗集。其所收内容顺序如下：赋3卷、骚2卷、古乐府4卷、今乐府2卷、三言1卷、四言1卷、五言12卷、五律18卷、六言1卷、七古5卷、七律6卷、五绝3卷、七绝4卷、五排3卷、七排1卷、铭对1卷、诗余1卷、文丹1卷、王氏子弟诫1卷。《梅村家藏稿》中的诗分为前、后两集，“诗前集”的编排为：五言古、七言古，五言律、七言律、五言排律、七言绝。“诗后集”的编排为：五言古、七言古，五言律、七言律、五言排律、七言绝、诗余。

(二)文的编排

兹以清代全祖望的文集为例来说明。其《鲒埼亭集》先经全氏手定为50卷，后只刊成38卷，是为《鲒埼亭集内编》。其余文稿为其弟子选编，刻成50卷，是为《鲒埼亭集外编》。《鲒埼亭集内编》的目录如下：卷一颂，卷二、卷三赋，卷四语，卷五辞，卷六至卷二十四碑铭，卷二十五、卷二十六状略，卷二十七、卷二十八传，卷二十九论，卷三十记，卷三十一、卷三十

---

① 参见[美]牟复礼、朱鸿林：《书法与古籍》，毕斐译，杭州，中国美术学院出版社，2010。

二序，卷三十三议，卷三十四简帖，卷三十五杂辨，卷三十六至卷三十八题跋。以下分别对上述文体做简要介绍(所举例子均见《鲒埼亭集内编》)。

1. 颂、赋

如《长鲸归》(一篇讴歌平定台湾的颂文)、《皇舆图赋》等。赋是诗歌的一种，讲究文采、韵节。颂是似赋而文字典雅的文体。颂、赋一般排于文之前。有时，人们会单将颂、赋列于全书之首，即排于诗之前。颂、赋在明清时期主要是应制或拟应制所作的，并不太流行，在文集中所占的比例也不大。一些朝廷大臣因为一些特殊的需要，有时会作比较多的颂、赋。例如，皇帝有郊天、临雍、出征等重大行动，或者国有大庆，或恭逢万寿节、千秋节，或某项大著作完成，他们就会应制以颂、赋等体作文讴歌之。

2. 语

如《湖语》(为全祖望居宁波月湖时与客人问答之记录)，即语录体著作，有问有答，常用于门人弟子记录导师的言行，有时也用于佛门的传教记录。

3. 辞

如《剡源九曲辞》。辞近似于赋，是一种讲究句式和押韵的散文。因为其起源于战国时期的楚国，故又称楚辞、楚辞体。又因屈原所作《离骚》为这种文体的代表作，故又称骚体。到了汉代以后，人们常把辞和赋统称为辞赋。这种文体富有抒情的浪漫气息，很像诗，但句式和押韵都较诗自由，比散文整齐，且篇幅、字句较长，句中多以“兮”字来帮助和谐语气，表情达意。一般四句一节，每一节表达一个完整的意思。

4. 碑铭

如《明淮扬监军道佥事鄞王公神道碑铭》。碑铭指碑文和铭文(有韵的碑文叫铭)，是古代记载死者生前事迹、怀念死者的文章，可包括神道碑铭、墓志铭、墓表、诔文等。这些文字是为传世之用的，一般比较正式、规范、典雅。章学诚曾批评文人滥作碑铭的风气，认为其多属谀墓之文。需要注意的是，碑铭之类一般是要上石的，但全祖望所撰的不少明末清初诸人的碑铭并不是真正要上石的，只是为了存史而已。

5. 状略

如《通判知山东堂邑县事张府君行状》。状略，汉代称“状”，元代以后称“行状”或“行述”(也谓之“事略”“行略”等)，是叙述死者世系、生平、生卒年月、籍贯、事迹的文章。状略常由死者门生、故吏或亲友撰述，留作撰写墓志或史官修史立传的依据。可以说，作为写碑铭预备的材料，状略的内容一般都比较详细。

6. 传

如《陆桴亭先生传》。传是记述个人生平事迹的文章，包括传记、家传、小传、外传、别传等。传，有给他人写的，也有为本家作的。名气大的人，因为请的人多，作的传也较多。传往往也是备修史之用的。

7. 论

如《平原君论》。论是对当时或历史上的政治、事件、现象以及某种学问发表见解的文章。策论也属此类。

8. 记

如《涧上徐先生祠堂记》。记，一般指记事文，以记事为主。其内容较广，如山川草木、名胜古迹、历史掌故、遗闻逸事、社会风俗、读书杂记等。

9. 序

序分两种，其一是书序，亦可称为题词，是为古人、今人的著作所写的序文。书序一般置于书首。书序对书有较多评论。这种为书而作的序是序的通常概念。其二是为某事所作的序，如赠序(一般是为某人送行而作)、寿序等，与书序完全不同。这种序起源于诗序，即某人为某事写诗，在诗前缀上一篇序。后来，人们只作序而不作诗，就形成了这里所说的为某事而作的序。全祖望文集中包括了这两种序，前者如《梨洲先生思旧录序》，后者如《赠钱公子二池展墓入闽中序》。

10. 议

如《钱忠介公夫人忌日议》。议同论，也是一种文体，用以论事说理或陈述意见。

11. 简帖

即书信、书简、书启、信札。古人的书信又叫“尺牍”或曰“信札”，是一种应用性文体，多记事陈情。书信是人们日常往来经常写作的文本，但是收在文集中的书信一般都经过精选或修改，所以比较正经，以论事为主，少了些生活气息和人情味。清代文集中与人商榷学问的书信比较多。例如，全祖望文集中所收多是针对某一主题而发议论的书信，如《论嫡孙嗣统帖子答姚薏田》。

12. 杂辨

也作“杂著”，本身并不是一种文体，而是将一些文字不多、体裁不一、难以独立成卷的文章汇编成一至数卷，总括之曰杂辨或杂著。其所收比较庞杂，《鲒埼亭集内编》此卷中所收分为辨、录、考、纠谬、记事、辨诬、记语、说、缘起、释各种文体。辨(应包括辨诬)，亦可作辩，为某事而作的论辩，包括辨是非，别真伪。其目的主要是批驳一个错误论点，或辨析某些事实。录，文体之一种，重在记录，不发或少发议论，如同实录。考，指考证，用实物或资料论证说明某事。纠谬，纠正谬误，指出错误，并加以说明、纠正。记事，与前述的“记”相类，不过此重在记人，而前者重在记事。记语，记某人之言论，并做说明、评价。说，文体的一种，就某事所做的说明、议论。缘起，考证某事物的缘起。释，对某一事物的解释、说明。

13. 题跋

包括题与跋。写在书籍、碑帖、字画等前面的文字叫作题，写在后面的叫作跋，总称题跋。书籍或诗文、图画、档案文书等均可有题、跋。《鲒埼亭集内编》“题跋”中所收的全是跋，而《鲒埼亭集外编》“题跋”中则收有一些题。

除上述文体外，明清文集中较常见的文体还有：

赞、铭、箴。这些均为用来赞美或规劝的文体。赞，讴歌人物，如为人物画像写的像赞；铭，刻在器物或碑版上的赞赏文字；箴，规诫自身或他人的短文。

公文。官员为公务给上司、下属、属民写的公文，如申详、告示之类。

奏疏。指高级官员给皇帝写的题本、奏折等。其中有的由具折人自写，有的由他人代笔，因此，小官吏和幕客的文集里也可能收有其为他人代写的奏疏。

需要补充说明的几点：

其一，《四库全书总目》集部总序说：“四部之书，别集最杂。”文集原先主要收诗、文，后来的趋势是所收越来越多，逐渐接近于个人著作总集。有的文集还收有相对独立的著作，如专著。这类似于个人的丛书(自著类丛书),但这不是文集的正体。

其二,有的文集收有一些代作诗文,这些诗文一般在其题名下会标注:代、代某、代某人(姓名或官职)。代作的情况主要有:小时代父作;入幕代幕主作;其他代作(如代师者、代长者、代上级、代朋友等)。例如,陆锡熊《宝奎堂集》中收有一些代其老师于敏中所作的公文。有时,代作者、被代作者均会将代作诗文收入各自的文集中。例如,《明史》馆纂修官潘耒曾为总裁叶方蔼拟《征书疏》,后来此文被分别收入叶氏《叶文敏公集》(题《请增广秘府文籍疏》)和潘氏《遂初堂集》(题《请广秘府书籍以光文治疏(代)》)中。相对来说,作者小时候作为练笔的代作诗文价值不高。

其三,有的文集还收有一些拟作,或模仿古代某篇诗文而作,如《拟〈秋兴八首〉》《拟〈陌上桑〉》《拟〈古诗十九首〉》之类;或代古人作诗文,如明初王袆认为,世传有刘歆《让太常博士书》,那么,太常博士必有答书,故作《太常博士答刘歆书》(《王忠文集》收有多篇类似的拟作)。这些拟作主要是练习写作或游戏之用,价值不大。

此外,明清时期一些文集的正文后还附有时人的评点,基本为吹捧之词,价值不大。

五、附录

文集中常有附录。附录的主要内容一般是作者的传记材料,如墓志铭、年谱、悼念诗文等。年谱,有作者自撰的,也有他人所撰的。明清人年谱多附集而行,尤其是自撰年谱。现在新整理的古人文集也常附有作者年谱。

附录中有时会收入另外一些著述,如朋友、门人、家人等的唱和诗,以及来往书信等。例如,李元鼎《石园全集》中就收入了其妻子朱中楣的不少诗作。

附录中还有一些内容是作者集外之文或补遗之文,以及一些存疑待考之文。例如,《陈忠裕全集》补遗部分收有据传是清初陈子龙为嘲讽钱谦益降清而作的一首诗,题目是《题虎丘石上》。但是,这首诗的真正作者并不好确定。

附录部分,若是单册者,容易与正文部分分开,造成散佚。例如,李雯《蓼斋后集》所附的一册《定鼎诏书及诸先达外传》就比较稀见。

第三节　明清文集的利用

明清文集的价值很高，是我们了解明清人物的最好材料。我们在这里主要讨论一下其对文献学研究的价值。

一、文献学价值

如果要研究某位文献学家，我们一定要查查其是否有文集存世。文集中多有作者的传记材料，且比较集中。例如，《赖古堂集》卷末附刻有他人为周亮工所作的文献，包括周氏年谱、小传、神道碑、墓志铭、行状等。周亮工的传记文基本上汇集于此，读者阅览、取资尤为方便。

文集可以提供检索作者关系网的基本的、较全面的线索。我们可以通过诗文来查找作者的交游圈，从而研究其生活、治学等方面的情况。文集作者多会为其先人、亲属写作传记，如《方望溪先生文集》第 17 卷集中收有关于其祖父、母亲、兄长、弟弟、姑母、姊、妹、嫂、妻等的传记材料，这些材料有助于我们分析其家族成员关系网。

除了传记外，记、序、记事和跋包含的人物传记素材也很丰富。

我们对文集的搜检可以按照这样的思路进行：先查某人的文集，再查其家人的文集，再查其交游的人的文集。

文集对文献学研究的作用还有很多。例如，文集中所收的序、题跋等文章均是我们研究文献学的重要材料。其中所涉及的一些书早已失传，我们只有通过其介绍来了解。例如，阮元《揅经室集》中有不少关于文献学的材料。卢文弨《抱经堂文集》、顾广圻《思适斋集》、陆心源《仪顾堂集》所收的大量题跋是我们研究这些校勘、藏书大家必须阅读的材料。清代吕留良集、钱澄之集中均有不少关于编、刻书之材料。再以四库学研究为例，法式善《存素堂文集》及《存素堂文续集》记载了不少其抄录《四库全书》副本、收藏《四库全书》大典本稿本宋元人集的材料；程晋芳《勉行堂文集》收序、跋很多，涉及其参修《四库全书》之情况；邵晋涵《南江书录》、姚鼐《惜抱轩书录》均附集而行，保存了大量的提要稿；翁方纲《复初斋文集》（稿本）收有其复校《四库全书》之相关材料；沈叔埏《颐彩堂文集》卷八、卷九、卷十收有多篇“书后”，亦与《四库全书》提要有密切关系；陈昌图《南屏山房集》(清乾隆五十六年陈宝元刻本)卷二十一收有其所撰12篇《四库全书》大典本提要稿；陆锡熊稿本《宝奎堂集》(以前误作陆费墀《颐斋文集》)收载了6篇有关《四库全书》之新文献，包括《初拟校阅永乐大典条例》《初拟办理四库全书条例》等重要的四库馆条例。以上均是研究四库学的重要材料。

总之，我们研究明清文献学，一定要注意利用数量庞大的文集。当然，文集本身有很复杂的版本问题，也值得我们来专门研究。

二、阅读文集时需注意的问题

阅读文集，要先对各种文体的特点有所了解，知道哪些诗文对我们的研究价值大，哪些价值小。例如，相对来说，代作、仿古之作、策论、赋和词，这些诗文的价值就不大。此外，我们还要注意以下几个方面。

(一)禁毁、抽毁问题

明代中期至清初的文集在清代遭禁毁、抽毁的比较多。禁毁是指全书都要毁掉，而抽毁一般是指毁掉犯禁忌的部分即可。我们以一部清初文集为例来看看抽毁的问题。

陈名夏(1601—1654)，字百史(伯史)，号石云，江苏溧阳人，清初贰臣，所著诗文集《石云居集》在乾隆时被定为抽毁书而列入《四库全书总目》存目类。该书共23卷，包括文集15卷、诗集7卷、词1卷。中科院图书馆藏清刻本《石云居文集》15卷，5册一函，内封有墨笔“抽毁”二字，书中有三处文字因抽毁而被撕去，其中一处在卷首《陈百史文序》后之署名，两处在卷十五《寄□□□先生》两封信之署名。幸运的是，中科院图书馆还藏有抄本《石云居文集》15卷，上述抽毁之三处文字尚存，可知前一处为“虞山蒙叟钱谦益”，后两处为“钱牧斋”。钱谦益，号牧斋，清初贰臣，降清后又心存故明，且有复明之举。乾隆年间，其著作均在禁毁之列，故收有其文字的书籍亦遭牵连。《石云居文集》序文及正文中撕去有关钱谦益(牧斋)之文字，正是抽毁之结果。

此外，清刻本《石云居文集》除前三卷收文较完整外，余下各卷所收文章均很少，与全书体例非常不一，尤其是卷八、卷十二，分别只收有短文一篇，更不合常理。周中孚《郑堂读书记》卷七十称此书："自四卷以后阙版甚多，计其卷帙，差与前三卷相等。"①《石云居文集》缺版较多，应该与其语涉违碍有关。陈名夏之子陈心简重刻此书，将其中违碍文字删去，故造成如今所见之15卷各卷篇幅不均的情况。

（二）版本问题

明清人喜编刻文集，故有的人生前身后编刻的文集比较多，我们要注意它们之间的关系，以便于利用。例如，明末清初龚鼎孳著述甚富，其中的文集即有不少，存世者有：《龚芝麓诗抄》不分卷、《龚芝麓诗》1卷、《过岭集》1卷、《尊拙斋诗集》4卷、《龚先生诗》7卷、《芝麓诗抄》3卷、《香严斋诗集》3卷、《定山堂诗集》43卷《诗余》4卷、《定山堂文集》6卷、《龚端毅公手札》不分卷、《定山堂古文小品》2卷《续集》1卷《补遗》3卷、《露浣园稿》4卷《古文》3卷附《诗余》4卷、《定山堂杂序》、《龚端毅公集》12卷附1卷、《龚端毅公奏疏》8卷等。

又如，王铎（1592—1652），字觉斯，号嵩樵，卒谥文安，明末清初著名书法家、诗人。其一生著述宏富，存世文集即有：《拟山园初集》，崇祯十年刻本，目前有71卷（附王子2卷）本、50卷本2种存世；《王觉斯初集》，不分卷，明末黄居中抄本，10册一函；《拟山园选集》（文集），清初刻本，目前有82卷本、81卷本、26卷本3种存世；《拟山园选集》（诗集），清初刻本，目前有75卷本、44卷本、54卷本3种存世；《拟山园文选集》32卷，清康熙递修本；《孟津诗》19卷《续》1卷，清王铎、王鑨、王无咎、王无忝等撰，6册，清康熙五年王允明刻本；《拟山园诗选》9卷，傅维鳞、法若真辑，清初刻本；《王孟津诗文稿》1卷，手稿本；《拟山园诗稿》不分卷，手稿本。此外，见诸著录的还有：《遁山文集》、《拟山园集》（或称《拟山园全集》）、《王觉斯先生诗选》、《宋文康公・王文安公诗选》、《拟山园文集》刻本4册、《拟山园诗赋集》刻本24册等。

后出的文集如果收以前文集的内容，有时会做删改，这样，同一作者不同版本的文集之间不但可以相互补充，而且还可以进行比勘，进而研究编者（有时是作者自己）的选编标准等相关问题。

---

① （清）周中孚：《郑堂读书记》上册，1135页，上海，上海书店出版社，2009。

(三)诗的价值

研究历史的比较容易忽视诗的价值，因而在看文集时一般不看诗的部分。其实，诗对史学研究还是很有用的，“以诗证史”之说的风行即明证。以文献学研究为例，赵翼《瓯北集》卷五十中的一首诗《书贾施朝英每年就我刷印拙刻〈瓯北诗钞〉〈陔余丛考〉〈廿二史札记〉〈十家诗话〉等各数百部，书以一笑》——“和凝板本早雕锼，却被屠沽索价酬。鼠璞料无三倍获，鸡林可有百金求。奇分宛委藏书穴，气压麻沙贩客舟。我是为名他为利，大家不免达人羞”，就有助于我们了解当时图书出版流通的情况。

我们从一般的意义上来认识，也可以看出诗的价值。例如，“诗言志”，诗代表着人的真正感情，因此，作者比较内在的、隐秘的感情变化，我们可以通过分析诗来了解。有些诗集中的诗是按年代编的，据此可以考证作者一生之行迹。即便不是按年代编的诗，诗的题名亦多会透露写作时间。有的诗前有小序，多有记事征实之用。例如，乾隆《御制诗四集》中所收其在《四库全书》开馆期间所写的诗，其中的序文多涉《四库全书》编修之掌故，对四库学研究颇有价值。诗是人际交往的一大利器，可以很好地反映作者的社会关系，因而我们可以从诗中了解作者的关系网，以及其与某人或亲或疏的关系等。当然，诗中提到的人物往往用其字号，我们要多查和熟悉这些字号。诗中，七律所涉的记事内容可能会多一些，信息量也较大，要重点看。有的诗集内容太多，我们要学会先浏览篇名，从篇名中筛查有用的信息，有针对性、有选择性地阅读，才能起到事半功倍的效果。当然，诗集书前目录中的篇名与正文内的篇名有时会有详略之异(前略后详)，也要注意。

此外，文集材料的可靠性问题，我们也要注意。例如，墓志铭多有谀墓之词。对于一些忌讳之事，文集所言，或虚饰，或反话，我们要谨慎分析。例如，清初贰臣陈名夏与遗民阎尔梅本为相交甚深之朋友，而入清后，两人之交往有了一些微妙的变化，在各自作品中所述颇不一致：陈名夏文集记载，阎尔梅欲向陈求情，陈说两人绝交已久；而阎尔梅诗集的记载则为陈向阎示好，阎峻拒。可以说，这些矛盾的叙述为我们解读历史、揭示历史真相带来了很大的困难，但却为我们解读当时贰臣、遗民的矛盾心态提供了一典型范例。

后　记

本教材是在我的讲稿基础上加工修订而成的。多年来，师友教勉，生徒问诘，惠我良多，起予实繁，不便详细表出，谨此一并致谢。书稿付梓之前，北师大历史学院杨燕起教授、汝企和教授、向燕南教授、李锐教授、姜海军教授及古籍院周少川教授分别审正了部分章节。高情厚谊，永志不忘。此外，张舰戈、周天爽、黄姗、程盼盼帮助查对引文，修改课件；洪慧媛、贾广远、黄姗帮助编辑了“元以前朝廷藏书目录表”；黄姗帮助编辑了“管庭芬的书籍之交”表。以上诸位研究生亦多著劳绩，特申谢之。最后，还要感谢北京师范大学出版社编辑的辛勤付出。

书中借鉴、引用前贤成果均已尽量标注清楚，或有遗漏，敬祈见谅。至于书中文字错讹，论述未允、未周之处，其责在我，亦敬祈读者批评指正。

张　升

2023 年 5 月于北师大